军队高等教育自学考试船舶与海洋工程（本科）专业指定教材

舰艇静力学与快速性

刘志华　霍　聪　黄　政　主　编
高霄鹏　主　审

华中科技大学出版社
中国·武汉

内容提要

本书是军队高等教育自学考试船舶与海洋工程(本科)专业指定教材。

本书内容主要包括船体几何形状，舰艇的浮性、初稳性、大角稳性，潜艇的浮性与稳性，舰艇不沉性、快速性，舰艇各种阻力成分的成因及计算方法，船型对阻力的影响和阻力估算方法、螺旋桨几何形状、螺旋桨水动力基本理论、螺旋桨敞水性能和螺旋桨模型敞水试验方法、舰艇推进过程中船体与螺旋桨的相互作用、船后螺旋桨受力的计算和主机功率传递的过程及效率、螺旋桨空泡现象及其影响、舰艇的推进性能分析和预报等。

本书适合于参加军队高等教育船舶与海洋工程(本科)专业自学考试的学生和指导教师使用，也可供高等院校相关专业师生参考。

图书在版编目(CIP)数据

舰艇静力学与快速性/刘志华，霍聪，黄政主编. —武汉：华中科技大学出版社，2019.6
军队高等教育自学考试船舶与海洋工程(本科)专业指定教材
ISBN 978-7-5680-5309-9

Ⅰ.①舰… Ⅱ.①刘… ②霍… ③黄… Ⅲ.①军用船-静力学-军事院校-教材 ②军用船-快速动力学-军事院校-教材 Ⅳ.①U674.7

中国版本图书馆 CIP 数据核字(2019)第 134486 号

舰艇静力学与快速性
Jianting Jinglixue yu Kuaisuxing

刘志华　霍　聪　黄　政　主编

策划编辑：张少奇　宋　超
责任编辑：姚同梅
封面设计：刘　婷
责任监印：周治超
出版发行：华中科技大学出版社(中国·武汉)　电话：(027)81321913
武汉市东湖新技术开发区华工科技园　邮编：430223
录　　排：武汉市洪山区佳年华文印部
印　　刷：武汉市洪林印务有限公司
开　　本：787mm×1092mm　1/16
印　　张：18.25
字　　数：476 千字
版　　次：2019 年 6 月第 1 版第 1 次印刷
定　　价：48.00 元

序　言

军队高等教育自学考试(以下简称军队自学考试)作为军事职业教育的重要组成部分，兼顾军队建设需要和官兵职业发展需求，是体现官兵终身教育和学习型军队特点的教育形式，是提升官兵科学文化水平和岗位履职能力的重要途径，对于大规模培养高素质军事人才、推进学习型军队和学习型军营建设具有重要意义。军队自学考试自 1989 年开办以来培养了大批人才，为军队建设做出了积极贡献。

根据调整改革后院校发展定位和主体任务，中央军委训练管理部改建和新增军兵种部队建设急需、培训需求较大的专业，并遴选专业特色优势明显的军队院校承担相应自学考试专业主考任务，充分依托军队院校优质学历教育资源发展军队自学考试。改革后的军队自学考试专业有 30 个，其中本科专业 15 个、专科专业 15 个。按照"专业名称军地通用化、专业课程军队特色化"的原则，海军工程大学承担船舶与海洋工程(本科)、船舶工程技术(专科)两个自学考试专业课程的建设工作。

当改革后的军队自学考试遇上蓬勃发展的网络在线学习，新的助学模式应运而生。为了更好地帮助报考该专业的考生学习和备考，我校教员在开展本职教学科研工作的同时，将所学知识和技术，按照自学考试教学的要求，以在线课程的方式通过网络共享，并出版了与该专业系列课程配套的专业教材，让优质教学资源得以更广泛地传播利用。

本套教材根据军队自学考试船舶与海洋工程(本科)、船舶工程技术(专科)两个专业考生学习的实际需求编写，《舰艇总体技术》《舰艇静力学与快速性》《舰船结构与强度》《舰船原理》《舰艇结构》《舰艇修造工艺》《舰船概论》《舰艇电气设备》《舰艇动力装置》九本教材涵盖舰艇基础知识、专业知识、操作使用、维护保养等各方面内容，同时还增加了《舰船海洋环境概论》和《军事管理基础》两本专业基础课教材，使得丛书更加符合考生的认知规律，富有启发性，便于考生学习。教材充分吸纳新理论和新技术，具有一定学术性；文字表达简明流畅、深入浅出、逻辑严密，章节编排考虑到了教学对象的基础，由浅入深，由简单装置逐步延伸到复杂系统，基本满足了军队自学考试船舶与海洋工程(本科)、船舶工程技术(专科)两个专业考生的学习需求，也为所有船海相关专业学习者和从业者提供了优质的学习资源。

鉴于此，我们精心推出的系列教材和即将上线的配套慕课课程，必将为翻开此书的你加油续航，助你积累知识，早日实现自身的蜕变！也就此机会，谨向付出了艰辛劳动的全体编写人员致以敬意，向本套教材的出版单位和慕课制作人员表示感谢。

编写组

2019 年 4 月

前　言

舰艇是在海洋执行军事作战任务或勤务保障任务的机动平台。优良的航海性能是保证舰艇有效遂行使命任务的前提，而舰艇的航海性能中最基础的是静力学性能和快速性。

《舰艇静力学与快速性》一书的编写与出版，主要是为了服务于军队高等教育自学考试本科专业——船舶与海洋工程专业的教学。本书与新建设的"舰艇静力学与快速性"慕课在线课程相配套，形成体系完整、内容精练、重点突出、难度合适的"舰艇静力学与快速性"课程教育教学资源，为学生提供了"线上与线下"融合式学习的平台。

船舶与海洋工程学科是一个传统学科，国内外已经出版了多种关于船舶浮性、稳性、不沉性、船舶阻力、船舶推进、船舶操纵性、船舶耐波性等方面内容的传统教材。在编写本书过程中，编者充分把握了参加高等教育自学考试学生的学情特点，以及军事职业教育的教学方式和特点，力求在参考国内外相关内容经典教材的基础上，结合编者在长期从事舰艇航行性能教学与研究过程中的心得体会，形成一本适合军队高等教育自学考试船舶与海洋工程（本科）专业使用的教材。同时，力求做到定位明确、体系完整、层次分明、概念清晰、重点突出、理论与实践结合紧密。

本书第 1 章讲述了舰艇船体几何形状与表达；第 2、3、4 章分别介绍了舰艇的浮性、初稳性、大角稳性的基本概念及相关知识的应用；第 5 章重点阐述了潜艇在浮性与稳性上的特点；第 6 章阐述了舰艇不沉性的相关概念、计算方法与规范，并介绍了舰艇抗沉原则与措施；第 7 章概述了舰艇快速性的概念、影响舰艇快速性的要素及舰艇阻力的分类与相似律；第 8 章详细讲解了舰艇各种阻力成分的成因及计算方法，并介绍了舰艇缩尺船模静水阻力拖曳试验的方法和船模-实船阻力换算；第 9 章扼要分析了船型对阻力的影响和舰艇阻力估算方法；第 10 章阐述了舰艇的主要推进器——螺旋桨的类型和外形特征；第 11 章重点阐述了螺旋桨水动力基本理论、螺旋桨敞水性能和螺旋桨敞水试验的方法；第 12 章分析了舰艇推进过程中船体与螺旋桨的相互影响，并讲解了船后螺旋桨受力的计算和主机功率传递的过程及相关的效率；第 13 章介绍了螺旋桨空泡现象的产生原因、判断方法和空泡对螺旋桨性能的影响；第 14 章综合船体阻力性能、螺旋桨水动力性能、船体与螺旋桨相互干扰等方面的知识，讨论了舰艇快速性计算分析的方法与过程，并阐述了船体-主机-螺旋桨配合状态的特点。

本书由海军工程大学舰船与海洋学院组织编写，其中，第 1、2、7、8、11、12、14 章和附录由刘志华执笔，第3、4、9章由霍聪执笔，第5、6、10、13章由黄政执笔。在编写过程中高霄鹏教授给我们提供了大力支持和热情帮助，并针对全书的内容安排、体系结构和知识点提出了很多有益的建议；翟朔、骆飞洋、刘文涛为教材中图表的校核和绘制付出了辛勤的劳动。在此，对为本书的编写与出版给予支持和帮助的以上同志表示诚挚的谢意。

由于编者的学识水平有限，编写教材的经验不足，本书一定存在不足之处，欢迎同行专家和广大读者提出宝贵的意见。

编　者

2019年3月

考试大纲

Ⅰ 课程性质与设置目的

“舰艇静力学与快速性”是船舶与海洋工程(本科)专业的专业主干课,在该专业中占有重要地位。设置本课程的目的是使学生系统地掌握舰艇浮性、稳性、不沉性等静力学性能和舰艇阻力性能、推进性能等与舰艇快速性相关的基本概念、基本理论和基本方法,并使学生能从总体航行性能的角度理解舰艇的航海性能原理,为从事舰艇总体设计、舰艇性能校核、舰艇监造监修、舰艇维修管理等工作岗位的人员提供必要的与舰艇性能相关的基本知识,使其能为胜任岗位工作奠定重要基础。

通过本课程的学习,应达到以下要求:

(1) 理解舰艇的航海性能,理解船体的型线图和型值表。

(2) 掌握舰艇漂浮状态的计算方法,理解舰艇排水量的分类。

(3) 掌握舰艇稳性的概念和判定方法,掌握舰艇的初稳性公式及其应用,会计算载荷移动、装卸及自由液面等对舰艇初稳性的影响。

(4) 掌握舰艇大角稳性的概念和静稳性曲线、动稳性曲线的特征,会确定外力矩作用下舰艇的倾斜角,理解船体外形特征对舰艇稳性的影响。

(5) 掌握潜艇浮性和稳性的特点,理解潜艇水上平衡条件和水下平衡条件,理解潜艇水上稳性特点和水下稳性特点。

(6) 掌握舰艇浸水舱的分类和特点,掌握舰艇不沉性计算的增加重量法和损失浮力法,理解舰艇抗沉原则。

(7) 理解舰艇快速性的概念,理解舰艇阻力的成分划分。

(8) 掌握舰艇摩擦阻力的成因和计算方法,理解舰艇兴波阻力和黏性阻力的成因和处理方法。

(9) 掌握船模阻力试验的相似律,掌握根据船模阻力换算实船阻力的方法。

(10) 理解船型对舰艇阻力的影响规律,理解舰艇阻力的估算方法。

(11) 理解舰艇推进器的功能和种类,掌握舰艇螺旋桨的主要外形特征和表达方法。

(12) 掌握螺旋桨动量理论,掌握螺旋桨几何形状、运动特点与受力特征三者之间的关系,理解螺旋桨的水动力性能和敞水性能曲线。

(13) 理解船体与螺旋桨的相互影响,掌握伴流分数、推力减额分数、相对旋转效率等表达船桨相互影响的航行因子的概念和应用方法,会进行船后螺旋桨水动力的计算。

(14) 掌握螺旋桨空泡现象的形成原因,理解螺旋桨空泡对性能的影响,理解减轻或避免螺旋桨空泡现象的措施。

(15) 理解船体-主机-螺旋桨配合状态,会进行舰艇的快速性分析。

本课程的先修课程是"高等数学"。"高等数学"课程为舰艇静力学与快速性提供计算分析工具，如微积分、代数方程组的解算等。

舰艇静力学与快速性将在继续学习相关知识(如舰艇操纵性、舰艇耐波性等)的过程中得到应用。

Ⅱ　考核目标

本大纲按照识记、领会、简单应用和综合应用四个层次规定学生学习本课程应达到的相应能力层次要求。四个能力层次是递升的关系，后者建立在前者的基础上。各能力层次的含义如下。

识记(Ⅰ)：要求学生能够识别和记忆本课程中有关概念及规律的主要内容(如定义、表达式、公式、定理、结论、方法步骤、特点、性质及应用范围等)，并能够根据考核的不同要求，做出正确表达、选择和判断。

领会(Ⅱ)：要求学生能够领悟和理解本课程中的概念及规律的内涵及外延，理解它们的确切含义，能够鉴别关于它们的似是而非的说法；理解它们与相关知识的区别和联系，并能够根据考核的不同要求做出正确的判断、解释和说明。

简单应用(Ⅲ)：要求学生能够根据已知的条件，运用本课程中少量知识点，分析和解决一般应用问题，如简单计算、绘图和分析、论证等。

综合应用(Ⅳ)：要求学生能够运用本课程中的较多知识点，分析和解决较复杂的应用问题，如计算、绘图和分析、论证等。

Ⅲ　课程内容与考核要求

第1章　船体几何形状

一、课程内容

- 船体外形特点与表达方法
- 型线图
- 舰艇的主尺度
- 船型系数与主尺度比
- 船体近似计算

二、学习目的与要求

船体几何形状是计算分析舰艇航行性能的基础，掌握船体几何形状的特征与表达方法是本课程学习的基础。

学习要求：

(1) 了解船体外形的特点和表达方法。

(2) 理解船体型线图与型值表。

(3) 理解船体主尺度和船型系数的意义。

(4) 理解如何应用梯形法进行船体近似计算。

本章重点是型线图的组成、型值表与型线图的转换。

三、考核内容与考核要求

1. 船体型线图

识记:船体型线图的概念;船体型线图的组成。

2. 船型系数

识记:各船型系数的概念。

第2章 浮 性

一、课程内容

- 舰艇浮态
- 舰艇平衡条件及平衡方程式
- 舰艇重量和重心位置的计算
- 储备浮力及载重标志

二、学习目的与要求

舰艇的浮性是舰艇最基本的航行性能之一。

学习要求:

(1) 理解船体坐标系。

(2) 掌握舰艇的四种漂浮状态和表达。

(3) 掌握舰艇的平衡方程。

(4) 掌握舰艇重量和重心的计算方法。

(5) 理解舰艇排水量的分类。

本章重点是舰艇平衡方程。

三、考核内容与考核要求

1. 基本概念

识记:船体坐标系的概念,舰艇正浮状态、横倾状态、纵倾状态、任意状态等四种漂浮状态的概念,空船排水量、标准排水量、正常排水量、满载排水量、最大排水量等五种排水量的概念,储备浮力的概念。

领会:舰艇平衡条件。

2. 舰艇平衡方程

简单应用:利用平衡条件推导平衡方程。

3. 舰艇重量重心计算

简单应用:计算已知变动载荷下舰艇的重量和重心位置。

第 3 章　初　稳　性

一、课程内容

- 稳性的定义
- 等体积倾斜与等体积倾斜轴
- 初稳性公式
- 舰艇浮性与初稳性曲线图谱介绍
- 纵倾状态下舰艇初稳性高的计算
- 小量载荷的移动对舰艇浮态及初稳性的影响
- 装卸载荷对舰艇浮态及初稳性的影响
- 悬挂载荷对舰艇浮态及初稳性的影响
- 自由液面对舰艇初稳性的影响
- 倾斜试验
- 船舶在各种装载情况下浮态及初稳性的计算

二、学习目的与要求

舰艇稳性体现了舰艇漂浮在海面上时能够抵抗外在风浪流作用而不致倾覆的能力，是舰艇航行性能之一。

学习要求：

(1)熟练掌握舰艇稳性的判定方法。

(2)熟练掌握舰艇初稳性的表达和计算。

(3)熟练掌握舰艇上载荷变动对舰艇浮态和初稳性影响的计算。

(4)理解舰艇倾斜试验的原理、方法和实施步骤。

本章重点是舰艇初稳性的表达与计算应用。

三、考核内容与考核要求

1. 舰艇稳性的概念与判定

识记：舰艇稳性的概念。

领会：舰艇所处平衡位置稳定性的判定方法，舰艇初稳性与大角稳性的区别。

2. 舰艇稳性的表达和计算

领会：舰艇初稳性高的概念，舰艇复原力矩的概念，舰艇初稳性计算公式。

简单应用：利用初稳性公式计算舰艇的初稳性高。

3. 舰艇初稳性的计算应用

领会：舰艇的静水力曲线，舰艇的邦戎曲线和费尔索夫图谱。

综合应用：计算舰艇上小量载荷移动、载荷装卸对舰艇浮态和初稳性的影响，计算悬挂载荷、自由液面对舰艇初稳性的影响。

4. 舰艇倾斜试验

领会：舰艇倾斜试验的设计。

第4章 大角稳性

一、课程内容

- 静稳性曲线
- 外力作用下舰艇的倾斜
- 静稳性曲线的特征
- 载荷情况对大角稳性的影响
- 船型要素对大角稳性的影响
- 提高舰艇稳性的措施和方法
- 舰艇抗风浪性计算

二、学习目的与要求

舰艇大角稳性是对舰艇稳性的全面反映，重点体现了舰艇在大角度倾斜时的稳性表现，是判断舰艇是否会发生倾覆的重要依据。

学习要求：

(1) 熟练掌握舰艇静稳性曲线的意义。

(2) 熟练掌握确定外力矩作用下舰艇倾斜角的方法。

(3) 熟练掌握舰艇静稳性曲线的特征。

(4) 理解船型要素对舰艇稳性的影响和舰艇抗风浪性计算方法。

本章重点是外力矩作用下舰艇倾斜角的确定。

三、考核内容与考核要求

1. 舰艇静稳性曲线

识记：舰艇静稳性曲线的概念。

领会：舰艇静稳性曲线表达舰艇大角稳性的方式。

2. 外力矩作用下舰艇倾斜角的确定

领会：静倾力矩、动倾力矩、动稳性曲线的意义，各种舰艇倾覆力矩的意义。

综合应用：利用静稳性曲线、动稳性曲线确定外力矩作用下舰艇的倾斜角。

3. 静稳性曲线的特征

领会：静稳性曲线在原点处斜率、静稳性曲线顶点、稳性消失角、曲线下面积等特征的意义。

4. 船型要素对舰艇稳性的影响

领会：干舷高度、船宽、进水角等对舰艇稳性的影响。

5. 载荷移动对舰艇稳性的影响

领会：载荷的移动对舰艇初稳性和大角稳性的影响。

6. 舰艇抗风浪能力计算

领会：舰艇抗风浪能力计算是依据舰艇有初始横倾斜角时倾覆力矩的确定方法来进行的。

第5章 潜艇的浮性与稳性

一、课程内容

- 潜艇的有关基本知识
- 潜艇的平衡
- 潜艇的均衡
- 潜艇的稳性

二、学习目的与要求

潜艇具有水上与水下漂浮两种状态，因此潜艇的浮性和稳性与水面舰艇相比有不同的表现。

学习要求：

(1) 掌握与潜艇静力性能有关的知识。

(2) 熟练掌握潜艇水上和水下平衡方程。

(3) 理解潜艇的均衡。

(4) 熟练掌握潜艇的水上和水下稳性特点。

本章重点是潜艇水下平衡特点和水下稳性特点。

三、考核内容与考核要求

1. 潜艇静力性能有关概念

识记：耐压艇体与非耐压艇体，水密艇体与非水密艇体，主压载水舱，浮力调整水舱及速潜水舱等概念。

领会：潜艇水面状态与水下状态转换的方法。

2. 潜艇的平衡

领会：潜艇的水上平衡方程，潜艇的水下平衡方程。

3. 潜艇的均衡

领会：破坏潜艇水下平衡的因素，潜艇均衡的意义。

4. 潜艇的稳性

领会：潜艇水上稳性和水下稳性的特点。

第6章 不 沉 性

一、课程内容

- 浸水舱的分类与渗透系数
- 舱室浸水后舰艇浮态与稳性的计算
- 舰艇破损后应采取的措施

二、学习目的与要求

舰艇由于作战或者意外，船体破损、舱室进水时，其漂浮安全将受到极大威胁。舰艇不沉性要求是指要求舰艇在一定的舱室进水条件下仍然能够保持一定的浮性和稳性。舰艇不沉性要求就是对舰艇航行安全性与作战安全性的一种保障。

学习要求：

(1) 掌握舰艇不沉性的概念。

(2) 理解不沉性计算的损失浮力法和增加重量法。

(3) 理解舰艇不沉性规范。

(4) 理解舰艇抗沉措施。

本章重点是不沉性计算方法和抗沉措施。

三、考核内容与考核要求

1. 舰艇不沉性的概念

识记:舰艇不沉性的概念。

领会:设置水密分舱、保持一定的储备浮力对于舰艇不沉性的意义。

2. 不沉性的计算

识记:三类破损舱的特点。

领会:损失浮力法与增加重量法的意义。

3. 舰艇不沉性规范

领会:舰艇不沉性规范要求。

4. 舰艇抗沉措施

领会:舰艇有效抗沉的三条原则。

第7章 舰艇快速性概述及舰艇阻力分类

一、课程内容

- 舰艇快速性的概念
- 舰艇阻力的分类
- 舰艇阻力的相似律
- 舰艇快速性的研究方法

二、学习目的与要求

舰艇作为海上机动作战平台,必须具备以较高速度航行的能力,即快速性。舰艇快速性表现为舰艇的阻力性能和推进性能。

学习要求：

(1) 掌握舰艇快速性的概念。

(2) 理解影响舰艇快速性的因素。

(3) 掌握舰艇阻力的分类。

(4) 掌握弗劳德相似律。

本章重点是影响舰艇快速性的因素和阻力的分类。

三、考核内容与考核要求

1. 舰艇快速性的概念

识记:舰艇快速性的概念。

领会:影响舰艇快速性的因素。

2. 舰艇阻力分类

识记:摩擦阻力,黏压阻力,兴波阻力。

领会:各种阻力的成因。

3. 舰艇阻力相似律

领会:雷诺数的概念,弗劳德数的概念,全相似的概念。

第 8 章　舰艇阻力成因与计算

一、课程内容

- 摩擦阻力
- 黏压阻力
- 兴波阻力
- 破波阻力
- 附加阻力
- 浅水阻力
- 船模阻力试验与换算

二、学习目的与要求

舰艇阻力一般可以按照形成原因分别研究,然后叠加处理,采用船模阻力试验来研究舰艇阻力是工程上最普遍的方法。

学习要求:

(1) 掌握舰艇摩擦阻力的成因和计算方法。

(2) 理解舰艇兴波阻力和黏压阻力的成因和处理方法。

(3) 理解兴波干扰的概念。

(4) 掌握弗劳德相似律。

(5) 掌握船模阻力试验的相似律,掌握根据船模阻力试验换算实船阻力的方法。

本章重点是舰艇各种阻力的成因及变化规律与特征。

三、考核内容与考核要求

1. 摩擦阻力

领会:湍流边界层与层流边界层,摩擦阻力的成因。

简单应用:利用摩擦阻力公式计算船体的摩擦阻力。

2. 黏压阻力

领会:黏压阻力的成因。

3. 兴波阻力

识记:波浪的一般知识(波长、波高、周期、波速等)。

领会:兴波阻力的成因,横波与散波,兴波干扰。

4. 附加阻力

领会:附体阻力,空气阻力。

5. 浅水阻力

领会:水深弗劳德数对浅水阻力的影响。

6. 船模阻力试验与换算

领会:弗劳德阻力换算法,阻力数据表达法。

综合应用:设计船模试验工况,根据船模试验结果换算实船阻力。

第9章　船型对阻力的影响与阻力估算

一、课程内容

- 船型对阻力影响的基本概念
- 船型系数与主尺度比对阻力的影响
- 裸船体阻力估算方法

二、学习目的与要求

船型对裸船体阻力有很大影响,掌握相应的影响规律有利于选择设计恰当的船体型线;了解船体阻力估算方法可以预先对所设计舰艇的阻力性能进行评判。

学习要求:

(1) 理解船型对阻力的影响规律。

(2) 理解裸船体阻力的估算方法。

本章重点内容是舰艇船型对阻力的影响规律和海军部系数法的应用。

三、考核内容与考核要求

1. 船型对阻力的影响

领会:船体艏部形状、艉部形状、修长系数等因素对舰艇阻力的影响。

2. 舰艇阻力估算方法

领会:图谱法估算裸船体阻力,海军部系数法估算裸船体阻力。

第10章　螺旋桨几何形状

一、课程内容

- 螺旋桨的类型
- 螺旋桨的安装布置与外形特征

二、学习目的与要求

螺旋桨推进器是现代舰艇最主要的推进器，是本课程研究的重点，了解螺旋桨几何形状是本课程学习的基础。

学习要求：

(1) 理解螺旋桨的功能。

(2) 理解螺旋桨的几何形状特征和表征参数。

本章重点内容是螺旋桨的组成以及螺距三角形的概念。

三、考核内容与考核要求

1. 螺旋桨的功能

领会：螺旋桨是能量的转换装置，螺旋桨作为舰艇推进器最大的特点是结构简单、效率高。

2. 螺旋桨几何形状

识记：桨叶、桨毂、毂帽、叶面、叶背、导边、随边、叶梢、叶根、螺旋桨旋向、直径等基本概念。

领会：螺旋桨旋向的判断方法，螺旋桨叶切面，螺距三角形，螺距角，等螺距螺旋桨、变螺距螺旋桨与可调螺距螺旋桨。

第 11 章　螺旋桨水动力性能

一、课程内容

- 螺旋桨的动量理论
- 螺旋桨的水动力原理
- 螺旋桨的水动力性能
- 螺旋桨模型敞水试验

二、学习目的与要求

螺旋桨作为舰艇推进器必须要能产生推力推船前进，螺旋桨如何产生推力、怎样才能产生推力、其水动力随运动的变化规律是怎样的，这些都是螺旋桨基础理论研究要解决的问题。

学习要求：

(1) 理解理想推进器理论和理想螺旋桨理论。

(2) 掌握螺旋桨产生推力的原理。

(3) 掌握螺旋桨几何形状、运动特点与受力特征三者之间的关系。

(4) 理解螺旋桨的敞水性能曲线。

(5) 理解螺旋桨模型敞水试验的相似律。

本章重点是螺旋桨的运动对螺旋桨水动力的影响。

三、考核内容与考核要求

1. 理想推进器理论与理想螺旋桨理论

领会：鼓动盘假设，轴向诱导速度，周向诱导速度，理想推进器的推力表达式和效率表达式，理想螺旋桨的推力表达式和效率表达式，速度多边形。

2. 螺旋桨的水动力原理

领会：叶元体的受力，推力和转矩，叶元体的效率。

3. 螺旋桨敞水性能曲线

领会：进程，滑脱，进速系数，滑脱比，推力系数，转矩系数，敞水效率。

简单应用：根据螺旋桨敞水性能曲线计算螺旋桨的推力和转矩。

4. 螺旋桨模型敞水试验

领会：螺旋桨模型敞水试验相似律，临界雷诺数。

第 12 章　船体与螺旋桨的相互作用

一、课程内容

- 船体对螺旋桨的影响
- 螺旋桨对船体的影响
- 舰艇推进过程中的效率
- 船后螺旋桨性能计算

二、学习目的与要求

在舰艇推进过程中，船体和螺旋桨构成一个有机整体，会产生相互的影响，只有掌握了船桨之间的相互影响和处理方法，才能对舰艇推进过程有清晰的认知。

学习要求：

(1) 理解船体伴流的成因和处理方法。

(2) 理解推力减额的成因和处理方法。

(3) 掌握船后螺旋桨水动力的计算。

(4) 掌握舰艇推进过程中主机功率的传递，掌握各种效率成分。

本章重点是伴流、推力减额及船后螺旋桨水动力的计算。

三、考核内容与考核要求

1. 船体伴流

领会：船体伴流的概念，势伴流，摩擦伴流，兴波伴流，伴流分数。

2. 推力减额

领会：推力减额的成因，推力减额分数。

3. 船后螺旋桨的计算

综合应用：根据螺旋桨敞水性能曲线、伴流分数、推力减额分数计算船后螺旋桨的推力、转矩和有效推力。

4. 舰艇推进过程中功率的传递

领会：从主机输出功率到螺旋桨船后收到功率、敞水收到功率、推功率、有效功率的传递过程及各阶段的效率成分。

第 13 章　螺旋桨的空泡现象

一、课程内容

- 空泡的成因
- 螺旋桨空泡的成因
- 螺旋桨空泡的特性
- 空泡的危害
- 延缓螺旋桨空泡产生的措施
- 螺旋桨的空泡试验

二、学习目的与要求

螺旋桨空泡是螺旋桨在推船前进过程中出现的特殊现象，这种现象会对螺旋桨产生一定的不利影响。

学习要求：

(1) 掌握螺旋桨空泡产生的判定方法。

(2) 理解空泡现象对螺旋桨性能的影响。

(3) 理解减少或避免螺旋桨空泡现象的方法。

本章重点是螺旋桨空泡产生的判定方法及空泡的类型。

三、考核内容与考核要求

1. 螺旋桨空泡的成因

领会：减压系数，空泡数，螺旋桨空泡的成因和判定。

2. 空泡对螺旋桨性能的影响

领会：空泡剥蚀，第一阶段空泡，第二阶段空泡。

3. 减少或避免螺旋桨空泡现象的方法

领会：降低减压系数、增大空泡数等减少或避免螺旋桨空泡现象的措施。

第 14 章　舰艇的推进性能分析和预报

一、课程内容

- 船体-主机-螺旋桨配合状态
- 舰艇快速性分析

二、学习目的与要求

舰艇的快速性是船体阻力性能、主机外特性和螺旋桨水动力性能的综合体现，了解船体-主机-螺旋桨配合状态，掌握舰艇快速性分析方法，实现对课程知识的系统理解与综合运用。

学习要求：

(1) 掌握船体-主机-螺旋桨配合状态。

(2) 掌握舰艇快速性分析的方法和过程。

本章重点是舰艇的船体-主机-螺旋桨配合状态。

三、考核内容与考核要求

1. 船体-主机-螺旋桨配合状态

领会:匹配状态、重载状态、轻载状态的特征,导致重载的因素,避免重载的方法。

2. 舰艇快速性分析

领会:舰艇航行性能曲线。

综合应用:会根据舰艇航行性能曲线分析舰艇快速性能。

Ⅳ 关于大纲的说明与考核实施要求

一、自学考试大纲的目的和作用

本自学考试大纲是根据专业自学考试计划的要求,结合自学考试的特点制定的,其目的是对个人自学、社会助学和课程考试命题进行指导和规定。

自学考试大纲明确了课程自学内容及其深度和广度,规定了课程自学考试的范围和标准,是编写自学考试教材的依据,也是社会助学和个人自学的依据,同时还是进行自学考试命题的依据。

二、关于自学教材

自学教材:《舰艇静力学与快速性》,刘志华、霍聪、黄政主编,华中科技大学出版社 2019 年 8 月出版。

三、关于考核内容及考核要求的说明

(1) 课程中各章的内容均由若干知识点组成,在自学考试命题中知识点就是考核点。因此,自学考试大纲中规定的考核内容是以分解的知识点的形式给出的。因各知识点在课程中的地位、作用以及知识自身的特点不同,自学考试将对各知识点分别按四个能力层次确定其考核要求(能力层次的具体描述请参看第Ⅱ部分"考核目标")。

(2) 按照重要程度不同,考核内容分为重点内容和一般内容。为有效地指导个人自学和社会助学,本大纲在各章的"学习目的与要求"中一般也指明了该章的重点内容。在本课程试卷中重点内容所占分值一般不少于 60%。

(3) 课程分为五个部分,分别为舰艇浮性、舰艇稳性、舰艇不沉性、舰艇阻力、舰艇推进,各部分在考试试卷中所占的比例大致为 10%、30%、10%、20%、30%。

本课程共 5 学分。

四、自学方法指导

舰艇静力学与快速性是一门实践性很强的应用学科,主要内容包括舰艇浮性、稳性、不沉性等静力学性能和舰艇阻力性能、推进性能等快速性能。掌握它主要从两个方面着眼,一是充分理解各种性能的概念和计算分析方法,二是使用这些方法来解题,在解题的过程中提高对方

法的掌握程度并加深对方法的理解。在学习时请注意下面几个问题：

（1）在开始学习某一章时，应先阅读考试大纲的相关章节，了解该章各知识点的考核要求，做到心中有数。

（2）学完一章后，应对照大纲检查是否达到了大纲所规定的要求。

（3）由于舰艇静力学与快速性各部分内容的联系紧密，前面知识是学习后面知识的基础，只有掌握了一个章节的内容后才能进行下一个章节的学习。

（4）不做一定量的练习不可能掌握舰艇静力学与快速性相关的知识内容。但也不能盲目多做题，要善于在做题中发现问题，找出规律，提高分析和解决问题的能力。建议各章做题数见下表：

章　序	内　　容	习题数
1	船体几何形状	5
2	浮性	10
3	初稳性	15
4	大角稳性	15
5	潜艇的浮性与稳性	10
6	不沉性	5
7	舰艇快速性概述及舰艇阻力分类	10
8	舰艇阻力成因与计算	20
9	船型对阻力的影响与阻力估算	5
10	螺旋桨几何形状	5
11	螺旋桨水动力性能	15
12	船体与螺旋桨的相互作用	10
13	螺旋桨的空泡现象	10
14	舰艇的推进性能分析和预报	5
合计		140

（5）保证并合理安排学习时间是很重要的。由于学生情况的差异，建议按下表安排各章学习时间（包括做习题时间），仅供参考。

章　序	内　　容	学习时间/h
1	船体几何形状	4
2	浮性	8
3	初稳性	12
4	大角稳性	12
5	潜艇的浮性与稳性	8
6	不沉性	4
7	舰艇快速性概述及舰艇阻力分类	8

续表

章　序	内　　容	学习时间/h
8	舰艇阻力成因与计算	16
9	船型对阻力的影响与阻力估算	4
10	螺旋桨几何形状	4
11	螺旋桨水动力性能	12
12	船体与螺旋桨的相互作用	8
13	螺旋桨的空泡现象	8
14	舰艇的推进性能分析和预报	4
合计		112

五、考试指导

1. 有计划的学习是考试成功的必要条件

很好的计划和组织是学习成功的法宝。如果你正在接受培训学习，一定要跟紧课程并完成作业。若有不理解的内容或不会做的题，要及时请教教师。若有缺漏需及时补上。如果你是自学者，要做切实可行的学习计划，制订学习计划表，并按计划学习。遇到不理解的问题可向学过的人请教或利用网络等工具解决。

2. 如何考试

卷面整洁非常重要。书写工整、段落与间距合理、卷面赏心悦目有助于教师评分，教师只能为他看得懂的内容打分。对于选择题，可先把明显错误的或不合理的选项排除，再考虑余下的选项。做题时，一般是先做简单的题。做题时要看清题目要求，理清解题思路再做题。注意不要漏题。

3. 如何处理紧张情绪

正确处理紧张又惧怕失败的情绪，要正面思考。如果可能，可向已经通过该考试科目的人请教。考试前合理膳食，保持旺盛精力，保持冷静。在考试中，若看到试卷后出现脉搏加快、惊慌失措等现象，这时不要忙于动笔，先强迫自己冷静下来，做深呼吸放松，这样有助于保持头脑清醒，缓解紧张情绪。

4. 答题技巧

考试前可根据考试大纲的要求将课程内容总结为“记忆线索”，当你阅读试卷时一旦有思路就快速记下。按自己的步骤进行答卷。为每个考题或部分考题合理分配时间，并根据时间安排进行答卷。

六、对社会助学的要求

(1) 要熟悉考试大纲对本课程总的要求和各章的知识点，准确理解大纲对各知识点的要求与考核要求，并在教学过程中帮助考生掌握这些要求，不要随意增删课程内容和提高或降低要求。

(2) 要结合经典例题，讲清楚基本概念、定理、公式和方法步骤，重点和难点更要讲透，引导考生注意基本理论的学习；重视对基本的计算方法和计算技巧的讲解，帮助考生真正达到考核要求，并培养良好的学风，提高自学能力。不猜题、押题。

(3) 要使考生认识到辅导课只能起到“领进门”的作用，听懂不等于真懂，关键还在于自己学习，应要求考生课后抓紧复习，认真做题。

(4) 助学单位在安排本课程辅导时，授课时间建议不少于 48 h。

七、关于考试命题的若干规定

(1) 考试时间为 120 min，闭卷考试，允许携带计算器。

(2) 本大纲中规定的基本要求、知识点及各知识点下的知识细目都属于考核的内容。考试命题既要覆盖到章，又要避免面面俱到。要注意突出课程的重点，加大重点内容的覆盖度。

(3) 不应命制超过大纲考核知识点范围的题目，考核目标不得高于大纲中所规定的最高能力层次要求。命题应看重自学者对基本概念 、基本知识和基本理论是否了解或掌握，对基本方法是否会用或熟练掌握。不应命制偏题或怪题。

(4) 本课程在试卷中对不同能力层次要求的分数比例大致为：识记占 15%，领会占 20%，简单应用占 30%，综合应用占 35%。

(5) 要合理安排试卷的难易程度，试卷的难度可分为易、较易、较难和难四个等级。每份试卷中不同难度等级试题的分数比例一般为 2∶5∶2∶1，即易的占 20%，较易的占 50%，较难的占 20%，难的占 10%。

必须注意试卷的难易程度与能力层次有一定的联系，但二者不是同等的概念，在各个能力层次都有不同难度的试题。

(6) 课程考试命题的主要题型一般有单项选择题、填空题、简答题、计算题、分析计算题等。

目　　录

绪　论

一说到海军，人们很容易就联想到舰艇。舰艇是活动于水面或水下，具有攻、防作战能力或担负各种支援保障任务的军用船只的统称。舰艇按使命任务可以分为战斗舰艇和辅助舰船两大类。战斗舰艇又分为多种，比如：航空母舰是以舰载机为主要作战武器，并作为舰载机编队海上基地的大型水面舰艇；驱逐舰是以导弹、鱼雷、舰炮等为主要作战武器，能够担负反舰、反潜、防空等多种任务，具有较强的多种作战能力的大中型水面舰艇，有海上多面手之称；护卫舰是主要承担舰艇编队、运输船队的护航和基地、港口警戒巡逻任务的中型水面舰艇；而潜艇是能够潜入水下航行与作战，具有优良隐蔽性和强大威慑力的舰艇。辅助舰船有两栖攻击舰、补给舰、导弹快艇、猎雷艇、救援船、监听船等。总之，海军的舰艇种类繁多。

《中国海军百科全书》里对舰艇用一句话进行了浓缩性的解释：舰艇就是在海洋进行战斗活动和勤务保障的海军船只。这个解释高度概括了舰艇的任务：战斗舰艇执行战斗任务，辅助舰船执行勤务保障任务。并且，这个解释明确指出了舰艇执行任务的空间范围是海洋。舰艇要在海洋执行军事任务，前提是其必须具备良好的航海性能。这一点是毋庸置疑的。

一般而言，舰艇的航海性能可以分为六种，分别是浮性、稳性、不沉性、快速性、操纵性与耐波性。下面对这六种航海性能做一个简单的说明。

(1) 浮性，指舰艇能够漂浮于水面或者浮于水中，达到平衡而不至沉没的能力。

(2) 稳性。舰艇在海洋航行，不可避免会受到风浪流的干扰，偏离原来的平衡位置而倾斜。所谓舰艇的稳性，就是舰艇能够抵抗外在的干扰，虽然倾斜，但是不倾覆，并且外在干扰消失后，还能够自行回到原平衡位置的能力。

(3) 不沉性。舰艇在战斗过程中或者在执行军事任务的时候，可能会遭受到攻击，导致船体破损进水。所谓不沉性，指的是舰艇在一定的破损进水条件下，仍然能保持一定的浮性和稳性，不致沉没或倾覆，可以继续航行和作战的能力。

(4) 快速性，指舰艇能够以一定的速度高速航行的能力。舰艇快速性包括舰艇阻力性能和舰艇推进性能两个方面。舰艇的航行阻力小、推进效率高，则快速性好。

(5) 操纵性，指舰艇按照指挥员的意图灵活改变航向，或者保持既定航向不变的能力。操纵性包括航行机动性能和航向稳定性两个方面。

(6) 耐波性。舰艇在海洋上航行，经常会遭遇恶劣的风浪，舰艇的耐波性研究关注的是舰艇在波浪上摇摆和响应的问题。舰艇在波浪上的摇摆和响应越小，舰艇的耐波性越好。

这六种航海性能，可以划分为两类：① 浮性、稳性、不沉性，它们以流体静力学为基础，主要涉及舰艇的重力与浮力平衡的关系；② 快速性、操纵性、耐波性，它们以流体动力学为基础，主要涉及舰艇在海洋上运动的规律。

舰艇静力学性能与快速性是舰艇主要的航海性能，是本课程的主体学习内容，也就是说，本课程主要学习舰艇浮性、稳性、不沉性这三种静力学性能，以及快速性中舰艇阻力与推进相关内容。

第 1 章　船体几何形状

不同的舰艇，其航行性能显然是不一样的。这是因为舰艇的航海性能是舰艇与海水相互作用规律的体现。不同的舰艇有不同的几何形状、外形特征，这是其航海性能不同的根本原因。对舰艇航海性能的研究，必须以舰艇的船体外形为基础。

1.1　船体外形特点与表达方法

船体从整体上看是一个具有双重曲度的复杂流线形体（见图 1-1），用数学语言描述就是船体曲面上各点连续，但局部有导数不连续。由于其复杂性，除特殊形状（如数学船形）外，船体外形一般不能用简单的解析式表达，而需要采用型线图进行表达。

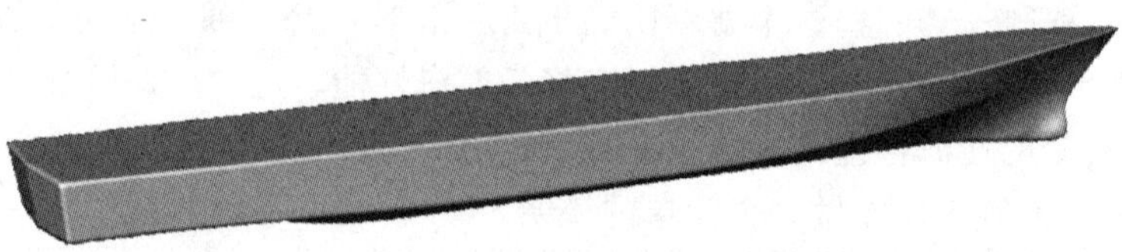

图 1-1　船体外形

在舰艇的设计、计算和建造中，即采用船体型线图来表达船体外形。船体型线图所表示的是不包括附体的裸船体的型表面。金属船体的型表面为外板的内表面，这是因为金属船体外板的厚度在整个船上的分布是不相同的，其外表面不是一个平滑的曲面，而内表面要与骨架装配，是一个平滑的曲面。水泥船和木船的船体型表面为船壳的外表面。船体型线图与机械制图中所采用的三视图（主视图、左视图、俯视图）的表示方法类似，即将船体外形分别投影到三个相互垂直的基本平面来表示。这三个基本平面也称为主坐标平面，如图 1-2 所示。

1. 中线面

中线面又称对称面，是通过船宽中央的纵向垂直平面，它把船体分为相互对称的左右两部分，如图 1-3 所示。

2. 中站面

中站面又称中船横剖面，是通过船长（垂线间长或设计水线长）中点（常用符号“⊠”表示）的横向铅垂平面，如图 1-4 所示。

3. 设计水线水平剖面和基平面

设计水线水平剖面是通过舰艇设计水线（设计状态下船体型表面与水平面的交线）的水平面，它将船体分为水上和水下两部分，如图 1-5 所示。它与中线面、中站面相互垂直。有时水平向基本平面也采用基平面，即通过船长中点处龙骨板上缘、平行于设计水线面的平面。

裸船体与中线面相交所得的剖面称为中纵剖面，与中站面相交所得的剖面称为中横剖面，

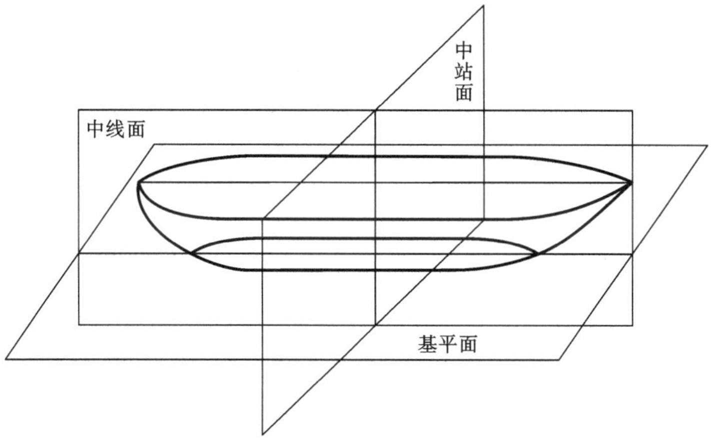

图 1-2　船体的三个基本平面

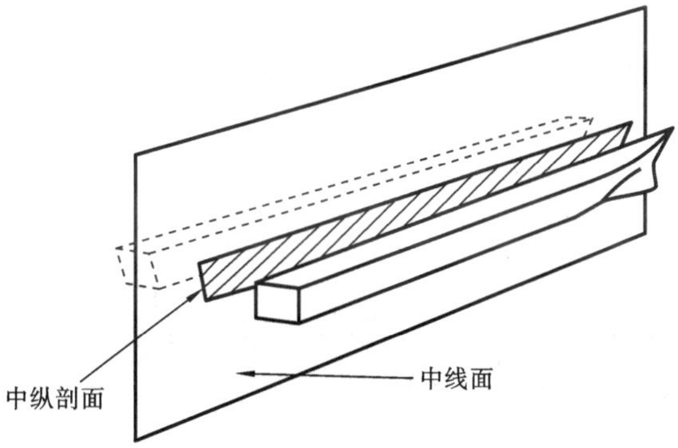

图 1-3　中线面

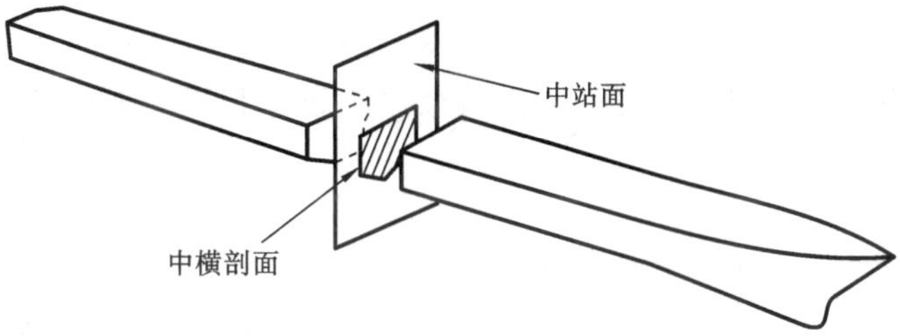

图 1-4　中站面

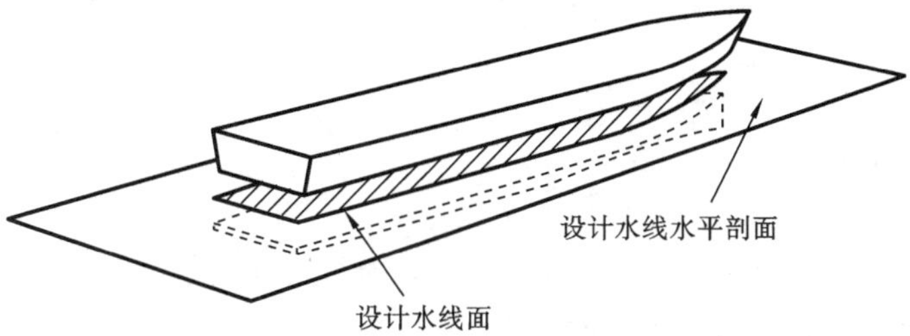

图 1-5　设计水线水平剖面

与设计水线水平剖面相交所得的剖面称为设计水线面。

1.2 型 线 图

1.2.1 三组剖面和基本型线

三个基本平面和裸船体相截所得的剖面图形(船体轮廓外形)只能初步地表达出船体外形。为了完整地表达出船体的外形及其在长、宽、高三个方向上的变化,还需要补充若干个平行于三个基本平面的剖面,将这些剖面和船体型表面相截得到的曲线,分别投影到三个基本投影面上构成三个剖面投影图,统称为船体型线图(见图 1-6)。以下介绍这三组剖面投影图。

1. 横剖线图(船体图)

平行于中站面的各横向平面(称为横向剖面)剖切船体型表面所得到的交线称为横剖线或肋骨线,横剖线所包围的船体平面称为横剖面。通常把船长等分为 20 个间距(称为站距),得到 21 个横向剖面。将各横向剖面所截得的横剖线或肋骨线投影到中站面上,即得横剖线图。各横剖线从艏至艉依次编号,称为站号,第 0～10 站为艏半段,第 10～20 站为艉半段,第 10 站即为中站面(对民船习惯上从艉向艏编号,即第 0～10 站为艉半段,第 10～20 站为艏半段)。由于船体左右对称,每一横剖线只需画出半边即可。通常将艏半段横剖线画在右边,艉半段横剖线画在左边。

在横剖线图上还需画出甲板边线和舷墙顶线。它们是分别将各站处横剖面的甲板边缘点、舷墙顶点用光顺曲线连接起来而得到的。

2. 半宽水线图

沿吃水方向平行于设计水线面取若干等间距的水平剖面,将各水平剖面所截得的船体型表面曲线投影到同一水平面上,即得水线图。各水线自龙骨基线向上依次编号。由于船体左右对称,每一水线只需画出半边即可,故称半宽水线图。

在半宽水线图上还需画出甲板边线,艏、艉楼甲板边线和舷墙顶线等的水平投影,以反映出它们的俯视轮廓。

3. 纵剖线图

沿船宽方向平行于中线面,取若干个纵向剖面,将各纵向剖面所截得的船体型表面曲线(称为纵剖线)投影到中线面上,即得纵剖线图。各纵剖线自中线面开始往舷侧依次编号(Ⅰ、Ⅱ、Ⅲ、Ⅳ等)。

在纵剖线图上还需画出龙骨线,艏、艉轮廓线,甲板边线,甲板中心线和舷墙顶线等的侧面投影。

1.2.2 型线图

在型线图中,每一种剖线仅在一个视图中保持其真实形状,而在另外两个视图中均为直线,如:纵剖线在半宽水线图和横剖线图上为直线;水线在纵剖线图和横剖线图上是直线;横剖线在半宽水线图和纵剖线图上是直线。只有甲板边线在三个视图中均为曲线。正确绘制的型线图,每条曲线都应是光顺的,曲线上任何点在三个视图上都应当相互配合。但应注意型线图

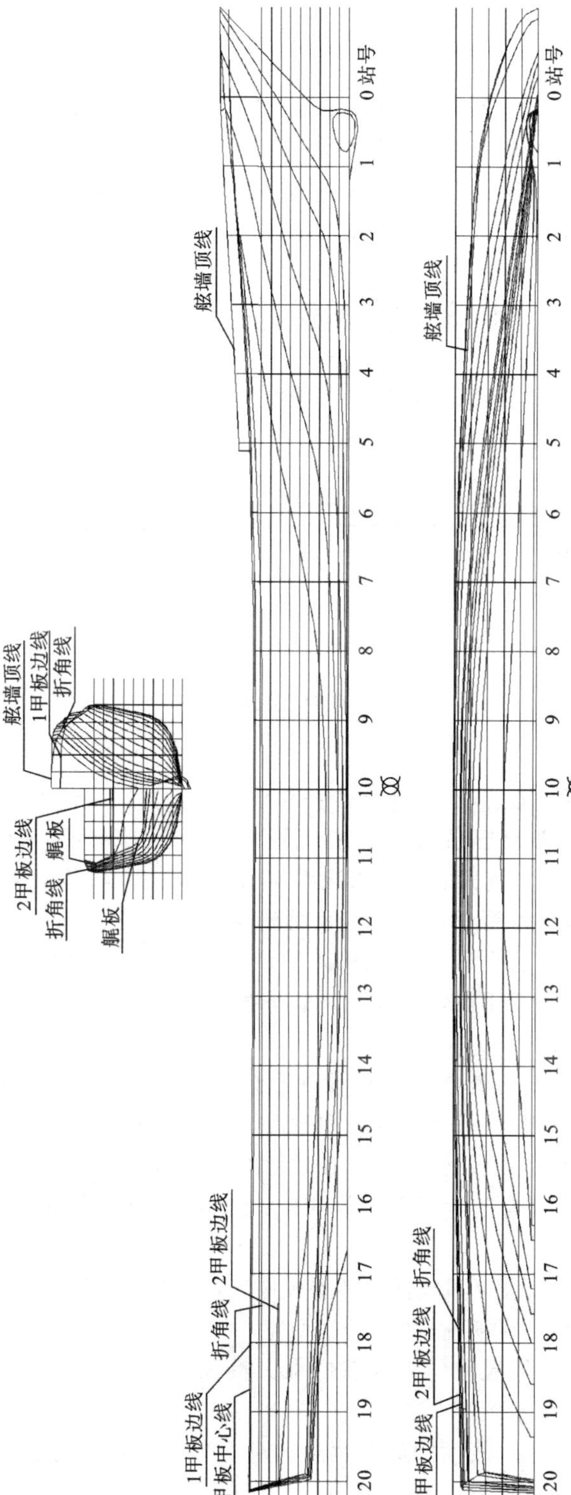
舷墙顶线
1甲板边线
折角线
2甲板边线
舭板
1甲板中心线
0站号
1
2
3
4
5
6
7
8
9
10
11
12
13
14
15
16
17
18
19
20

图 1-6 某舰船型线图

表示的船体外形是不包括外壳板和突出部分在内的船体理论外形。

1.2.3　型值表

型值表是船体表面形状的数值表达，也是型线图的数值表达。表 1-1 是某舰艇的型值表，表中给出的型值表示其所在行列之相应水线面和横剖面处的船体表面实际半宽，以及甲板边线在各横剖面处的半宽和高度等。在有的型值表中附有舰艇的主要尺寸等数据。

型线图和型值表是舰艇性能计算、建造放样等的主要依据。

1.3　舰艇的主尺度

舰艇的大小通常是由船长、船宽、型深、吃水等主要特征尺寸（见图 1-7）来度量的，这些特征尺寸定义如下。

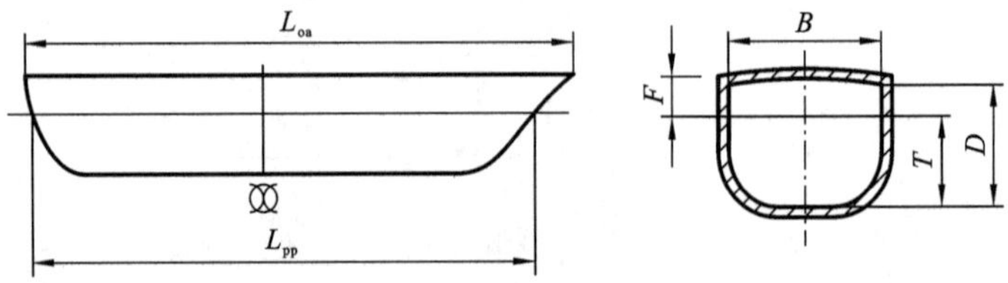

图 1-7　船体主尺度

1. 船长 L

通常选用的船长有三种，即总长、设计水线长和垂线间长。

(1) 总长 L_{oa}：自艏最前端至艉最后端（包括壳板）平行于设计水线面的最大水平距离。

(2) 水线长：平行于设计水线面的任一水线面与船体型表面艏、艉端交点间的水平距离。

设计水线长 L_{wl} 是指设计水线面与船体型表面艏、艉端交点之间的水平距离。

(3) 垂线间长 L_{pp}：艏垂线（F. P.）与艉垂线（A. P.）之间的水平距离。艏垂线是艏柱前缘与设计水线交点处的垂线（垂直于设计水线面）；艉垂线是舵柱后缘与设计水线交点处的垂线，对于无舵柱船舶为舵杆中心线。

在分析阻力及耐波性等航海性能时常用设计水线长 L_{wl}，在船舶静水性能计算中一般采用垂线间长 L_{pp}，而在舰艇进坞、靠码头或通过船闸时应该注意它的总长 L_{oa}。在舰艇的设计中一般以正常排水量下的状态作为设计状态，但在最终的设计结果中，设计水线与正常排水量下的水线有略微的差别。在本书后文中除特别说明外，船长均指设计水线长，并用符号 L 表示。

2. 船宽 B

(1) 型宽 B：船体两侧型表面（不包括船体外板厚度）之间垂直于中线面的最大水平距离，一般指船舯处的宽度。不专门说明时，船宽即指型宽。

(2) 最大船宽 B_{max}：包括外板和伸出两舷的永久性固定突出物如护舷材、舷伸甲板等在内，并垂直于中线面的最大水平距离。

(3) 设计水线宽 B_{wl}：设计水线面的最大宽度。对于具有直舷壁的船，设计水线宽等于型宽，如图 1-8 所示。

3. 型深 D

型深 D 指自龙骨板上表面（即龙骨基线）至甲板边线最低点处的垂直距离（见图 1-9）。通

表 1-1　某舰艇的型值表

站号	半宽值																				高度值												站号
	-450	0	450	900	1350	1800	2250	2700	3150	3600	4050	4500	5400	6300	7200	8100	折角线	1甲板边线	2甲板边线	舷墙顶线	龙骨	750	1500	3000	4500	6000	折角线	1甲板边线	1甲板中心线	2甲板边线	2甲板中心线	舷墙顶线	
	WL	WL	WL	WL	WL	WL	WL	WL	WL	WL	WL	WL	WL	WL	WL	WL						纵剖线	纵剖线	纵剖线	纵剖线	纵剖线							
0	—	—	—	—	—	—	—	—	—	—	30	114	320	600	980	1460	4087	3880	—	3959	4050	6684	8165	10120	—	—	11300	11080	11121	—	—	11960	0
1	—	451	522	516	531	579	648	730	823	924	1034	1170	1500	1940	2500	3140	5249	5235	—	5054	-211	2800	5400	7911	9816	—	10690	10763	10837	—	—	11693	1
2	—	160	474	765	1031	1265	1465	1629	1772	1906	2032	2190	2580	3090	3690	4370	6000	5958	—	5758	0	876	2340	6154	8263	10100	10100	10317	10413	—	—	11347	2
3	—	300	806	1248	1654	2000	2264	2497	2686	2847	3000	3180	3610	4120	4730	5390	6507	6443	—	6233	0		1173	4050	6874	8885	9540	9872	9984	—	—	10952	3
4	—	300	1075	1745	2278	2699	3039	3316	3545	3742	3920	4110	4550	5050	5600	6190	6829	6759	—	6546	0		725	2194	5305	7812	9090	9446	9570	—	—	10546	4
5	—	300	1352	2238	2890	3381	3776	4100	4360	4575	4764	4960	5360	5810	6270	6750	7064	6986	—	—	0		518	1442	3434	6674	8700	9101	9233	—	—	—	5
6	—	300	1665	2721	3486	4048	4479	4822	5096	5317	5503	5690	6050	6410	6780	7142	7250	7158	—	—	0		391	1048	2275	5273	8370	8841	8980	—	—	—	6
7	—	300	2000	3200	4056	4663	5109	5448	5708	5909	6072	6220	6514	6809	7104	7399	7401	7284	—	—	0		304	814	1665	3843	8107	8710	8854	—	—	—	7
8	—	300	2312	3663	4564	5181	5619	5937	6167	6338	6477	6596	6835	7074	7313	7474	7507	7357	—	—	0		246	656	1312	2809	7931	8704	8850	—	—	—	8
9	—	300	2654	4083	4976	5568	5978	6267	6471	6614	6728	6825	7021	7217	7412	7526	7565	7409	—	—	0		196	541	1086	2279	7900	8701	8850	—	—	—	9
10	—	300	2996	4415	5256	5794	6181	6456	6638	6760	6856	6943	7117	7291	7465	7561	7600	7444	—	—	0		153	451	936	2023	7900	8700	8850	—	—	—	10
11	—	300	3200	4559	5345	5875	6254	6510	6682	6806	6900	6982	7146	7309	7473	7561	7600	7444	—	—	0		124	401	874	1932	7900	8700	8850	—	—	—	11
12	—	300	2969	4340	5198	5779	6185	6461	6649	6777	6869	6954	7123	7293	7462	7556	7594	7439	—	—	0		150	458	970	2024	7900	8700	8850	—	—	—	12
13	—	300	2358	3754	4784	5532	6034	6351	6560	6702	6810	6897	7069	7242	7414	7509	7548	7392	—	—	0		235	639	1212	2211	7900	8704	8852	—	—	—	13
14	—	300	1632	2879	4036	5025	5708	6133	6395	6572	6706	6799	6973	7147	7321	7417	7456	7299	—	—	0		404	945	1548	2534	7900	8712	8856	—	—	—	14
15	—	300	1018	1892	2951	4100	5055	5720	6121	6368	6526	6625	6818	7011	7204	7316	7354	7194	—	—	0		710	1370	1975	2988	7900	8725	8865	—	—	—	15
16	—	300	540	1016	1756	2793	4040	5060	5714	6069	6273	6393	6617	6840	7064	7199	7238	7073	—	—	0		1212	1876	2436	3491	7900	8747	8882	—	—	—	16
17	—	—	—	—	571	1268	2490	4024	5131	5651	5950	6126	6380	6634	6887	7046	7085	6914	—	—	1000		1904	2398	2865	4157	7900	8780	8909	—	—	—	17
18	—	—	—	—	—	—	300	1967	4086	5095	5581	5834	6131	6425	6719	6908	6947	6766	6432	—	2250		2594	2910	3281	4999	7900	8829	8953	6322	6442	—	18
19	—	—	—	—	—	—	—	—	1525	4418	5197	5520	5873	6214	6555	6782	6821	6626	6254	—	3000		3147	3326	3628	5735	7900	8901	9020	6405	6518	—	19
20	—	—	—	—	—	—	—	—	—	—	0	788	2906	6004	6414	6696	6735	6527	6086	—	4050		4846	5433	5906	6300	7900	8971	9086	6487	6594	—	20
艉板	—	—	—	—	—	—	—	—	—	3542	4830	5207	5620	6004	6405	6681	6720	6509	6085	—	3250		3347	3521	3849	6300	7900	8985	9100	6488	6600	—	艉板

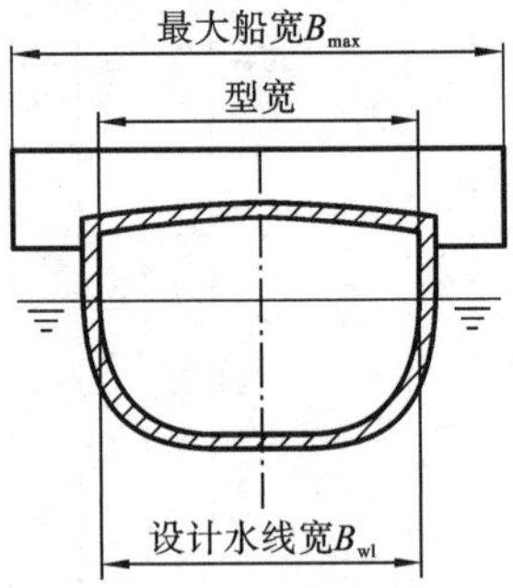

图 1-8 舰艇的船宽

常甲板边线最低点在中站面处。

4. 吃水 T

吃水 T 指龙骨基线至水线面的垂直距离(见图 1-9)。当舰艇有设计纵倾时,艏、艉吃水不同,取其平均值,即

$$T=\frac{1}{2}(T_f+T_a) \tag{1-1}$$

式中 T——平均吃水;

T_f——艏吃水,沿艏垂线自水线面至龙骨基线的延长线之间的距离;

T_a——艉吃水,沿艉垂线自水线面至龙骨基线的延长线之间的距离。

5. 干舷 F

干舷 F 指水线面至上甲板上表面的垂直距离(见图 1-9)。一般舰艇在艏、舯和艉部处的干舷是不同的。如无特别注明,系指中站面处的干舷。所以,干舷等于型深与吃水之差再加上上甲板厚度。

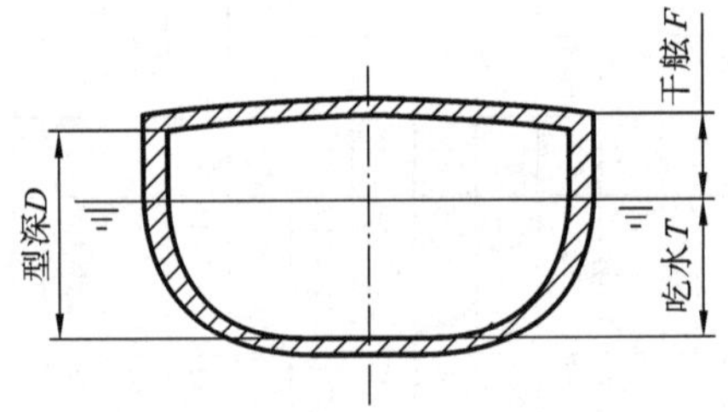

图 1-9 舰艇的型深、吃水与干舷

1.4 船型系数与主尺度比

1.4.1 船型系数

船型系数是表示船体水下部分面积或船体肥瘦程度的无因次系数,这些系数对分析船型和舰艇航海性能有很大的用处。以下给出各系数的定义。

(1) 水线面面积系数(C_{wp}):与基平面平行的任一水线面的面积 S_w 与由相应的船长 L、船宽 B 所确定的长方形面积之比,即

$$C_{wp}=\frac{S_w}{L\times B} \tag{1-2}$$

C_{wp}的大小表示水线面的肥瘦程度。

(2) 中站面面积系数(C_m):中站面在水线以下的面积 S_m 与由船宽 B、吃水 T 所确定的长方形面积之比,即

$$C_m=\frac{S_m}{B\times T} \tag{1-3}$$

C_m 的大小表示水线以下的中站面的肥瘦程度。

(3) 方形系数(C_b)：船体水线以下的体积，即排水体积 V 与由船长 L、船宽 B、吃水 T 所确定的长方体体积之比(见图 1-10)，即

$$C_b=\frac{V}{L\times B\times T} \tag{1-4}$$

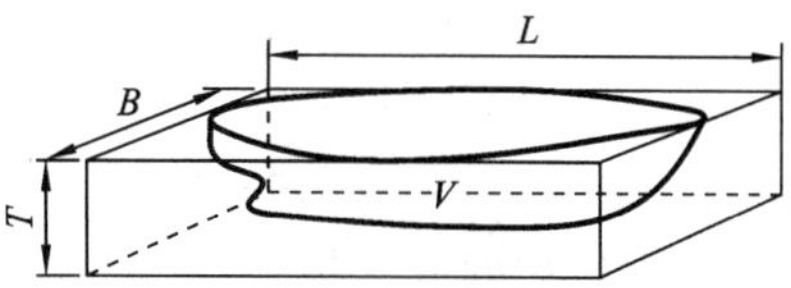

图 1-10　方形系数

C_b 的大小表示船体水下部分的肥瘦程度。

(4) 纵向棱形系数(C_p)：船体排水体积 V 与由相对应的中站面面积 S_m、船长 L 所确定的棱柱体体积之比(见图 1-11)，即

$$C_p=\frac{V}{S_m\times L} \tag{1-5}$$

C_p 的大小表示排水体积沿船长方向的分布情况。

(5) 垂向棱形系数(C_{vf})：船体水线以下的排水体积 V 与由相对应的水线面面积 S_w、吃水 T 所确定的棱柱体体积之比(见图 1-12)，即

$$C_{vf}=\frac{V}{S_w\times T} \tag{1-6}$$

C_{vf} 的大小表示排水体积沿吃水方向的分布情况。

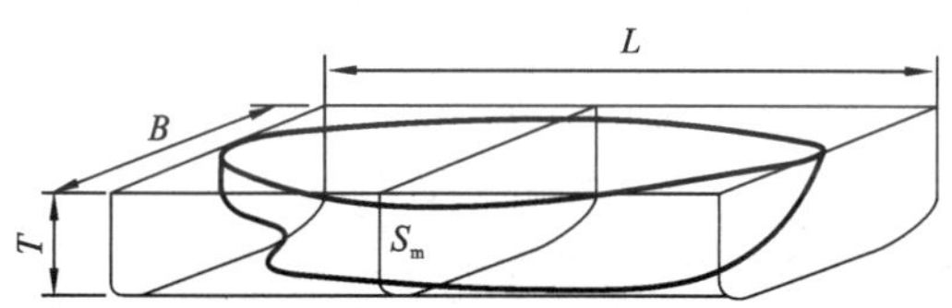

图 1-11　纵向棱形系数

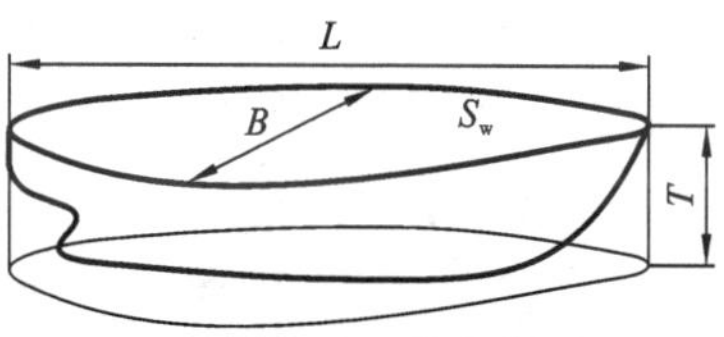

图 1-12　垂向棱形系数

上述各系数定义中的水线面，如无特别指明，通常都是指设计水线面。由上述各系数的定义不难得到如下关系：

$$C_p=\frac{C_b}{C_m} \tag{1-7}$$

$$C_{vf}=\frac{C_b}{C_{wp}} \tag{1-8}$$

以下举例说明船型系数的物理意义。

如图 1-13 所示，A 船的水下形状为一个三棱柱体(见图 1-13(a))，B 船的水下形状为一个艏、艉尖瘦的棱形体(见图 1-13(b))，两船的长、宽、吃水均相同，其排水体积亦相同。

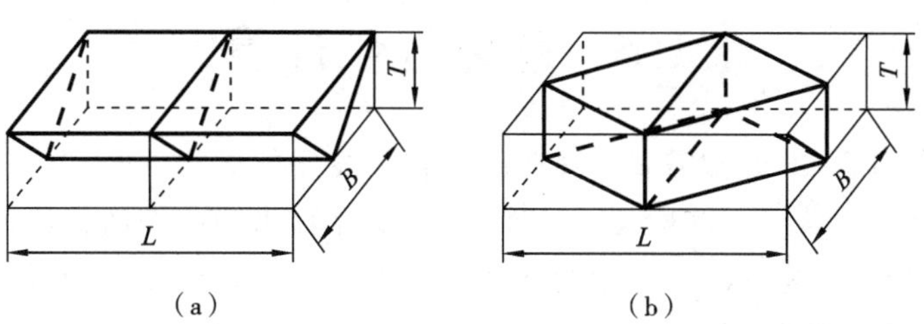

图 1-13　特殊棱柱体船

根据定义可得：

对于 A 船，$C_{wp}=1.0$，$C_m=0.5$，$C_b=0.5$，$C_p=1.0$，$C_{vf}=0.5$；

对于 B 船，$C_{wp}=0.5$，$C_m=1.0$，$C_b=0.5$，$C_p=0.5$，$C_{vf}=1.0$。

由上述两船的立体图形和船型系数可以得出：

方形系数 C_b 越小，船体水下部分越尖瘦；反之，C_b 越大，船体水下部分越丰满。A、B 两船虽然水下形状不同，但它们的 C_b 值是相同的。这说明两船船体水下部分肥瘦程度相同。

排水体积的分布情况可以由纵向棱形系数和垂向棱形系数来说明。

纵向棱形系数反映排水体积沿纵向分布的情况。如 C_p 较小，排水体积较多集中在船舯部，艏、艉两端较尖瘦，如 B 船($C_p=0.5$)，反之，C_p 较大，排水体积沿船长方向分布较均匀，且艏、艉两端较丰满，如 A 船($C_p=1.0$)。

垂向棱形系数反映排水体积沿吃水方向分布情况。C_{vf}较小，排水体积多集中在上部，船体水下部分横剖面呈 V 形，如 A 船($C_{vf}=0.5$)；C_{vf}较大，表示其排水体积上下分布较均匀，如 B 船($C_{vf}=1.0$)，船体水下部分横剖面趋于 U 形。

1.4.2 主尺度比

舰艇各主要尺度间的比值也是表示船体几何特征的重要参数。常用的尺度比有长宽比(L/B)、宽度吃水比(B/T)、型深吃水比(D/T)及长度型深比(L/D)等。L/B 通常表示船的瘦长程度，也可用瘦长度系数 ψ 来表示船的瘦长度，它是船长 L 与水下排水体积 V 的三次方根之比，即 $\psi=L/\sqrt[3]{V}$；B/T 表示船的扁平程度；D/T 表示船相对吃水大小。它们与舰艇性能、强度以及经济性等有密切的关系。各类舰艇船型系数和主尺度比值的大致范围见表 1-2。

表 1-2 各类舰艇船型系数和主尺度比值的大致范围

舰艇类型	船型系数			主尺度比值			
	C_b	C_{wp}	C_m	L/B	B/T	D/T	ψ
巡洋舰	0.45～0.65	0.65～0.72	0.76～0.89	8～11	2.6～3.6	1.7～2.0	7.5～8.5
驱逐舰 护卫舰	0.4～0.54	0.7～0.78	0.7～0.86	9～12	2.6～4.2	1.7～2.0	8.0～9.0
潜艇	0.4～0.55	—	—	7～13	1.4～2.0	—	—
猎潜艇	0.45～0.5	0.74～0.78	0.75～0.82	7.9～8.5	2.6～3.2	1.6～2.0	7.5～8.0
扫雷舰	0.5～0.6	0.68～0.75	0.8～0.88	7.0～8.0	2.8～4.0	—	6.5～7.5

1.5 船体近似计算

在舰艇的性能计算中，经常需要计算横剖面和水线面的面积、排水体积，以及这些面积与体积的几何中心坐标。为了计算舰艇的稳性，还需要计算水线面的面积惯性矩等。这些计算有时称为舰艇船体计算，是舰艇设计中的基础工作之一。原则上，这些计算可以用定积分直接解决，但由于舰艇型线通常不能用解析式表达，因此一般都是根据型线图(或型值表)用数值积分法来进行计算的。在舰艇船体计算中，最常用的数值积分法有梯形法、辛普森法和切比雪夫法三种。随着计算机技术的发展，人们开始广泛使用计算机编程计算舰艇的各种性能，一些适于编程的计算方法可以提高计算精度，且不增加计算难度。本节主要介绍梯形法。

梯形法是一种最简便的数值积分方法，它的基本原理是：用若干直线段组成的折线近似取代曲线。或者说，以若干个梯形面积之和代替曲线下的面积。

如图 1-14 所示，设曲线 CD 为船体上的某一段曲线，用梯形法计算其面积的步骤如下。

先将曲线 CD 在 x 轴上的投影分成间距为 l 的 n 个等份，从等分点 $x_0, x_1, \cdots, x_n$ 作垂线，分别与曲线 CD 交于 $C, E, F, \cdots, D$ 诸点，分别以 $y_0, y_1, \cdots, y_n$ 表示所量得的纵坐标值。如将 $CE, EF, \cdots$ 连成直线，则从图中可以看出，折线 $CEF\cdots D$ 与曲线 CD 很接近，且随 l 的减小而愈加接近。如果取足够的等份数，则曲线 CD 下的面积可近似地等于折线 $CEF\cdots D$ 下的面积。这样，曲线 CD 下的面积就可以近似地用 n 个梯形面积之和来表示。即

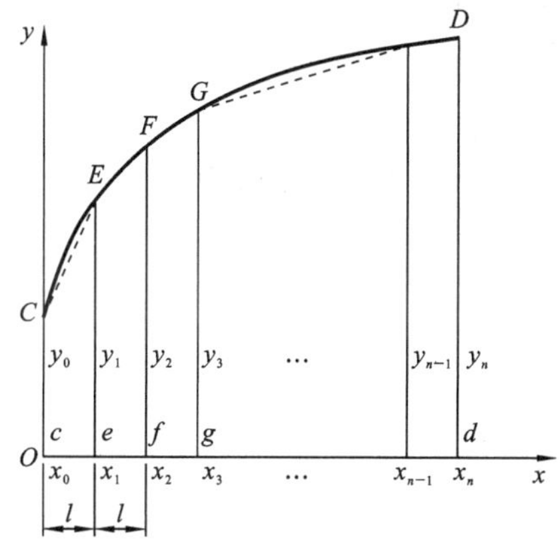

图 1-14　梯形近似

$$S = \int_0^L y\mathrm{d}x \approx \frac{1}{2}(y_0 + y_1)l + \frac{1}{2}(y_1 + y_2)l + \cdots + \frac{1}{2}(y_{n-1} + y_n)l$$

$$= \frac{1}{2}l[(y_0 + y_1) + (y_1 + y_2) + \cdots + (y_{n-1} + y_n)] \tag{1-9}$$

或写成：

$$S = \int_0^L y\mathrm{d}x \approx \frac{L}{n}\left[y_0 + y_1 + y_2 + \cdots + y_{n-1} + y_n - \frac{1}{2}(y_0 + y_n)\right] \tag{1-10}$$

式中　L——所求面积底边的总长；

n——等份数；

l——等分点之间的距离，其值为 $l=L/n$。

为了简化书写，可将式(1-10)改写为如下的形式：

$$S = \int_0^L y\mathrm{d}x \approx \frac{L}{n}\left(\sum_{i=0}^{n} y_i - \varepsilon\right) \tag{1-11}$$

式(1-11)中符号 ε 称为修正值，它等于两端纵坐标之和的一半，即

$$\varepsilon = \frac{y_0 + y_n}{2} \tag{1-12}$$

式(1-9)和式(1-10)适用于按梯形法计算的任何积分对象。假如纵坐标代表船体水线面面积 S_{w}，那么由积分值将得出船体的体积 $V = \int_0^L S_{\mathrm{w}}\mathrm{d}x$。同理，应用式(1-9)和式(1-10)还可以计算静矩、惯性矩等。

梯形法简单直观，可靠性高，且便于进行变上限积分，所以在舰艇性能计算中得到了广泛的应用。

思　考　题

1. 船体的外形特点是什么？一般采用哪种方式表达船体外形？
2. 船体的基本投影面是哪些平面？
3. 船体的型表面是如何定义的？

4. 船体的“站”指的是什么？

5. 方形系数、纵向棱形系数与垂向棱形系数均反映了舰艇排水体积的分布情况，这三者的物理含义有何区别？

6. 船体型线图是如何构成的？

第2章 浮 性

舰艇要能够在水面或水下航行，基本要求是能够稳定地浮于水面或水下。舰艇的浮性就是指舰艇在一定装载情况下浮于水面或水中一定位置处并保持平衡的能力。如果舰艇的浮性不足，舰艇就会下沉甚至沉没。舰艇平台浮力的大小，或者说排水量的大小，是与舰艇自身的使命任务相适应的。航空母舰以舰载机作为作战武器并为其提供海上活动基地，排水量达(2～10)×10^4 t；驱逐舰装备有导弹、鱼雷、舰炮、深水炸弹、直升机等武器系统，具有多方面综合作战能力，排水量为4000 t到近万吨不等；而以导弹为主要武器、主要用于近岸海区作战的导弹快艇，其使命任务单一，排水量一般为数十吨到500 t。

浮性不仅是舰艇最基本的航海性能，也是舰艇其他各种航海性能得以存在和发挥的基础。本章将叙述舰艇在静水中的平衡条件、各种漂浮状态，以及舰艇重量重心计算的原理和方法。

2.1 舰艇浮态

舰艇的浮态是指舰艇和静水表面的相对位置，或者说是舰艇漂浮于水面时所取的姿态。为描述舰艇的浮态，需先确定坐标系。

2.1.1 坐标系

在舰艇静力学中坐标系取在船体上，坐标系为o-xyz，如图2-1所示。以基平面、中线面和中站面的交点为坐标原点o，ox轴是基平面与中线面的交线，以指向艏为正方向，oy轴是基平面与中站面的交线，以指向舰艇右舷为正方向，oz轴是中线面与中站面的交线，以向上为正。因此，xoy平面是基平面，xoz是中线面，而yoz是中站面。

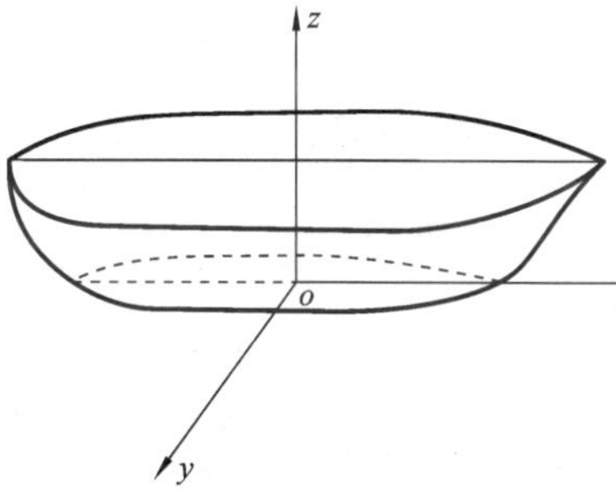

图2-1 舰艇坐标系

2.1.2 舰艇浮态表示法

舰艇的浮态可以由吃水和绕ox轴、oy轴倾角的大小来确定。舰艇可能的漂浮状态有以下四种。

1. 正浮状态

正浮状态指舰艇无艏、艉的纵向倾斜，也无左、右舷的横向倾斜的状态。此时，xoy平面与水线面平行，即ox轴和oy轴与水线面平行，如图2-2所示。

由于基平面与水线面平行，这时只要用一个参数——吃水T即可表达正浮状态水线WL

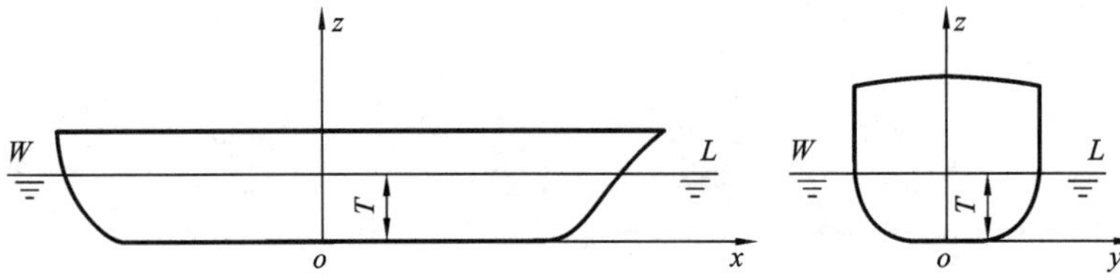

（a）　　（b）

图 2-2　舰艇正浮状态

的位置，由图 2-2 可见，T 即水线面与 oz 轴交点之坐标。

2. 横倾状态

横倾状态指舰艇无艏、艉的纵向倾斜，但有左、右舷的横向倾斜的状态。此时 ox 轴与水线 WL 平行，oy 轴与水线 WL 之间有一夹角 ϕ，称为横倾角，如图 2-3 所示。

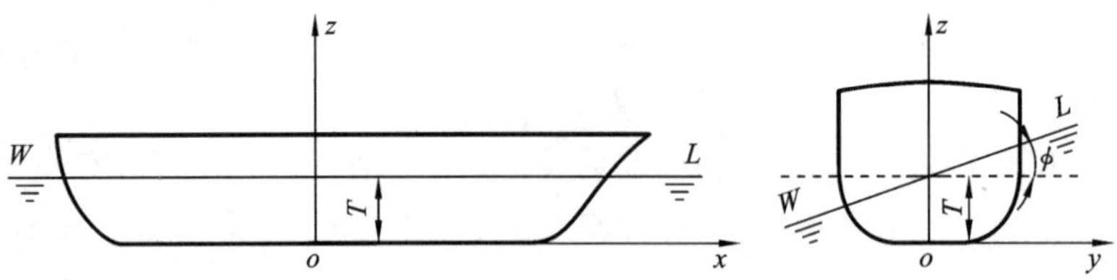

（a）　　（b）

图 2-3　舰艇横倾状态

这时要确定舰艇的漂浮状态，需要用两个参数，即吃水 T 和横倾角 ϕ。规定舰艇向右舷倾斜时横倾角 ϕ 为正，反之为负。

3. 纵倾状态

纵倾状态指舰艇有艏、艉的纵向倾斜，无左、右舷的横向倾斜的状态。此时 oy 轴与水线 WL 平行，ox 轴与水线 WL 之间有一夹角 θ，称为纵倾角，如图 2-4 所示。

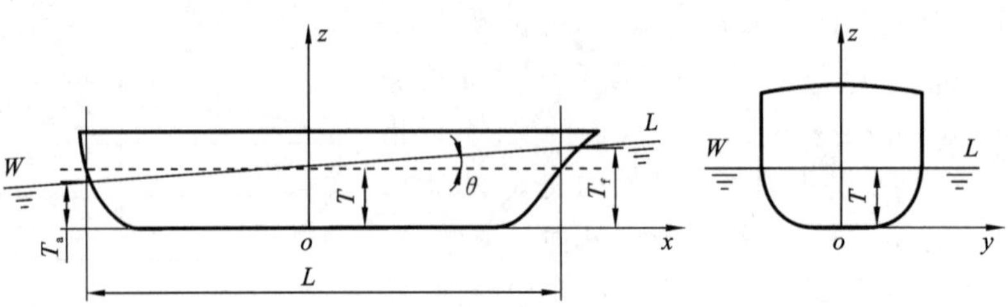

（a）　　（b）

图 2-4　舰艇纵倾状态

这时要确定舰艇的漂浮状态，需要用两个参数，即吃水 T 和纵倾角 θ，这里吃水是指平均吃水 $T=(T_f+T_a)/2$（T_f 为艏吃水，T_a 为艉吃水）。规定舰艇向艏倾斜时纵倾角 θ 为正，反之为负。

纵倾状态也可以用艏吃水、艉吃水或用平均吃水、艏艉吃水差两个参数表达。艏吃水 T_f 和艉吃水 T_a 分别是指艏垂线处和艉垂线处的吃水，艏艉吃水差定义为

$$t=T_f-T_a \tag{2-1}$$

艏艉吃水差与纵倾角之间有如下关系：

$$\tan\theta=\frac{t}{L} \tag{2-2}$$

艏倾时 t 为正，艉倾时 t 为负。

4. 任意状态

任意状态指舰艇既有艏、艉的纵向倾斜又有左、右舷的横向倾斜的状态，如图 2-5 所示。显然要表达这种状态需要吃水 T、横倾角 ϕ 和纵倾角 θ 三个参数。

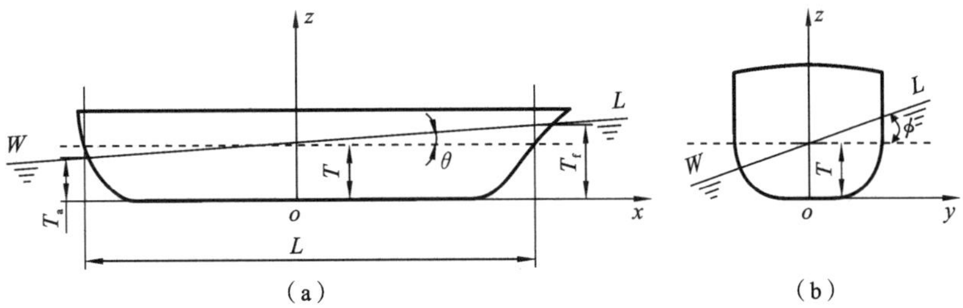

图 2-5　舰艇任意状态

大多数情况下，舰艇漂浮于静水面的状态是正浮或稍带艉倾的状态。横倾状态、大纵倾状态和任意状态对舰艇的航行性能和战斗性能都是不利的，因此设计上或装载使用过程中不允许出现，这些状态往往只在舰艇破损进水的情况下才出现。

2.2　舰艇平衡条件及平衡方程式

2.2.1　舰艇平衡条件

舰艇在任一装载状态下，漂浮于水面（或浸没于水中）一定位置处时，是一个处于平衡状态的浮体，这时作用于舰艇上的力，有船体本身的重力和静水压力所形成的浮力。

作用于舰艇上的重力是由舰艇本身各部分，如船体、机电设备、武器装备、弹药、人员及各种载荷等的重力所形成的一个垂直向下的合力，用 P 表示，合力的作用点 G 称为舰艇的重心，重心坐标位置用 $G(x_g,y_g,z_g)$ 表示。

当舰艇漂浮于水面一定位置处时，船体浸水表面的每一点都会受到静水压力，这些点所受静水压力都是垂直于船体表面的，其大小与浸水深度成正比。舰艇所受静水压力的水平分力相互抵消，垂直分力则形成一个垂直向上的合力，此合力就是支持舰艇漂浮于一定位置处的浮力 ρgV。合力的作用点 B 称为舰艇的浮心，浮心坐标位置用 $B(x_b,y_b,z_b)$ 表示，如图 2-6 所示。

根据阿基米德原理，物体在水中受到的浮力等于该物体所排开的水的重量。因此，舰艇所受到的浮力就等于舰艇所排开的水的重量，通常称为重量排水量，即

$$\Delta'=\rho gV \tag{2-3}$$

式中　ρ——水的密度，t/m^3。一般对于淡水可取 $\rho=1.0\ t/m^3$；对于海水可取 $\rho=1.025\ t/m^3$。

g——重力加速度，m/s^2。

Δ'——舰艇的重量排水量，kN。

V——舰艇排水体积，m^3。

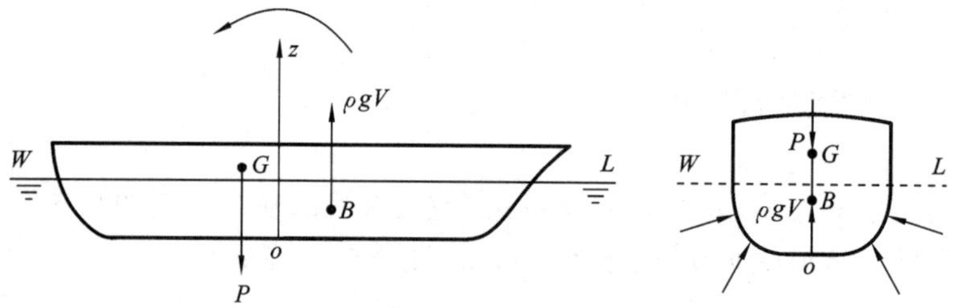

(a) (b)

图 2-6 舰艇重力与浮力

$\rho g V$——浮力,kN。

习惯上采用舰艇排开水的质量来计舰艇排水量,即

$$\Delta=\rho V \ (\mathrm{t})$$

通常,舰艇排水量均指以质量计的排水量。

舰艇的排水体积中心 B 就是舰艇的浮心。

因此,舰艇静止漂浮于水面一定位置处时,可以认为其只受到两个力的作用:作用于重心 G 点铅垂向下的重力 P 和作用于浮心 B 点铅垂向上的浮力 $\rho g V$。所以舰艇的平衡条件是:

(1) 重力与浮力的大小相等、方向相反,即

$$P=\rho g V$$

(2) 重心 G 与浮心 B 在同一条铅垂线上。

2.2.2 平衡方程式

将舰艇的平衡条件用数学方程式的形式表达就是平衡方程式。

以下针对舰艇的四种漂浮状态写出平衡方程式。

1. 正浮状态下的平衡方程式

如图 2-7 所示,由于船体左右对称,舰艇正浮时,浮心必在中线面上,根据平衡条件,重心坐标 y_g 也必然在中线面上,故有

$$\begin{cases} P=\rho g V \\ x_g=x_b \\ y_g=y_b=0 \end{cases} \tag{2-4}$$

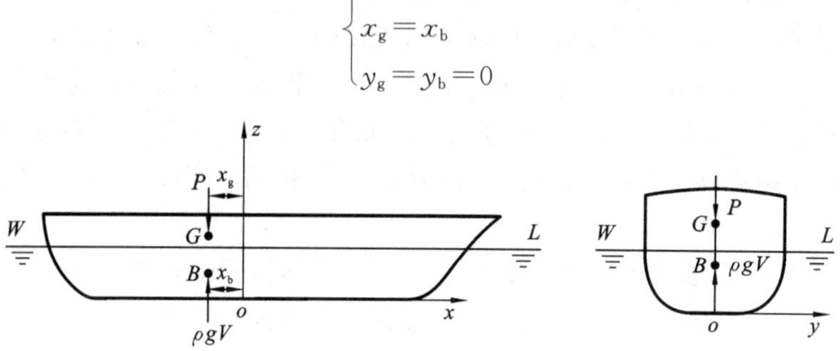

(a) (b)

图 2-7 舰艇在正浮状态下的受力

2. 横倾状态下的平衡方程式

如图 2-8 所示,可导出舰艇在横倾状态下的平衡方程式为

$$\begin{cases}P=\rho gV\\ y_b-y_g=(z_g-z_b)\tan\phi\\ x_g=x_b\end{cases}\tag{2-5}$$

3. 纵倾状态下的平衡方程式

同理,不难由图 2-9 导出舰艇在纵倾状态下的平衡方程式:

$$\begin{cases}P=\rho gV\\ x_b-x_g=(z_g-z_b)\tan\theta\\ y_g=y_b=0\end{cases}\tag{2-6}$$

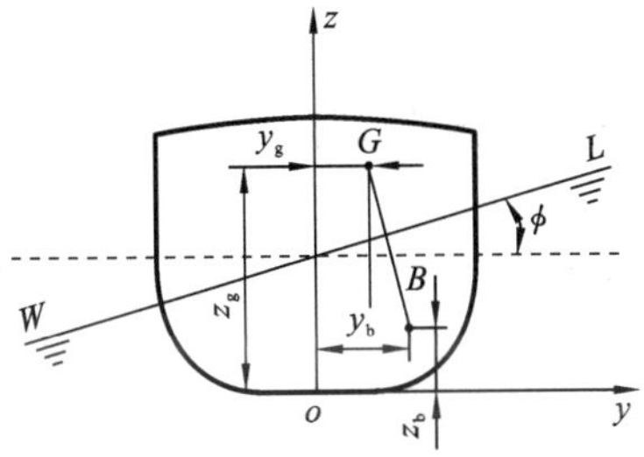

图 2-8　舰艇横倾状态

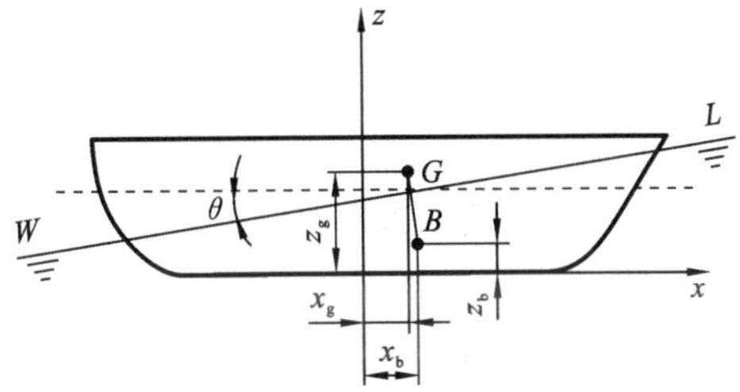

图 2-9　舰艇纵倾状态

4. 任意状态下的平衡方程式

任意状态下的平衡方程式可以直接由式(2-5)和式(2-6)得出:

$$\begin{cases}P=\rho gV\\ y_b-y_g=(z_g-z_b)\tan\phi\\ x_b-x_g=(z_g-z_b)\tan\theta\end{cases}\tag{2-7}$$

一般横倾状态和任意状态下的平衡方程式在实际中较少使用。利用平衡方程式,可以检查某已知水线(即吃水、横倾角、纵倾角均为已知)是否为平衡水线(即该已知的漂浮状态是否为平衡状态)。为此,需求出舰艇的重量、重心坐标、水下体积(浮力)和浮心坐标,把这些值代入以上平衡方程式中看其是否成立即可判定。

由舰艇的平衡条件或平衡方程式可知,舰艇重量、重心坐标、浮力和浮心坐标共同决定了舰艇的漂浮状态,在后续章节讨论的稳性问题也是重量和浮力的相互作用问题。因此,舰艇静力学研究始终围绕着这几个量展开,讨论其变化规律和计算方法。

2.3　舰艇重量和重心位置的计算

以下先讨论舰艇重量和重心位置的计算方法,对舰艇的浮力和浮心位置计算,在讨论了舰艇初稳性之后与初稳性的有关量一并进行讨论。

2.3.1　计算重量和重心位置的一般公式

舰艇重量是舰艇上各项重量的总和。若已知各个项目的重量为 p_i,则舰艇总重量 P 可按下式求得:

$$P=p_1+p_2+p_3+\cdots+p_n=\sum_{i=1}^{n}p_i\tag{2-8}$$

式中　n——组成舰艇总重量的各个重量项目的数目。

若已知各项重量 p_i 的重心位置为(x_i,y_i,z_i)，则舰艇的重心坐标 $G(x_g,y_g,z_g)$可按下式求得：

$$x_g=\frac{\sum_{i=1}^{n}p_ix_i}{\sum_{i=1}^{n}p_i},\quad y_g=\frac{\sum_{i=1}^{n}p_iy_i}{\sum_{i=1}^{n}p_i},\quad z_g=\frac{\sum_{i=1}^{n}p_iz_i}{\sum_{i=1}^{n}p_i} \tag{2-9}$$

为了避免使舰艇处于横倾状态，在舰艇的设计建造和使用过程中，总是设法使其重心位于中线面上，即使 $y_g=0$。

2.3.2　增减载荷时新的重量和重心位置计算公式

一方面，舰艇上的一部分载重如油水、弹药、粮食、人员等是变动的；另一方面，在舰艇的现代化改装或修理中往往要增减某些设备。因此，常常需要运用式(2-9)计算载荷增减或移动后舰艇新的重量和重心位置。

设舰艇原来重量为 P，重心坐标为 $G(x_g,y_g,z_g)$，增加的载荷为 q，其重心坐标为 $K(x_q,y_q,z_q)$，载重增加后，舰艇新的重量为 P_1，新的重心坐标为 $G_1(x_{g1},y_{g1},z_{g1})$，则由式(2-8)和式(2-9)即可写出：

$$\begin{cases}P_1=P+q\\ x_{g1}=\dfrac{Px_g+qx_q}{P+q},\quad y_{g1}=\dfrac{Py_g+qy_q}{P+q},\quad z_{g1}=\dfrac{Pz_g+qz_q}{P+q}\end{cases} \tag{2-10}$$

若舰艇增加载荷，则式中载荷 q 为正值，若减载则式中载荷 q 为负值。

有时需要知道载荷增减后舰艇重心坐标的改变量 Δx_g、Δy_g、Δz_g，这时可按下式计算：

$$\Delta x_g=\frac{q(x_q-x_g)}{P+q},\quad \Delta y_g=\frac{q(y_q-y_g)}{P+q},\quad \Delta z_g=\frac{q(z_q-z_g)}{P+q} \tag{2-11}$$

2.3.3　移动载荷时重心位置的改变

设舰艇原来的重量为 P，重心 G 坐标为(x_g,y_g,z_g)，若有载荷 q 自 $K_1(x_{q1},y_{q1},z_{q1})$移动至 $K_2(x_{q2},y_{q2},z_{q2})$，舰艇重心坐标也将相应地从 $G(x_g,y_g,z_g)$移至 $G_1(x_{g1},y_{g1},z_{g1})$。由图 2-10 可知，载荷从 K_1 点移至 K_2 点，等效于在 K_1 点减去载荷 q，同时在 K_2 点增加载荷 q，于是，便将载荷移动问题转化成增减载荷问题，这样便可以用式(2-10)来求移动后的重心位置，即

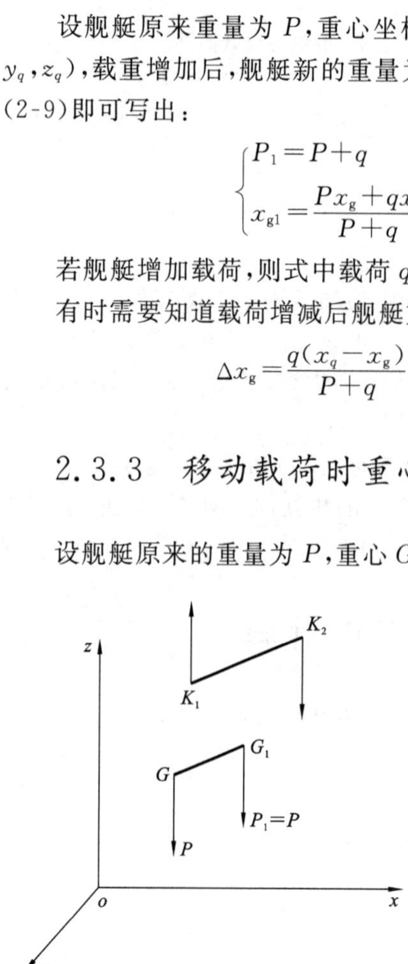

图 2-10　载荷移动

$$\begin{cases}x_{g1}=\dfrac{Px_g+qx_{q2}-qx_{q1}}{P+q-q}=\dfrac{Px_g+q(x_{q2}-x_{q1})}{P}\\ y_{g1}=\dfrac{Py_g+q(y_{q2}-y_{q1})}{P}\\ z_{g1}=\dfrac{Pz_g+q(z_{q2}-z_{q1})}{P}\end{cases} \tag{2-12}$$

移动载荷所引起的重心位置的改变不难得到：

$$\Delta x_g = \frac{q(x_{q2} - x_{q1})}{P}, \quad \Delta y_g = \frac{q(y_{q2} - y_{q1})}{P}, \quad \Delta z_g = \frac{q(z_{q2} - z_{q1})}{P} \tag{2-13}$$

从式(2-13)可以看出：若把物体系中的一个物体沿某方向移动一段距离，则整个物体系的重心必定沿同一方向移动，且移动的距离与该移动物体的重量和移动的距离成正比，而与物体系的总重量成反比。这就是重心移动定理。

重心移动定理不仅适用于重物移动时重心的计算，也适用于面积和体积移动时求面积中心和体积中心的改变量。

2.3.4　舰艇排水量的分类

舰艇的质量应等于其排开水的质量，即排水量。舰艇在实际使用过程中载重是变化的，其排水量也相应变化。通常定义舰艇若干典型的装载情况及相应的排水量。

按照相关规范的规定，舰艇典型排水量分为以下五种。

(1) 空载排水量：全舰建造完毕，各种装置设备安装齐全的舰，不计入人员、行李、食品、淡水、液体负荷、弹药、供应品、燃油、滑油、给水、喷气燃料、特殊装载和超载等质量时的排水量。

(2) 标准排水量：空载排水量加上全部人员、行李、食品、淡水、液体负荷、弹药和供应品等的质量，但不计入燃油、滑油、给水、喷气燃料、特殊装载和超载等的质量。

(3) 正常排水量：标准排水量加上保证百分之五十规定的续航力所需的燃油、滑油、给水、喷气燃料及特殊装载质量时的排水量。

(4) 满载排水量：标准排水量加上保证百分之一百规定的续航力所需的燃油、滑油、给水、喷气燃料及特殊装载质量时的排水量。

(5) 最大排水量：满载排水量加上超载质量时的排水量。

舰艇载荷种类较多，在舰艇设计的各个阶段把舰艇载荷分为十六个分项，即船体结构，推进系统，电力系统，电子信息系统，辅助系统，船体属具与舱室设施，武器发射装置与保障系统，供应品，弹药，人员、行李、食品、淡水，燃油、滑油、给水、喷气燃料，储备排水量，液体负荷，特殊装载，压载，超载。分项下再细分为节、组、项。水面舰艇典型排水量所含各分项见表2-1，表中“√”表示有该项，“—”表示无该项，“△”表示可能有该项。

表2-1　各类排水量所包含的各分项序号的规定

序号	载荷分类	排水量				
		空载	标准	正常	满载	最大
1	船体结构	√	√	√	√	√
2	推进系统	√	√	√	√	√
3	电力系统	√	√	√	√	√
4	电子信息系统	√	√	√	√	√
5	辅助系统	√	√	√	√	√
6	船体属具与舱室设施	√	√	√	√	√
7	武器发射装置与保障系统	√	√	√	√	√

续表

序号	荷载分类	排水量				
		空载	标准	正常	满载	最大
8	供应品	—	√	√	√	√
9	弹药	—	√	√	√	√
10	人员、行李、食品、淡水	—	√	√	√	√
11	燃油、滑油、给水、喷气燃料	—	—	50%装载	√	√
12	储备排水量	√	—	√	√	√
13	液体负荷	—	√	√	√	√
14	特殊装载	—	—	√	√	√
15	压载	△	△	△	△	△
16	超载	—	—	—	—	√

表中的储备排水量是舰艇设计时预先计入排水量的，是主要用于设计建造和现代化改装的一项备用重量。

2.3.5　舰艇重量和重心的计算

对于舰艇各种典型的装载情况下的重量和重心计算，原则上用式(2-8)和式(2-9)进行，方法比较简单。由于在求取总和中涉及的被加数项目太多，都需一一测算，工作相当烦琐，故在计算时要认真仔细，以免发生差错。在舰艇的重量和重心位置的计算中通常是将全部载重归纳为节、组、项，然后再汇总到分项表中。并且，在实用中常用质量代替重量、用质心代替重心来进行计算。

表 2-2 为某舰艇在各个装载情况下的质量和质心位置计算分项汇总表。

表 2-2　舰艇质量和质心、位置计算分项汇总表

序号	项目名称	质量/t	纵向		横向		垂向	
			质心纵坐标/m	纵向力矩/(tf·m)	质心横坐标/m	横向力矩/(tf·m)	质心垂向坐标/m	垂向力矩/(tf·m)
1	船体结构	1307.54	−4.89	−6393.87	0.00	0.00	6.07	7937.77
2	推进系统	416.55	1.31	545.68	−0.07	−29.16	7.61	3169.94
3	武器发射装置与保障系统	142.68	4.97	709.11	−0.44	−62.78	8.53	1217.06
4	船体属具与舱室设施	512.91	−14.83	−7606.45	−0.04	−20.5	3.88	1990.09
5	电子信息系统	165.98	−1.14	−189.22	0.69	114.53	6.13	1017.45
6	电力系统	268.50	−3.74	−1004.19	0.03	8.55	6.33	1699.6
7	辅助系统	76.21	−0.30	−22.86	0.20	15.24	10.46	797.16
8	人员、行李、食品、淡水	68.59	25.74	1765.51	0.02	1.37	4.28	293.56

续表

序号	项目名称		质量/t	纵向		横向		垂向	
				质心纵坐标/m	纵向力矩/(tf·m)	质心横坐标/m	横向力矩/(tf·m)	质心垂向坐标/m	垂向力矩/(tf·m)
9	液体负荷		124.39	2.23	277.39	−0.12	−14.93	1.69	210.22
10	弹药		58.46	9.25	540.76	−0.38	−22.21	7.50	438.45
11	供应品		23.00	1.28	29.44	0.00	0.00	8.52	195.96
12	燃油、滑油、给水和喷气燃料	正常排水量	205.20	9.94	2039.69	0.05	10.26	1.44	295.49
		满载排水量	410.40	−4.15	−1703.16	0.02	8.20	1.74	714.10
13	储备排水量		130.00	0.00	0.00	0.00	0.00	11.50	1495.00
14	超载		257.27	−3.09	−794.96	0.00	0.00	2.77	712.60
15	结冰重量		91.48	17.96	1642.98	0.00	0.00	10.89	996.20
	空载排水量		3111.84	−3.96	−12322.88	0.01	31.11	6.53	20320.32
	标准排水量		3386.28	−2.87	−9718.62	0.00	−0.00	6.34	21469.02
	正常排水量		3591.48	−2.14	−7685.76	0.00	0.00	6.06	21764.36
	满载排水量		3796.68	−3.01	−11428.01	0.00	0.00	5.84	2212.61
	最大排水量（未含结冰质量）		4053.95	−3.01	−12202.39	0.00	0.00	5.64	22864.28

注：1 tf·m＝9.8 kN·m。

例 2-1　求某驱逐舰在艉甲板上装水雷后的重量和重心位置。已知增加水雷前驱逐舰的排水量为 2318 t，重心坐标为 $x_g=-2.10$ m，$y_g=0$ m，$z_g=4.65$ m，水雷总重为 40.0 t，重心坐标为 $x_q=-43.5$ m，$y_q=0$ m，$z_q=7.80$ m。

解　根据式(2-10)，装载水雷后舰艇的重量为

$$P_1=P+q=(2318+40)\times 9.8\ \text{kN}$$
$$=2358\times 9.8\ \text{kN}=23108.4\ \text{kN}$$

新重心位置为

$$x_{g1}=\frac{Px_g+qx_q}{P+q}=\frac{2318\times(-2.10)+40\times(-43.5)}{2358}\ \text{m}=-2.80\ \text{m}$$

$$y_{g1}=0\ \text{m}$$

$$z_{g1}=\frac{Pz_g+qz_q}{P+q}=\frac{2318\times 4.65+40\times 7.8}{2358}\ \text{m}=4.70\ \text{m}$$

例 2-2　试直接求出例 2-1 中因装载水雷而引起的重心位置的改变量。

解　根据式(2-11)，得

$$\Delta x_g=\frac{q(x_q-x_g)}{P+q}=\frac{40\times[(-43.5)-(-2.10)]}{2358}\ \text{m}=-0.702\ \text{m}$$

$$\Delta z_g=\frac{q(z_q-z_g)}{P+q}=\frac{40\times(7.8-4.65)}{2358}\ \text{m}=0.053\ \text{m}$$

2.4 储备浮力及载重标志

2.4.1 储备浮力

舰艇在水面的漂浮能力是由储备浮力来保证的。所谓储备浮力是指水线以上到上甲板以下的全部水密体积所提供的浮力，它表示舰艇从水线 *WL* 开始继续增加载荷而还能保持漂浮的能力。储备浮力对稳性、不沉性有很大的影响。船体损坏后，海水进入舱室，必然会增大吃水，如果船舶具有足够的储备浮力，则仍能浮于水面而不致沉没。因此储备浮力是确保舰艇安全航行的一个重要指标。

储备浮力的大小通常以正常重量排水量的百分数来表示，水面战斗舰艇储备浮力一般都在正常重量排水量的 100%左右，而具体数值随舰种而不同，例如驱逐舰储备浮力为正常重量排水量的 100%～150%，巡洋舰储备浮力为正常重量排水量的 80%～130%。潜艇储备浮力则相对较小，为正常重量排水量的 16%～50%。

民船的储备浮力比较小，其大小根据船舶类型、航海区域以及载运货物的种类而定。内河驳船的储备浮力为正常排水量的 10%～15%，海船的储备浮力为正常重量排水量的20%～50%。

2.4.2 载重标志

民用船舶(主要是运输船)船东一方总是希望尽可能多地运载货物，从而易产生超载情况，导致船舶干舷和储备浮力减小，可能影响航行安全。为此，国际上曾于 1930 年制定了《国际船舶载重线公约》，并于 1966 年对其做了修订。我国于 1959 年颁布了《海船载重线规范》，1975 年又做了修订。对于内河船舶的载重线也有类似的规范。规范规定在船舯两舷部设置载重线标志，表明该船在不同航区、不同季节中航行时所允许的最大吃水线，以此规定船舶安全航行所需的最小储备浮力。

图 2-11(a)所示为国际航行船舶的载重线标志，它由外径为 300 mm、内径为 250 mm 的一圆环和横贯圆环中心的长为 450 mm、宽为 25 mm 的一条水平线，以及在圆环前方 540 mm 处的长为 230 mm、宽为 25mm 的若干水平线段所组成。各水平线段表示船舶按其航行的区域和季节而定的载重线，其表示意义是(括号内为英文符号)：

(1) BDD(WNA) ——冬季北大西洋载重线；

(2) D(W) ——冬季载重线；

(3) X(S) ——夏季载重线；

(4) R(T) ——热带载重线；

(5) Q(F) ——夏季淡水载重线；

(6) RQ(TF) ——热带淡水载重线。

图 2-11(b)所示为长江航区的钢船载重线标志，图中字母“Z”“C”表示勘定干舷的主管机关是中华人民共和国船舶检验局。

若船舶的实际吃水超过规定的载重线，则表明该船已处于超载状态，其结果是造成储备浮力减小，航行的安全性得不到保障，港务监督机构就可以不批准其出港。

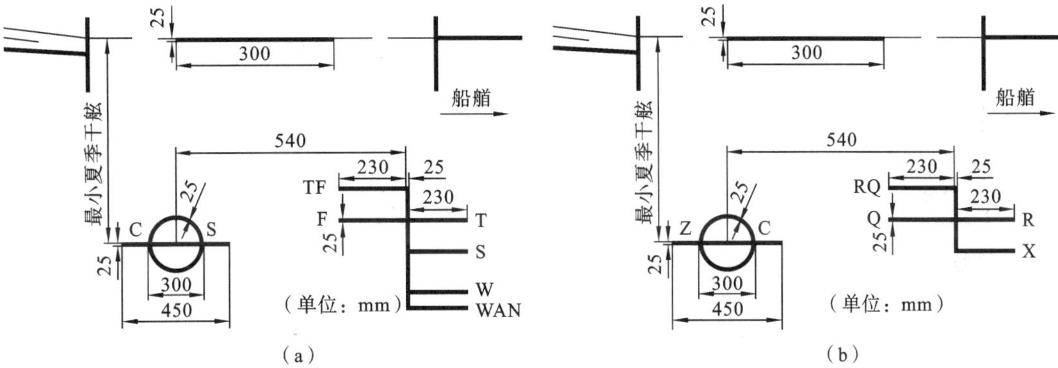

图 2-11 载重线标志

关于航区的划分、最小干舷的确定等，可以参阅有关规范。

2.4.3 潜艇的吃水标志

潜艇的吃水标志是用来确定潜艇吃水的。潜艇吃水有两种：一种是由基平面起算的吃水，称为理论吃水，用来进行浮性、稳性等性能计算，并用 T_f、T、T_s 分别表示潜艇的艏吃水、平均吃水和艉吃水；一种是实艇标志吃水 $T_{标}$，由艇底最低点（如声呐导流罩下边缘）起算的吃水，用于潜艇航海。

各类潜艇的吃水标志在《浮力与初稳度技术条令》中都有说明。

如某艇吃水标志如图 2-12 所示。

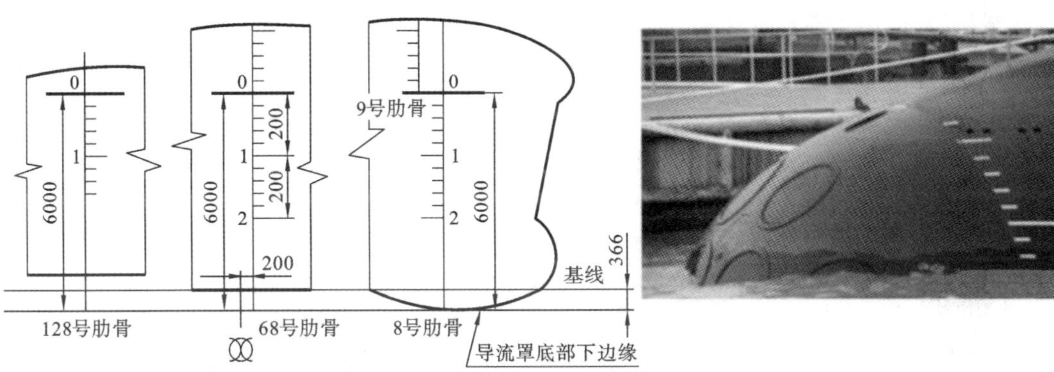

图 2-12 吃水标志

（1）吃水标志绘于艏（8、9 号肋骨）、舯（68 号肋骨向艏 200 mm）、艉（128 肋骨）；

（2）艏、艉两端吃水标志的间距为 68.4 m；

（3）艏、舯、艉吃水标志中最长的长线条为零号，长度为 1 m，自其下边缘向上或向下测量；

（4）任意两根相邻长线条下边缘间距为 200 mm；

（5）艏、舯、艉零号吃水下边缘到导流罩下边缘止，垂直距离为 6 m；

（6）导流罩下边缘在基线以下 366 mm（计算实际吃水时可取 0.37 m）处。

用吃水标志求潜艇实际吃水时，应求出水线距零号长线条下边缘的距离。

思 考 题

1. 船体坐标系是如何定义的?
2. 水面舰艇的平衡状态可以分为哪几种?分别需要哪些参数进行表达?
3. 舰艇平衡条件是什么?如何根据平衡条件建立各种浮态下的平衡方程式?
4. 舰艇必须处于正浮状态才能达到重量与浮力的平衡吗?
5. 利用重心计算公式分别写出移动载荷与增减载荷后新的重心表达式。
6. 水面舰艇的标准排水量和满载排水量是如何定义的?
7. 什么是储备浮力?对于特定的水面舰艇,与储备浮力关系最密切的是哪种主尺度?

第3章　初　稳　性

舰艇静止地处于某一漂浮状态时，舰艇的重力和浮力大小相等、方向相反，且作用在同一条铅垂线上，即舰艇处于平衡位置。但是舰艇在海上不可避免地会受到风浪流的作用而偏离平衡位置发生倾斜。在外力的作用下舰艇的倾斜程度有多大？是否会倾覆？外力消失后舰艇能不能重新回到原来的平衡位置？这些都是舰艇稳性研究关注的问题。

3.1　概　　述

3.1.1　稳性的定义

如前文所述，舰艇在外力作用下偏离其平衡位置而倾斜，当外力消失后，能自行回到原来平衡位置的能力，称为舰艇稳性。

这里通过图示来说明舰艇稳性概念。如图 3-1 所示，舰艇正浮平衡于水线 WL 处，受到外力干扰(如人为地作用一个力矩)作用后水线为 W_1L_1，当外力作用消失后看一下舰艇的运动情况。图 3-1(a)所示的情况是重力与浮力形成的力偶矩将使舰艇回到原来的平衡位置，此时称舰艇在原来的平衡位置具有稳性，即该平衡位置是稳定的。图 3-1(b)所示的情况是重力与浮力所形成的力偶矩将使舰艇继续倾斜而偏离原来的平衡位置，此时称舰艇在原来的平衡位置不具有稳性，即该平衡位置是不稳定的。

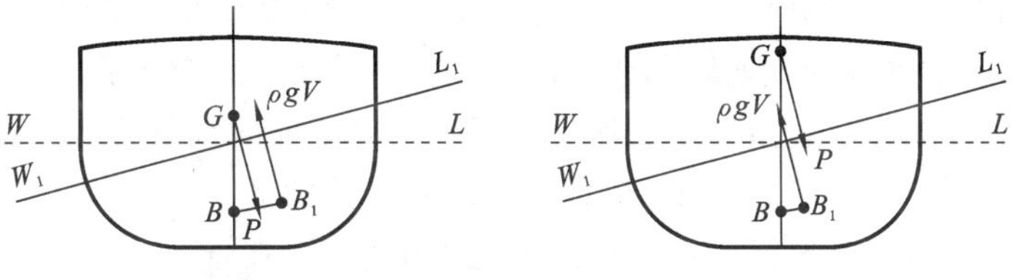

图 3-1　舰艇平衡位置稳定性概念

显然，尽管重力和浮力大小没有改变，当舰艇在外力干扰作用下偏离平衡位置时，若外力作用消失，舰艇能否回到平衡位置，将取决于某些因素的制约。这正是本章要讨论的问题。

3.1.2　关于稳性的几点说明

关于稳性，有以下几点需要说明。

1. 稳性是舰艇处于平衡位置时的特性

稳性是针对舰艇的某一平衡位置(或装载状态)而言的，是舰艇处于平衡位置时的一种固有属性，是用来描述各平衡位置之间的区别的特征量。同一艘舰艇在不同平衡位置(不同的装载状态)有不同的稳性，舰艇在非平衡位置则无从讨论稳性问题。

2. 稳性与稳度

稳性是指外力作用消失后舰艇自行回复到原来的平衡位置的能力。对某个平衡位置而言，当使舰艇偏离平衡位置的外力作用消失后，舰艇能重新自行回到平衡位置时，称该平衡位置是稳定的，否则是不稳定的。舰艇有无回到原平衡位置的能力是稳性问题，也即平衡位置稳定与否的问题；而舰艇回到原平衡位置能力的大小，则是稳定程度的问题，即稳度问题。所以，一般首先应当判断舰艇的平衡位置是否稳定，然后再衡量稳定程度的大小。

3. 横稳性与纵稳性

舰艇在外力作用下而偏离平衡位置，可能有各种各样的情况，但概括起来，无非是沿铅垂轴和水平轴的平移，或是绕铅垂轴和水平轴的转动。有实际意义的是舰艇绕水平轴的转动：舰艇的横倾，即向左舷或右舷一侧的倾斜；舰艇的纵倾，即向船艏或船艉的倾斜。对于水面舰艇，尤其值得注意的是绕纵向水平轴的转动，也就是横倾，因为翻船通常发生在横向。

舰艇在横倾条件下重新回到原来平衡位置的能力称为横稳性。而舰艇在纵倾条件下的上述能力称为纵稳性。研究水面舰艇纵稳性的目的主要是确定纵倾角。

4. 初稳性与大角稳性

根据舰艇偏离平衡位置程度的不同，把稳性分为初稳性(小角稳性)和大角稳性。初稳性适用于横倾角不大于15°(或上甲板不入水，舭部不露出水面)的情况。舰艇横倾角为10°,20°,…,90°时舰艇回到原平衡位置的能力，则属于大角稳性的范畴。一般大角度倾斜只发生在横倾时，所以大角稳性研究只分析横倾的情形。至于纵倾，通常倾角都很小，仅在初稳性研究中考虑。

初稳性只能说明舰艇在平衡位置的最初特性，或者说受到外界小扰动情况下的稳性。它不能反映后续的、偏离较大的条件下舰艇的稳性。全面表征舰艇在某一平衡位置的横稳性的则是大角稳性，所以大角稳性当然包括初稳性在内。特别是涉及舰艇是否会倾覆等问题时，不能仅根据初稳性做出判断，必须考察其大角稳性。

将大角稳性和初稳性分开讨论研究，是因为小角度倾斜时，可以采用一些简化假设，得到简单的数学关系式，这样在处理实际问题时比较方便。其次在舰艇的服役过程中，要确定载荷分布左右不对称(包括人员的走动、一舷舱室破损进水等造成的载荷分布不对称情况)、不大的风压长期作用等情况下横倾角的大小，只需要知道初稳性的规律即可。特别是舰上装载的变动(包括载荷增加、减少、移动)而引起的浮态和稳性的改变，在日常使用、改装、维修等过程中大量出现，而在许多情况下往往只要估计舰艇初稳性的变化就行了，所以初稳性的研究具有实用的意义。

3.2 等体积倾斜与等体积倾斜轴

舰艇在外力干扰作用下发生倾斜且外力消失后，舰艇上的作用力仍只有重力和浮力，此时其水下部分体积大小未变，只是体积形状一般有变化，体积形心(浮心)位置也随之移动。舰艇这种重量和浮力大小不变的倾斜称为等体积倾斜。分析舰艇稳性问题时我们总是假定舰艇做等体积倾斜。舰艇等体积倾斜时，通常重力和浮力不在同一条铅垂线上，而构成一个力偶矩，该力偶矩称为复原力矩(也称回复力矩或恢复力矩)。若复原力矩与倾斜方向相反，则可将舰艇扶正，否则会使舰艇倾斜程度加大。通常确定重力作用线时总是假定重心位置在倾斜中不变，而要确定浮力作用线时则首先要确定倾斜水线的位置，然后计算舰艇倾斜后的浮心变化，再找出复原力矩。因此，首先要确定舰艇等体积倾斜的水线位置。

3.2.1 等体积倾斜水线

如图 3-2 所示，设舰艇在平衡位置时的水线为 WL，在外力作用下横倾一小角度 ϕ 后的倾斜水线为 W_1L_1，水线 W_1L_1 为等体积倾斜水线，其中出水一端构成出水楔形体，入水一端构成入水楔形体。先计算入水楔形体和出水楔形体的体积。

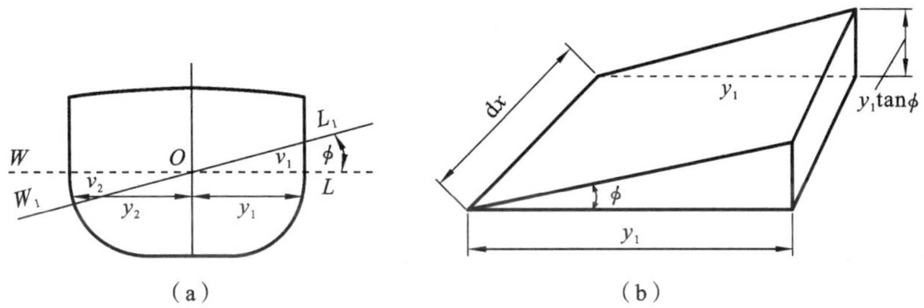

图 3-2 舰艇等体积倾斜

首先假定在小角度 ϕ 倾斜条件下，船舷为直舷，即楔形体剖面为直角三角形。于是从图 3-2 中可以看出，三角形 LOL_1 的面积 $=\frac{1}{2}y_1^2\tan\phi$。沿船长取一小段 dx，其体积为

$$dv_1=\frac{1}{2}y_1^2\tan\phi dx$$

沿整个船长积分，得到整个入水楔形体的体积为

$$v_1=\int_{-L/2}^{L/2}\frac{1}{2}y_1^2\tan\phi dx=\tan\phi\int_{-L/2}^{L/2}\frac{1}{2}y_1^2 dx$$

同理，可以求出整个出水楔形体的体积为

$$v_2=\int_{-L/2}^{L/2}\frac{1}{2}y_2^2\tan\phi dx=\tan\phi\int_{-L/2}^{L/2}\frac{1}{2}y_2^2 dx$$

在等体积倾斜的条件下，出水楔形体体积和入水楔形体体积相等，即 $v_1=v_2$。由此可得

$$\int_{-L/2}^{L/2}\frac{1}{2}y_1^2 dx=\int_{-L/2}^{L/2}\frac{1}{2}y_2^2 dx \tag{3-1}$$

式(3-1)等号左右两端的积分分别表示水线面 WL 在倾斜轴线(平衡位置水线面与倾斜水线面的交线)$O—O$ 两侧的部分对轴线 $O—O$ 的面积静矩，如图 3-3 所示。因此，式(3-1)表示水线面 WL 对轴线 $O—O$ 的面积静矩等于零，这就意味着倾斜轴线 $O—O$ 通过原水线面 WL 的形心(或称为漂心)。由此得出结论：等体积倾斜轴 $O—O$ 必然通过原水线面 WL 的形心。于是，当已知舰艇的倾角 ϕ 及原水线面 WL 的形心位置时，就可以确定倾角 ϕ 以后的等体积水线 W_1L_1 的位置。

上述讨论同样适用于舰艇纵倾的情况。

需要强调指出的是，等体积倾斜时倾斜轴线通过原水线面形心的结论仅适用于小角度倾斜，这是因为前面在计算出水和入水楔形体体积时，是采用直角三角形来求楔形体剖面面积的，当倾角增大时，$O—O$ 轴两侧的出水和入水楔形体的剖面将不能再近似为直角三角形，按

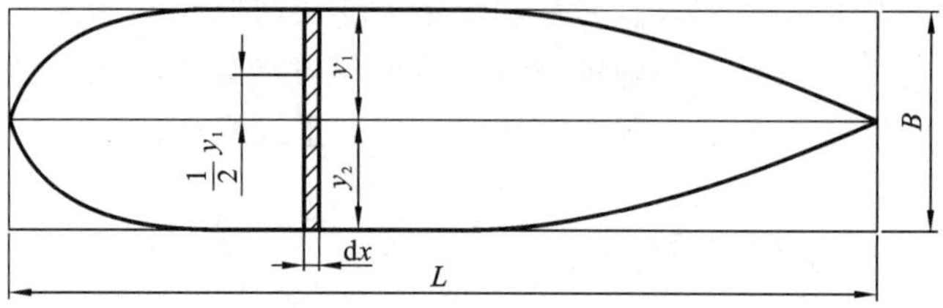

图 3-3　水线面面积静矩

以上公式计算入水、出水楔形体体积时将出现较大的误差。

3.2.2　浮心的移动

如果使舰艇在横剖面内做不同倾角（如 10°，20°，30°，…）的等体积倾斜，由于水下体积形状不断改变，浮心位置也将不断地改变。若这种等体积倾斜进行了一周，即转动了 360°，那么浮心的移动轨迹将是一条封闭的空间曲线。由于舰艇艏、艉的不对称性，当做横向的等体积倾斜时，浮心不仅会在横剖面上移动，还将产生纵向的移动。

从理论上讲，研究舰艇横倾时浮心移动的变化规律，应当以浮心空间移动轨迹为对象，但为了简化问题，一般以浮心移动轨迹在横剖面上的投影，即浮心曲线，取代其实际轨迹。这相当于忽略了浮心在纵向的移动，而浮心的纵向移动将引起舰艇的纵倾，所以也就是忽略了由横倾引起的纵倾。考虑到浮心纵向移动所引起的纵倾通常都很小，所以这样做不会带来显著的误差。

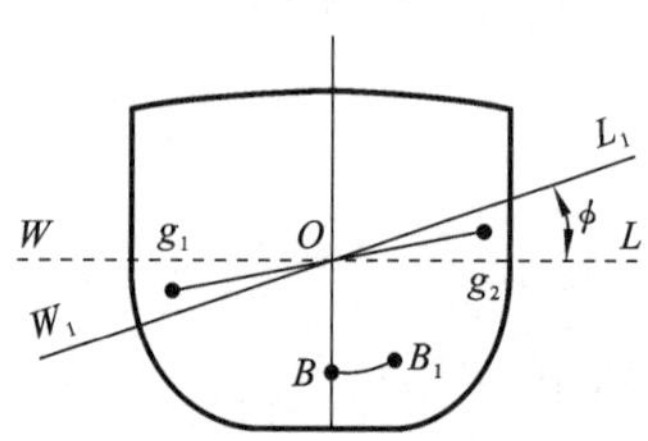

图 3-4　浮心移动曲线

考察图 3-4，浮心曲线有如下特性：

（1）浮心曲线在某点的切线平行于相应水线。这是因为当舰艇自水线 WL 向某一方向倾斜（如右倾）一小角度时，根据重心移动定理，浮心自点 B 移动到点 B_1，直线段 BB_1 与 g_1g_2 平行（g_1、g_2 分别是出水、入水楔形体的体积中心），所以浮心不仅向倾斜方向移动，并且兼有高度方向（z 轴方向）上的移动，于是对 WL 水线而言，点 B 与浮心曲线上左右邻近点相比当然是处于最低点位置，那么过点 B 作平行于水线 WL 的平行线，所得到的必然是浮心曲线在点 B 处的切线。

（2）浮心曲线在某点之法线垂直于相应水线，并且和相应的浮力作用线在横剖面上的投影相重合。这一点是很明显的：既然切线平行于水线，那么法线必然垂直于水线，而浮力作用线在横剖面上的投影也必然通过该点并垂直于水线，二者完全重合。

以下分析舰艇倾斜后浮心移动距离$\overline{BB_1}$的大小。如图 3-4 所示，设舰艇漂浮于水面并处于平衡状态时的水线为 WL，排水体积为 V，横倾一小角度 ϕ 后倾斜水线为 W_1L_1。令 v_1、v_2 分别表示出水及入水楔形体的体积，g_1、g_2 分别表示出水、入水楔形体的体积中心。由于 $v_1=v_2$，因此可以认为：舰艇在横倾至水线为 W_1L_1 时的排水体积不变，只是出水楔形体部分排水体积移到了入水楔形体处，相应的排水体积中心从 g_1 移至 g_2。利用浮心移动定理，可以求得浮心移动距离为

$$\overline{BB_1}=\overline{g_1g_2}\cdot\frac{v_1}{V} \tag{3-2}$$

且$\overline{BB_1}/\!/\overline{g_1g_2}$。由于 $v_1=v_2$，所以$\overline{g_1O}=\overline{g_2O}=\frac{1}{2}\overline{g_1g_2}$，代入式(3-2)得：

$$\overline{BB_1}=2\,\overline{g_1O}\cdot\frac{v_1}{V} \tag{3-3}$$

式(3-3)右端 $v_1\cdot\overline{g_1O}$是出水楔形体积对倾斜轴线 $O—O$ 的静矩。从图 3-2、图 3-3 中可以看出：

$$v_1\cdot\overline{g_1O}=\int_{-L/2}^{L/2}\frac{1}{2}y^2\tan\phi\mathrm{d}x\cdot\frac{2}{3}y=\frac{1}{3}\tan\phi\int_{-L/2}^{L/2}y^3\mathrm{d}x$$

当 ϕ 为小角度时，$\tan\phi\approx\phi$，故

$$2v_1\cdot\overline{g_1O}=\frac{2}{3}\phi\int_{-L/2}^{L/2}y^3\mathrm{d}x$$

积分式 $\frac{2}{3}\int_{-L/2}^{L/2}y^3\mathrm{d}x$ 为水线 WL 对应水线面的面积对纵向中心轴线 $O—O$ 的面积惯性矩 I_x，因此：

$$2v_1\cdot\overline{g_1O}=I_x\cdot\phi \tag{3-4}$$

将式(3-4)代入式(3-3)中，得

$$\overline{BB_1}=\frac{I_x}{V}\phi \tag{3-5}$$

由式(3-5)可见，浮心移动的距离$\overline{BB_1}$与面积惯性矩 I_x、横倾角 ϕ 成正比，而与排水体积 V 成反比。

3.2.3 稳心及稳心半径

舰艇在横倾 ϕ 角后，浮心自原来的位置 B 沿某一曲线移至 B_1，这时浮力的作用线垂直于 W_1L_1，并与原浮力作用线相交于 M_1 点（见图 3-5）。显然，随着角度 ϕ 的变化，M_1 点也将改变，也即$\overline{M_1B_1}=f(\phi)$。现定义

$$r=\overline{MB}=\lim_{\phi\to 0}f(\phi)$$

为横稳心半径，对应的 M 点称为稳心（横稳心）。在舰艇的小角度倾斜过程中，近似认为浮心 B 沿着以 M 点为圆心，以 r 为半径的圆弧移动，即曲线BB_1近似为圆弧的一段。此时浮力作用线均通过 M 点。

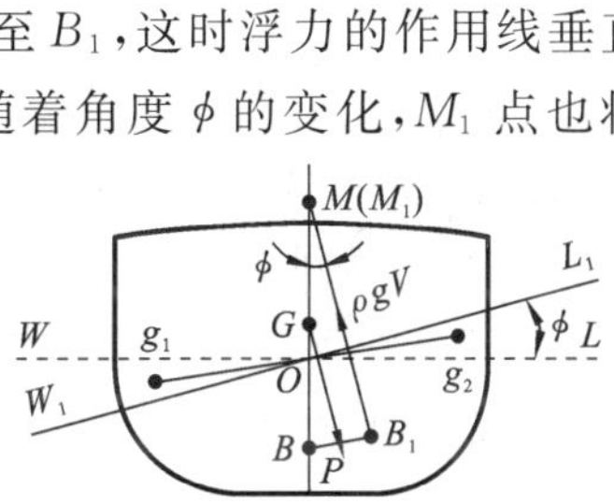

图 3-5 横稳心

当 ϕ 为小角度时，$\overline{BB_1}\approx\widehat{BB_1}=\overline{MB}\cdot\phi$，将它代入式(3-5)，则得横稳心半径：

$$r=\frac{I_x}{V} \tag{3-6}$$

式(3-6)是在研究等体积小角度倾斜时所得到的。然而在实际解决初稳性问题时，可推广到倾角小于 15°或上甲板入水之前的小角度倾斜的情况。这相当于假定舰艇在等体积小角度倾斜过程中，浮心移动曲线是以稳心半径为半径的圆弧，稳心 M 的位置保持不变，浮力作用线通过稳心 M。利用这个假定可使问题简化，使用时更加方便。

以上讨论同样适用于等体积纵倾的情况。现将等体积纵倾的特性归纳如下。

(1) 等体积倾斜水线面 W_1L_1 与平衡水线面 WL 的交线为过漂心 F 的横向轴线（见图 3-6）。

(2) 浮心的移动距离为

$$\overline{BB_1}=\frac{I_{yf}}{V}\theta \tag{3-7}$$

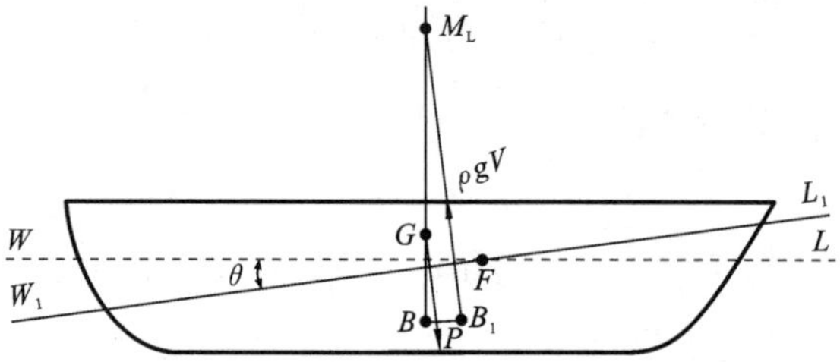

图 3-6　纵稳心

(3) 纵稳心以 M_L 表示，纵稳心半径用 R 表示(或以$\overline{M_L B}$表示)，计算公式与横稳心半径类似：

$$R=\frac{I_{yf}}{V} \tag{3-8}$$

式中　θ——纵倾角；

V——排水体积；

I_{yf}——水线面面积对通过漂心的横向轴 y_f 的纵向惯性矩。

3.3　初稳性公式

3.3.1　舰艇在平衡位置的稳性判断

设舰艇重量为 P，重心在 G 点，正直漂浮于水线 WL 处，浮力为 ρgV，浮心在 B 点。根据平衡条件，这时重量 P 等于浮力 ρgV，重心 G 和浮心 B 在同一条铅垂线上。若舰艇等体积倾斜一小角度 ϕ，达到水线 W_1L_1，如图 3-7 所示，这时认为舰艇的重力大小不变，重心位置不变，重力垂直于水线 W_1L_1。由于是等体积倾斜，故浮力 ρgV 大小不变，浮心由 B 移动到 B_1，浮力作用线垂直于水线 W_1L_1。

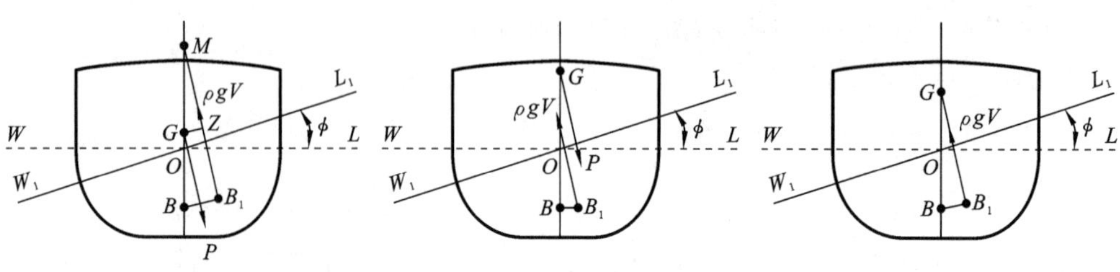

图 3-7　平衡位置稳定性判断

从图 3-7 中可以看出，虽然重力 P 和浮力 ρgV 仍然保持大小相等、方向相反，但却因浮心移动，二力作用线不在同一条铅垂线上，形成力偶矩，即复原力矩。对于图 3-7(a)所示情况，该复原力矩的作用将使舰艇重新回到原来的平衡位置，根据平衡位置稳定性的定义，原平衡位置是稳定的。而图 3-7(b)所示情况相反，倾斜后重力和浮力所构成的复原力矩方向是和倾斜方向一致的，在此复原力矩的作用下，舰艇将继续倾斜，不能回到原来平衡位置，因此原平衡位置是不稳定的。图 3-7(c)所示情况较特殊,重力和浮力作用在同一条铅垂线上,舰艇不会回到原平衡位置,也不会继续倾斜,这时称舰艇在原平衡位置的平衡状态为中性平衡,或称为随遇平衡。

分析图 3-7(a)、(b)所示两种情况的差别,将倾斜后浮力作用线延长,使其和原来的浮力作用线相交于 M 点(稳心),可以发现:

(1) 当稳心 M 在重心 G 之上时,复原力矩和倾斜方向相反,舰艇原平衡位置稳定;

(2) 当稳心 M 在重心 G 之下时,复原力矩和倾斜方向相同,舰艇原平衡位置不稳定;

(3) 当稳心 M 与重心 G 重合时,复原力矩为零,舰艇在原平衡位置处于随遇平衡状态。

因此,可以根据稳心 M 和重心 G 的相对位置判断舰艇在平衡位置的稳性。舰艇的纵向稳定性问题与横向稳定性问题类似,这里不赘述。

3.3.2 初稳性公式

稳心在重心之上的高度称为稳性高。稳性高又分横稳性高和纵稳性高,二者分别以 h(或 $\overline{GM}$)和 H(或$\overline{GM_L}$)表示。由于稳心的概念只是在舰艇处于平衡位置且仅发生小角度倾斜的前提下才有意义,故稳性高主要用于研究初稳性的问题,因此也称 h、H 为初稳性高。

接下来推导重力和浮力作用产生的力偶矩的计算公式。设舰艇等体积倾斜一小角度 ϕ,达到水线 W_1L_1,假定舰上没有载荷的移动,舰艇重心位置 G 仍然保持不变,而浮心由 B 移动到 B_1,浮力作用线垂直于 W_1L_1。由图 3-7(a)可见,重力和浮力形成的复原力矩为

$$M_r = P \cdot \overline{GZ} = P\,\overline{GM}\sin\phi \tag{3-9}$$

或写成

$$M_r = Ph\sin\phi \tag{3-10}$$

式中 M_r——舰艇复原力矩;

$\overline{GZ}$——复原力臂;

$h(\overline{GM})$——横稳性高。

不难从图 3-7(a)中得出:

$$h = z_b + r - z_g \tag{3-11}$$

式中 z_b——浮心垂向坐标;

z_g——重心垂向坐标;

r——横稳心半径。

当横倾角度较小时,$\sin\phi \approx \phi$,式(3-10)又可写成:

$$M_r = Ph\phi \tag{3-12}$$

式(3-11)和式(3-12)称为初稳性公式。

纵倾的情况(见图 3-6)与横倾类似。纵倾时初稳性公式为

$$M_{LR} = PH\sin\theta \tag{3-13}$$

或

$$M_{LR} = PH\theta \tag{3-14}$$

$$H = z_b + R - z_g \tag{3-15}$$

式中 R——纵稳心半径。

3.3.3　关于初稳性公式的说明

1. 平衡位置稳定性判别

由式(3-11)、式(3-12)可知：当稳心在重心之上($z_b+r>z_g$)时稳性高为正值，这时复原力矩的方向和倾斜方向相反，舰艇平衡位置是稳定的；反之，当稳心在重心之下($z_b+r<z_g$)时稳性高为负值，这时复原力矩的方向和倾斜方向相同，舰艇平衡位置是不稳定的。因此，常用稳性高 h 的正负号来判别平衡位置的稳定性。

2. 横稳性高与纵稳性高

一般舰艇的横稳性高 h 较纵稳性高 H 小得多。比较式(3-6)与式(3-8)不难看出，二者的区别主要在于水线面积惯性矩 I_x 和 I_{yf} 不同。通常舰艇水线面的形状是狭长的，其纵向的尺度远较横向的尺度为大，因此 I_{yf} 的值也大大超过 I_x 的值。

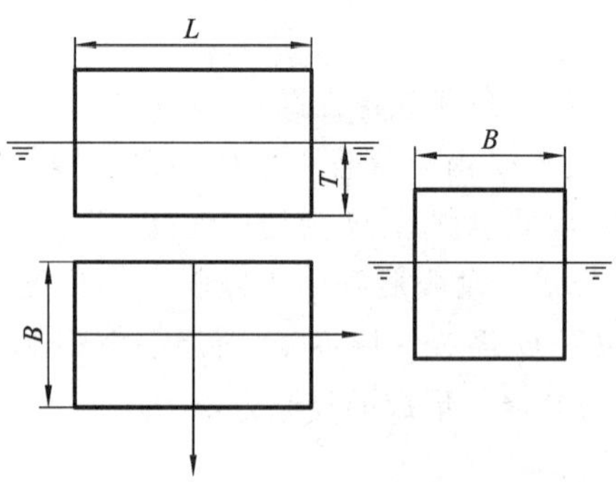

图 3-8　长方体船

现以一长、宽、吃水分别为 L、B、T 的直角平行六面体为例，比较横稳性高和纵稳性高之间的差别。由图 3-8 可以计算：

$$r=\frac{I_x}{V}=\frac{LB^3/12}{LBT}=\frac{B^2}{12T}$$

$$R=\frac{I_{yf}}{V}=\frac{L^3B/12}{LBT}=\frac{L^2}{12T},\quad \frac{R}{r}=\frac{L^2}{B^2}$$

一般水面舰艇的长宽比 L/B 在 6～11 之间，这样 R 就可能比 r 大 35～120 倍。舰艇的横稳性高在 1 m 左右，而纵稳性高与船长 L 为同一数量级。因此，要判断舰艇的某个平衡位置是否稳定，实际上只要看横稳性高 h 是否为正即可。横稳性高 $h>0$ 就是舰艇的稳定条件；纵稳性高 H 通常总是正值。至于在初稳性研究中讨论纵稳性高，主要目的不是考虑舰艇纵向稳性问题。在初稳性研究中讨论纵稳性高，是因为在实用中，要通过纵稳性来确定由纵倾所引起的艏艉吃水差，或以此求得舰艇新的水线位置。

3. 舰艇初稳性的表征

舰艇初稳性可以用三种不同形式表征：复原力矩、稳性系数和初稳性高。

显然，复原力矩越大，舰艇倾斜后回到原来平衡位置的能力就越大，或者说要使舰艇离开平衡位置倾斜一定角度所需外力矩也越大，即舰艇原平衡位置就越稳定。从这个意义上来讲复原力矩是表示舰艇初稳性的最根本的量。

但是另一方面，因复原力矩是随着舰艇的倾角大小变化而变化的，所以用它来表示舰艇的初稳性时必须注明它所对应的倾角大小。特别是当倾角为零时，它的值也是零。实际上，在任何平衡位置复原力矩都是等于零的，舰艇只有在倾斜时才能反映出复原力矩的大小，这是用复原力矩表征初稳性的不完善之处。

稳性系数是排水量与稳性高之积，即横稳性系数 $k=Ph$，纵稳性系数 $K=PH$。稳性系数也可以用来表示舰艇的初稳性：当 $k>0$ 时，舰艇的平衡位置是稳定的；反之，当 $k<0$ 时，则不稳定。$k(K)$越大，平衡位置也就越稳定。由于稳性系数中不包含倾角因素，对于任何一个平衡位置都有其确定的稳性系数的值，这就可避免用复原力矩表征初稳性时所具有的缺点。

通过稳性高的正负可以判断舰艇的平衡位置是否稳定：稳性高为正表示稳心 M 在重心 G 之上，平衡位置稳定；稳性高为负表示稳心 M 在重心 G 之下，平衡位置不稳定。同时，当排水量一定时，稳性高越大，稳性系数也越大，一定倾角下的复原力矩也越大，该平衡位置稳定的程度也越高。所以稳性高也完全可以用来作为初稳性的一种度量。实际上稳性高可以看作单位排水量的稳性系数。

用稳性高来表征舰艇的初稳性十分简明，正负、大小一目了然，也便于用来做同类舰艇间初稳性的比较，因而得到了较为广泛的应用。它的缺点是有时对同一条舰艇的同一平衡位置采用不同方法计算时可以得出不同的稳性高之值。而复原力矩和稳性系数就不存在这个情况，只要计算的是同一个平衡位置的值，那么不管用什么方法，其结果总是相同的（该问题将在舰艇不沉性和潜艇稳性相关章节进一步讨论）。

4. 复原力矩的物理意义

式(3-10)可以改写成如下形式：

$$M_r = P(r-a)\sin\phi = Pr\sin\phi - Pa\sin\phi \tag{3-16}$$

式中　a——重心距浮心的高度，$a = z_g - z_b$。

式(3-16)表明，复原力矩由两个力矩组成，第一个力矩 $Pr\sin\phi$ 总是正的，它的作用效果是使舰艇重新回到原来的平衡位置，并且当重量 P 为定值时，它的大小取决于船形，故称为船形稳性力矩。第二个力矩是 $-Pa\sin\phi$，当 $a>0$ 即重心在浮心之上（对于水面舰艇一般是这样）时，这个力矩总是负的，它的作用效果是使舰艇偏离平衡位置而继续倾斜，当重量为定值时，它的大小主要取决于重量在高度方向上的分布即重心高度，故称为重量稳性力矩。

关于这两个力矩的作用可以在图上形象地表示出来。如图 3-9(a)所示，在浮心 B 处加一对大小相等（大小为 $P=\rho gV$）、方向相反且平行于重力 P 的力，其中标有“//”记号的是船形稳性力矩，另一对是重量稳性力矩。

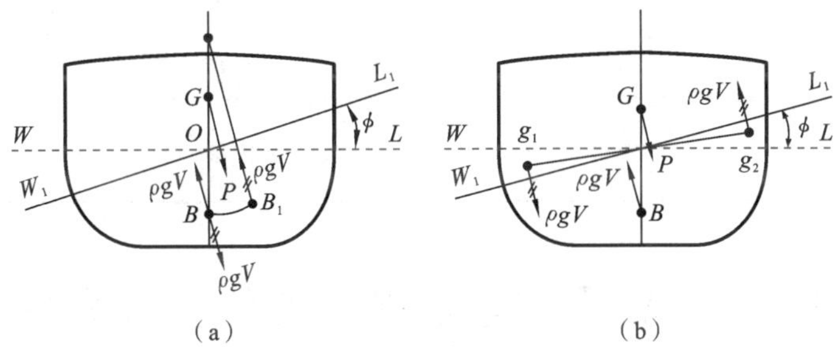

图 3-9　船形稳性力矩与重量稳性力矩

从另一角度（见图 3-9(b)，图中 g_1 为出水楔形体体积中心，g_2 为入水楔形体体积中心）可以看出船形稳性力矩的物理意义：由 g_1 处损失的浮力与 g_2 处增加的浮力所构成的力矩。

实际上浮心从 B 点移至 B_1 点是出水楔形体体积变成入水楔形体体积的结果。由重心移动定理知：

$$\rho gV \cdot \overline{BB_1} = \rho gv \cdot \overline{g_1 g_2} \tag{3-17}$$

式中　v——出水和入水楔形体体积。

由图 3-9(a)可以将船形稳性力矩写成：

$$Pr\sin\phi \approx Pr\phi = P \cdot \overline{BB_1} \tag{3-18}$$

将式(3-17)代入式(3-18)中，则有

$$P r \sin\phi=\rho g v \cdot \overline{g_1 g_2} \tag{3-19}$$

式(3-19)表明船形稳性力矩就是出水和入水楔形体体积带来的浮力所构成的力矩，舰艇倾斜后正是由于水密体积搬移才产生复原力矩，并且当排水量一定时，船宽越大，水线面面积惯性矩 I_x 越大，则船形稳性力矩也越大，舰艇稳性也越好。

从式(3-10)或式(3-12)中可以看出，舰艇在一定排水量下产生小横倾时，横稳性高越大，复原力矩也越大，也就是抵抗倾斜力矩的能力越强。因此，横稳性高是衡量舰艇初稳性的主要指标，表 3-1 所示为《舰船通用规范》(GJB 4000—2000)要求的不同排水量舰艇横稳性高的最小值。但是初稳性高过大的舰艇，摇摆周期短，在海上遇到风浪时会产生急剧的摇摆，反之，初稳性高较小的舰艇，虽然抵抗倾斜力矩的能力稍差，但摇摆周期长，摇摆缓和。所以初稳性高亦是决定舰艇横摇快慢的一个重要特征数。各类船舶的初稳性高的数值，根据其用途、航行区域等因素的不同应在某一合适的范围内。表 3-2 所列为各类船舶在设计排水量下横稳性高的大体范围。

表 3-1 不同排水量舰艇最小横稳性高

舰艇正常排水量/t	最小横稳性高 h/m	舰艇正常排水量/t	最小横稳性高 h/m
$2500\leqslant\Delta$	0.75	$50\leqslant\Delta<200$	0.60
$1000\leqslant\Delta<2500$	0.70	$\Delta<50$	0.50
$200\leqslant\Delta<1000$	0.65		

表 3-2 各类船舶在设计排水量下的横稳性高范围

船舶种类	横稳性高 h/m	船舶种类	横稳性高 h/m
重巡洋舰	0.8～2.7	猎潜艇	0.7～1.2
轻巡洋舰	1.0～2.0	巡逻艇	0.8～1.5
驱逐舰	0.7～1.2	拖船	0.5～0.8
护卫舰	0.6～1.0	潜艇	0.38～0.8(水上) 0.20～0.4(水下)

3.4 舰艇浮性与初稳性曲线图谱介绍

3.4.1 舰艇静水力曲线图

舰艇在服役过程中，若载重状况发生变化，相应地排水量、浮心位置等都要改变。为了迅速地查找出任意吃水条件下舰艇的排水量、浮心位置以及其他浮性和初稳性要素，需要作出相应的曲线。把反映舰艇浮性和初稳性要素特征的一些曲线综合到一起，形成的曲线图称为静水力曲线图。图 3-10 为某驱逐舰的静水力曲线图。静水力曲线图中一般包括以下各曲线：

(1) 排水体积 V 曲线；

(2) 排水量 Δ 曲线(图 3-10 中未给出此曲线)；

(3) 浮心纵向坐标 x_b 曲线；

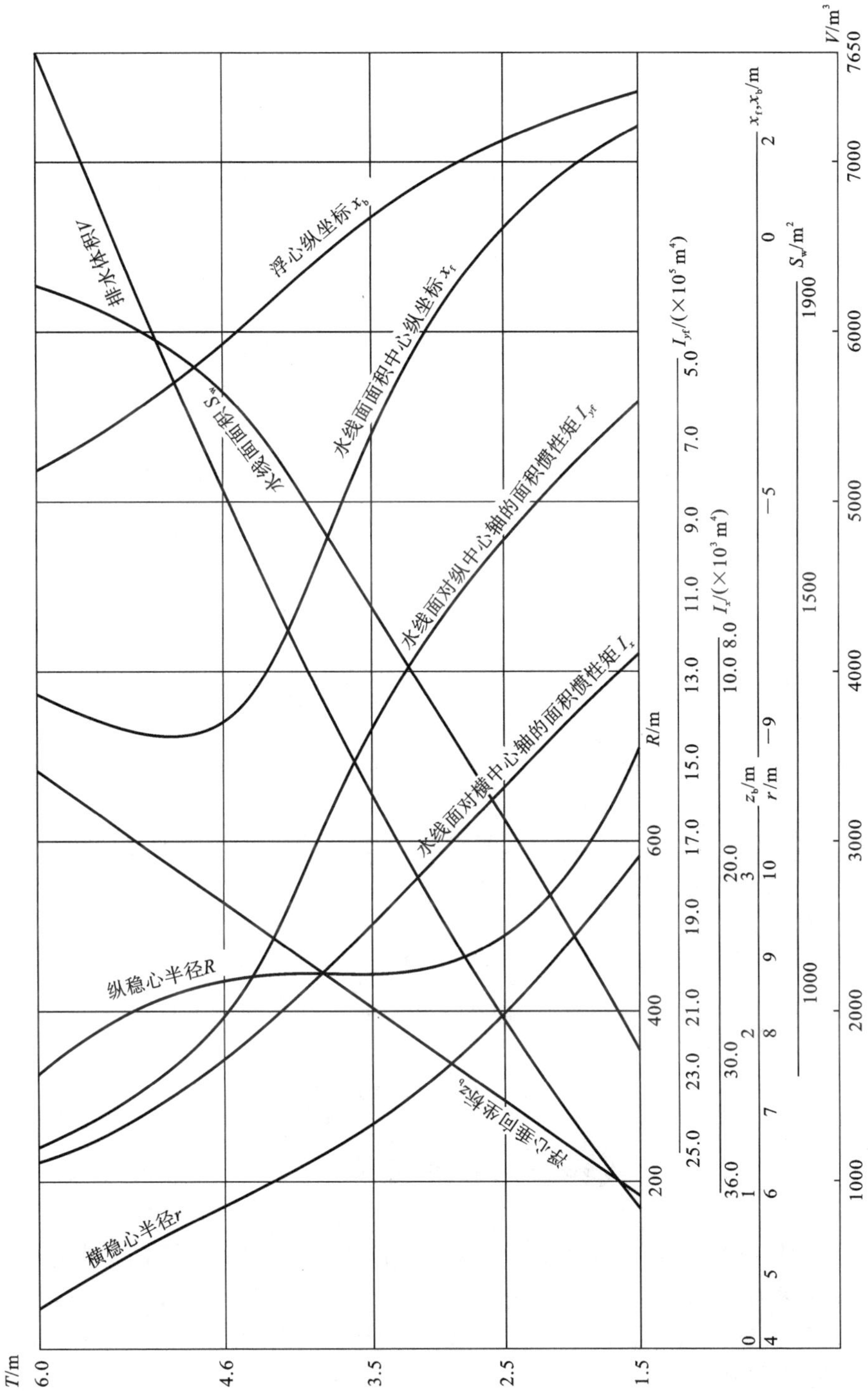

图3-10　某驱逐舰静水力曲线图

(4) 浮心垂向坐标 z_b 曲线;

(5) 水线面面积 S_w 曲线;

(6) 水线面漂心纵坐标 x_f 曲线;

(7) 水线面对中心轴的面积惯性矩 I_x 和 I_{yf} 曲线;

(8) 横稳心半径 r 和纵稳心半径 R 曲线。

有的静水力曲线还包括各种船型系数等的曲线。所有上述曲线均作为吃水的函数,它们是根据舰艇型线图,针对正浮状态的不同吃水计算出来的,所以也称线型图诸元曲线,其中 V、x_b、z_b 称为体积元,而 S_w、x_f、I_x 和 I_{yf} 称为水线元。静水力曲线较全面地反映了舰艇在静水中正浮时船型的几何特征,是确定舰艇浮性和初稳性的基本资料,在解决有关浮性、初稳性的各种实际问题时有着广泛的应用。

每条曲线都有各自特定的缩尺,使用时应注意区分,仔细查对。还需指出,静水力曲线上的吃水通常是从型线图上的基线算起的,而实际船吃水标志的零点,对于民船是指船底最低点。有时从型线图基线上算起和从船底最低点算起的吃水出入不大,如对某些船底外没有突出物的平底船,二者之间仅相差一个底部龙骨板的厚度;有时二者出入很大。而军船的吃水标志则出于保密需要,往往从某一特定点算起,这种情况下不能根据实船吃水标志去查找静水力曲线上有关的量,需要将其换算成从基线量起的标准吃水。此外实船的吃水标志在长度方向上的位置通常也和型线图上艏、艉垂线的位置不相吻合,在换算时也应当注意。

例 3-1 试从图 3-10 所示的某驱逐舰静水力曲线图上查出当吃水 $T=3.60$ m 时该舰艇的 V、x_b、z_b、S_w、x_f 各值。

解 过 $T=3.60$ m 处作一水平直线,根据该直线和各曲线的交点以及各曲线的缩尺,可以得出:

$$V\approx 3400\ \text{m}^3,\quad x_b\approx 0.20\ \text{m},\quad z_b\approx 2.3\ \text{m}$$

$$S_w\approx 1540\ \text{m}^2,\quad x_f\approx -4.60\ \text{m}$$

例 3-2 试从图 3-10 所示的某驱逐舰静水力曲线图上查出当排水量为 4200 t 时,该舰艇吃水、排水体积和浮心位置坐标。

解 由于 $P=\rho gV$,故

$$V=P/\rho g=4200/1.025\ \text{m}^3=4097.6\ \text{m}^3$$

根据 $V=4097.6\ \text{m}^3$,可从排水量曲线上查得相应的吃水 $T\approx 4.10$ m。

根据 $T=4.10$ m,查找浮心位置坐标为:

$$x_b\approx -0.80\ \text{m},\quad z_b\approx 9.10\ \text{m}$$

3.4.2 舰艇邦戎曲线和费尔索夫图谱

舰艇静水力曲线图中绘出的是舰艇在正浮状态下浮性和初稳性要素随吃水变化的曲线,一般在舰艇有不大的纵倾时,仍然可以使用静水力曲线来查找浮性和初稳性的有关要素的值。但是在舰艇设计建造过程中,经常需要知道舰艇在大纵倾状态下的排水量和浮心位置,这时可以用邦戎曲线或费尔索夫图谱来确定。

把型线图上各站号处的横剖面面积随吃水变化的曲线计算出来,然后在每个站号处以吃水为纵坐标、横剖面面积为横坐标,画出相应的 $S_s=f(z)$ 曲线,如图 3-11 所示。该组曲线称为邦戎曲线,19 世纪末由法国人邦戎(Bonjean)最早制成并使用。后来在使用过程中,为了便

于计算舰艇在纵倾水线下的浮心和各舱室形心的垂向坐标，在邦戎曲线图上还画出了横剖面面积对基平面的静矩曲线（简称横剖面静矩曲线）$\omega=f_1(z)$（在图 3-11 中用虚线表示）。

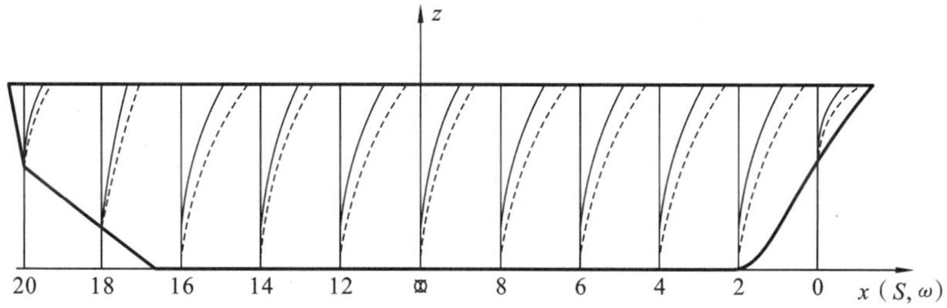

图 3-11　邦戎曲线示意图

有了邦戎曲线，可以方便地算出舰艇在任意状态下（包括正浮）的排水体积和浮心位置坐标。具体步骤如下：

（1）根据已知的艏、艉吃水 T_f、T_a 在邦戎曲线图上作出纵倾水线；

（2）过水线和各站号的交点作平行于基线的直线，分别与 $S_s=f(z)$ 曲线、$\omega=f_1(z)$ 曲线相交于 S_{si}、ω_i（见图 3-12），其中 $i=0,1,2,\cdots,20$；

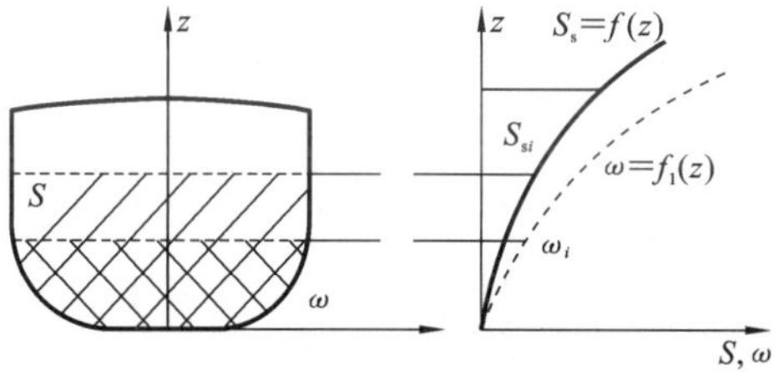

图 3-12　横剖面面积和静矩曲线

（3）根据量出的数值，绘制成该纵倾水线下的横剖面面积曲线 $S_s=f(z)$ 及横剖面静矩曲线 $\omega=f_1(z)$（绘出此图以便于进行端点修整）；

（4）根据横剖面面积曲线 $S_s=f(z)$，沿船体纵向积分得出该曲线下的面积，即纵倾水线 W_1L_1 下的舰艇排水体积 V：

$$V=\int_{-L/2}^{L/2} S_s\mathrm{d}x$$

将曲线 $S_s=f(z)$ 对纵坐标的面积静矩沿船长积分，再除以排水体积便是纵倾水线 W_1L_1 下的排水体积 V 对应的浮心纵向坐标 x_b：

$$x_b=\frac{M_{yz}}{V}=\frac{\int_{-L/2}^{L/2} xS_s\mathrm{d}x}{\int_{-L/2}^{L/2} S_s\mathrm{d}x}$$

（5）对横剖面静矩曲线 $\omega=f_1(z)$ 积分，便得到舰艇在纵倾水线下的排水体积对基平面的体积静矩 M_{xy}，将此静矩除以排水体积 V 后得到浮心垂向坐标 z_b：

$$z_b=\frac{M_{xy}}{V}=\frac{\int_{-L/2}^{L/2} \omega\mathrm{d}x}{\int_{-L/2}^{L/2} S_s\mathrm{d}x}$$

邦戎曲线在船体计算中非常有用，例如在稳性计算、舱容计算、可浸长度计算和舰艇下水计算以及船体总纵强度计算中都要用到它。

3.4.3　费尔索夫图谱

费尔索夫(Firsov)图谱如图 3-13 所示，它由两组等值曲线组成：一组是等排水体积 V 曲线；另一组是等浮心坐标 x_b 曲线。该曲线表明了舰艇在纵倾水线下的排水体积，浮心纵向坐标与艏、艉吃水之间的关系。图 3-13 中横坐标为艏吃水 T_f，纵坐标为艉吃水 T_a。

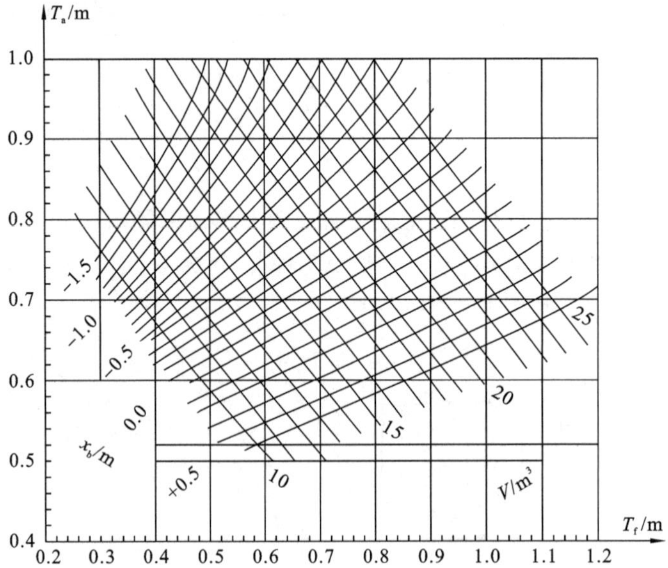

图 3-13　某艇费尔索夫图谱

费尔索夫图谱适合用于需求大纵倾状态下的排水体积和浮心纵向坐标的情况，例如用于舰艇的不沉性计算、舰艇下水计算。这类图谱多用于快艇、护卫艇之类的小艇的相关计算。

有了这样的图谱可以很方便地根据已知的艏、艉吃水查找出舰艇的排水体积 V 及浮心坐标 x_b，而不需要任何计算。

例如，已知某艇费尔索夫图谱(见图 3-13)，若该艇艏吃水 $T_f=0.765$ m，艉吃水 $T_a=0.800$ m，在横坐标轴上相应于 0.765 m 处作垂线，而在纵坐标轴上相应于 0.800 m 处作水平线，根据上述两直线的交点从等排水体积曲线组中可查得 $V=20.0$ m³，而从等浮心坐标曲线组中可查得 $x_b=-0.40$ m。

3.5　纵倾状态下舰艇初稳性高的计算

在某些情况下，需要知道舰艇处于纵倾状态下的稳性，如舰艇下水以及舰艇进出船坞等时，通常要对其纵倾状态下的稳性进行校核计算。以下讨论舰艇处于纵倾状态时，其稳性高的计算方法和计算公式。

根据稳性高的定义，如图 3-14 所示，和正浮状态一样，纵倾状态下的稳性高仍可表示如下：

$$h_\theta=\overline{GM}=\overline{BM}-\overline{BG} \tag{3-20a}$$

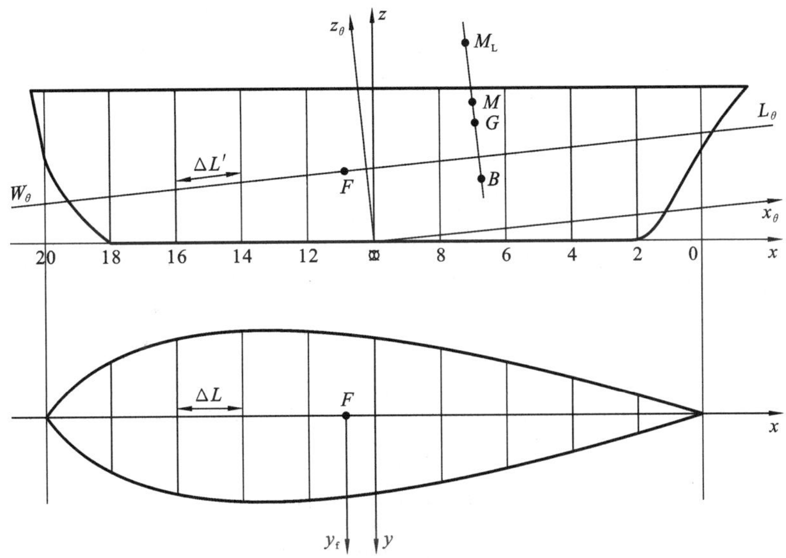

图 3-14　纵倾状态下的初稳性高

$$H_\theta=\overline{GM_L}=\overline{BM_L}-\overline{BG} \tag{3-20b}$$

式中　h_θ、H_θ——纵倾 θ 角时的横、纵稳性高；

$\overline{BM}$、$\overline{BM_L}$——纵倾状态下的横、纵稳心半径，且有

$$\overline{BM}=r_\theta=\frac{I_{x\theta}}{V}$$

$$\overline{BM_L}=R_\theta=\frac{I_{yf\theta}}{V}$$

其中：$I_{x\theta}$ 为纵倾水线 $W_\theta L_\theta$ 所在的水线面对纵向倾斜轴的面积惯性矩；$I_{yf\theta}$ 为纵倾水线 $W_\theta L_\theta$ 所在的水线面对横向倾斜轴的面积惯性矩。

现取坐标系 $ox_\theta y_\theta z_\theta$ 如图 3-14 所示，该坐标系与 $oxyz$ 坐标系相比，只是将坐标平面 xoz 旋转纵倾角 θ，故两坐标系之间的关系为

$$\begin{cases} x=x_\theta\cos\theta-z_\theta\sin\theta \\ y=y_\theta \\ z=x_\theta\sin\theta+z_\theta\cos\theta \end{cases} \tag{3-21}$$

根据面积惯性的定义，纵倾水线面 $W_\theta L_\theta$ 对纵向倾斜轴的面积惯性矩积分式为

$$I_{x\theta}=\frac{2}{3}\int y_\theta^3\,\mathrm{d}x_\theta \tag{3-22}$$

由式(3-21)，同时注意在倾斜水线 $W_\theta L_\theta$ 下有 $\mathrm{d}z_\theta=0$，得

$$\begin{cases} \mathrm{d}x=\mathrm{d}x_\theta\cos\theta \\ y=y_\theta \end{cases} \tag{3-23}$$

将式(3-23)代入式(3-22)，转换到 $oxyz$ 坐标系下计算面积惯性矩，则有

$$I_{x\theta}=\frac{2}{3}\int y_\theta^3\,\mathrm{d}x_\theta=\frac{2}{3}\int y^3\,\mathrm{d}x/\cos\theta=\frac{I_x}{\cos\theta} \tag{3-24}$$

式中　I_x——纵倾水线面在基平面上的投影对 ox 轴的面积惯性矩。

若将式(3-24)展开成梯形近似积分表达式，则有

$$I_{x\theta}=\frac{2}{3}\int y_\theta^3\mathrm{d}x_\theta=\frac{2}{3}\Delta L_\theta\left(\frac{y_0^3}{2}+y_1^3+\cdots+y_{19}^3+\frac{y_{20}^3}{2}\right)$$
$$=\frac{\Delta L}{\cos\theta}\frac{2}{3}\left(\frac{y_0^3}{2}+y_1^3+\cdots+y_{19}^3+\frac{y_{20}^3}{2}\right) \tag{3-25}$$

此外,从图 3-14 可以得出

$$\overline{BG}=\frac{z_\mathrm{g}-z_\mathrm{b}}{\cos\theta} \tag{3-26}$$

由$\overline{BM}$的表达式及式(3-20a)、式(3-24)和式(3-26),得到纵倾状态下的横稳性高:

$$h_\theta=\frac{I_x}{V\cos\theta}-\frac{z_\mathrm{g}-z_\mathrm{b}}{\cos\theta}=r_\theta-\frac{z_\mathrm{g}-z_\mathrm{b}}{\cos\theta} \tag{3-27}$$

同理有

$$I_{\mathrm{yf}\theta}=\frac{I_\mathrm{yf}}{\cos^3\theta} \tag{3-28}$$

式中 I_yf——纵倾水线面在基平面上的投影对 oy_f 轴的面积惯性矩。

由$\overline{BM}_\mathrm{L}$ 的表达式及式(3-20b)、式(3-24)、式(3-26)和式(3-28),可得

$$H_\theta=\frac{I_\mathrm{yf}}{V\cos^3\theta}-\frac{z_\mathrm{g}-z_\mathrm{b}}{\cos\theta}=R_\theta-\frac{z_\mathrm{g}-z_\mathrm{b}}{\cos\theta} \tag{3-29}$$

在舰艇下水时的稳性校核中,会遇到需计算舰艇纵倾条件下的横稳性高的情况,纵稳性高的计算则较少用到。

3.6 小量载荷的移动对舰艇浮态及初稳性的影响

在舰艇的建造、使用、维修和改装过程中,舰上载荷经常会有增减或移动,如航行中燃料、粮食、淡水等消耗物品的重量会发生变化,舰艇上排或进坞修理前要卸下油水及弹药等。所有这些都会引起舰艇的浮态和稳性的改变。

舰艇上载荷移动时,排水量虽然保持不变,但其浮态和初稳性有可能变化。为了简化问题,先从垂直方向、水平横向和水平纵向三个单方向研究载荷移动对舰艇浮态和初稳性的影响,然后再综合得出任意载荷移动的影响。这一节将讨论小量载荷的移动。所谓“小量载荷”是相对舰艇排水量而言的,一般指重量不超过舰艇重量排水量的 10%的载荷。

需要说明:静力学中研究的是载荷移动对舰艇静浮态的影响,认为载荷移动是无限缓慢的,不计及动力影响。

3.6.1 载荷的铅垂移动

设舰艇原来正浮于水线 WL 处,将船上的某一重量为 q 的载荷从 A_1点铅垂移动到 A_2点,移动的距离为 $z_{q2}-z_{q1}$,如图 3-15 所示。

由于舰艇的排水量和水下排水体积形状没有发生变化,所以,浮心 B 和稳心 M 的位置保持不变。而船的重心则由 G 点移动到G_1 点,根据重心移动定理可得:

$$\overline{GG_1}=\frac{q(z_{q2}-z_{q1})}{P} \tag{3-30}$$

由图 3-15 可见,重心移动引起了稳性高的改变。原来的横稳性高为$\overline{GM}(h)$,新的横稳性

高为$\overline{G_1M}(h_1)$，且

$$\overline{G_1M}=\overline{GM}-\overline{GG_1} \tag{3-31}$$

所以新的横稳性高

$$\overline{G_1M}=\overline{GM}-\frac{q(z_{q2}-z_{q1})}{P} \tag{3-32}$$

或写成

$$h_1=h-\frac{q(z_{q2}-z_{q1})}{P} \tag{3-33}$$

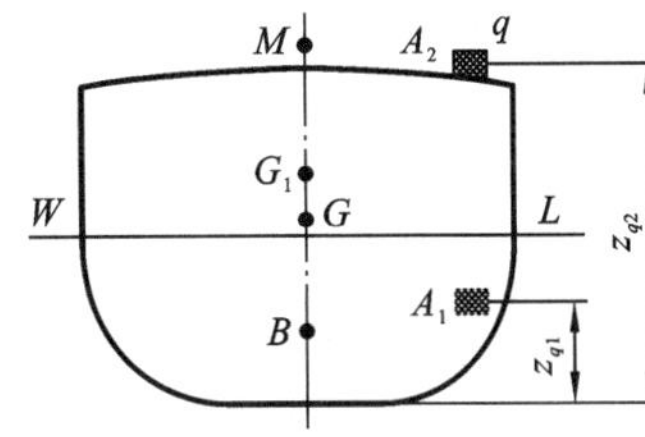

图 3-15 载荷铅垂移动

同理，新的纵稳性高为

$$\overline{G_1M_L}=\overline{GM_L}-\frac{q(z_{q2}-z_{q1})}{P} \tag{3-34}$$

通常纵稳性高的数值很大，$\overline{GG_1}$相对$\overline{GM_L}$而言是一个小量，在使用中常可以认为$\overline{G_1M_L}\approx\overline{GM_L}(H_1\approx H)$。

载荷的铅垂移动并不改变舰艇的浮态，仅改变舰艇的初稳性。从式(3-32)可见，载荷铅垂向上移动，将使舰艇的重心高度增加，从而使初稳性高减小。相反，载荷铅垂向下移动，将使舰艇的重心高度降低，从而使舰艇的初稳性高增加。所以降低舰艇的重心高度是提高舰艇稳性的有效措施之一。

3.6.2 载荷的水平横向移动

将船上重量为 q 的载荷自 A 点水平横向移动至 B 点，移动的距离为 $y_{q2}-y_{q1}$，如图 3-16 所示。船的重心自 G 点水平移动至 G_1 点，根据重心移动定理可得：

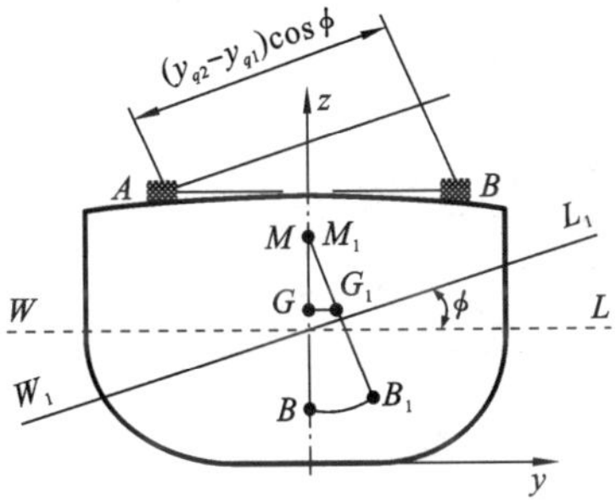

图 3-16 载荷的水平横向移动

$$\overline{GG_1}=\frac{q(y_{q2}-y_{q1})}{P} \tag{3-35}$$

这时，重力的作用线通过 G_1 点，不再与原来的浮心 B 位于同一铅垂线上。因此，舰艇将发生横倾，浮心自 B 点向载荷移动方向一侧移动。当倾斜到某一角度 ϕ 时，新的浮心 B_1 与 G_1 在同一铅垂线上，舰艇浮于新的水线 W_1L_1 处并处于新的平衡状态。

在图 3-16 中根据几何关系不难得到：

$$\tan\phi=\frac{\overline{GG_1}}{\overline{GM}}=\frac{q(y_{q2}-y_{q1})}{P\cdot\overline{GM}} \tag{3-36}$$

这里根据图 3-16 所示的几何关系导出式(3-36)。如图 3-16 所示，正浮状态下浮力作用线与载荷移动后新的平衡位置浮力作用线相交于 M 点，即稳心 M 与稳心 M_1 重合。这个结论来自小量载荷移动的假设前提，因为小量载荷的移动，舰艇横倾小角度，从而近似认为浮心 B 沿着以 M 点为圆心、以$\overline{BM}$为半径的圆弧移动到 B_1 点，因此，两浮力作用线相交于正浮状态下的稳心 M。

从图 3-16 的几何关系不难得出新的稳性高与原稳性高关系为

$$\overline{G_1M_1}=\frac{\overline{GM}}{\cos\phi}\quad 或\quad h_1=\frac{h}{\cos\phi} \tag{3-37}$$

因横倾角 ϕ 很小，近似取 $\cos\phi \approx 1$，所以

$$\overline{G_1M_1} \approx \overline{GM} \quad \text{或} \quad h_1 \approx h \tag{3-38}$$

综合式(3-36)、式(3-38)可知，小量载荷水平横向移动时，初稳性高的变化量较小，可以认为初稳性高不变，但舰艇要产生横倾，可由式(3-36)计算移动后舰艇横倾角。

应注意用式(3-36)计算横倾角时，坐标值 y_{q1}、y_{q2} 本身均带有正负号，$\phi>0$ 表示舰艇向右倾斜，反之表示舰艇向左倾斜。

在实际使用当中，经常用到每度横倾力矩。定义舰艇横倾 1°所需的外力矩为每度横倾力矩，记为 M_ϕ°，其单位是 kN · m/(°)。每度横倾力矩在数值上等于舰艇横倾 1°时的复原力矩。所以

$$M_\phi^\circ = P \cdot h \cdot \sin 1^\circ \approx P \cdot h / 57.3 \tag{3-39}$$

有了每度横倾力矩，在已知外加的横倾力矩 M 时就可以求得相应的横倾角：

$$\phi = \frac{M}{M_\phi^\circ} \tag{3-40}$$

3.6.3 载荷的水平纵向移动

载荷水平纵向移动所产生的纵倾角的计算方法，与水平横向移动时类似。载荷 q 自 A_1 点水平纵向移动至 A_2 点，移动的距离为 $x_{q2}-x_{q1}$，如图 3-17 所示。船的重心自 G 点水平移动至 G_1 点，舰艇将产生纵倾，并浮于新的水线 W_1L_1 处，其纵倾角为 θ，根据重心移动定理可得：

$$\tan\theta = \frac{q(x_{q2}-x_{q1})}{PH} \tag{3-41}$$

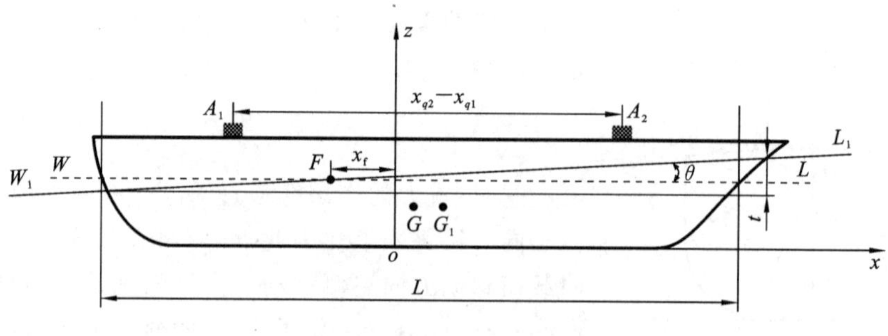

图 3-17　载荷的水平纵向移动

3.2.1 小节已经证明，等体积倾斜水线面 W_1L_1 与原水线面 WL 的交线必然通过原水线面的形心 F。这样艏、艉吃水的变化可以从图 3-17 中的几何关系求得：

$$\begin{cases} \Delta T_f = \left(\dfrac{L}{2} - x_f\right)\tan\theta = \left(\dfrac{L}{2} - x_f\right)\dfrac{q(x_{q2}-x_{q1})}{PH} \\ \Delta T_a = -\left(\dfrac{L}{2} + x_f\right)\tan\theta = -\left(\dfrac{L}{2} + x_f\right)\dfrac{q(x_{q2}-x_{q1})}{PH} \end{cases} \tag{3-42}$$

新的艏、艉吃水为

$$\begin{cases} T_{f1} = T_f + \left(\dfrac{L}{2} - x_f\right)\dfrac{q(x_{q2}-x_{q1})}{PH} \\ T_{a1} = T_a - \left(\dfrac{L}{2} + x_f\right)\dfrac{q(x_{q2}-x_{q1})}{PH} \end{cases} \tag{4-43}$$

与载荷水平横向移动类似，载荷水平纵向移动时，舰艇将产生纵倾，而初稳性基本不变。

由于舰艇的纵向尺寸较大，纵倾角较小，故一般舰艇的纵倾常采用艏艉吃水差 t 来表示。舰艇艏艉吃水差为

$$t=T_f-T_a$$

为了比较方便快速地确定外力矩引起的舰艇艏艉吃水差，常用到每厘米纵倾力矩。定义舰艇产生 1 cm 艏艉吃水差所需的外力矩为每厘米纵倾力矩，记为 M_t^{cm}（有的资料用符号 MTC 表示）。每厘米纵倾力矩在数值上就等于舰艇艏艉吃水差为 1 cm 时的纵倾复原力矩。为此，令 $t=T_f-T_a=1$ cm，因为吃水差与纵倾角之间关系为

$$\frac{t}{L}=\tan\theta\approx\theta$$

所以当艏艉吃水差为 1 cm 时，舰艇相应的纵倾角为

$$\theta_1^{cm}=\frac{0.01}{L} \tag{3-44}$$

吃水差为 1 cm 时相应的舰艇复原力矩为

$$M_L=PH\theta_1^{cm}=PH\frac{0.01}{L} \tag{3-45}$$

由式(3-45)计算所得的力矩值就是使舰艇产生 1 cm 吃水差所需的外力矩大小，因此，舰艇每厘米纵倾力矩为

$$M_t^{cm}=PH\theta_1^{cm}=\frac{PH}{100L} \tag{3-46}$$

由于浮心和重心之间的距离 z_g-z_b 与纵稳心半径 R 相比是一个小值，可以认为 $H\approx R$，因此式(3-46)也可写成：

$$M_t^{cm}=\frac{PR}{100L} \tag{3-47}$$

若已知外加的纵倾力矩 M_t，则由每厘米纵倾力矩 M_t^{cm} 可以求得艏艉吃水差：

$$t=\frac{M_t}{M_t^{cm}}\ \text{cm} \tag{3-48}$$

注意：每厘米纵倾力矩和每度横倾力矩都是随排水量和重心高度而改变的。

例 3-3 某驱逐舰因装载不当形成艏纵倾，已知艏吃水 $T_f=3.80$ m，艉吃水 $T_a=3.40$ m，问：要将艏部燃油舱中多少燃油导移至艉舱才能使该舰恢复正浮？假设艏、艉燃油舱的容积中心相距 $l=90$ m，船长 $L=110$ m。

解 方法一：

吃水差

$$t=T_f-T_a=(3.80-3.40)\ \text{m}=0.40\ \text{m}$$

相应的艏纵倾

$$\theta=\frac{t}{L}=\frac{0.40}{110.0}\ \text{rad}$$

从正浮位置纵倾至该角度时舰艇的复原力矩应为 $PH\theta$，为求出 P、H，可利用静水力曲线。根据平均吃水(3.80+3.40)/2 m=3.60 m 查该舰艇的静水力曲线得：

$$V=2210\ \text{m},\quad I_{yf}=6.15\times10^5\ \text{m}^4$$

$$R=I_{yf}/V=615000/2210\ \text{m}=278\ \text{m},\quad H\approx R=278\ \text{m}$$

欲使舰艇恢复正浮，必须使导移燃油所形成的力矩和上述复原力矩相等，于是可得：

$$ql=PH\theta$$

则 $$q=\frac{1.02\times9.8\times2210\times278\times0.40}{110\times90}\ \text{kN}=248.13\ \text{kN}$$

方法二：

先求出每厘米纵倾力矩，再按平均吃水 3.60 m，从静水力曲线上查出 V、I_{yf} 的值，并算出纵稳心半径 R。再根据 $H\approx R$，求出 H 值。

每厘米纵倾力矩为

$$M_t^{cm}=\frac{PH}{100L}=\frac{1.02\times2210\times278\times9.8}{100\times110}\ \text{kN}\cdot\text{m/cm}=558.3\ \text{kN}\cdot\text{m/cm}$$

现有纵倾差为

$$t=T_f-T_a=(3.80-3.40)\ \text{m}=0.40\ \text{m}=40\ \text{cm}$$

欲消除 40 cm 纵倾差，所需力矩大小为

$$M=40\times558.3\ \text{kN}\cdot\text{m}=22332\ \text{kN}\cdot\text{m}$$

需导移燃油的重量为

$$q=\frac{M}{l}=\frac{22332}{90}\ \text{kN}=248.13\ \text{kN}$$

可见，由以上两种解法所得的结果是一样的，且若已知每厘米纵倾力矩（有的静水力曲线包括每厘米纵倾力矩随吃水改变的曲线），则计算更为简便。

3.6.4 载荷的任意移动

将船上重量为 q 的载荷自 $A_1(x_1,y_1,z_1)$ 点移至 $A_2(x_2,y_2,z_2)$ 点，如图 3-18 所示。由于研究的是静力学问题，不计及动力影响，因而载荷移动的影响只与初始和最终位置有关，而与移动路径无关。所以，可以认为载荷沿任意方向的位移由下列三个方向的分位移所组成：

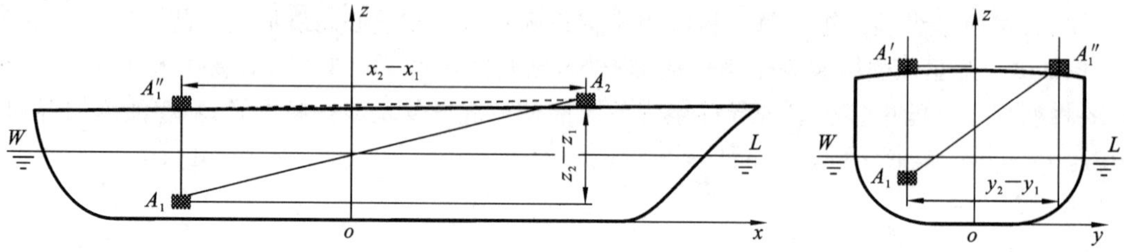

图 3-18 载荷的任意移动

(1) 沿垂直方向的位移，$\overline{A_1A_1'}=z_2-z_1$；

(2) 沿水平横向的位移，$\overline{A_1'A_1''}=y_2-y_1$；

(3) 沿水平纵向的位移，$\overline{A_1''A_2}=x_2-x_1$。

至于舰艇的浮态和初稳性所发生的变化，同样可以认为是由三个方向分位移所产生的总结果。这样，便可以按照下列步骤，求得载荷沿任意方向移动后舰艇的浮态和初稳性。

首先考虑载荷沿垂直方向移动，求出新的初稳性高，再利用所求得的新的初稳性高，找出横倾角、纵倾角及艏、艉吃水。

(1) 新的初稳性高为

$$h_1=h-\frac{q(z_2-z_1)}{P} \tag{3-49a}$$

$$H_1=H-\frac{q(z_2-z_1)}{P}\approx H \tag{3-49b}$$

（2）横倾角为

$$\phi=\arctan\frac{q(y_2-y_1)}{Ph_1} \tag{3-50}$$

（3）纵倾角为

$$\theta=\arctan\frac{q(x_2-x_1)}{PH} \tag{3-51}$$

（4）艏、艉吃水改变量为

$$\begin{cases}\Delta T_f=\left(\frac{L}{2}-x_f\right)\frac{q(x_2-x_1)}{PH}\\ \Delta T_a=-\left(\frac{L}{2}+x_f\right)\frac{q(x_2-x_1)}{PH}\end{cases} \tag{3-52}$$

（5）新的艏、艉吃水为

$$\begin{cases}T_{f1}=T_f+\Delta T_f\\ T_{a1}=T_a+\Delta T_a\end{cases} \tag{3-53}$$

应该指出的是，在讨论上述问题时，有关参数是按坐标系来进行分析的，在应用有关公式计算舰艇的浮态和初稳性时，应该弄清正负号的关系，以免发生错误。

例 3-4　某驱逐舰 $L=110$ m，$T=3.63$ m，$P=2295$ t，$h=1.03$ m，$H=273$ m，$x_f=-4.75$ m，今将燃油 25 t 从(30，−2，0.3)处导移至(−8.0，5.0，1.5)处，求浮态和初稳性的变化。

解　新的横稳性高：

$$h_1=h-\frac{q(z_2-z_1)}{P}=1.03-\frac{25\times(1.5-0.3)}{2295}\ \text{m}=1.02\ \text{m}$$

横倾角为

$$\phi\approx\frac{q(y_2-y_1)}{P\cdot h_1}=\frac{25\times(5.0+2.0)}{2295\times1.02}\ \text{rad}=4.3^\circ$$

纵倾角为

$$\theta\approx\frac{q(x_2-x_1)}{P\cdot H}=\frac{25\times(-8.0-30.0)}{2295\times273}\ \text{rad}=-0.09^\circ$$

艏、艉吃水分别为

$$T_{f1}=T+\left(\frac{L}{2}-x_f\right)\theta=\left[3.63+\left(\frac{110}{2}+4.75\right)\times(-0.0015)\right]\ \text{m}=3.54\ \text{m}$$

$$T_{a1}=T-\left(\frac{L}{2}+x_f\right)\theta=\left[3.63-\left(\frac{110}{2}-4.75\right)\times(-0.0015)\right]\ \text{m}=3.71\ \text{m}$$

3.7　装卸载荷对舰艇浮态及初稳性的影响

装卸载荷会引起舰艇排水量及重心发生变化，导致舰艇的浮态及初稳性出现相应的改变。这一节主要讨论装卸小量载荷对舰艇浮态和初稳性的影响，对大量载荷装卸的影响仅简要介绍相关计算方法和步骤。

3.7.1 装卸小量载荷对舰艇浮态和初稳性的影响

在舰艇任意位置处装卸小量载荷，会使舰艇吃水改变，一般将同时出现横倾和纵倾。为讨论问题简单起见，分两个步骤研究：首先将载荷装卸于某一特殊位置上，载荷装卸于该特殊位置时仅使舰艇产生平行的下沉或上浮，即不出现横倾和纵倾；然后再将载荷从该特殊点移至实际装卸载荷的位置。在后一步骤中可直接利用 3.6 节讨论结果计算载荷移动对舰艇浮态和初稳性的影响。

1. 不引起倾角和倾差的小量载荷装卸

首先找出不引起倾角和倾差的小量载荷装卸位置。设舰艇正浮于水线 WL 处，吃水为 T，重量为 P，浮心 B、重心 G、横稳心 M 和漂心 F 的位置如图 3-19 所示。现将重量为 q 的小量载荷加在船上某点 $A(x',y',z')$处，假设舰艇无倾角和倾差，仅有平行下沉吃水的改变，新的水线为 W_1L_1，吃水为 T_1，重量为 P_1，浮心 B_1、重心 G_1、横稳心 M_1 位置如图 3-19 所示。

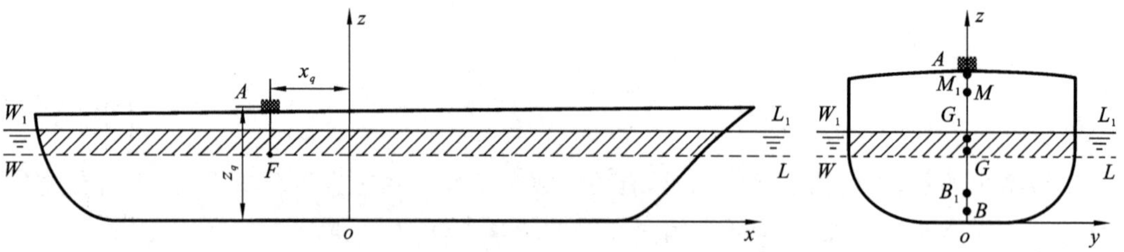

图 3-19 水线面漂心铅垂线上增加载荷

从横剖面来看，载荷 q 加在中线面上时，新的重力与新的浮力作用线依然在中线面上，舰艇不出现倾斜，所以 $y'=0$。

从纵剖面来看，舰艇正浮于水线 WL 处时，重心 G 与浮心 B 位于同一铅垂线上，增加载荷 q 后，增加的浮力 $\rho g\Delta v$（Δv 为增加载荷后增加的排水体积）是原水线面与新水线面之间的排水体积所提供的，如图 3-19 中阴影部分所示。若载荷 q 纵向位置位于增加的浮力 $\rho g\Delta v$ 作用线上，则新的重力与新的浮力位于同一铅垂线上，舰艇不出现倾差。

因此，装卸载荷 q 位于增加的浮力作用线上时，舰艇仅有平行吃水的改变，不出现倾角与倾差。在小量载荷装卸的前提下，假定吃水改变范围内舰艇为直舷，于是原水线面与新水线面相同，新增加的浮力作用线过原水线面漂心 F 点。

综上所述，小量载荷 q 装卸于原水线面漂心 F 点的铅垂线上时，不引起舰艇的倾角与倾差，即$(x',y',z')=(x_f,0,z_q)$。

现将载荷 q 加在$(x_f,0,z_q)$点，讨论对舰艇初稳性的影响。增加载荷前舰艇正浮于水线 WL 处，这时有

$$P=\rho gV,\quad x_g=x_b$$

增加载荷 q 后，舰艇浮于水线 W_1L_1 处，吃水的改变量是 ΔT，原水线面与新水线面之间所增加的一薄层排水体积为 Δv，则有

$$P+q=\rho g(V+\Delta v)$$

即

$$q=\rho g\Delta v$$

在直舷假定下 $\Delta v=\Delta T S_{\mathrm{w}}$，所以有

$$\Delta T=\frac{\Delta v}{S_{\mathrm{w}}}=\frac{q}{\rho g S_{\mathrm{w}}} \tag{3-54}$$

式中 S_{w}——原水线面面积。

增加载荷前后，舰艇的浮心、重心和稳心分别由原来的 B、G、M 点移至 B_1、G_1、M_1 点，因而稳性高也将由原来的$\overline{GM}$变为$\overline{G_1M_1}$。下面讨论舰艇横稳性高的改变。

增加载荷前舰艇横稳性高为

$$h=z_{\mathrm{b}}+r-z_{\mathrm{g}}$$

增加载荷后的横稳性高为

$$h_1=z_{\mathrm{b1}}+r_1-z_{\mathrm{g1}} \tag{3-55}$$

因此，横稳性高的改变量为

$$\Delta h=h_1-h=\Delta z_{\mathrm{b}}+\Delta r-\Delta z_{\mathrm{g}} \tag{3-56}$$

先来看浮心垂向坐标的改变量 Δz_{b}。新水线面下的体积由两部分组成：水线面 WL 下排水体积 V，其体积中心在 B 点（垂向为位置 z_{b}）；原水线面和新水线面之间的体积 Δv，其体积中心垂向位置在 $z=T+\Delta T/2$ 处。对通过 B 点的水平面取体积静矩，则有

$$(V+\Delta v)\cdot\Delta z_{\mathrm{b}}=V\cdot 0+\Delta v\left(T+\frac{\Delta T}{2}-z_{\mathrm{b}}\right)$$

即

$$\Delta z_{\mathrm{b}}=\frac{\Delta v}{V+\Delta v}\left(T+\frac{\Delta T}{2}-z_{\mathrm{b}}\right) \tag{3-57}$$

同理，确定 Δz_{g} 时，对通过 G 点的水平面取力矩，并使重量 $P+q$ 引起的力矩等于 P 与 q 对同一平面的力矩之和，则得

$$(P+q)\cdot\Delta z_{\mathrm{g}}=(P\cdot 0+q)(z_q-z_{\mathrm{g}})$$

即

$$\Delta z_{\mathrm{g}}=\frac{q}{P+q}(z_q-z_{\mathrm{g}}) \tag{3-58}$$

横稳心半径的改变量按照其定义应为

$$\Delta r=r_1-r=\frac{I_x+\Delta I_x}{V+\Delta v}-\frac{I_x}{V}=\frac{V\cdot\Delta I_x-I_x\cdot\Delta v}{V(V+\Delta v)}=\frac{\Delta I_x}{V+\Delta v}-r\frac{\Delta v}{V+\Delta v} \tag{3-59}$$

在直舷假定下，原水线面与新水线面相同，两水线面的惯性矩相等，即 $\Delta I_x=0$，于是得

$$\Delta r=\frac{\Delta v}{V+\Delta v}(-r) \tag{3-60}$$

将式(3-57)、式(3-58)、式(3-60)代入式(3-56)，并考虑到 $P=\rho g V$，$q=\rho g\Delta v$，$P+q=\rho g(V+\Delta v)$，可得：

$$\Delta h=\frac{q}{P+q}\left(T+\frac{\Delta T}{2}-z_{\mathrm{b}}-r+z_{\mathrm{g}}-z_q\right)=\frac{q}{P+q}\left(T+\frac{\Delta T}{2}-h-z_q\right) \tag{3-61}$$

式(3-61)即为增减小量载荷 q 后横稳性高改变量计算公式。同理，可得增加小量载荷所引起的纵稳性高的改变：

$$\Delta H=\frac{q}{P+q}\left(T+\frac{\Delta T}{2}-H-z_q\right) \tag{3-62}$$

因此新的初稳性高为

$$
\begin{cases}
h_1 = h + \Delta h = h + \dfrac{q}{P+q}\left(T + \dfrac{\Delta T}{2} - h - z_q\right) \\
H_1 = H + \Delta H \approx \dfrac{P}{P+q} H
\end{cases}
\tag{3-63}
$$

由式(3-61)可以判断增加载荷 q 对横稳性高的影响：

若 $z_q = T + \dfrac{\Delta T}{2} - h$，则 $h_1 = h$，横稳性高不变；

若 $z_q > T + \dfrac{\Delta T}{2} - h$，则 $h_1 < h$，横稳性高降低；

若 $z_q < T + \dfrac{\Delta T}{2} - h$，则 $h_1 > h$，横稳性高增加。

由此可见：在船上有一高度为 $T + \dfrac{\Delta T}{2} - h$ 的平面(称为中面)，若增加的载荷 q 的重心刚好位于此平面，则增加该载荷对横稳性高没有影响；若增加的载荷重心位置高于此平面，则横稳性高减小；若增加的载荷重心位置低于此平面，则横稳性高将增加。以上载荷增加的讨论同样适合于载荷减少的情况。在计算载荷减少对浮态和初稳性影响时，需把载荷重量代入负值，平均吃水的改变量 ΔT 也是负值。在中面以上减少载荷将使横稳性高增加，在中面以下减少载荷将使横稳性高减小。以上结论对在舰艇使用中如何合理增减载荷、保持舰艇稳性具有指导作用。

需要说明的是，增加的载荷重心位于中面时，横稳性高不变，但是复原力矩要变化，按照初稳性公式有

$$
\begin{aligned}
M_{r1} &= (P+q)h_1\phi = (P+q)(h+\Delta h)\phi = (P+q)h\phi + q\left(T + \frac{\Delta T}{2} - h - z_q\right)\phi \\
&= Ph\phi + q\left(T + \frac{\Delta T}{2} - z_q\right)\phi = M_r + q\left(T + \frac{\Delta T}{2} - z_q\right)\phi
\end{aligned}
\tag{3-64}
$$

可见：只有当增加载荷高度为 $z_q = T + \dfrac{\Delta T}{2}$ 时，复原力矩才不变；大于此高度则复原力矩减小，小于此高度时则复原力矩增加。

2. 在任意位置装卸小量载荷对舰艇浮态及初稳性的影响

在任意位置增减载荷时，必将同时引起舰艇吃水、横倾和纵倾的变化，此时只要将载荷先加在漂心 F 的铅垂线上，再将载荷移动到任意的加载位置即可。

设重量为 q 的载荷增加在舰艇的点 $A(x_q, y_q, z_q)$ 处，如图 3-20 所示。按以下步骤计算增加载荷对舰艇浮态和初稳性的影响。

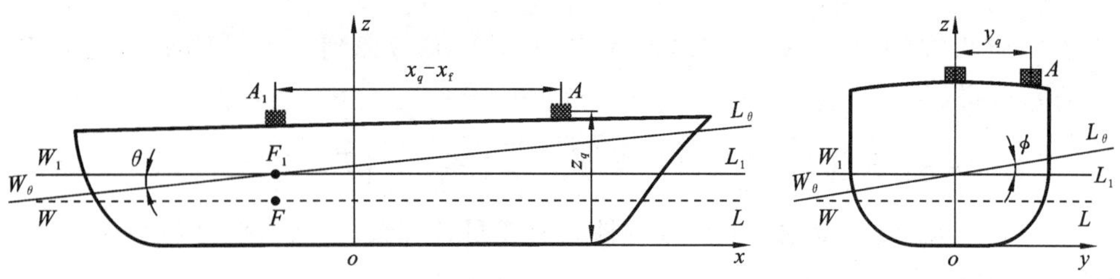

图 3-20 在任意位置增减小量载荷

(1) 将载荷 q 加在 $A_1(x_f, 0, z_q)$ 点，根据载荷增加在过漂心的铅垂线上的讨论结果，则吃水改变量为

$$\Delta T=\frac{q}{\rho g S_{\mathrm{w}}} \tag{3-65}$$

新的横稳性高为

$$h_1=h+\frac{q}{P+q}\left(T+\frac{\Delta T}{2}-h-z_q\right) \tag{3-66}$$

新的纵稳性高为

$$H_1\approx\frac{P}{P+q}H \tag{3-67}$$

(2) 将载荷 q 从 $A_1(x_{\mathrm{f}},0,z_q)$ 点水平移至 $A(x_q,y_q,z_q)$ 点，则根据载荷水平移动对浮态和初稳性影响的讨论，可得：

横倾角和纵倾角分别为

$$\phi=\arctan\frac{qy_q}{(P+q)\cdot h_1} \tag{3-68}$$

$$\theta=\arctan\frac{q(x_q-x_{\mathrm{f}})}{(P+q)\cdot H_1} \tag{3-69}$$

艏、艉吃水改变量为

$$\begin{cases}\Delta T_{\mathrm{f}}=\left(\dfrac{L}{2}-x_{\mathrm{f}}\right)\tan\theta\\[2ex]\Delta T_{\mathrm{a}}=-\left(\dfrac{L}{2}+x_{\mathrm{f}}\right)\tan\theta\end{cases} \tag{3-70}$$

新的艏、艉吃水为

$$\begin{cases}T_{\mathrm{f1}}=T_{\mathrm{f}}+\Delta T+\Delta T_{\mathrm{f}}\\T_{\mathrm{a1}}=T_{\mathrm{a}}+\Delta T+\Delta T_{\mathrm{a}}\end{cases} \tag{3-71}$$

对于载荷减少的情况，同样可以应用上述计算公式，只需要将载荷 q 取为负值，同时注意吃水的改变量也是负值。

3.7.2　装卸大量载荷对舰艇浮态和初稳性的影响

当船上增加或卸除大量(超出重量排水量的 10%～15%)的载荷时，应用上面有关公式来计算舰艇的浮态和初稳性可能出现较大的误差。在装卸大量载荷时，舰艇的吃水变化较大，因此水线面面积、漂心位置等差别较大，即直舷假定不成立，同时应用初稳性公式的前提条件也不完全满足。在这种情况下，应根据静水力曲线图进行计算，以得到比较正确的结果。需要应用的静水力曲线资料是：

(1) 排水量 Δ 曲线；

(2) 浮心坐标 x_{b} 及 z_{b} 曲线；

(3) 漂心纵坐标 x_{f} 曲线；

(4) 每厘米纵倾力矩 $M_{\mathrm{t}}^{\mathrm{cm}}$ 曲线。

设舰艇原来的重量为 P_0，重心纵向坐标为 x_{g}，重心垂向坐标为 z_{g}。当舰艇装上大量载荷 q(其重心在(x,y,z)处)后，新的重量为

$$P_1=P_0+q$$

根据计算重量和重心坐标的一般公式，新的重心位置为

$$\begin{cases} x_{g1}=\dfrac{P_0x_g+qx}{P+q} \\ z_{g1}=\dfrac{P_0z_g+qz}{P+q} \end{cases} \tag{3-72}$$

在静水力曲线图横坐标上截取$(P_0+q)/g$，从这点作垂线与排水量曲线相交，再从交点引水平线与纵坐标轴相交，即得相应的正浮吃水T_1，如图3-21所示，根据吃水T_1可从有关曲线上量得x_{b1}、z_{b1}、r_1、x_{f1}及M_t^{cm}等的数值。

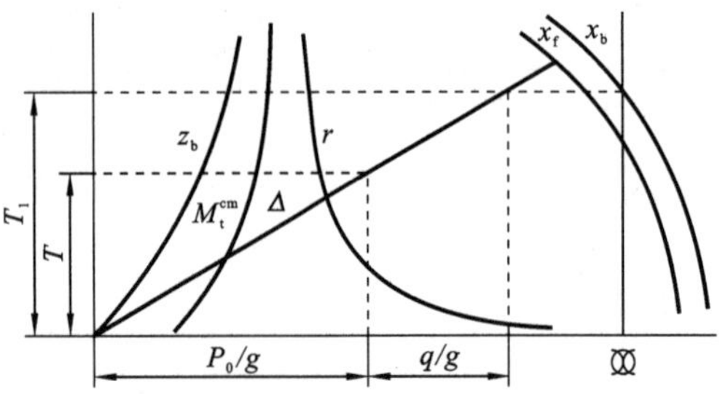

图 3-21 在静水力曲线上确定新的吃水

因此，排水量$\Delta=(P+q)/g$时的横稳性高为

$$h_1=z_{b1}+r_1-z_{g1} \tag{3-73}$$

如果加载后引起的横倾角不大（10°～15°），则可以认为横倾后的横稳性高与正浮时的值一样，则横倾角正切为

$$\tan\phi=\frac{q\cdot y}{(P_0+q)\cdot h_1} \tag{3-74}$$

由于静水力曲线是针对舰艇的正浮状态而绘制的，因此，若装载后的横倾角很大，则此结果的误差也较大，这时需用第4章将介绍的舰艇发生大角度倾斜时的静稳性曲线来判定其横倾角大小。

舰艇的重心G_1和浮心B_1不一定在同一铅垂线上，即x_{g1}不一定等于x_{b1}，由此所引起的纵倾力矩可以由下式求得：

$$M_t=(P_0+q)(x_{g1}-x_{b1}) \tag{3-75}$$

所以，舰艇的纵倾差为

$$t=\frac{M_t}{100M_t^{cm}} \tag{3-76}$$

增加载荷后舰艇的艏、艉吃水分别为

$$\begin{aligned} T_f&=T_1+\left(\frac{L}{2}-x_{f1}\right)\frac{t}{L} \\ T_a&=T_1-\left(\frac{L}{2}+x_{f1}\right)\frac{t}{L} \end{aligned} \tag{3-77}$$

对于卸除载荷的情况，也可以用同样的方法进行计算，不过这时在静水力曲线图的横坐标上应截取的排水量为$(P_0-q)/g$，在应用有关公式时需把载荷重量改为$-q$等。

3.8 悬挂载荷对舰艇浮态及初稳性的影响

一般船舶的悬挂重量有各种类型，如船舷上悬挂的救生艇，吊杆上装、卸载的货物，渔船用吊杆拖动的渔网，以及未加固定的悬挂重量等，但它们都可以统一看成绕悬挂点转动的重量，在船舶倾斜过程中它们对船舶稳性会产生不利的影响。

设舰艇浮于WL水线处，有一未加固定的悬挂于A点的重物q，其重心位于B点，悬线长l，如图3-22所示。当舰艇横倾一小角度ϕ后，重物q重心自B点移至B_1点。若在B点加上一对大小相等、方向相反的共线力q，则可以将悬挂重量q的影响看作舰艇的重心不变，但增加了一个横倾力矩，即

$$M=ql\sin\phi$$

故舰艇在横倾 ϕ 角时的实际复原力矩为

$$M_r=Ph\sin\phi-ql\sin\phi=P\left(h-\frac{q}{P}l\right)\sin\phi \tag{3-78}$$

所以舰艇实际的横稳性高为

$$h_1=h-\frac{q}{P}l \tag{3-79}$$

由式(3-79)可见，悬挂重量使横稳性高减小了 ql/P。与载荷铅垂移动对横稳性高影响的计算公式比较，可以看出这个影响相当于把载荷 q 的重心自 B 点垂向移至悬挂点 A，故 A 点称为悬挂重量的虚重心。

当舰上有起重机吊起甲板上(或舱内)的载荷时，载荷一离开甲板，也就是在载荷由固定变为悬挂载荷的一瞬间，横稳性高立即按式(3-79)所示规律减小，而只要悬挂点本身的位置不变，那么在载荷继续升高的过程中，横稳性高将不再改变，因为在这一过程中起作用的始终是虚重心，而不是实际重心。

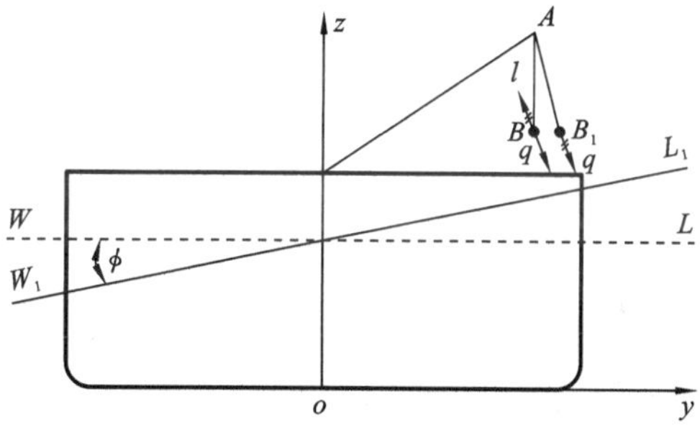

图 3-22 悬挂载荷

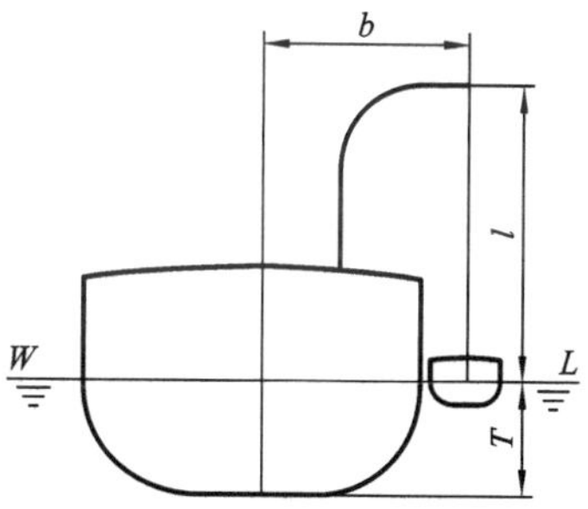

图 3-23 舰艇悬挂小艇

例 3-5 求舰艇用吊杆吊起质量为 8.00 t 的小艇时的横倾角(见图 3-23)。已知舰艇排水量 $\Delta=3000$ t，吃水 $T=3.50$ m，吊杆的外伸长度 $b=8.0$ m，吊杆顶端在水线以上的高度 $l=12.0$ m，原横稳性高 $h=0.75$ m。

解 小艇一离开水面，其虚重心即达到吊杆顶端，故用吊杆吊起小艇可看成是舰上增加了一个固定载荷，其重心高度为

$$z_q=T+l=(3.5+12.0)\ \text{m}=15.5\ \text{m}$$

应用增加小量载荷对初稳性影响的计算公式，得

$$\Delta h=\frac{q}{P+q}\left(T+\frac{\Delta T}{2}-h-z_q\right)=\frac{8.0\times(3.5-0.75-15.5)}{(3000+8.0)}\ \text{m}=-0.034\ \text{m}$$

(式中 ΔT 较小，可以略去。)

$$h_1=h+\Delta h=(0.75-0.034)\ \text{m}=0.716\ \text{m}$$

横倾角为

$$\phi=\frac{qy_q}{(P+q)h_1}=\frac{q\times b}{(P+q)h_1}=\frac{8.0\times 8.0}{3008\times 0.716}\ \text{rad}\approx 1.703^\circ$$

3.9 自由液面对舰艇初稳性的影响

舰艇上多设有淡水舱、燃油舱、压载水舱以及污水舱等液舱柜，若舱内液体不满，则舰艇倾

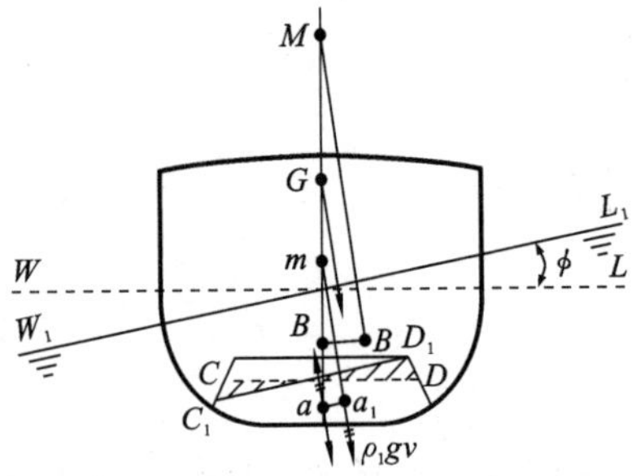

图 3-24　液舱内的自由液面对稳性影响

斜时，舱内的液体也将流向一舷，且液面保持与水面平行，这种可以自由流动的液面称为自由液面。现讨论自由液面对初稳性的影响。

如图 3-24 所示，设舰艇的重量为 P，自由液体的体积为 v，液体的质量密度为 ρ_1，当舰艇处于正浮状态时，其重心在 G 点。舱内的自由液面在 CD 位置，且平行于水线面 WL，其重心在 a 点。当舰艇倾斜一小角度 ϕ 后，舱内液体自由表面倾斜至 C_1D_1，且平行于新水线面 W_1L_1，其重心由 a 点移至 a_1 点。液体重心 a 点的移动与 3.2.2 小节讨论的舰艇等体积倾斜时浮心 B 的移动相类似，重心 a 沿着以 m 点为圆心、$\overline{am}$为半径的圆弧移动到 a_1 点，根据式(3-5)有：

$$\overline{am}=\frac{i_x}{v} \tag{3-80}$$

式中　i_x——自由液面对其倾斜轴线的面积惯性矩(自由液面横向面积惯性矩)；

v——舱内液体的体积。

现在 a 点加上一对大小相等、方向相反的共线力 $\rho_1 gv$，则舱内液体移动相当于增加了一个倾斜的力偶矩，该力偶矩方向与舰艇倾斜方向相同，其数值为

$$m_{\mathrm{h}}=\rho_1 gv\times\overline{aa_1}=\rho_1 gv\times\overline{am}\sin\phi \tag{3-81}$$

将式(3-80)代入式(3-81)中，得到舱内液体移动产生的力偶矩：

$$m_{\mathrm{h}}=\rho_1 gv\frac{i_x}{v}\sin\phi=\rho_1 g\cdot i_x\sin\phi \tag{3-82}$$

因此，舰艇横倾 ϕ 角时，除本身的复原力矩 $M_{\mathrm{r}}=Ph\sin\phi$ 外，舰艇还会受到一个自由液面所引起的横倾力矩 m_{h}。扣除自由液面移动引起的力矩 m_{h} 后舰艇的复原力矩为

$$M_{\mathrm{r1}}=Ph\sin\phi-\rho_1 g\cdot i_x\sin\phi=P\left(h-\frac{\rho_1 g\cdot i_x}{P}\right)\sin\phi \tag{3-83}$$

则考虑自由液面的影响时舰艇的横稳性高为

$$h_1=\left(h-\frac{\rho_1 g\cdot i_x}{P}\right) \tag{3-84}$$

记

$$\Delta h=-\frac{\rho_1 g\cdot i_x}{P} \tag{3-85}$$

Δh 称为自由液面对横稳性高的修正值，其数值与自由液面面积的大小、舰艇的重量有关，一般与液舱内液体的量无关。由此可见，自由液面的影响使横稳性高减小了 $\rho_1 g\cdot i_x/P$。

用类似方法可以求得自由液面对纵稳性高的影响：

$$H_1=H-\frac{\rho_1 g i_y}{P} \tag{3-86}$$

纵稳性高改变量为

$$\Delta H=-\frac{\rho_1 g i_y}{P} \tag{3-87}$$

式中　i_y——自由液面对其倾斜轴线的面积惯性矩(自由液面纵向惯性矩)。

由于纵稳性高 H 的值比较大，与 H 相比 ΔH 通常可忽略不计，仅在液舱长度较大、惯性矩 i_y 的值比较显著的情况下才有考虑的必要。

对于船上有若干个带有自由液面舱室的情况，则可先算出各自的 $\rho_1 g i_x$，然后把它们加起来除以舰艇的重量，得到所有自由液面对横稳性高的修正值 $-\dfrac{\sum \rho_1 g i_x}{P}$，此时新的横稳性高为

$$h_1 = h - \frac{\sum \rho_1 g i_x}{P} \tag{3-88}$$

同理，对于纵倾情况有

$$H_1 = H - \frac{\sum \rho_1 g i_y}{P} \tag{3-89}$$

从以上的推导可以看出，自由液面的影响总是使舰艇的初稳性高减小。对于装有大量液体载荷的舰艇，如油船、水船应特别注意自由液面对稳性的影响。军舰破损进水常常会带来大量的自由水面，有时甚至能使稳性高降为负值而使舰艇处于易倾覆的危险状态。

为了减小自由液面对初稳性的不利影响，最有效的办法是使液体自由液面的面积惯性矩 i_x 尽量小。在结构上可采取加纵向隔舱壁的办法。以下举一简单的例子，说明设置纵向舱壁对减小自由液面影响的效果。

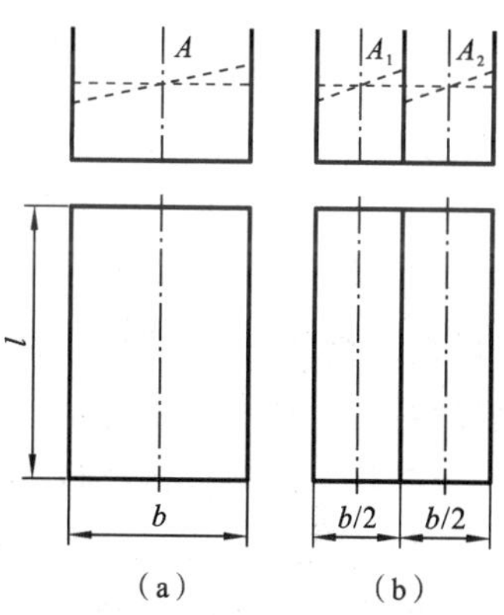

图 3-25　矩形自由液面

设有一个长为 l、宽为 b 的矩形自由液面，如图 3-25(a)所示。横倾时该自由液面的横向惯性矩为

$$i_x = \frac{1}{12} l b^3 \tag{3-90}$$

若采用纵向舱壁将其分成两个相同的部分，如图 3-25(b)所示，则自由液面 A_1 及 A_2 的横向惯性矩总和为

$$\sum_{j=1}^{2} i_{xj} = 2 \times \frac{1}{12} l \left(\frac{b}{2}\right)^3 = \frac{1}{4} \times \frac{lb^3}{12} \tag{3-91}$$

比较式(3-90)和式(3-91)可知，用纵向舱壁将自由液面分成二等份后，自由液面对稳性的不利影响可减小至原来的 1/4。同样可以证明，如果用两道纵向舱壁将自由液面等分成三等份，则其影响可减小至原来的 1/9。进一步做出推论：将舱室等分成 n 等份后，自由液面的影响可减小到未分舱前的 $1/n^2$。该结论主要适用于自由液面呈矩形的情形。

因此，船上宽度较大的油舱、水舱等通常都要设置纵向舱壁，以减小自由液面对稳性的不利影响。

此外，在舰艇的日常航行中也应力求避免或减少自由液面的存在，如必须按规定程序使用油水，应避免形成多块自由液面同时存在的不利局面。

从前面讨论可以看出，在一般情况下，如图 3-26(a)所示，自由液面对初稳性的影响与液舱内液体的量无关。但是在某些特殊情况下，在应用式(3-85)时可能产生较大的误差，例如甲板上集了一层薄薄的水(见图3-26(b))，可能在倾角不大时，水就集中于一舷了，惯性矩 i_x 迅速减小，对初稳性的影响不过是一薄层水移动了距离 d 所造成的，对于这种情况式(3-85)显然是不适用的。此外，当舱内液体接近灌满时(见图 3-26(c))，情况也与甲板上集薄层水时类似。

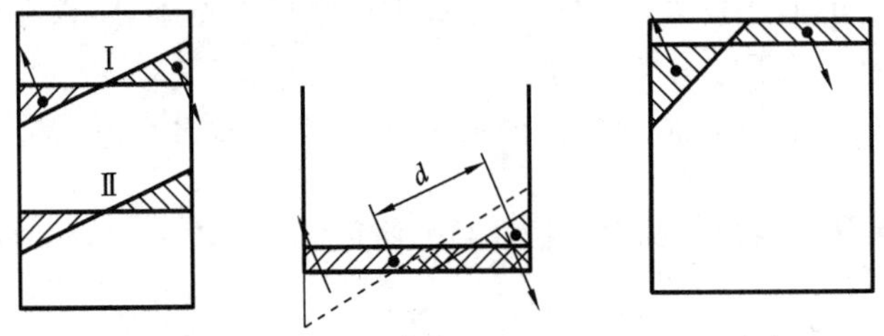

图 3-26　自由液面

3.10　倾斜试验

横稳性高 h 是衡量舰艇初稳性的重要参数。舰艇建造完毕或改装后，正确地求出横稳性高 h 是一项十分重要的工作。前面已导出横稳性高

$$h=z_{\mathrm{b}}+r-z_{\mathrm{g}}$$

其中，浮心垂向坐标 z_{b} 和横稳心半径 r 可以根据型线图及型值表相当准确地计算求得。而在舰艇设计阶段计算所得的重量和重心位置，与舰艇建成后的实际重量和重心位置往往有一定的差异，这种差异来自各种因素的影响，如设备技术规格要求的重量和重心与实际设备的偏差、建造中局部修改等引起的误差等。因此，首制舰艇完工后都要进行倾斜试验，以便准确地求得重量和重心的位置，以此作为舰艇重量和重心位置的最终数据。它不仅可以用来计算舰艇的性能，而且能为以后设计同类型舰艇提供可靠的参考资料。

《舰船通用规范》特别规定，凡属下列情况的舰艇，必须在试航前进行倾斜试验：

(1) 新型舰艇的首制舰(艇)及其转厂建造的第一艘舰，以后每五艘抽试一艘；

(2) 在建造中因图纸修改和装备变更而影响稳性的舰艇。

以下简单介绍倾斜试验的原理及方法。

3.10.1　倾斜试验的原理

当舰艇正浮于水线 WL 处时，其重量为 P。若将舰艇上 A 点处的重物 q 横向移动某一距离至 A_1 点，则舰艇将产生横倾并浮于新水线 W_1L_1 处，如图 3-27 所示。

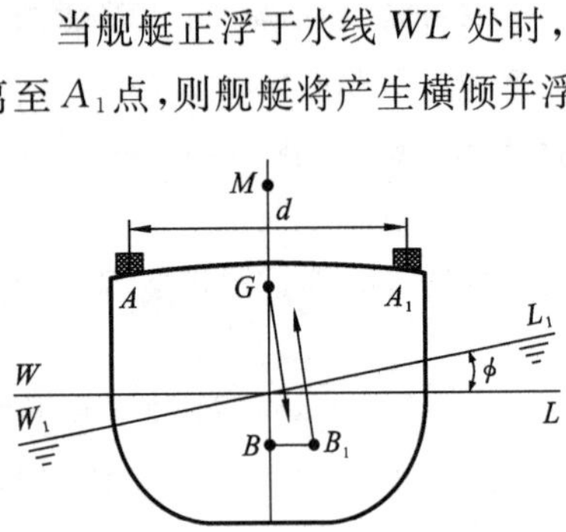

图 3-27　舰艇倾斜试验原理

根据载荷移动对舰艇浮态和初稳性影响的计算公式知道，舰艇的横倾角为

$$\phi=\frac{qd}{Ph}$$

则横稳性高为

$$h=\frac{qd}{P\phi} \tag{3-92}$$

若已知舰艇的重量 P，移动重量 q，横向移动距离，并测量出横倾角 ϕ，将它们代入式(3-92)，可以得到舰艇的横稳性高 h 值。

舰艇重心垂向坐标 z_g 可写成：

$$z_g=(z_b+r)-h \tag{3-93}$$

式中浮心垂向坐标 z_b、横稳心半径 r 可以根据排水量 Δ（或吃水 T）从静水力曲线图中查得。于是，便可以由式(3-93)求出重心垂向坐标 z_g。

3.10.2 试验方法

试验前，先测量艏、艉吃水和水的密度，以便精确地求出排水量。

倾斜试验所用的移动重物一般是生铁块，将它们分成四组 q_1、q_2、q_3、q_4 堆放于甲板上指定的位置（见图 3-28），每组重物的重量相等。

为了形成足够的倾斜力矩，使舰艇能产生 2°～4°的横倾角，移动重物的总重量一般为舰艇排水量的 1%～2%，移动的距离 d 约为船宽的 3/4。

横倾角 ϕ 一般用摆锤来进行测量，如图 3-29 所示；亦可采用 U 形玻璃管等其他测量仪器。摆锤用细绳挂在船上的 O 点处，下端装有水平标尺。当舰艇横倾时，可在标尺上读出摆锤移动的距离 k，则舰艇的横倾角为

$$\phi=k/\lambda$$

式中 λ——悬挂点 O 至标尺的垂直距离。为了减小测量误差，λ 应尽可能取得大些。

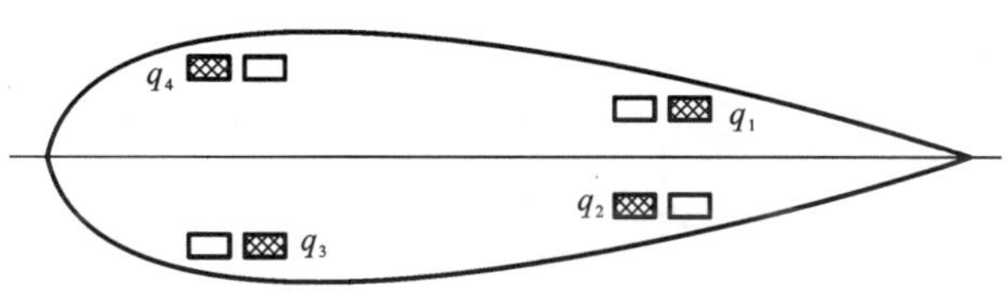

图 3-28 倾斜试验重物的搬移

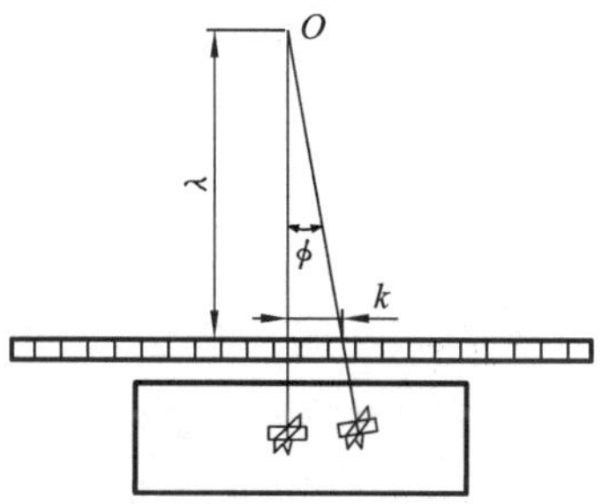

图 3-29 用摆锤测量舰艇横倾角

为了提高试验结果的精确程度，应使被试验的舰艇重复倾斜几次，亦即在试验时需要按一定的次序将舰艇上各组重物重复移动多次。每次将重物做横向移动后，应计算相应的横倾力矩和横倾角。

3.10.3 试验注意事项

为了保证试验的准确性，在试验时应注意以下几点：

(1) 应选风力不大于二级的晴天进行试验，试验地点应选在静水的遮蔽处所。试验时应注意风和水流的影响，尽可能使船艏正对风向和水流方向。最好在坞内进行倾斜试验。

(2) 为了不妨碍船的横倾，应将系泊缆绳全部松开。

(3) 凡船上能自行移动的物体都应设法固定，机器停止运转。与试验无关人员均应离开船，留在船上的人员都应有固定位置，不能随意走动。

(4) 船上的各类液舱都应抽空或注满，以消除自由液面的影响。如有自由液面应查明其

大小，以便进行修正。

(5) 试验时，对船上的装载情况以及船上缺少或多余的物资都应做详细记录，以便将试验结果修正到空载状态。

(6) 试验时各项工作应有人员统一指挥，观察记录工作务必认真仔细。

有关倾斜试验的具体组织实施，包括各项试验前的准备工作，各种数据的测量方法和要求，对试验结果的分析、处理和换算等可以参见规范 GJB 6850—2009。

3.10.4 倾斜试验实例

1. 舰艇的主尺度

舰艇的主尺度如下：

舰艇总长 $L_{OA}=112.80$ m；

垂线间长 $L_{pp}=107.95$ m；

型宽 $B=17.20$ m；

型深 $D=9.90$ m。

2. 试验情况

日期时间：1998 年 7 月 27 日 14 时 07 分至 15 时 10 分。

地点：某造船厂 1 号船坞。

天气情况：晴，东南风，风力为二级，风速为 2 m/s。

参加者：主持人、验船师及工作人员等 18 人。

系泊情况：艏、艉缆绳松开，船舶呈自由状态。

水比重：在船舯部距水表面 0.5 m 深处测得水的密度为 $\rho=0.99$ t/m^3，水温为 30 ℃。

3. 试验时吃水测量情况(包括船底板厚度)

艏：右舷 1.18 m，左舷 1.19 m，平均 1.185 m。

舯：右舷 2.70 m，左舷 2.70 m，平均 2.70 m。

艉：右舷 4.23 m，左舷 4.21 m，平均 4.22 m。

4. 计算吃水

平板龙骨厚度 $t_k=0.0165$ m；

艏吃水 $T_f=1.185$ m；

舯吃水 $T_m=2.70$ m；

艉吃水 $T_a=4.22$ m；

型艏吃水 $T_{fm}=1.1685$ m；

型舯吃水 $T_{mm}=2.6835$ m；

型艉吃水 $T_{am}=4.2035$ m；

纵倾角 $\theta=\arctan\left(\frac{T_a-T_f}{L_{pp}}\right)=\arctan\left(\frac{4.2035-1.1685}{107.95}\right)=1.6104°$。

5. 压铁及测试设备布置

(1) 试验压铁分四堆，左右舷各两堆，原始布置如表 3-3 所示。

表 3-3　压铁原始布置

名称	质量/t	质心距舯/m	质心距中心线/m	质心距基线/m
一号堆压铁(#118 右舷)	7	22.175	7.20	15.10
二号堆压铁(#118 左舷)	7	22.175	−7.20	15.10
三号堆压铁(#42 右舷)	7	−27.225	6.50	14.85
四号堆压铁(#42 左舷)	7	−27.225	−6.50	14.85

注:为方便计算,在试验中分别以质量代替重量,以质心代替重心来列表。

(2) 试验移动压铁顺序如表 3-4 所示。

表 3-4　移动压铁顺序

编号	左舷		右舷		移动力矩/(tf·m)	总移动力矩/(tf·m)
初始位置 0	艉□	□艏	艉■	■艏	0	0
1		□	□■	■	100.8	100.8
2			□■	□■	91	191.8
3		□	□■	■	−91	100.8
4	□	□	■	■	−100.8	0
5	□■	□		■	−100.8	−100.8
6	□■	□■			−91	−191.8
7	□■	□		■	91	−100.8
8	□	□	■	■	100.8	0

注:为方便计算,在试验中力矩单位取 tf·m。

(3) U 形玻璃管布置情况:

1 号 U 形管位于艉部#119 左、右舷,两玻璃管中心距 $\lambda_1=16.24$ m;

2 号 U 形管位于艏部#39 左、右舷,两玻璃管中心距 $\lambda_2=15.45$ m。

6. 多余质量表

表 3-5 列出了多余质量项目。

表 3-5　多余质量表

序号	项目	位置	质量 m_i/t	质心位置与力矩			
				纵向(距舯)		竖向(距基线)	
				距离 x/m	力矩 M_x /(tf·m)	距离 z/m	力矩 M_z /(tf·m)
1	油漆	#120	1.694	23.475	39.77	12.6	21.344
2	重油	6 号舱	20.000	−17.875	−357.50	0.09	1.800
3	混合油	7 号舱(左)	12.000	−36.435	−437.22	0.255	3.060
4	轻油	18 号舱(左)	10.000	−45.305	−453.05	5.90	59.000
5	重油	7 号舱(右)	8.000	−35.235	−281.88	0.39	3.120
6	压载水	1 号舱(左,右)	327.800	30.015	9838.92	0.95	311.410

续表

序号	项目	位置	质量 m_i /t	质心位置与力矩			
				纵向(距舯)		竖向(距基线)	
				距离 x/m	力矩 M_x /(tf · m)	距离 z/m	力矩 M_z /(tf · m)
7	调平压铁	上甲板＃130	5.000	29.976	149.88	12.65	63.250
8	试验压铁	上甲板＃118	14.000	22.175	310.45	15.10	211.400
9	试验压铁	上甲板＃42	14.000	－27.225	－381.15	14.85	207.900
10	试验人员 12 人	上甲板	0.780	－3.825	－2.98	10.75	8.385
11	试验人员 6 人	上甲板	0.390	－3.825	－1.49	15.35	5.987
12	人员行李等	艉楼	5.000	－37.975	－189.88	14.50	72.500
13	备品和供应品		4.000	－49.975	－199.90	9.00	36.000
14	总计		422.664	19.008	8033.97	2.378	1005.16

7. 不足质量表

表 3-6 所示为不足质量表，不足质量根据实际情况计入，此表未给出具体数值。

表 3-6　不足质量表

序号	项目	位置	质量 m_i /t	质心位置			
				纵向(距舯)		竖向(距基线)	
				距离 x/m	力矩 M_x /(tf · m)	距离 z/m	力矩 M_z /(tf · m)
1							
2							
	不足质量总计						

8. U 形管液面高度测量记录表

由于 U 形管中的液面高度上下波动，在读数时应记录上、下液面高度各 5 次，然后取其平均值。表 3-7 给出了 1 号 U 形管左右玻璃管的液面高度测量记录的平均值，表内第一栏为重量未移动时的初始读数，记作 b_0。

表 3-7　1 号 U 形管左右玻璃管的液面高度测量记录平均值　　(mm)

重量移动序号 i		0	1	2	3	4	5	6	7	8
左侧	读数平均值 b_i	630	556.1	427.2	519.3	626.4	726.5	815.6	726.7	621.8
	相对值 $b_{左}=b_i-b_0$	0	－73.9	－202.8	－110.7	－3.6	96.5	185.6	96.7	－8.2
右侧	读数平均值 b_i	720.9	827.1	897.7	830.8	726.7	620.5	533.4	621.7	740.6
	相对值 $b_{右}=b_i-b_0$	0	106.2	176.8	109.9	5.8	－100.4	－187.5	－99.2	19.7
两侧液面差 $b=\lvert b_{右}-b_{左}\rvert$		0	180.1	379.6	220.6	9.4	196.9	373.1	195.9	27.9
横倾角 $\tan\phi=\dfrac{b}{\lambda_1}$		0	0.01109	0.02337	0.01358	0.00058	0.01212	0.02297	0.01206	0.00172

2 号 U 形管的记录表形式与表 3-7 相同，此处从略。

9. 试验状态下排水量、浮心坐标及横稳心坐标的确定

已知水密度 $\rho=0.99\ \mathrm{t/m^3}$，根据计算船舯处平均型吃水 $T_m=2.6835\ \mathrm{m}$，从静水力曲线中求得表 3-8 所示数据。

表 3-8 排水量、浮心坐标与横稳心坐标

序号	项目	数值	单位
1	排水量 Δ_1	3162.56	t
2	横稳心垂向坐标 z_m	9.351	m
3	浮心垂向坐标 z_b	1.436	m
4	浮心纵向坐标 x_{b1}	0.240	m
5	每厘米纵倾力矩 M_t^{cm}	66.475	tf · m/cm
6	修正后排水量 $\Delta=\Delta_1\dfrac{\rho}{1.025}$	3054.57	t
7	修正后浮心纵向坐标 $x_b=x_{b1}+\dfrac{100(T_{fm}-T_{am})M_t^{cm}}{\Delta_1}$	−6.365	m

10. 倾角和初稳性计算表

表 3-9 所示为倾角和初稳性计算(采用最小二乘法)结果。

表 3-9 倾角和初稳性计算结果

序号	重量移动序号 i	0	1	2	3	4	5	6	7	8	$\sum$
1	1 号测点 $\tan\phi_1$	0	0.0111	0.0234	0.0136	0.0006	0.0121	0.0230	0.0121	0.0018	
2	2 号测点 $\tan\phi_2$	0	0.0136	0.0240	0.0130	0.0007	0.0120	0.0229	0.0119	0.0015	
3	平均值 $\tan\phi=\dfrac{1}{2}(\tan\phi_1+\tan\phi_2)$	0	0.0124	0.0237	0.0133	0.0007	0.0121	0.0229	0.0120	0.0016	
4	$\tan^2\phi$	0	0.0002	0.0006	0.0002	0	0.0001	0.0005	0.0001	0	0.0017
5	横倾力矩 $M/(\mathrm{tf\cdot m})$	0	100.8	191.8	100.8	0	100.8	191.8	100.8	0	786.8
6	$M\tan\phi$	0	1.2499	4.5457	1.3406	0	1.2197	4.4114	1.2096	0	13.977
7	$h_0=\dfrac{\sum M\tan\phi}{\Delta\sum\tan^2\phi}=\dfrac{13.977}{3054.57\times0.0017}\ \mathrm{m}=2.692\ \mathrm{m}$										

11. 试验状态船舶有关参数

表 3-10 所示为试验状态船舶有关参数表。

表 3-10 试验状态船舶有关参数

序号	项目	数值	单位
1	计算型艏吃水 T_{fm}	1.1685	m
2	计算型艉吃水 T_{am}	4.2035	m

续表

序号	项目	数值	单位
3	计算型舯吃水 T_{mm}	2.6835	m
4	纵倾角 θ	1.6104	°
5	排水量 Δ	3054.57	t
6	横稳心垂向坐标 z_m	9.351	m
7	浮心垂向坐标 z_b	1.436	m
8	浮心纵向坐标 x_b	−6.139	m
9	实测横稳性高 h	2.692	m
10	自由液面修正值 Δh	−0.093	m
11	经自由液面修正后横稳性高 $h_1=h+\Delta h$	2.599	m
12	重心垂向坐标 $z_g=z_m-h_1$	6.774	m
13	重心纵向坐标 $x_g=x_b+(z_g-z_b)\tan\theta$	−5.990	m

12. 空船质量及质心位置

表 3-11 所示为空船质量及质心位置计算结果。

表 3-11 空船质量及质心位置计算结果

项目	质量/t	质心距舯/m	质心距中心线/m	重心距基线/m
试验状态	3054.57	−5.990	0	6.774
多余质量	−442.664	19.008	0	2.378
不足质量	0	—	—	—
空船质量 $\sum$	2611.91	−10.227	0	7.519

3.11 船舶在各种装载情况下浮态及初稳性的计算

3.7 节讨论了装卸载荷对舰艇浮态和稳性的影响，应用这些原理，就可以计算舰艇在各种装载情况下的浮态和初稳性。

舰艇的装载情况千变万化，不可能一一加以计算，故在设计阶段，只对几种典型的装载情况进行浮态和初稳性的计算，其中应包括初稳性最恶劣时的装载情况。《舰船通用规范》对舰艇所需计算的基本装载情况有明确的规定，并对舰艇的最小初稳性高也做了规定，如果计算结果能符合有关规范的要求，则表示所设计的舰艇具有足够的初稳性。

对舰艇来说，需进行满载出港、满载到港、空载(或压载)出港和空载(或压载)到港四种典型装载状态下的浮态和初稳性计算。

舰艇在各种装载情况下浮态和初稳性的计算通常包括下列三个部分：

(1) 各种装载情况下重量和重心位置的计算——每种典型装载情况单独列一张计算表。

(2) 各种装载情况下浮态及初稳性的计算——每种典型装载情况单独列一张计算表。

(3) 各种装载情况下浮态及稳性计算综合表——主要将各种装载情况下所得的舰艇浮态和稳性计算结果进行汇总，以便全面了解舰艇的浮态和稳性情况。

表 3-12、表 3-13、表 3-14 中列出了某船的计算结果，以供参考。

表 3-12 载荷质量和质心位置计算(满载出港)

项目	质量/t	质心距舯 x_{G_i}/m	质心距中心线 y_{G_i}/m	质心距基线 z_{G_i}/m
空船	859.00	−4.03	0	3.80
固定设施	10.80	−12.84	0	4.41
供应品	0.30	−29.00	0	2.40
燃油	89.66	−0.60	0	0.72
柴油	21.56	−21.70	0	1.45
淡水	17.02	−31.73	0	3.51
滑油	2.83	−24.60	0	0.30
压载水	0.00	4.22	0	0.73
货物	1604.83	4.24	0	4.11
其他	67.05	4.24	0	4.11
总计 $\sum$	Δ=2673.05	x_g=0.879	y_g=0.000	z_g=3.868

注：此种表格还有满载到港、压载出港、压载到港情况下的共三个，此处从略。

表 3-13 各种载荷情况下的浮态及初稳性计算

项目	单位	符号及公式	满载出港	满载到港	压载出港	压载到港
排水量	t	Δ	2673.05	2557.37	1469.89	1354.21
平均吃水	m	T	4.400	4.237	2.618	2.437
重心纵向坐标	m	x_g	0.879	1.295	−1.879	−1.329
浮心纵向坐标	m	x_b	0.994	1.077	1.653	1.701
重心垂向坐标	m	z_g	3.868	3.985	2.593	2.705
纵稳心距基线高	m	z_{ML}	84.249	85.489	117.271	126.181
纵稳性高	m	$H=z_{ML}-z_g$	80.381	81.504	114.678	123.476
每厘米纵倾力矩	tf·m	$M_t^{cm}=\Delta\dfrac{H}{100L}$	31.597	30.652	24.789	240.982
漂心纵向坐标	m	x_f	−0.978	−0.782	1.082	1.186
纵倾力臂	m	x_g-x_b	−0.115	0.218	−3.532	−3.03
纵倾力矩	tf·m	$M_t=\Delta(x_g-x_b)$	−306.84	557.949	−5191.68	−4102.71
倾差	m	$\Delta T=\dfrac{M_t}{100\cdot M_t^{cm}}$	−0.097	0.182	−2.094	−1.668
艏吃水增量	m	$\Delta T_f=\left(\dfrac{L}{2}-x_f\right)\left(\dfrac{\Delta T}{L}\right)$	−0.05	0.093	−1.014	−0.805

续表

项目	单位	符号及公式	满载出港	满载到港	压载出港	压载到港
艉吃水增量	m	$\Delta T_a=-\left(\frac{L}{2}+x_f\right)\left(\frac{\Delta T}{L}\right)$	0.047	−0.089	1.081	0.863
艏吃水	m	$T_f=T+\Delta T_f$	4.35	4.33	1.604	1.631
艉吃水	m	$T_a=T+\Delta T_a$	4.447	4.148	3.698	3.300
横稳心距基线高	m	z_M	5.125	5.121	6.040	6.330
未修正横稳性高	m	$h_0=z_M-z_g$	1.257	1.136	3.447	3.625
自由液面修正值	m	Δh	−0.047	−0.049	−0.086	−0.093
实际横稳性高	m	$h=h_0+\Delta h$	1.210	1.087	3.361	3.532

表 3-14 各载况的浮态及稳性总结表

项目	单位	符号	满载出港	满载到港	压载出港	压载到港	要求
排水量	t	Δ	2673.05	2557.37	1469.89	1354.21	
平均吃水	m	T	4.400	4.237	2.618	2.437	
艏吃水	m	T_f	4.350	4.330	1.604	1.631	
艉吃水	m	T_a	4.447	4.148	3.698	3.300	
重心纵向坐标	m	x_g	0.879	1.295	−1.879	−1.329	
重心垂向坐标	m	z_g	3.868	3.985	2.593	2.705	
进水角	°	θ_j	29.044	30.417	44.738	46.642	
横摇周期	s	T_θ	7.488	7.996	4.676	4.673	
实际横稳性高	m	h	1.210	1.087	3.361	3.532	≥0.15
30°处复原力臂*	m	L_M	0.728	0.724	1.680	1.653	≥0.2
最大复原力臂对应角*	°	θ_m	41.785	41.160	55.515	55.874	≥30
消失角*	°	θ_{vs}	≥80	84.417	≥80	≥80	
稳性衡准数*		K	6.885	6.971	11.194	9.933	≥1
稳性校核结果			满足要求	满足要求	满足要求	满足要求	

注:带有 * 号者是大角稳性的计算结果。

思 考 题

1. 舰艇稳性的概念是什么? 舰艇必须处于稳定状态才有稳性吗?
2. 什么是等体积倾斜? 其特征是什么?
3. 稳心是如何定义的? 它与舰艇的重心、浮心有关吗?
4. 舰艇平衡位置稳定与否如何判断?
5. 表达舰艇稳性的物理量有哪些?
6. 舰艇初稳性高是舰艇上的一个固定高度吗?

7. 初稳性公式中各个物理量的含义是什么?

8. 静水力曲线图中包含哪些曲线?舰艇处于大角度横倾平衡状态,其浮心位置可否通过静水力曲线查得?

9. 试分析为何水面舰艇的纵稳性远优于横稳性。

10. 小量载荷的铅垂移动、水平横向移动与水平纵向移动中,哪一种移动会对初稳性高产生影响?

11. 什么是舰艇的中面?它与舰艇的中线面、中站面有关吗?

12. 何谓虚重心?在悬挂载荷吊离甲板后,随着悬挂索的缩短,舰艇的初稳性高是否有变化,为什么?

13. 自由液面对舰艇初稳性的影响与哪些因素有关?

14. 舰艇的倾斜试验目的是测量舰艇的重量、重心高度还是浮心高度?

第4章 大角稳性

实际舰艇在服役过程中常遇到恶劣的风浪等状况而发生大倾斜，这时用初稳性理论不足以判断舰艇是否具有足够的稳性，需要研究舰艇的大角稳性。

本章主要介绍舰艇发生大倾斜时的稳性规律，在此基础上介绍舰艇在航行中抗风浪能力，即舰艇抗风浪性计算。此外，还将研究如何根据各种特征量鉴别舰艇大角稳性的好坏，分析船形因素对大角稳性的影响，这对于保持和改善舰艇的大角稳性有重要的意义。在大角稳性研究中只讨论横倾问题，因纵倾通常不大，纵稳性的问题只在初稳性研究中讨论。

4.1 静稳性曲线

4.1.1 静稳性曲线的意义

舰艇发生大角度倾斜时，仍然是用舰艇倾斜后产生的复原力矩来表示阻止舰艇倾覆的能力，此时复原力矩随横倾角的变化规律已不能像初稳性研究中用简单的公式（见式(3-10)）表达，而需要以曲线形式给出。这里将假定舰艇处于静水之中，水线面为一水平面，并且忽略舰艇在横倾时由于船体艏、艉不对称所引起的纵倾的影响，即不考虑它们之间的耦合作用。

如图 4-1(a)所示，设舰艇原正浮于水线 WL 处，重量为 P，重心在 G 点，浮心在 B 点，等体积倾斜一大角 ϕ 到达水线 $W_\phi L_\phi$。这时，舰艇的重心保持不变，由于排水体积形状发生变化，浮心位置由 B 点沿某一曲线移动到 B_ϕ 点。于是重力 P 和浮力 $\rho g V$ 形成一个复原力矩，且有

$$M_r = P \times \overline{GZ} = P \times l_r \tag{4-1}$$

式中 M_r——复原力矩；

l_r——复原力臂。

与小角度倾斜时的初稳性所不同的是：首先大角度倾斜时等体积倾斜轴线不再通过正浮水线面的漂心。因为小角度倾斜时，出、入水楔形体剖面（见图 3-2）可近似为直角三角形，从而导出出水端与入水端水线面对倾斜轴的面积静矩相等，但随着倾角增大，将楔形体剖面近似为直角三角形带来的误差将增加。其次是相应的浮心移动曲线也不再是圆弧的一段。初稳性计算中把浮心移动曲线近似为圆弧，随着倾角增大，浮心移动曲线与圆弧的偏差也会增大。所以式(4-1)不再能表达成像初稳性公式那样的简单解析形式。

在大角稳性计算中，一般将复原力矩与横倾角的关系以曲线图的形式呈现出来，如图 4-1(b)所示。该曲线图表示了舰艇在不同倾角时复原力矩的大小，称为静稳性曲线。初始阶段复原力矩随横倾角的增大而单调增加，这是由于初始阶段出、入水楔形体体积和体积中心移动距离随横倾角增加而增加，当上甲板入水以后，出、入水楔形体体积的增加和移动距离逐渐减缓，达到某一横倾角时复原力矩达到最大值。其后，随着横倾角的进一步增大，出、入水楔形体

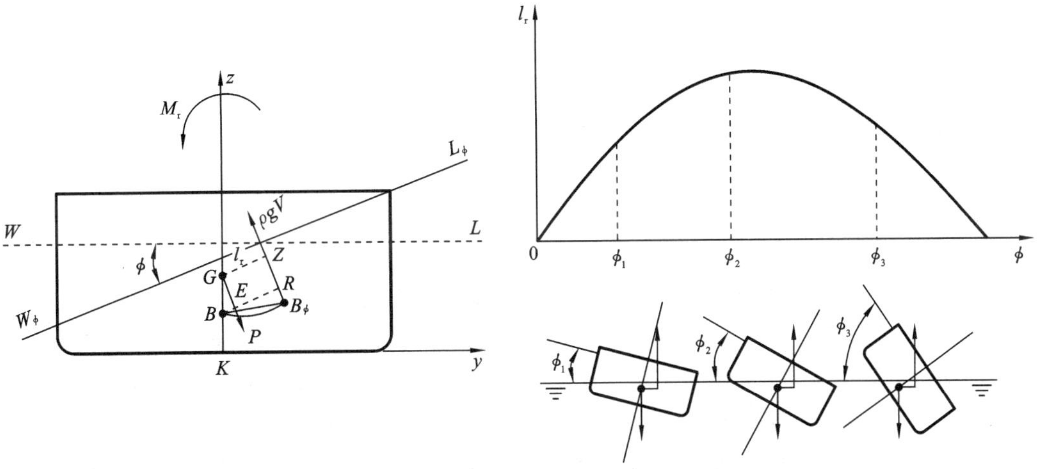

(a)　　　　(b)

图 4-1　舰艇大倾角倾斜受力分析

体积和体积移动距离开始减小，相应的复原力矩也随之减小，直至复原力矩降低到零，进而变为负值。静稳性曲线表示舰艇在某一载重状态下复原力矩与横倾角的关系。由于式(4-1)中复原力矩 M_r 与复原力臂 l_r 之间仅相差一个倍数即重量 P，可以在静稳性曲线图上用同一条曲线表示它们，只是纵坐标要采用不同比例尺。

与第 3 章分析复原力矩物理意义式(见式(3-16))相类似，将大角度倾斜时的复原力矩也分成船形稳性力矩与重量稳性力矩(见图 4-1)：

$$M_r = P \cdot \overline{BR} - P \cdot \overline{BE} = M_f + M_w \tag{4-2}$$

式中　M_f——船形稳性力矩，$M_f = P \cdot \overline{BR}$；

M_w——重量稳性力矩，$M_w = -P \cdot \overline{BE}$。

船形稳性力矩是由水密体积的移动造成的。如图 4-2 所示，出水、入水楔形体体积均为 v，则船形稳性力矩为

$$M_f = P \cdot \overline{BR} = \rho g v \cdot d_\phi$$

船形稳性力矩总是沿着使舰艇恢复到原平衡位置的方向。

重量稳性力矩为

$$M_w = -P \cdot \overline{BE} = -P(z_g - z_b)\sin\phi \tag{4-3}$$

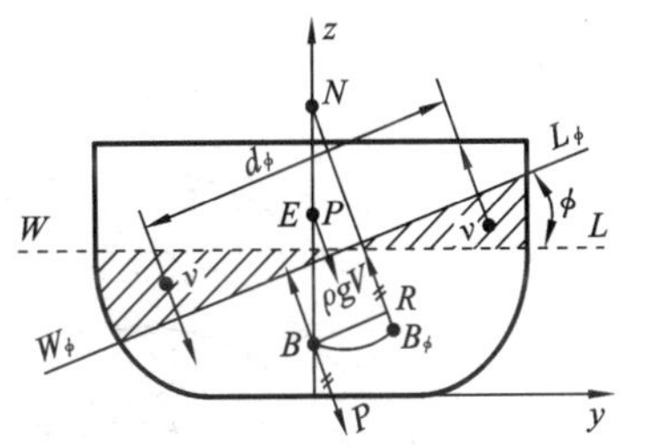

图 4-2　船形稳性力矩与重量稳性力矩

它的大小取决于重心在浮心以上的高度。一般水面舰艇重心总在浮心之上，所以重量稳性力矩的作用效果总是使舰艇偏离平衡位置。

若以复原力臂表示舰艇大角稳性，则有

$$l_r = \overline{GZ} = \overline{BR} - \overline{BE} = l_f - l_w \tag{4-4}$$

式中　l_f——船形稳性力臂，$l_f = \overline{BR}$；

l_w——重量稳性力臂，$l_w = \overline{BE} = a\sin\phi$，其中 $a = z_g - z_b$ 是重心距浮心的高度。

基于在一般情况下船形及重量分布的左右对称性，静稳性曲线是关于坐标原点的对称曲线，故而通常只画一半。

静稳性曲线的基本用处包括：

(1) 确定舰艇在各种外力作用下的倾角；

(2) 衡量舰艇在一定载重状态下稳性的好坏；

(3) 作为计算舰艇抗风浪性的基本资料。

4.1.2 船形稳性臂插值曲线

如前所述，一条静稳性曲线仅对应于一定的载重状态，即对应于一定的排水量及重心高度。如果排水量和重心高度改变了，静稳性曲线也就不同了。对于设计资料齐全的舰艇，通常标准排水量、正常排水量、满载排水量等典型的载重状态下的静稳性曲线是已经作好的，但是舰艇在服役中可能遇到各种各样的载重状况，而绘制各种载重状态下的静稳性曲线又是一件颇费事的工作。为了能很方便地得到任何一种载重状态下的静稳性曲线，设计部门往往事先作出一套船形稳性臂插值曲线。

根据对复原力矩的分析(见图 4-2)，对于特定的舰艇，其复原力矩(力臂)取决于排水体积 V、重心高度 z_g 和横倾角 ϕ，即

$$l_r = f(V, z_g, \phi) \tag{4-5}$$

若把复原力臂分成船形稳性力臂和重量稳性力臂，则影响船形稳性力臂的因素只有排水体积 V 和横倾角 ϕ，即

$$l_f = f(V, \phi) \tag{4-6}$$

令排水体积取一系列固定值 $V = V_1, V_2, \cdots, V_m$，根据船体型线图计算不同横倾角 ϕ 下楔形体积移动产生的力矩(力臂)，作出以横倾角为横坐标轴、以船形稳性力臂为纵坐标轴的船形稳性力臂 $l_f = f(V = \text{const}, \phi)$ 等值曲线，或令横倾角取一系列固定值 $\phi = \phi_1, \phi_2, \cdots, \phi_k$，改变排水体积，由船体型线图计算等横倾角的船形稳性力臂 $l_f = f(V, \phi = \text{const})$，作出等值曲线，如图 4-3 所示。

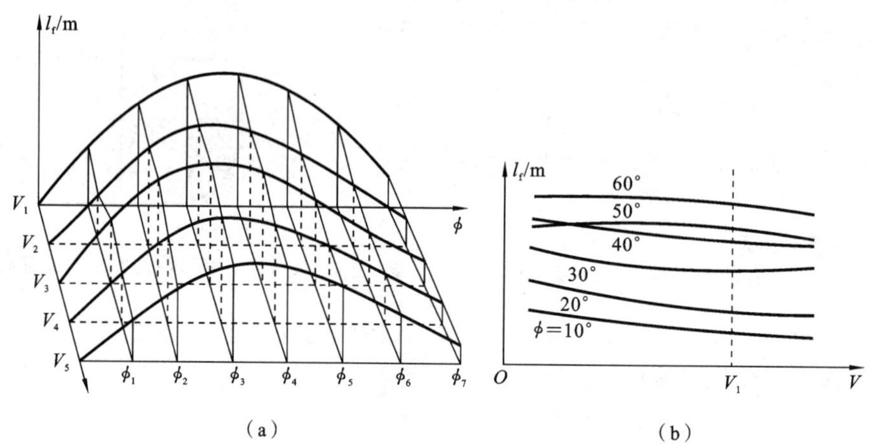

图 4-3 船形稳性力臂插值曲线

以上两种等值曲线都称为船形稳性力臂插值曲线。有了上述任何一种形式的船形稳性力臂插值曲线，根据舰艇在各种装载情况下的排水量及其重心高度，再按下式即可快速计算舰艇的复原力臂：

$$l_r = l_f - a\sin\phi \tag{4-7}$$

例如，已知舰艇的船形稳性力臂插值曲线如图 4-3(b)所示，欲求排水体积为 $V=V_1$ 时的复原力臂。先根据排水体积在静水力曲线图上确定正浮时的浮心垂向坐标 z_b，并由装载状况确定重心高度 z_g，再从图 4-3(b)上查出对应排水体积 V_1 的各个横倾角下的船形稳性力臂值，填入表 4-1，按表 4-1 计算复原力臂。据此即可绘制舰艇在某一装载情况下的静稳性曲线。

表 4-1　利用船形稳性力臂插值曲线计算复原力臂表

装载情况	重心高度 z_g = ××（m）						
排水体积 V = ××（m^3）	$a=z_g-z_b$ = ××（m）						
横倾角 ϕ/(°)	10°	20°	30°	40°	50°	60°	70°
船形稳性力臂 l_f							
$a\sin\phi$							
$l_r=l_f-a\sin\phi$							

设计部门往往假定舰艇的重心在某一位置，作出船形稳性力臂 l_{af} 的插值曲线（称为条件船形稳性力臂插值曲线），并且通常假定重心在基平面上，即 $z_g=0$。所以有

$$l_{af} = l_f + z_b\sin\phi \tag{4-8}$$

于是，由条件船形稳性力臂插值曲线计算复原力臂时，因

$$l_r = l_{af} - z_g\sin\phi \tag{4-9}$$

使用时可免去从静水力曲线图上查取浮心垂向坐标 z_b 的步骤。

最后应该指出，以上所讲任意载重状态均仅限于正浮状态。

4.2　外力作用下舰艇的倾斜

舰艇受到外力（矩）的作用必将发生倾斜，作用的外力矩愈大其倾角也愈大。在大角稳性的研究中，不仅需要考虑外力矩大小，同时也应当考虑外力矩作用的性质。当外力矩缓慢作用在舰艇上时，舰艇将发生极缓慢的倾斜，可以近似认为整个倾斜过程中倾斜的角速度和角加速度为零，于是可以通过外力矩与复原力矩静力平衡来确定舰艇倾角度。这种缓慢作用在舰艇上的外力矩称为静倾力矩，如因载荷移动、海面上缓慢吹袭的风等而形成的外力矩都是静倾力矩。

当外力矩以某种方式在较短的时间内快速作用到舰艇上时，舰艇倾斜角速度和角加速度有比较大的值。此时舰艇的倾角不仅与外力矩、复原力矩有关，还与倾斜的速度、角加速度有关，也就是说整个倾斜过程应当作为动力平衡过程来考虑。这种在较短时间内快速作用到舰艇上的外力矩为动倾力矩，如阵风吹袭造成的外力矩。

以下假定已知舰艇的静稳性曲线，来确定舰艇在静倾力矩和动倾力矩作用下的倾角大小。

4.2.1　静倾力矩作用下舰艇倾角确定

设舰艇静稳性曲线如图 4-4 所示，现有静倾力矩 M_{KP} 作用在舰艇上。静倾力矩从零逐渐增加到 M_{KP}，舰艇在外力矩作用下极缓慢地从正浮状态逐渐产生横向倾斜，每一时刻复原力矩

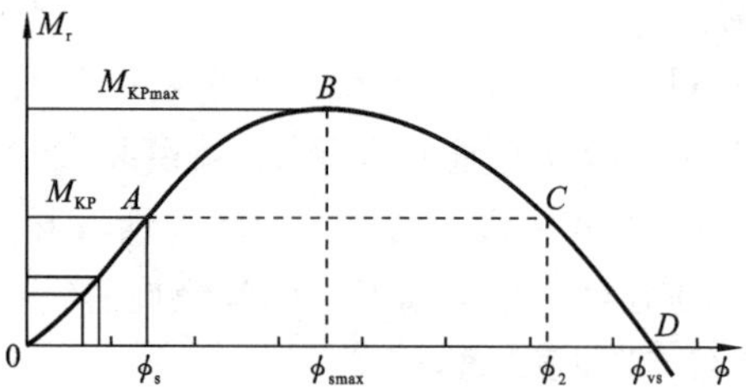

图 4-4　静倾力矩作用下舰艇的倾斜

均与外力矩平衡。当外力矩增加至 M_{KP} 时，复原力矩也增加到 $M_r=M_{KP}$，此时舰艇静平衡在图 4-4 中 A 点，对应的倾角为 ϕ_s，称 ϕ_s 为静倾角。

根据上述静平衡条件可以确定舰艇在任一静倾力矩 M_{KP} 下的倾角 ϕ_s。不难得知，舰艇所能承受的最大静倾力矩就是静稳性曲线的最高点 B 所对应的力矩 M_{KPmax}，对应的横倾角 ϕ_{smax} 称为最大静倾角。若舰艇上作用的静倾力矩大于最大静倾力矩 M_{KPmax}，则舰艇的复原力矩无法抵抗外力矩的作用，将导致舰艇的倾覆。所以，静稳性曲线上最高点对应的最大静倾力矩 M_{KPmax} 是衡量舰艇抵抗静力作用的重要指标。对使用者而言，与倾斜力矩相比倾角更为直观。最大静倾角 ϕ_{smax} 则是从倾角来度量舰艇抵抗静倾力矩作用的一个指标。

值得注意的是，静倾力矩 M_{KP} 对应复原力矩曲线上 A、C 两个点，但 A 点对应的是稳定平衡位置，C 点对应的是不稳定平衡位置。

在 A 点：当横倾角稍大于 ϕ_s 时，复原力矩即大于静倾力矩，使舰艇回到 A 点；当横倾角稍小于 ϕ_s 时，静倾力矩即大于复原力矩，亦使舰艇回到 A 点。由此可见，舰艇在平衡位置时，受到小干扰后，总会回到原来的平衡位置，故 A 点对应的是稳定平衡位置，ϕ_s 是相应的静倾角。推而广之，在曲线的上升段 OB 上，舰艇均具有上述特性，因此曲线的上升段是稳定平衡段。

在 C 点：当横倾角略大于 ϕ_2 时，静倾力矩即大于复原力矩，使舰艇进一步横倾；当横倾角略小于 ϕ_2 时，复原力矩即大于静倾力矩，使舰艇向正浮位置恢复。由此可见，舰艇处于 C 点，受一小干扰后，总不会回到原来的平衡位置，故 C 点对应的是不稳定平衡位置，因此，BD 段是不稳定平衡段。

4.2.2　动倾力矩作用下舰艇倾角确定

动倾力矩又称突加力矩，它是突然作用到舰艇上的一个力矩。

设舰艇处在正浮状态，受到动倾力矩 M_{KPD} 的作用。假定动倾力矩的大小不随横倾角而变，则可在静稳性曲线图上用一条平行于横轴、截距为 M_{KPD} 的水平直线表示，该直线与静稳性曲线交于 A 点，相应的倾角为 ϕ_s，如图 4-5(a)所示。

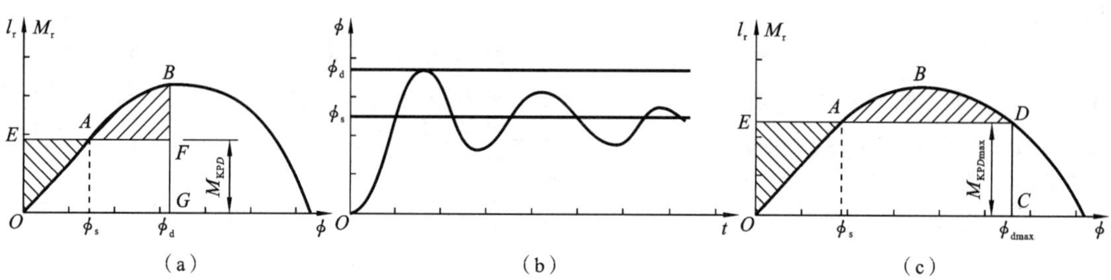

图 4-5　动倾力矩作用下舰艇倾斜

现来分析此时舰艇的运动情况：

(1) 由于动倾力矩是瞬间突加到舰艇上的定常值力矩，在倾角 $\phi=0\sim\phi_s$ 时（对应静稳性曲线上的 OA 段），有 $M_{KPD}>M_r$，即动倾力矩大于复原力矩，舰艇在外力作用下加速倾斜，产生角加速度和角速度；

(2) 当 $\phi=\phi_s$ 时(对应静稳性曲线上的 A 点)，$M_{KPD}=M_r$，即动倾力矩等于复原力矩，外力矩已不能使舰艇继续倾斜，但由于舰艇具有一定的角速度(也就是具有一定的动能)，在惯性作用下舰艇将继续倾斜；

(3) 当倾角 $\phi>\phi_s$ 时(对应静稳性曲线上的 AB 段)，$M_{KPD}<M_r$，即动倾力矩小于复原力矩，舰艇减速倾斜；

(4) 当 $\phi=\phi_d$ 时(对应静稳性曲线上的 B 点)，角速度等于零，舰艇停止倾斜，但这时 $M_{KPD}<M_r$，在复原力矩的作用下舰艇开始复原，并反向加速。

在复原过程中，舰艇的运动情况与前述类似。

这样，舰艇将在倾角 $\phi=0$ 与 $\phi=\phi_d$ 之间往复摆动，但由于水及空气阻尼的作用，舰艇的摆动角速度逐渐减小，最后将平衡于 ϕ_s 处，如图 4-5(b)所示。舰艇在动力作用下的最大横倾角 ϕ_d 称为动倾角。

尽管在动倾力矩作用下舰艇最终将平衡于 ϕ_s 处，但是舰艇的动倾角 ϕ_d 较静倾角 ϕ_s 大许多，这当然是危险的。因此在《舰船通用规范》中，以舰艇的动倾角 ϕ_d 来衡量舰艇抵抗动倾力矩的能力。

在船舶静力学中，通常采用功能平衡方法来确定舰艇动倾角。在动倾力矩作用下，只有当动倾力矩所做的功完全由复原力矩所做的功抵消时，舰艇的角速度才变为零而停止继续倾斜，此时对应的倾角即为动倾角。

因力矩做功等于力矩乘以角度，故舰艇倾斜过程中，动倾力矩做功为

$$A_1=\int_0^{\phi}M_{KPD}\cdot d\phi \tag{4-10}$$

而复原力矩做功为

$$A_2=\int_0^{\phi}M_r\cdot d\phi \tag{4-11}$$

假定在舰艇的倾斜过程中动倾力矩保持为常数，即 $M_{KPD}=\text{const}$(国外有些船级社将动倾力矩取为正弦函数形式，我国的《舰船通用规范》及《海船稳性规范》均取 M_{KPD} 为常数)。那么，由式(4-10)得动倾力矩所做的功为

$$A_1=M_{KPD}\cdot\phi$$

根据功能平衡原理，舰艇倾斜至动倾角 ϕ_d 时 $A_1=A_2$，或

$$M_{KPD}\cdot\phi_d=\int_0^{\phi_d}M_r\cdot d\phi \tag{4-12}$$

由此可得动倾角 ϕ_d。

在静稳性曲线(见图 4-5(a))上，动倾力矩所做的功 A_1 表现为直线 ED 下的面积 S_{OEFGC}，复原力矩所做的功 A_2 为静稳性曲线 OAB 下的面积 S_{OABG}。式(4-12)表明 $S_{OEFGC}=S_{OABC}$，由于 S_{OAFG} 为两者所共有，故 $S_{OEA}=S_{ABD}$(图中两阴影部分面积相等)，直线 BG 所对应的倾角为动倾角 ϕ_d。

在静稳性曲线图上作一水平直线 ED(见图 4-5(c))，使 $S_{OEA}=S_{ABD}$，则 D 点对应的力矩就是舰艇所能承受的最大动倾力矩 M_{KPDmax}，该点对应的角度是最大动倾角 ϕ_{dmax}。因为若再增大 M_{KPDmax}，即水平直线 ED 上移，必导致 S_{OEA} 增大、S_{ABD} 减小，这意味着复原力矩做功小于动倾力矩做功，即使舰艇倾斜的功不能被复原力矩做功抵消，舰艇在 B 点倾斜的角速度仍大于零，舰艇过 B 点后将继续倾斜，直至倾覆。

4.2.3 动稳性曲线及其应用

1. 动稳性曲线

舰艇在静倾力矩和动倾力矩作用下产生倾斜的特点可概括如下：

舰艇在静倾力矩作用下，横倾角速度很小，可近似认为等于零。静倾力矩 M_{KP} 作用于舰艇过程中始终与复原力矩 M_r 相平衡。因此，舰艇的静稳性是以复原力矩来衡量的。

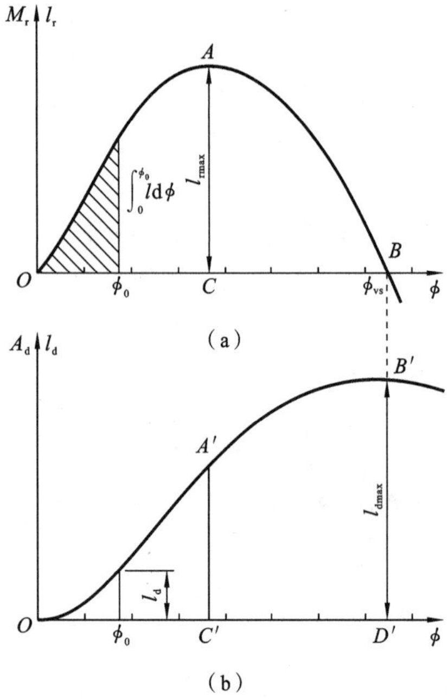

图 4-6 静稳性曲线与动稳性曲线

舰艇在动倾力矩作用下横倾时具有角速度。只有当动倾力矩所做的功完全与复原力矩做的功抵消时，舰艇的角速度才变为零而停止倾斜。因此，复原力矩做功的大小标志着抵抗动倾力矩的能力，即动稳性。

当舰艇横倾至 ϕ_0 时，复原力矩 M_r 所做的功为

$$A_d = \int_0^{\phi_0} M_r \cdot \mathrm{d}\phi \tag{4-13}$$

式中复原力矩 $M_r = P \cdot l_r$ 随横倾角 ϕ 的变化规律由静稳性曲线(见图 4-6(a))表示。式(4-13)也可以改写如下：

$$A_d = P\int_0^{\phi_0} l_r \cdot \mathrm{d}\phi = P \cdot l_d \tag{4-14}$$

式(4-14)中 A_d 称为舰艇复原力矩抵抗倾斜时所做的功，反映了舰艇抵抗动倾力矩的能力，$l_d = \int_0^{\phi_0} l_r \cdot \mathrm{d}\phi$ 称为动稳性力臂。A_d 和 l_d 随 ϕ 角而变化的规律用动稳性曲线(见图 4-6(b)) 表示。

根据定义知，动稳性曲线在几何上表现为静稳性曲线的积分曲线。有了静稳性曲线就可以用近似计算方法求出动稳性曲线。表 4-2 是根据静稳性曲线用梯形法计算动稳性曲线的一个实际例子。

表 4-2 动稳性曲线的计算

横倾角 $\phi/(°)$	复原力臂 l_r/m	成对和	自上至下和 $\sum i$	动稳性力臂 $l_d = \frac{1}{2}\Delta\phi \times \sum i$/m
0	0.000	0.000	0.000	0.000
10	0.180	0.180	0.180	0.016
20	0.360	0.540	0.720	0.063
30	0.540	0.900	1.620	0.141
40	0.630	1.170	2.790	0.244
50	0.610	1.240	4.030	0.352
60	0.500	1.110	5.140	0.449
70	0.340	0.840	5.980	0.522
80	0.110	0.450	6.430	0.561
90	−0.150	−0.040	6.390	0.558

因为静、动稳性曲线是微分、积分关系，因此：

(1) 在 $\phi=0$ 处，复原力臂 $l_r=0$，动稳性臂 l_d 也等于零，这是 l_d 的最小值。

(2) 当 ϕ 等于最大静倾角 ϕ_{max} 时，复原力臂达到最大值 l_{rmax}，在动稳性力臂 $l_{d\phi}$ 曲线上对应点 A'。

(3) 当 $\phi=\phi_{vs}$ 时(见图 4-4)，$l_r=0$，动稳性力臂 l_d 达到最大值 l_{dmax}。

(4) 动稳性曲线在某一倾角处的纵坐标值代表静稳性曲线从原点至该处所围的面积，例如在图 4-6 中，动稳性曲线的纵坐标 $A'C'$ 代表静稳性曲线图的面积 S_{OAC}；动稳性曲线的纵坐标 $B'D'$ 代表静稳性曲线图的面积 S_{OAB}。

2. 用动稳性曲线确定动倾角

假设有动倾力矩 M_{KPD} 作用在处于正浮状态的舰艇之上。用静稳性曲线确定动倾角时，必须移动直线 BG 来使两个面积相等(见图 4-5(a))，这样做比较麻烦同时也不够准确。用动稳性曲线来求动倾角 ϕ_d 时，把动倾力矩做功

$$A_1(\phi)=M_{KPD}\cdot\phi$$

画在动稳性曲线图中，就是斜率等于 M_{KPD} 且过坐标原点的直线。因此在图 4-7 中，从横坐标轴原点量取 57.3°(1 rad)到 E 点，再沿纵轴量取 M_{KPD} 得到直线 EK，连接 OK 直线，则该直线就是动倾力矩做功曲线，而复原力矩做功

$$A_d=\int_0^{\phi}M_r\cdot d\phi \tag{4-15}$$

表现在动稳性曲线图上就是动稳性曲线。在直线 $A_1(\phi)$ 与曲线 $A_d(\phi)$ 的交点处动倾力矩与复原力矩做功相等，于是交点对应的角度就是动倾角 ϕ_d。

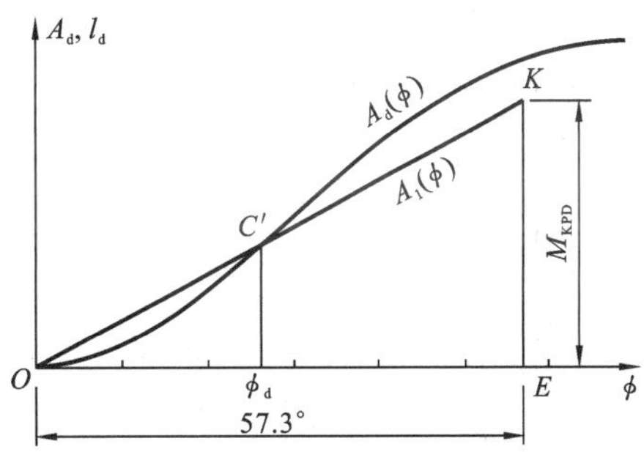

图 4-7 在动稳性曲线上确定动倾角

3. 正浮状态下舰艇的倾覆力矩 M_{c0}(力臂 l_{c0})

当舰艇在正浮状态下受到动倾力矩的作用时，舰艇能够抵抗的最大动倾力矩 M_{KPDmax} 也就是使舰艇倾覆的最小力矩，称为正浮状态下舰艇最小倾覆力矩，记为 M_{c0}，对应的力臂称为正浮状态下舰艇最小倾覆力臂，记为 l_{c0}。

正如前面已指出的，在静稳性曲线上(见图 4-8(a))，使面积 $S_{OFG}=S_{GHK}$ 的力矩即为最大动倾力矩 M_{c0}，相应的动倾角 ϕ_{dc0} 即为正浮时的极限动倾角。

在动稳性曲线图上，过 O 点作与动稳性曲线相切的切线 OK'(见图 4-8(b))，该切线表示以直线斜率为动倾力矩的做功曲线。若增加直线 OK' 的斜率，则动倾力矩做功大于复原力矩做功，所以，直线 OK' 的斜率就是舰艇在正浮状态下的最小倾覆力矩 M_{c0}(力臂 l_{c0})。从坐标原点量取 $\phi=57.3°$，从坐标原点量取切线上对应点的纵坐标值，该值便是切线的斜率，即舰艇在正浮状态下的最小倾覆力矩 M_{c0}(力臂 l_{c0})。而切点 K' 相对应的动倾角便是正浮时极限

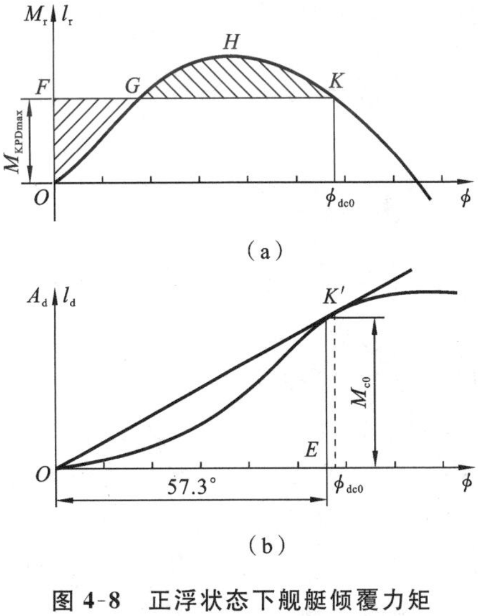

图 4-8 正浮状态下舰艇倾覆力矩

动倾角 ϕ_{dc0}。

4. 有初始横倾角时舰艇的倾覆力矩 M_c(力臂 l_c)

动倾力矩(如突风吹袭)并不总是在舰艇正浮状态时发生,普遍的情况是舰艇在航行中因风浪的作用产生摇摆运动,摇摆至某一横倾角 ϕ_1 时又受到动倾力矩的作用。有两种极端的情况:一种是舰艇横摇至右舷(倾角为 ϕ_1)并要向左舷摇摆时,受到来自左舷的突风作用阻摇;另一种是舰艇横摇至左舷(倾角为 ϕ_1)并要向右舷摇摆时,受到来自左舷的突风作用助摇。不难分析后一种情况下舰艇所能承受的动倾力矩较前一种情况下要小许多,即后一种情况是最危险状况。因此,《舰船通用规范》中要求针对后一种状况进行大角稳性的校核,规定有初始横倾角时舰艇所能抵抗的最大动倾力矩为倾覆力矩 M_c(力臂 l_c)。

在静稳性曲线上确定倾覆力矩的方法与正浮时类似。如图 4-9 所示,在静、动稳性曲线图上,反向延长曲线(注意静稳性曲线是关于坐标原点对称的,而动稳性曲线是关于纵坐标轴对称的),使图 4-9(a)中面积 $S_{AFH}=S_{HKL}$,即两阴影部分面积相等,则对应的动倾力矩即为有初始横倾角的倾覆力矩 M_c(力臂 l_c),L 点对应的横倾角是有初始横倾角时的极限动倾角 ϕ_{dc}。

同样,在动稳性曲线上(见图 4-9(b)),从 A'点作动稳性曲线的切线,切点为 L'。从 ϕ_1 开始在横坐标轴上量取 57.3°到 E'点,过 E'点作垂线,分别与直线 $A'L'$和过 A'点的水平线交于点 D'、B',$D'B'$便对应倾覆力矩 M_c(力臂 l_c)。切点 L'对应的横倾角则为极限动倾角 ϕ_{dc}。

由前述可知,从静、动稳性曲线上都可以确定倾覆力矩 M_c(力臂 l_c),当然所得到的结果也是一致的。在静稳性曲线上要作出两个面积相等的曲边三角形不容易保证精度,所以一般在动稳性曲线上量出倾覆力矩 M_c(力臂 l_c)。

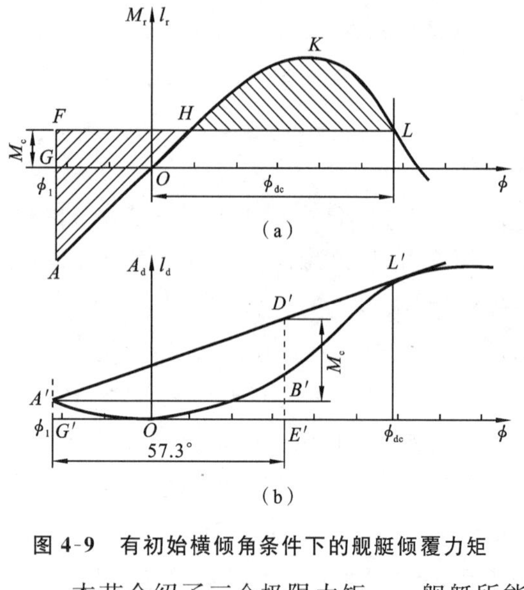

图 4-9　有初始横倾角条件下的舰艇倾覆力矩

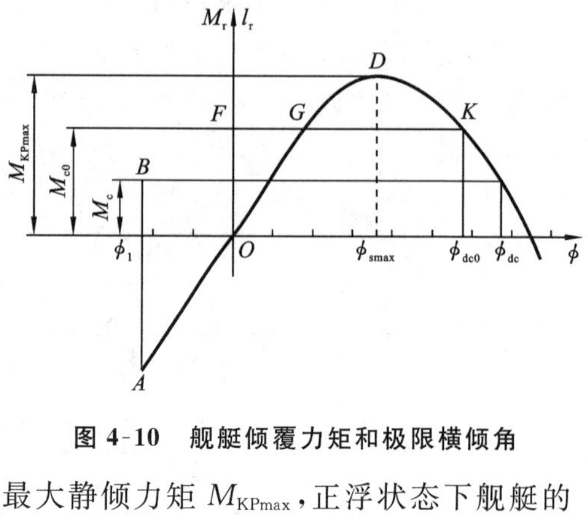

图 4-10　舰艇倾覆力矩和极限横倾角

本节介绍了三个极限力矩——舰艇所能承受的最大静倾力矩 M_{KPmax},正浮状态下舰艇的倾覆力矩 M_{c0} 和有初始横倾角时舰艇的倾覆力矩 M_c,以及三个对应的极限角度——ϕ_{smax}、ϕ_{dc0} 和 ϕ_{dc}。这三个极限力矩(极限角度)反映了不同状态下舰艇抵抗外力的能力。由于 $M_{KPmax}>M_{c0}>M_c$(见图 4-10),可以认为 M_c 反映了舰艇在波浪中航行时抵抗外力的最大能力,所以,在《舰船通用规范》中以 M_c 作为校核舰艇大角稳性的依据。而在对舰艇进行横向补给时,因受到承载索的牵引力作用,初始横倾角比较小,便以 M_{c0} 作为校核舰艇横向补给时的大角稳性的依据。M_{KPmax} 反映的是舰艇抵抗静倾力矩的稳性能力,在舰艇的建造、维修和改装中往往需

要以 M_{KPmax} 作为实际工作中保证抵抗静力矩作用能力的依据。此外，极限角度是从横倾角度来反映舰艇抵抗外力的稳性能力的，因角度比力矩更具直观性，某些船级社也有采用极限角度来校核船舶的稳性的。

几点说明：

(1) 外力矩一般是随横倾角 ϕ 变化的，特别是风作用的倾斜力矩，而且多半是随着横倾角 ϕ 的增加而减小，美国的相关规范中假定风作用的倾斜力矩随 $\cos^2\phi$ 变化。在我国《舰船通用规范》中则取为常数，这样选取是偏于安全的。

(2) 在解动稳性问题时，用动稳性曲线求解要比用静稳性曲线方便，省去了凑面积的步骤。但是动稳性曲线的这一优点，只有当外力矩的积分曲线是一条直线时才会显示出来(即外力矩为定值)。国外一些规范规定外力矩是变化的，在进行大角稳性计算时用静稳性曲线，所以用动稳性曲线计算并不一定是必须的。

(3) 静力学中用功能平衡方法确定舰艇倾覆力矩 M_c，与实际情况相比较是偏于安全的，即使舰艇倾覆的力矩要比 M_c 大。它没有考虑横倾的阻尼及附加质量的影响，因为阻尼及附加质量会使倾角减小。若再计及舰艇在波浪中的各种动力影响，情况将更加复杂。舰艇在波浪中的稳性是需要研究的一个课题。

4.3　静稳性曲线的特征

从 4.2 节所介绍的按静稳性曲线确定舰艇在外力作用下的倾角及利用静稳性曲线判断舰艇的稳性能力这部分内容可以明显看出，静稳性曲线的形状直接决定了舰艇的稳性，而静稳性曲线可以用若干特征值来体现，从而通过这些特征值反映舰艇稳性的好坏。

4.3.1　静稳性曲线特征

舰艇静稳性曲线的特征主要包括：曲线在原点处的斜率；最大复原力臂及其对应的横倾角；稳性范围以及曲线下的面积等。

1. 静稳性曲线在原点处的斜率

静稳性曲线在某点处的斜率即为曲线在该点的导数，按式(4-4)，舰艇复原力臂为

$$l_r = l_f - l_w = l_f - (z_g - z_b)\sin\phi$$

对横倾角 ϕ 求导得：

$$\frac{dl_r}{d\phi} = \frac{dl_f}{d\phi} - (z_g - z_b)\cos\phi \tag{4-16}$$

式(4-16)等号右端第一项为船形稳性力臂对横倾角的导数。由图 4-2 可见，舰艇在倾斜水线 $W_\phi L_\phi$ 下的船形稳性力臂为 $\overline{BR}$，即

$$l_f = \overline{BR} = \overline{BN}\sin\phi$$

于是有

$$\frac{dl_f}{d\phi} = \frac{d\,\overline{BN}}{d\phi}\sin\phi + \overline{BN}\cos\phi \tag{4-17}$$

注意，当 $\phi \to 0$ 时，式(4-17)等号右端第一项也趋于零，而第二项中 $\overline{BN}\cos\phi \to r$(稳心半径)，所以：

$$\left.\frac{dl_r}{d\phi}\right|_{\phi=0} = r - (z_g - z_b) = h$$

由此可见，静稳性曲线在原点处的斜率等于横稳性高 h。通常在小角度倾斜时，复原力臂和横倾角成正比，即静稳性曲线在这一段是直线，如图 4-11 所示。显然 h 值越大，表明静稳性曲线初始段越陡，即在小倾角时复原力矩越大。

在绘制静稳性曲线图时，也可以利用这一特征。通常可先在 $\phi=57.3°$ 处取高度为 h 的一点 D，连 OD 线，若静稳性曲线绘制正确，在原点处应与 OD 线相切。

2. 舰艇所能承受的最大静倾力矩及其对应的横倾角

在图 4-12 中，静稳性曲线上的最高点 B 的纵坐标为舰艇所能承受的最大静倾力矩，即舰艇本身所具有的最大复原力矩 $M_{rmax}=M_{KPmax}$，其对应的横倾角为最大静倾角 ϕ_{smax}。显然，最大复原力矩 M_{rmax}（或最大复原力臂 l_{rmax}）和其所对应的横倾角 ϕ_{smax} 是衡量船舶在静倾力矩作用下大角稳性的重要指标。通常 l_{rmax} 较大，相应的 ϕ_{smax} 亦较大，这对稳性是有利的，对于军舰，通常要求 ϕ_{smax} 的值不小于 30°。但是，考虑到甲板上浪等因素对舰艇的作用（相当于补加倾斜力矩）和舰艇在破损条件下，或在随浪（顺浪）波峰上航行时稳性力臂可能降低，舰艇允许承受的倾斜力矩可能比静稳性曲线上显示的值要小一些。

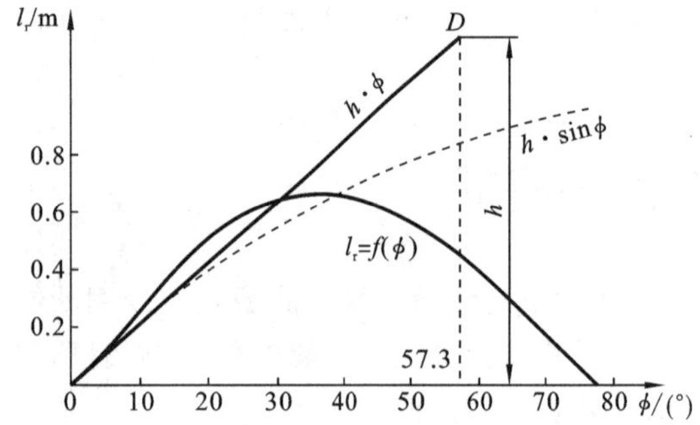

图 4-11　静稳性曲线在原点处的斜率

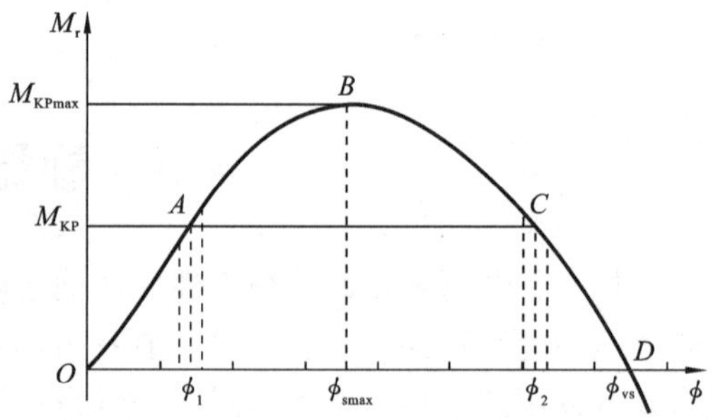

图 4-12　静稳性曲线的特征

3. 稳性消失角 ϕ_{vs}

在静稳性曲线上的 D 点（见图 4-12）处，复原力矩 $M_r=0$，与之对应的横倾角称为稳性消失角，用 ϕ_{vs} 表示。舰艇从正浮状态产生大倾角时，只要倾角不超过稳性消失角 ϕ_{vs}，且舰艇在倾斜位置上没有角速度，在外力去掉后，听其自然，舰艇都能重新回到原来的平衡位置，所以从 $\phi=0$ 到 $\phi=\phi_{vs}$ 这一范围称为稳性范围。若超过这一角度，即使去掉外力，听其自然，舰艇也将在负的复原力矩作用下倾覆。通常要求军舰的稳性消失角在 60°～90°之间。

4. 静稳性曲线下的面积 S

整个静稳性曲线下的面积 S 是复原力矩所能够做的最大功。因此，在动倾力矩作用下若要使舰艇倾覆，则外力矩做功至少要等于 S。从这一角度来看，静稳性曲线下整个面积 S 反映了舰艇抵抗动倾力矩能力的大小，面积 S 愈大舰艇抵抗外力矩的能力也愈大。

4.3.2　初稳性与大角稳性的关系

横稳性高 h 的大小对静稳性曲线的形状有直接的影响。

（1）横稳性高较大，相应的静稳性曲线如图 4-13(a)所示，可见此类船舶复原力臂的最大值 l_{rmax} 也不小，稳性消失角可达 60°～90°。船宽较大、干舷较小的船舶即属于此类。一般说来，这种船舶在内河航行的稳性是足够的，但在海上遇到风浪时会产生剧烈的摇摆，因此图 4-13(a)所示的静稳性曲线对海洋船舶来说并不理想。

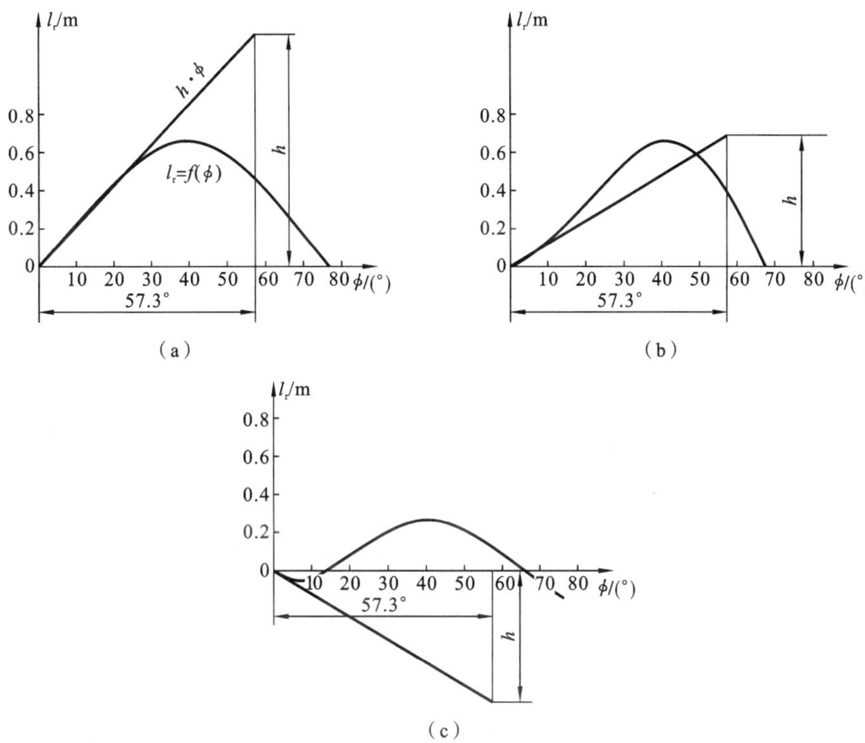

图 4-13　不同横稳性高船舶的静稳性曲线

(2) 横稳性高较小，相应的静稳性曲线如图 4-13(b)所示，可见此类船舶 l_{rmax} 也不小，但其静稳性曲线会很快地超出在原点处的切线，稳性范围较大(稳性消失角大)。干舷较大的海洋船舶即属于此类。其大角稳性是足够的，遇风浪时，摇摆相对较缓和。通常认为此类船舶的静稳性曲线形状较为理想。

(3) 横稳性高为负值，相应的静稳性曲线如图 4-13(c)所示。这种船在静水中虽然不会倾覆，但因其正浮时处于不稳定平衡状态，故具有一永久倾角 α。其大倾角稳性较差，一般设计中不允许出现这种情况。

4.4　载荷情况对大角稳性的影响

4.4.1　载荷的移动

载荷的移动会改变舰艇的重心位置，载荷的纵向移动还会使舰艇产生纵倾，但由于通常纵倾不大，对舰艇大角稳性的影响可以忽略，这里将不讨论，仅研究载荷的水平横向移动和铅垂移动。

1. 载荷的铅垂移动

载荷的铅垂移动将引起舰艇重心在铅垂方向上的改变。设舰艇原来的重心在 G 点，载荷移动后舰艇重心在 G_1 点，如图 4-14(a)所示，当舰艇倾斜横倾角 ϕ 后，复原力臂由原来的

$\overline{GK}(l_r)$ 变为$\overline{G_1K_1}(l_{r1})$。令舰艇重心改变量$\overline{GG_1}=\Delta z_g$，于是，移动前后复原力臂的关系为

$$l_{r1}=l_r-\Delta z_g\sin\phi \tag{4-18}$$

将载荷移动前后的静稳性曲线作在同一个图中，如图 4-14(b)所示，若重心升高，即 $\Delta z_g>0$，则重心升高后的静稳性曲线如图中实线所示。显然，重心升高后舰艇的大角稳性降低了。反之，若重心降低，则舰艇的大角稳性将增大。

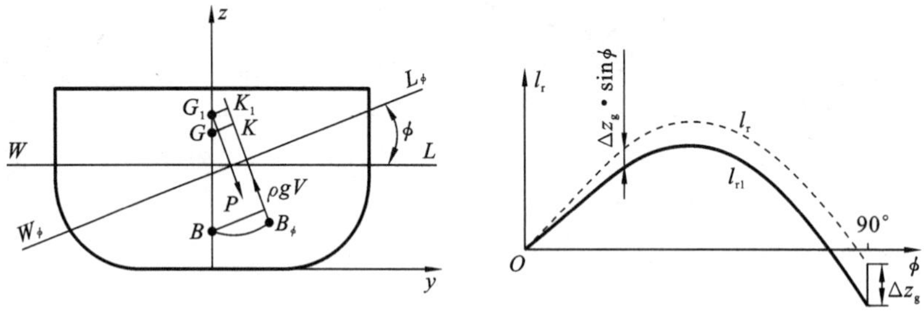

(a)　　　　(b)

图 4-14　载荷铅垂移动对大角稳性的影响

2. 载荷的水平横向移动

设舰艇原来的重心位置在 G 点，载荷的水平横向移动，使舰艇的重心移至 G_1 点，水平横向移动的距离为$\overline{GG_1}=\Delta y_g$(见图 4-15(a))。载荷移动前舰艇的复原力臂为$\overline{GK}=l_r$，其静稳性曲线如图 4-15(b)中虚线所示，载荷移动后舰艇的复原力臂为$\overline{G_1K_1}=l_{r1}$，移动前后复原力臂的关系为

$$l_{r1}=l_r-\Delta y_g\cos\phi \tag{4-19}$$

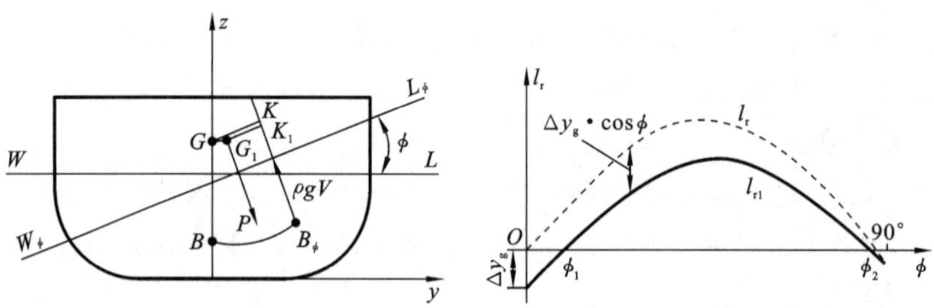

(a)　　　　(b)

图 4-15　载荷水平横向移动对大角稳性的影响

重心横移后的静稳性曲线如图 4-15(b)中实线所示，显然这时横倾角 $\phi=0$ 的正浮位置已不再是舰艇的平衡位置了，新的平衡位置将在 ϕ_1 处，该处 $m_{r1}=0$，即此时浮心 B 和重心 G_1 将在同一条铅垂线上。可见，当重心偏于一舷时，不论是最大复原力矩还是稳性范围和曲线所包围的面积等都减小了，大角稳性全面恶化。因此，不对称装载是不允许的，这样不仅对稳性不利，对舰艇的其他航海性能也是不利的。

若同时有载荷的水平横向移动和纵向移动，则可考虑为两种影响的叠加。

4.4.2　载荷的增减

载荷的增减不仅会改变舰艇的排水量，也会改变舰艇的重心位置，此时舰艇静稳性曲线的

改变情况与排水量增减及重心的具体变化有关，因而比较复杂，需要将载荷增减后的静稳性曲线作出来，与原来的静稳性曲线进行比较才可能得出明确的结论。

载荷增减后的静稳性曲线计算可以分为两步进行：先将载荷增减在给定高度 z_q（z_q 为增减载荷的垂向高度）的船体中线面上，计算舰艇的静稳性曲线，此时可以认为舰艇是平行下沉的，即保持正直漂浮，然后再将载荷水平移至增减载荷的位置。

第一步的计算按下列步骤进行。

（1）求出增减载荷后舰艇重量 P_1。

$$P_1 = P + q$$

式中　P——舰艇原来的重量；

　　q——所增减载荷的重量。

（2）求增减载荷后舰艇的船形稳性力臂 l_{f1}。

根据载荷增减后新的排水体积 $V_1 = P_1/\rho g$，从船形稳性力臂插值曲线上找出一系列相应的值，得到 l_{f1}。

（3）求增减载荷后舰艇新的重心高度 z_{g1}。

$$z_{g1} = \frac{P z_g + q z_q}{P + q}$$

（4）求增减载荷后舰艇的重量稳性力臂 l_{w1}。

先根据排水体积 V_1 从静水力曲线上查得相应的浮心垂向坐标 z_{b1}，于是得

$$l_{w1} = (z_{g1} - z_{b1})\sin\phi$$

（5）计算增减载荷后舰艇新的复原力臂 l_{r1}。

$$l_{r1} = l_{f1} - l_{w1}$$

此即为增减载荷而不引起倾斜的静稳性力臂。

第二步，将载荷水平横向移动，按照 4.4.1 节所介绍的方法便可以得到增减载荷后的静稳性曲线图。一般载荷水平纵向移动后仅有不大的纵倾角，可以用该静稳性曲线图作为载荷增减后静稳性曲线的近似。若载荷水平纵向移动后出现较大的纵倾状态，则必须根据舰艇型线图重新计算得到静稳性曲线图。

4.4.3　自由液面的影响

自由液面的存在使稳性降低，本质上是倾斜时液体向倾斜方向流动，形成倾斜力矩，从而抵消了一部分复原力矩所致。

要确定自由液面对大角稳性的影响，只需求出不同倾角时液体搬动所构成的倾斜力矩，该力矩的大小就是舰艇在相应各倾角下复原力矩减少的值。

设舰艇在正浮时舱内液体的表面为 ab，重心位于 g 点。当舰艇横倾 ϕ 角后，舱内液体向倾斜一侧移动，液面为 cd，重心自 g 点移至 g_1 点，移动的横向距离为 e，因此产生倾斜力矩：

$$M_H = \rho g v e$$

式中　v——舱内液体的体积；

　　ρ——舱内液体的密度。

设舰艇原来的复原力矩为 $M_r = P \cdot l_r$，则考虑自由液面的影响后，舰艇的复原力矩为

$$M_{r1} = P \cdot l_r - M_H = P\left(l_r - \frac{M_H}{P}\right) = P(l_r - \Delta l) \tag{4-20}$$

式中　Δl——考虑自由液面的影响时的复原力臂修正值，$\Delta l=\dfrac{M_H}{P}=\dfrac{\rho g v e}{P}$。

当舰艇的横倾角 ϕ 较大时，液体重心的移动距离 y 不能同初稳性研究中一样按 $y=(i_x/v)\sin\phi$ 求得，而必须直接计算。由此计算自由液面的倾斜力矩，最后得出 $\Delta l=M_H/P$ 的值。

计算 M_H 和 Δl 的方法有许多，下面介绍《舰船通用规范》中的 M_{30} 法。

(1) 在各液体舱形心附近，取一等效横剖面：其面积乘以舱长与实际舱容相近，且横倾后横剖面形心的移动距离与液体重心的移动距离也相近。

(2) 利用作简单几何图形形心的方法，求取各等效横剖面半截液面 ab 下的形心 g 和横倾 30°时液面 cd 下的形心 g_1，如图 4-16 所示。

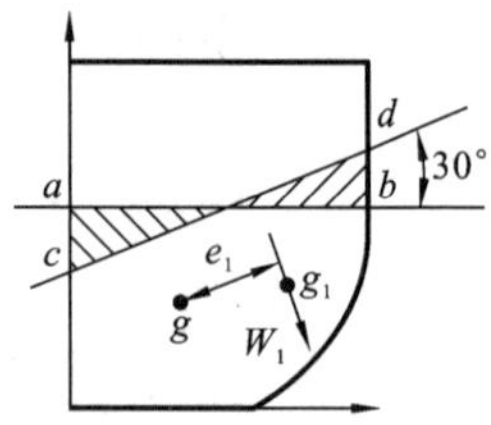

图 4-16　M_{30} 计算示意图

(3) 设各舱液体重心 g 沿横向移动的距离为 e_i；半截液体重量为 W_i，则各舱半截液面横倾 30°时产生的横倾总力矩为

$$M_{30}=\sum_{i=1}^{n}W_i e_i$$

式中　n——进行自由液面修正的舱数。

(4) 横倾 30°时的复原力臂修正值为

$$\Delta l_{30}=\frac{M_{30}}{P}$$

式中　P——核算装载状态下的舰艇重量。

(5) 舰艇横倾角 $\phi=0°\sim30°$ 时 l_r 的修正值按与 Δl_{30} 成线性比例关系来计算；$\phi>30°$ 时均取为 Δl_{30}，如图 4-17 所示。

以上的 M_{30} 法表明，自由液面对大角稳性的影响与横倾角的大小有关，此外，在很大程度上还与液舱的形状和液舱内液体的数量有关。液舱内液体的数量较少或较满时，自由液面对大角稳性的影响比较小，一般液舱内液体的数量在半舱时对大角稳性的影响最大。

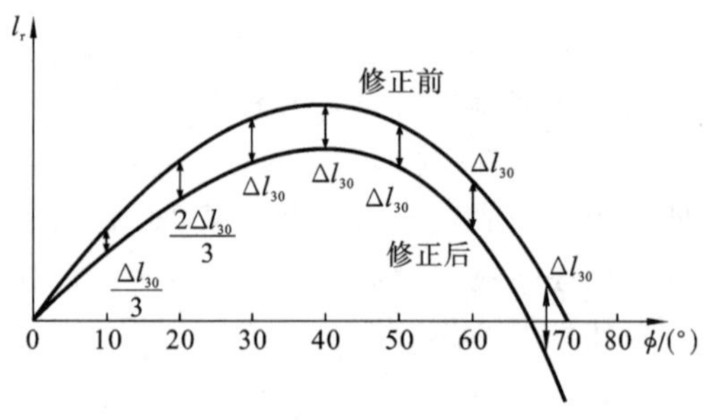

图 4-17　静稳性曲线 M_{30} 修正

计算结果表明，扁平和狭深的舱，自由液面产生的倾斜力矩较小，而正方体舱自由液面产生的则较大，因此在设计上要避免设置正方体形状的液体舱。

4.5　船型要素对大角稳性的影响

了解舰艇船型要素对稳性的影响，对在舰艇设计中确保稳性，以及在舰艇维修和改装中注意采取改善稳性的措施是有益的。

4.5.1　干舷对稳性的影响

如图 4-18(a)所示，设 A、B 两船排水量、船形、重心高度等均相同，但 B 船的干舷较 A 船大。这种情况也可以看成水线以上两种不同的水密状况，A 船相当于甲板Ⅰ以下为水密部分，B 船相当于甲板Ⅱ以下为水密部分，较 A 船增大了干舷。

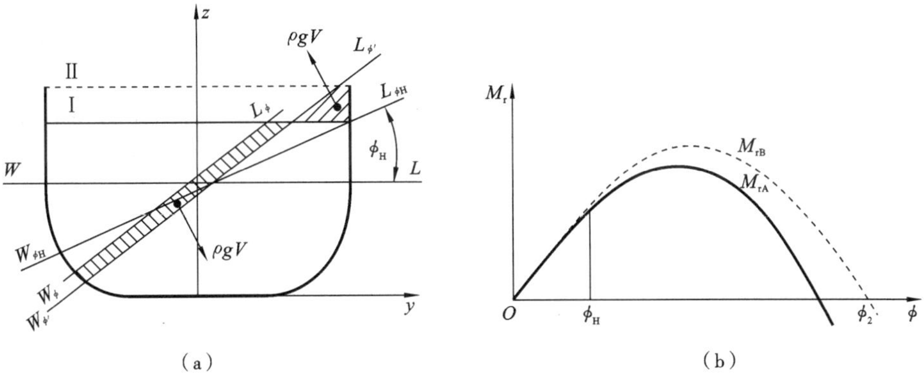

图 4-18　干舷对大角稳性影响

显然在 A 船上甲板入水以前，两者有相同的静稳性曲线。当倾斜水线超过 A 船的上甲板时，设 B 船的倾角为 ϕ'，其水线是 $W_{\phi'}L_{\phi'}$，这时由于 A 船上甲板入水，与 B 船相比较损失了一部分浮力，需由上甲板以下水密部分增加吃水来提供损失的浮力，即 A 船的水线是 $W_\phi L_\phi$，因此，与 B 船相比，其复原力矩将减小，如图 4-18(a)所示。在静稳性曲线图 4-18(b)中，虚线为 B 船的静稳性曲线，实线为 A 船的静稳性曲线。

由此可知，增大干舷的结果将使静稳性曲线从上甲板入水角(舰艇倾斜到甲板边线触水时的倾角)ϕ_H 开始变得高于原来的曲线，并且二者之差将随横倾角的增大而增加。所以干舷是保证在较大的倾角时仍然有复原力矩的一个主要因素。

4.5.2　船宽对稳性的影响

如图 4-19(a)所示，设 A、B 两船其他的几何要素及重心高度均相同，仅 B 船的宽度较 A 船大。船宽大者水线面面积惯性矩也大，故 B 船的初稳性高大于 A 船。另外，船宽大者，出、入水楔形体的移动力矩也大，因而静稳性力臂也大。但船宽大者甲板边缘入水角较小，因此，B 船静稳性曲线的最大静复原力臂所对应的横倾角较 A 船为小，如图 4-19(b)所示。

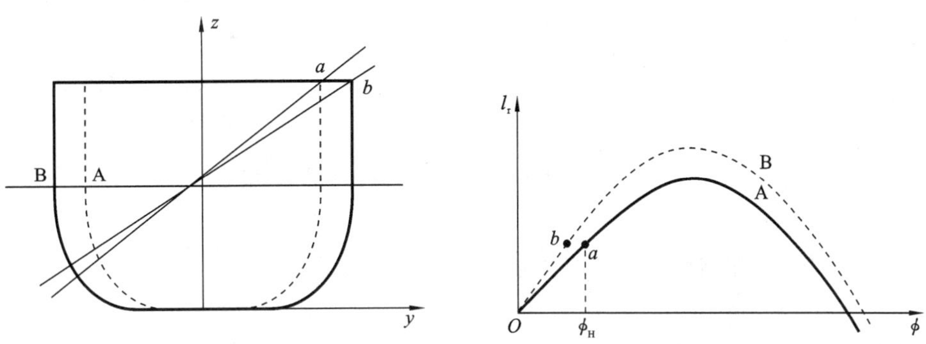

图 4-19　船宽对大角稳性的影响

4.5.3　进水角对稳性的影响

舰艇主船体上如有非水密的开口(如舱口、门和窗等),则当舰艇横倾时,一旦水面达到某一开口,水就将灌入船主体内部,使船处于危险状态。

水线到达最先进水的非水密处的倾角 ϕ_j 称为进水角。在进行稳性校核时,认为舰艇的倾角达到进水角以后按静稳性曲线计算的最小倾覆力臂 l_c 无效,达到进水角以后的静稳性曲线应当不再计入(见图 4-20)。

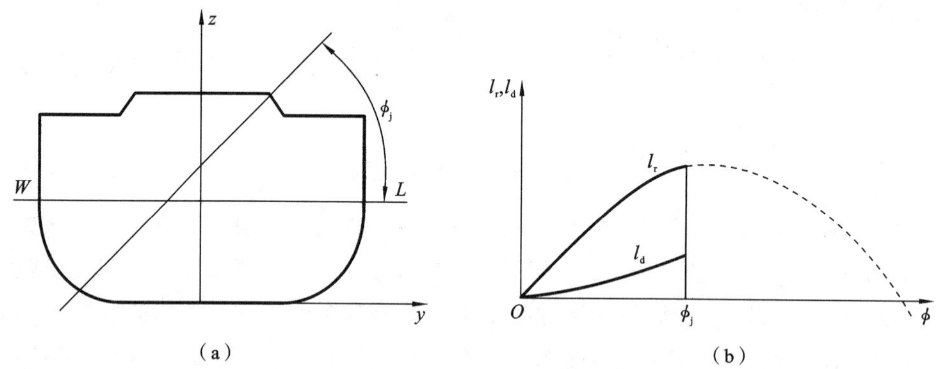

图 4-20　进水角对大角稳性影响

显然,舰艇进水角随排水量的变化而变化,ϕ_j 随排水体积变化的曲线称为进水角曲线。按照《舰船通用规范》的要求,对于受进水角影响的舰艇,应作出进水角曲线图。

设舰艇在某一排水量下的静稳性曲线和动稳性曲线分别如图 4-21 所示,根据进水角曲线查得进水角 ϕ_j,并把它画在图 4-21 中。根据静稳性曲线或动稳性曲线有效部分确定最小倾覆力臂 l_c。

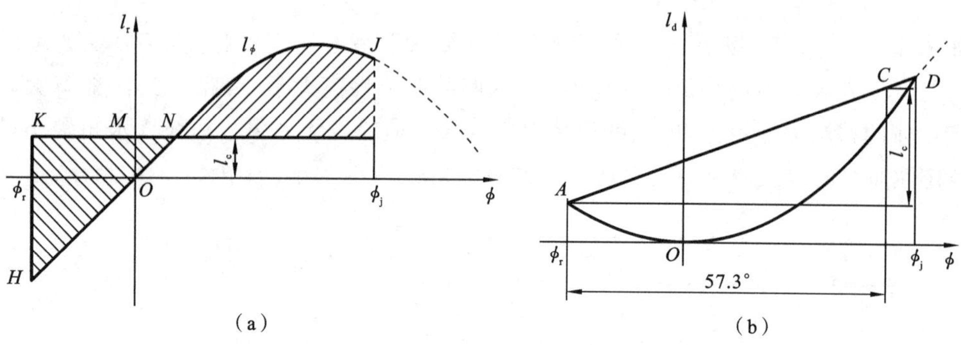

图 4-21　有进水角时倾覆力臂的确定

4.5.4　其他船形要素对稳性的影响

1. 水线面系数对稳性的影响

船长、船宽、吃水、排水体积和重心高度均相同的两艘船,水线面面积系数大者,船的初稳性高和静稳性力臂均较大,稳性较好。

2. 横剖面底部升高对稳性的影响

将船形底部升高，将使出水楔形体的体积和移动距离减小，从而导致静稳性臂和稳性消失角减小。

此外，水线以上的横剖线适当“外飘”和采用较大的舷弧，都可增加倾角较大时的静稳性臂。目前舰艇更多考虑隐身性要求，为了减少雷达波反射面积，有时采用水线以上部分内折形式，这会使大角稳性变差。

4.6　提高舰艇稳性的措施和方法

4.6.1　改善舰艇稳性的措施

从初稳性和大角稳性的介绍和分析中可知，提高舰艇稳性可以从两个方面着手：一是提高舰艇的最小倾覆力臂 l_c；二是减小舰艇所受到的动倾力矩 M_{KPD}。

提高最小倾覆力臂 l_c 可采取如下措施：

(1) 降低船的重心。在设计时就要高度重视船上各种设备、重量布置的重心高度。在船的底部加压载物是最常见的一种方法，不仅一些建造完成、在航行中发现稳性不足的船采用此方法，还有一些船在设计时就考虑在底部装有一定数量的固定压载。在船舶使用过程中也常常在某些空舱灌入压载水以降低重心高度。

(2) 增加干舷。这是提高船舶稳性的有效措施之一。对于某些稳性不足的老船，可将载重线降低以增加干舷。

(3) 增加船宽。这是提高船舶初稳性的有效措施之一。在舰艇的设计中船宽的确定在很大的程度上取决于稳性的要求。对现役舰艇现代化改装中，稳性不足时可以考虑在船的两舷水线附近加装相当厚的护木、浮箱等突出体，如图 4-22 所示。

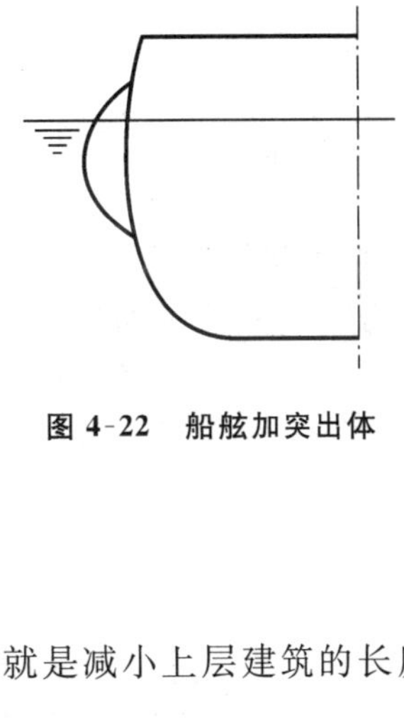

图 4-22　船舷加突出体

(4) 增大水线面系数。增大水线面系数的作用与增大船宽类似。

(5) 减少自由液面和减轻悬挂物重量。

(6) 注意舰艇水线以上开口的水密性，增大舰艇的进水角。

设计中减小动倾力矩的途径，主要是减小船的受风面积，也就是减小上层建筑的长度和高度。

4.6.2　保证舰艇稳性的方法

1. 负初稳性舰艇倾斜的扶正

在设计时一般是能够保证舰艇具有足够的初稳性的，但是舰艇破损后往往会出现大面积的自由液面，可能使舰艇出现负的初稳性。舰艇出现负初稳性时的静稳性曲线如图 4-23 所示，由图可知，舰艇出现负初稳性的情况分两种：第一种情况是舰艇平衡在 180°附近，这表示舰艇已经翻掉。第二种情况是舰艇平衡在倾角 $\phi=\phi_1$ 处，即舰艇有一个初始的横倾角，它可能

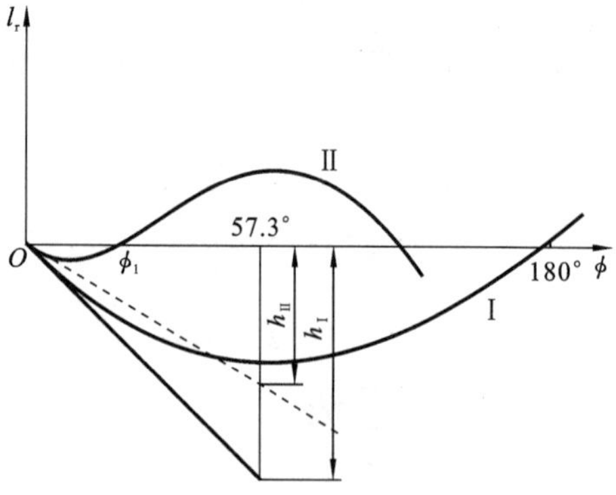

图 4-23 负初稳性下舰艇静稳性曲线

漂浮在左舷倾角为 $-\phi_1$ 处，也可能漂浮在右舷倾角为 $-\phi_1$ 处，这将取决于舰艇在正浮状态时受到的外界扰动力的方向。在这种情况下，尽管舰艇装载是左右对称的，舰艇也将带有初倾角 ϕ_1 而歪着漂浮或航行。如何判别是载荷不对称还是舰艇出现负初稳性造成舰艇初始横倾角的，将在后面关于不沉性的内容中介绍。

对于具有负初稳性的舰艇，虽然船未翻掉，但其大角稳性很差，不论是最大复原力臂，还是静稳性曲线包围的面积，或是稳性范围等特征值都将显著低于正常值，必须采取措施，改善其稳性。

如果判定舰艇倾斜不是非对称装载造成的，而是由负初稳性造成的，就绝不能通过反向移动载荷来扶正舰艇。下面结合图 4-24 来对此予以说明。

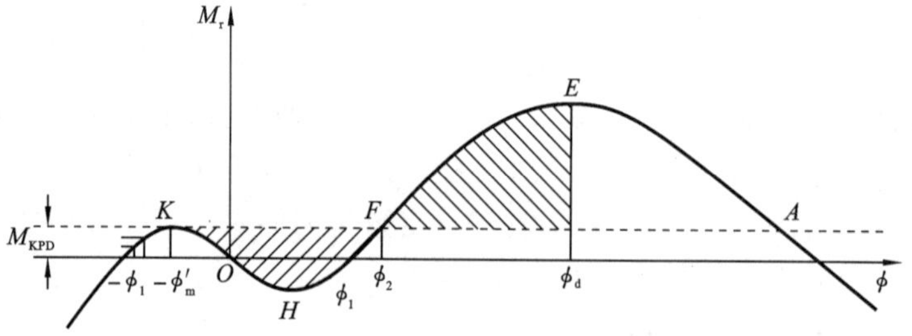

图 4-24 负初稳性下反向移动载荷的情况

设舰艇因存在负初稳性而浮于左舷倾角为 $-\phi_1$ 的位置上，尝试用逐步向右舷移动载荷的方法扶正舰艇。最初当移动载荷所形成的力矩逐渐加大时，舰艇逐渐扶正；当力矩增加到 M_{KPD} 时，舰艇扶正到倾角为 $-\phi'_m$。此后只要力矩再稍稍加大一点，就相当于在船上加了一个动倾力矩，舰艇便开始自行扶正，舰艇将产生角加速度和角速度，并且扶正的程度越大，角加速度越大，舰艇将一直倾斜直到倾角为 ϕ_d（图中两块阴影面积相等）为止，然后舰艇在 ϕ_d 与 $-\phi'_m$ 位置之间摆动，最终平衡于右舷倾角为 ϕ_2 的位置上。

这就是说：如果 $S_{AEF} < S_{KHF}$，舰艇就要倾覆；如果 $S_{AEF} > S_{KHF}$，舰艇即使不翻，也将倾斜在倾角比 ϕ_1 更大的位置上。由于载荷的水平横向移动并不能降低舰艇的重心，因而也不能改变负初稳性。

此时，要扶正舰艇必须使初稳性从负的变为正的，最简便的办法是降低重心高度。为此，可以从上往下移动载荷，或者在中面以下的较低位置增加压载。当初稳性由负变正时，舰艇自然就扶正了。

2. 波浪中稳性特点

在舰艇大角稳性的讨论中，假设水线保持水平（没有波浪），舰艇倾斜过程中忽略阻尼、惯性影响，遵守功能守恒原理。基于这种假设推导出在舰艇有初始横倾角 ϕ_r 时处于最危险状态。在《舰船通用规范》中把舰艇在正横浪中产生的共振横摇角作为初始横倾角 ϕ_r，把舰艇在正横浪中航行时受到阵风而产生的力矩作为动倾力矩 M_{KPD}，也就是以舰艇在正横浪中航行作为稳性最危险状态来进行静力学稳性校核。传统的观点认为舰艇在正横浪中航行时稳性最差，然而，许多船舶丧失稳性导致倾覆却是在艉斜浪（波浪传播方向与船航行方向夹角小于

90°)或随浪(波浪传播方向与船航行方向夹角等于0°)的状态,许多研究表明船舶在艉斜浪或随浪状态下可能比在正横浪状态下的稳性更差。这是因为若船舶处于随浪状态下,当船长接近波长,船速等于波速,舰艇随波航行时,船与波可能呈相对固定状态。考虑波面的影响时,舰艇静稳性曲线大致如图4-25(a)所示,当船舯处于波峰(常称中拱状态,见图4-25(b))时,舰艇稳性最差。这是因为,当舰艇的舯部处于波峰时,因舯部埋入水中倾斜后不再提供船形稳性力臂或提供极少,复原力矩主要靠艏、艉两端提供,而艏、艉两端船形又较瘦,因此舰艇扶正能力比较差,稳性将大大降低,特别是小型船舶,如果再遇到甲板上浪更易倾覆。当船舯处于波谷(常称中垂状态,见图4-25(a))时,情况与中拱相反。

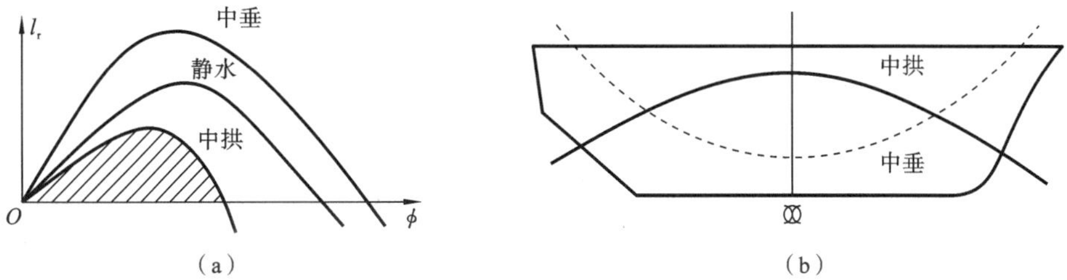

图4-25　波浪中舰艇静稳性曲线

至于舰艇在艉斜浪中的稳性问题,情况要复杂些,除了类似随浪状态的问题外,还会出现"横甩"现象,这也是当前稳性研究中的重要课题。现今的稳性规范大多数还是以正横浪为假定前提,随着今后对艉斜浪稳性的深入研究和实践,相关研究成果会在船舶设计中逐步得到应用。

4.7　舰艇抗风浪性计算

舰艇稳性研究中最为重要的问题是舰艇在保证安全航行的同时能承受多大的风浪。事实上这个问题,涉及流体动力学等多方面的知识,例如风的作用规律、浪的作用规律以及舰艇在波浪上的摇摆规律等等,甚至还和人们对舰艇的操纵经验有关。鉴于这一问题的复杂性,要做出非常准确的计算和判断比较困难,因此,目前多采用以静力学为主的近似方法进行计算,并且计算中带有很大的条件性。由于这些计算多偏于安全,在工程上还是普遍被采用。

以下结合《舰船通用规范》介绍舰艇抗风浪性计算的方法。

4.7.1　风对舰艇的作用

风对舰艇的作用是产生一个横倾的外力矩,由于风的不同作用性质,可将该外力矩分为静倾力矩和动倾力矩。以下先分析风的性质。

1. 风的分类和分级

海洋风按其成因可分为如下四种类型:气压梯度风、锋面风、低压风和台风。

气压梯度风和锋面风的特点是刮风时间较长,但它们的强度不大,通常为10～15 m/s,最大风速在24 m/s左右,这类风在海面上经常出现。风速和时间的关系大致如图4-26(a)所示。这两类风对舰艇的作用可以看成是静倾力矩。

低压风和台风的特点是最大风力在它们的中心处，但中心处的风向是反复的（即 180°地改变风向），过中心后继续刮后续稳定风。这类风强度较大，根据实测统计数据，中心附近的最大风速，低压风可高达 32 m/s，台风可达 50 m/s（在台风中心处有的记录值甚至高达 110 m/s），而后续稳定风的风速，低压风可达 15 m/s，台风可达 20 m/s。其风速与时间的关系如图 4-26(b)所示。这两类风在中心处对舰艇的作用相当于动倾力矩的作用。

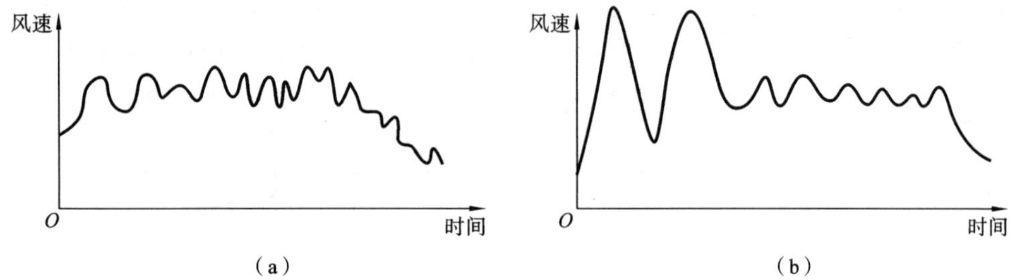

图 4-26　风速与时间关系曲线

自然界风在风速和风压上的表现有“平均”和“突变”之分，这种“平均”和“突变”之间存在着一定的关系，常用所谓突风度来表征这种关系：

$$突风度=U_{突变}/U_{平均}$$

突风度的大小与风的类型、平均风速、地形等因素有关，有一定的变化范围，各个国家的统计资料也不尽相同。根据统计，目前各国所取突风度大致在 1.2～1.7 之间，并且当平均风速较小时，突风度取得较大，而当平均风速较大时取得较小。

气象台站一般用所谓的蒲氏风级表表示风速和风压之间的关系。表 4-3 为 1946 年巴黎国际气象会议所推荐的蒲氏风级表，该表中只列出了平均风速和风压，突风风速就需要根据突风度大小来确定。该表中平均风压是按下列公式计算的：

$$p=C_0\ \frac{\rho}{2}U^2\quad (\mathrm{kgf/m^2}) \tag{4-21}$$

其中：当 $t=0°$时，$\rho=0.132\ \mathrm{kg/m^3}$，$C_0=1.186$。

表 4-3　1946 年蒲氏风级表

风力(级)	平均风速	平均风压	风力(级)	平均风速	平均风压
	U_{10}/(m/s)	p_{10}/(kgf/m²)		U_{10}/(m/s)	p_{10}/(kgf/m²)
0	0	0	7	15.48	18.74
1	0.836	0.0547	8	18.92	27.98
2	2.36	0.437	9	22.57	39.84
3	4.34	1.476	10	26.44	54.65
4	6.69	3.50	11	30.50	72.74
5	9.35	6.83	12	34.75	94.44
6	12.29	11.80			

海上风力的大小是随着距离海面高度的不同而变化的，表 4-3 中给出的是海面以上 10 m 处的风速和风压。海面上不同高度处的风速风压修正系数如表 4-4 所示。

表 4-4　海面上不同高度处风速和风压的修正系数

距海面高度 h/m	U_h/U_{10}	p_h/p_{10}	距海面高度 h/m	U_h/U_{10}	p_h/p_{10}
0	0.3933	0.1547	20.5	1.1024	1.2153
0.5	0.5526	0.3054	21.5	1.1087	1.2292
1.5	0.6804	0.4629	22.5	1.1146	1.2423
2.5	0.7545	0.5693	23.5	1.1202	1.2548
3.5	0.8076	0.6522	24.5	1.1255	1.2668
4.5	0.8513	0.7247	25.0	1.1281	1.2726
5.0	0.8710	0.7586	25.5	1.1305	1.2780
5.5	0.8888	0.7900	26.5	1.1352	1.2887
6.5	0.9209	0.8481	27.5	1.1397	1.2989
7.5	0.9483	0.8993	28.5	1.144	1.3087
8.5	0.9716	0.9440	29.5	1.1481	1.3181
9.5	0.9912	0.9825	30.0	1.1501	1.3227
10.0	1.000	1.0000	30.5	1.152	1.3271
10.5	1.0075	1.0151	31.5	1.1557	1.3356
11.5	1.0213	1.0431	32.5	1.1593	1.3440
12.5	1.0335	1.0681	33.5	1.1628	1.3521
13.5	1.0445	1.0910	34.5	1.1662	1.3600
14.5	1.0546	1.1122	35.0	1.1679	1.3640
15.0	1.0594	1.1223	35.5	1.1695	1.3677
15.5	1.0639	1.1319	36.5	1.1727	1.3752
16.5	1.0726	1.1505	37.5	1.1758	1.3825
17.5	1.0808	1.1681	38.5	1.1788	1.3896
18.5	1.0885	1.1848	39.5	1.1817	1.3964
19.5	1.0957	1.2006	40.0	1.1831	1.3997
20.0	1.0992	1.2082			

2. 风压倾斜力矩的确定

当风长期作用(即静作用)时,舰艇产生均匀的横移运动,这时船体水下部分的船体侧面上将产生水的阻力 R,与风压力 F_j 相平衡,阻力 R 的作用点可取在 1/2 吃水处,如图 4-27 所示。于是由风力和水的阻力构成的倾斜力矩是

$$M_{Fj}=\frac{1}{1000}F_j(z_n-T/2)\ (\text{kN}\cdot\text{m}) \qquad (4\text{-}22)$$

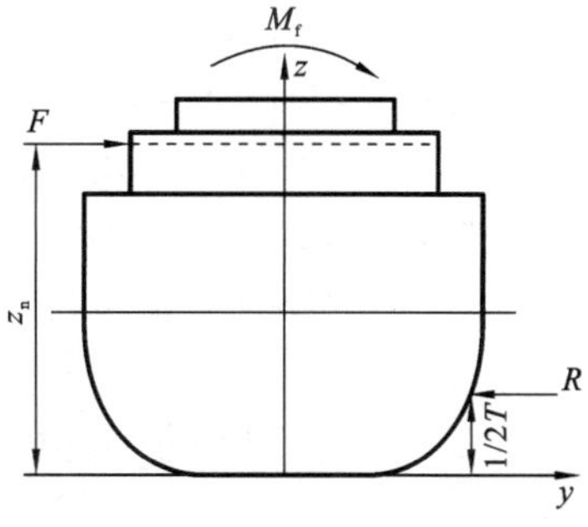

图 4-27　风长期作用下舰艇受力

式中　z_n——风的作用中心到基平面的高度,m;

T——舰艇吃水,m。

风压力 F_j 的计算式为

$$F_j=p_j\cdot S_f$$

式中　S_f——受风面积，即舰艇水线以上部分在中线面上的投影面积，m^2；

p_j——风的静压力，即受风面积中心处的静风压值，N/m^2。

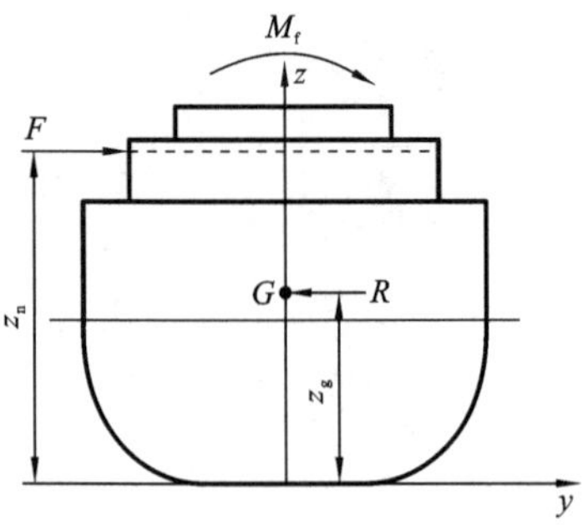

图 4-28　突风速作用下舰艇受力

当突风作用于舰艇时，舰艇的横倾是一种不均匀(不稳定)的运动，这时，舰艇有较大的横移加速度，但速度却很小，故水对船体水下部分侧面的阻力很小，可以忽略不计，而这时必须估计作用于舰艇重心 G 上的、与舰艇运动方向相反的惯性力 R，如图 4-28 所示。在这种情况下动倾力矩应按下式计算：

$$M_{FD}=\frac{1}{1000}F_D(z_n-z_g)\ (\mathrm{kN \cdot m}) \tag{4-23}$$

式中　F_D——突风作用力，$F_D=p_D \cdot A$，其中 p_D 为风的动压力，取受风面积中心处的动风压值；

z_g——重心 G 在基平面以上的高度。

有时在计算时就简单地取 $z_g=T$，这时式(4-23)可改写为

$$M_{FD}=\frac{1}{1000}F_D(z_n-T)$$

4.7.2　风浪联合作用

关于波浪对舰艇的作用，从稳性的角度考虑，主要是引起舰艇在波浪中的摇摆，使舰艇产生横摇角，因此在动稳性研究中讨论的是有初始横摇角 φ_r 时舰艇在外力矩作用下的倾斜问题。下面分析在舰艇抗风浪性计算中关于波浪中舰艇横摇角的确定原则，其计算方法在《舰船通用规范》中已给出。

假定舰艇正横于规则的涌浪中，并且和波浪发生共振，这是一种最严重的横摇情况。这时的摇摆角称为共振横摇角或称共振摆幅，以 ϕ_r 表示。

在共振条件下，当舰艇摆动到一舷最大角(即 ϕ_r)而正要返回到正浮位置并摆向另一舷时，又遭到正横方向吹来的突风作用，突风作用引起的动倾力矩的方向和舰艇共振横摇角 ϕ_r 的方向相反，而和舰艇正要返回的方向一致，如图 4-29 所示。将这种情况下舰艇最大能承受其作用而不致倾覆的风力级别作为舰艇抗风浪的能力级别。

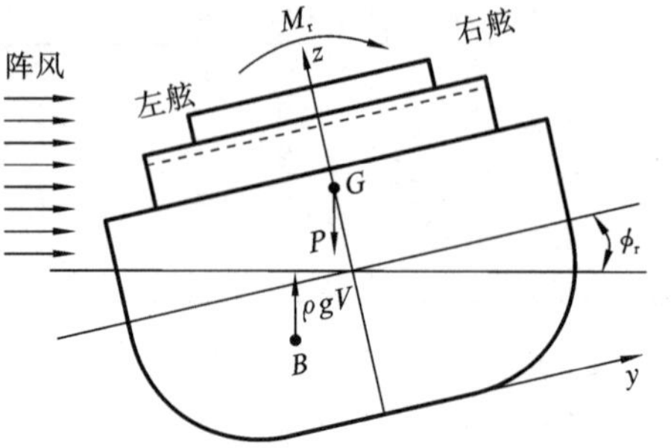

图 4-29　共振横摇角

风浪介绍及舰艇共振横摇角的计算方法可以参看耐波性相关教材。

4.7.3　稳性的校核方法

《舰船通用规范》将舰艇的抗风能力分为六个级别，每个级别和风级对应，并且给出了距离海面 10 m 高度处的额定阵风风速，如表 4-5 所示。

表 4-5　抗风能力级别和对应的额定阵风风速

抗风能力级别	风　　级	额定阵风风速/(m/s)(距海面 10 m 高度处)
Ⅰ	12	52
Ⅱ	11	46
Ⅲ	10	40
Ⅳ	9	35
Ⅴ	8	31
Ⅵ	6	21

舰艇应当满足的抗风能力级别，由舰艇的研制总要求规定。无具体规定时，舰艇在正常排水量下的抗风风级应符合表 4-6。

表 4-6　不同排水量舰艇的抗风风级要求

正常排水量范围/t	抗风风级要求
$2500\leqslant\Delta$	12
$1000\leqslant\Delta<2500$	11
$200\leqslant\Delta<1000$	10
$50\leqslant\Delta<200$	9

舰艇抗风能力按下式核算：

$$U_1\geqslant U_0 \tag{4-24}$$

式中　U_1——舰艇所能承受的极限风速，m/s；

U_0——舰艇应能承受的额定阵风风速，m/s。

舰艇所能承受的极限风速 U_1(距海面 10 m 高度处)按下式计算：

$$U_1=CC_h\sqrt{\frac{l_c\Delta}{S_f z}} \tag{4-25}$$

式中　z——风倾力臂，对于战斗舰艇取 $z=z_f$，z_f 为受风面积形心至水线的距离，m。

C——系数，取 $C=115.5$(自由表面未修正时取 $C=111$)；

C_h——风速沿高度分布的修正系数，当 $z_f>3.5$ m 时 $C_h=\left(\frac{10}{z_f}\right)^{1/8}$，当 $z_f\leqslant3.5$ m 时，$C_h=1.140$。

l_c——舰艇的最小倾覆力臂，m；

Δ——核算装载状态时的排水量，t；

S_f——舰艇受风面积，m^2(可以根据标准 CB/Z 32—2004 计算)。

最小倾覆力臂 l_c 可以由静稳性曲线或动稳性曲线求得，静、动稳性曲线要用经液舱自由液面修正后的曲线，前面已介绍过了，这里不再重复。其中驱逐舰和护卫舰的共振横摇角 ϕ_r 按下式计算：

$$\phi_r=10.8\left(\frac{h_0}{B}\right)\left(\frac{T_\phi}{\sqrt{B/g}}\right)\frac{\sqrt{\delta}}{\sqrt{n}}\quad(°) \tag{4-26}$$

式中　h_0——核算装载状态下，未经自由液面修正的横稳性高，m；

T_ϕ——舰艇横摇自周期，$T_\phi=0.8\dfrac{B}{\sqrt{h_0}}$，s；

g——重力加速度；

B——船宽，m；

δ——波陡平方根(波陡=波高/波长)，按自摇周期 T_ϕ 及稳性级别由图 4-30 查得；

n——无因次横摇阻尼系数。

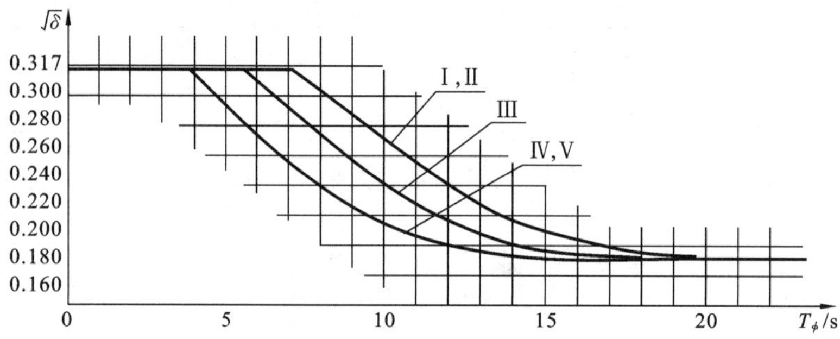

图 4-30　波陡平方根

无因次横摇阻尼系数 n 可按下式确定：

$$n=n_0+\Delta n \tag{4-27}$$

式中　n_0——垂向棱形系数 $C_{vf}=0.65$ 时的无因次横摇阻尼系数，其值根据所核算的装载状态下的 h_0/z_g、B/T 和 $S_k/(LB)$(S_k 为舭龙骨总面积，固定式减摇鳍的面积可计入舭龙骨的面积 S_k)由图 4-31 查得：当 $2.5\leqslant B/T\leqslant3.0$ 或 $B/T=3.5$ 时，n_0 直接由相应曲线查得；当 B/T 为其他值时，n_0 由相应曲线经线性插值得到；$B/T>3.75$ 时，该图不适用。当 $S_k/(LB)=0.02,0.03$ 时，n_0 直接由相应曲线查得；当 $0.01\leqslant S_k/(LB)\leqslant0.04$ 时，n_0 由相应曲线经线性插值得到；当 $S_k/(LB)>0.04$ 时，取 $S_k/(LB)=0.04$ 时的 n_0 值。

Δn——$C_{vf}\neq0.65$ 时的修正值，根据 C_{vf} 值由图 4-32 查得。当 $C_{vf}\leqslant0.62$ 时，$\Delta n=0.0034$，当 $C_{vf}\geqslant0.68$ 时，$\Delta n=-0.001$。

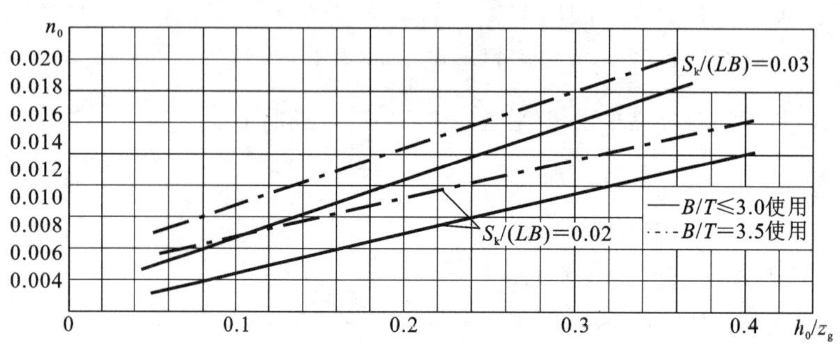

图 4-31　无因次横摇阻尼系数

《舰船通用规范》规定，对于舰艇稳性应该核算的状态有标准排水量、正常排水量、满载排水量状态以及其他有可能出现稳性最差的装载状态，或由舰艇特点确定的其他典型状态。

例 4-1　某驱逐舰的已知数据如下：满载排水量 $\Delta=4461$ t，重心高度 $z_g=5.79$ m，船长 $L=132$ m，船宽 $B=14.5$ m，平均吃水 $T=4.39$ m，浮心高度 $z_b=2.65$ m，横稳心半径 $r=4.84$

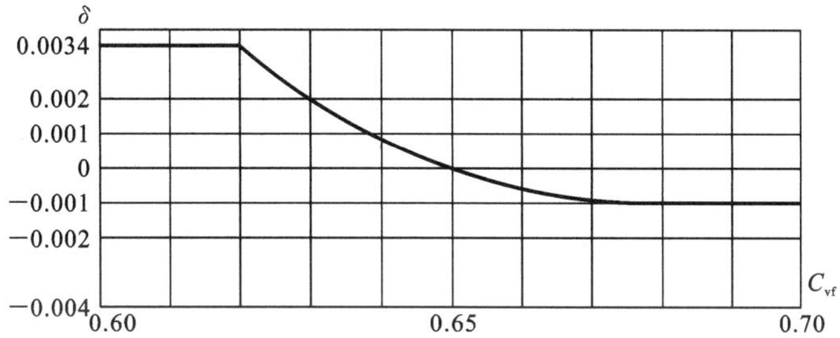

图 4-32 无因次阻尼系数修正

m，舭龙骨（含减摇鳍）面积 $S_k=49.6\ m^3$，受风面积 $S_f=1412\ m^2$，受风面积中心距基线高度 $z_f=10.50$ m，自由液面横倾 30°时的横倾力矩 $M_{30}=107.52\times10^3$ kgf·m。

试根据《舰船通用规范》的规定校核该驱逐舰抗风能级别能否达到Ⅰ级。

解 (1) 作静、动稳性曲线

根据该驱逐舰的船体图计算得到静、动稳性曲线，如表 4-7 所示。

表 4-7 静、动稳性曲线计算结果

横倾角	0°	10°	20°	30°	40°	50°	60°	70°	80°	90°
复原力臂 l_r/m	0	0.312	0.608	0.904	1.128	1.185	1.088	0.855	0.503	0.087
动稳性力臂 l_d/m	0	0.027	0.108	0.239	0.417	0.619	0.817	0.987	1.105	1.157
M_{30}/(tf·m)	0	35.840	71.680	107.52	107.52	107.52	107.52	107.52	107.52	107.52
自由液面修正后的复原力臂 l'_r/m	0	0.304	0.592	0.879	1.104	1.161	1.064	0.831	0.479	0.063
自由液面修正后的动稳性力臂 l'_d/m	0	0.027	0.105	0.233	0.406	0.604	0.798	0.964	1.078	1.125

(2) 共振横摇角的计算。

横稳性高

$$h_0=z_b+r-z_g=(2.65+4.84-5.79)\ \text{m}=1.7\ \text{m}$$

舰艇横摇周期为

$$T_\phi=0.8\frac{B}{\sqrt{h_0}}=0.8\times\frac{14.5}{\sqrt{1.7}}=8.897\ \text{s}$$

由图 4-30，根据 $T_\phi=8.9$ 和稳性级别为Ⅰ级，查得波陡平方根$\sqrt{\delta}=0.290$；因

$$B/T=14.5/4.39=3.30,\quad S_k/LB=49.6/(132\times14.5)=0.0259$$

$$h_0/z_g=1.7/5.79=0.294$$

查图 4-31，经过两次插值得到 $n_0=0.01467$。

由垂向棱形系数 $C_{vf}=C_b/C_{wp}=0.50/0.785=0.637$，查图 4-32 得到 $\Delta n=0.00124$。

按式(4-27)计算得到无因次横摇阻尼系数：

$$n=n_0+\Delta n=0.01467+0.00124=0.0159$$

根据式(4-26)计算得到共振横摇角：

$$\phi_r=10.8\left(\frac{h_0}{B}\right)\left(\frac{T_\phi}{\sqrt{B/g}}\right)\frac{\sqrt{\delta}}{\sqrt{n}}=\left(10.8\times\frac{1.7}{14.5}\times\frac{8.9}{\sqrt{14.5/9.8}}\times\frac{0.29}{\sqrt{0.0159}}\right)^\circ=21.3^\circ$$

3. 最小倾覆力臂确定

在动稳性曲线图上根据共振横摇角作图得到最小倾覆力臂 $l_c=0.5499$ m。

4. 极限风速计算

按式(4-25)计算极限风速：

$$U_1=CC_h\sqrt{\frac{l_c\Delta}{S_f z}}=115.5\times\left(\frac{10}{6.11}\right)^{\frac{1}{8}}\times\sqrt{\frac{0.5499\times4461}{1412\times6.11}}\ \mathrm{m/s}=65.50\ \mathrm{m/s}$$

所以查表 4-5 得，舰艇稳性级别为Ⅰ级时额定阵风风速 $U_0=52$ m/s，$U_1\geqslant U_0$，故该舰在满载排水量状态下，抗风能力级别能达到Ⅰ级。

思　考　题

1. 舰艇的大角稳性与初稳性有哪些区别？舰艇的大角稳性如何表达？
2. 舰艇的复原力矩是如何构成的？船形稳性力矩与重量稳性力矩的影响因素分别是什么？
3. 静稳性曲线的顶点代表什么？动稳性曲线与静稳性曲线二者之间的关系是什么？
4. 如何利用静稳性曲线分别确定舰艇在静倾力矩和动倾力矩作用下的静倾角与动倾角？
5. 静稳性曲线在原点处的斜率是什么？
6. 如何根据静稳性曲线来说明舰艇的稳性特征？
7. 增大船宽、增加干舷对舰艇的初稳性影响和大角稳性的影响分别表现为什么？

第 5 章　潜艇的浮性与稳性

潜艇是一种既能在水面航行，又能在水下航行的特殊舰艇，因而在浮性和稳性方面既有与水面舰艇相同之处，又有其特殊之处。本章将就潜艇在浮性和稳性方面的特殊之处，介绍相关的基本原理和基本方法。

为了讨论的方便，首先简单地介绍一下潜艇的基本构造。潜艇大致可分为单壳体和双壳体两种构造形式，不论哪种形式，潜艇的潜浮基本原理都是相同的，其浮性和稳性基本公式也一样。本章将以双壳体结构潜艇为对象介绍潜艇的浮性和稳性。

5.1　潜艇的有关基本知识

双壳体潜艇结构示意图如图 5-1 所示，其大致可分为耐压艇体和非耐压艇体以及各种液舱。现具体介绍如下。

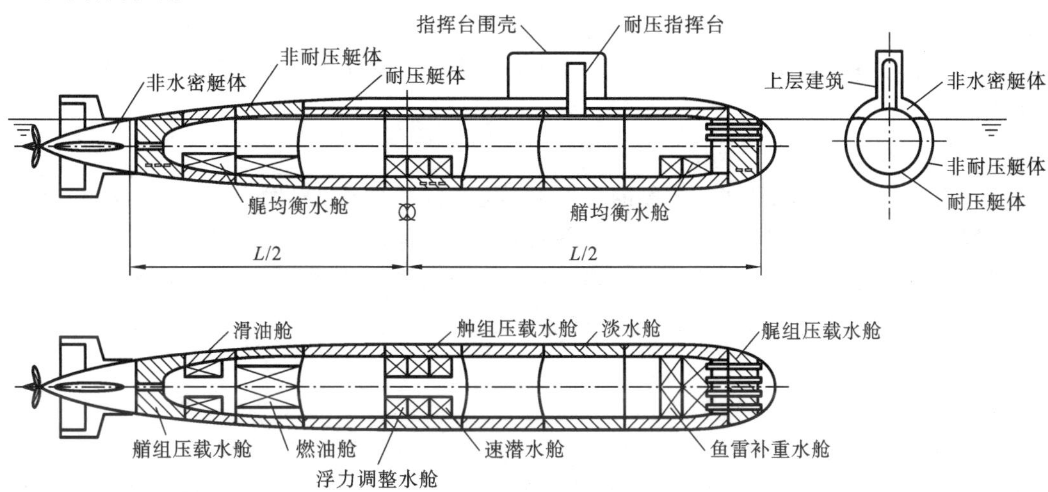

图 5-1　潜艇结构简图

1. 耐压艇体和非耐压艇体

双壳体结构潜艇由双层艇体组成。内艇体在潜艇潜入水中时要承受深水的压力，称为耐压艇体。外艇体在潜艇潜入水中时不承受水的压力，称为非耐压艇体。

2. 水密艇体和非水密艇体

耐压艇体和非耐压艇体艏部与艉部之间的艇体上有一些开口，水可以从这些开口自由流进和流出，潜艇的内部这些部分称为非水密艇体，除此以外的部分称为水密艇体。显然耐压艇体是水密的。

3. 主压载水舱

耐压艇体和非耐压艇体之间设有一些用于注排水用的舷舱，称为主压载水舱。主压载水

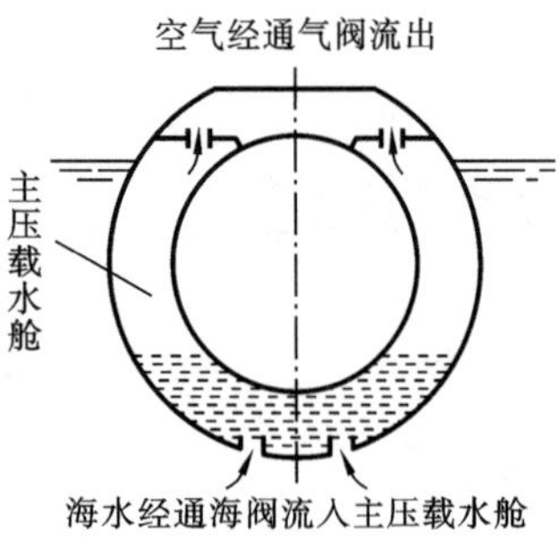

图 5-2　潜艇的主压载水舱

舱也是水密的艇体，它的作用是使潜艇上浮和下潜。在主压载水舱顶部有通气阀，底部有通海阀。

潜艇既可以在水面航行，也可以在水下航行。潜艇从水面潜入水下或者从水下上浮至水面是通过往主压载水舱的注排水来实现的。

需要下潜时，打开主压载水舱的通海阀和通气阀，如图 5-2 所示。海水从通海阀进入主压载水舱，水舱中的空气则从通气阀中排出，潜艇开始下潜。随着海水不断地灌入主压载水舱，潜艇不断地下潜，直至完全潜入水中。

潜艇的下潜通常有一次下潜和二次下潜之分。一次下潜又称速潜，是在巡航状态下向所有主压载水舱同时注水而形成的潜艇下潜，一般在战斗巡航中采用。二次下潜又称正常下潜，先使艏、艉组主压载水舱注水，潜艇过渡到半潜状态（又称潜势状态），此时指挥室围壳和甲板仍露于水面，然后再向舯组主压载水舱注水而使潜艇下潜，一般在日常训练中采用。

潜艇在水下航行时，通海阀和通气阀都是关闭的。当潜艇需要上浮时，先将通海阀打开，用高压空气把主压载水舱内的水吹除，压载水舱排空后，潜艇上浮到水面。

潜艇的浮起分一次上浮及失事浮起（速浮）和二次上浮（正常浮起）。正常上浮时，先用高压气排出舯组主压载水舱的水，使潜艇上浮到半潜状态；然后用低压气排艏、艉组主压载水舱的水，使潜艇上浮到水面状态。而用高压气同时吹除全部主压载水舱的水所形成的潜艇上浮称为一次上浮。失事浮起，指潜艇在水下损失大量浮力、出现危险纵倾等险情时，用高压气排出舯组及一端甚至全部主压载水舱的水，使潜艇紧急浮起。因此失事浮起也可能就是一次上浮。

4. 浮力调整水舱

浮力调整水舱的作用是调节潜艇的重力和浮力之间的平衡，当潜艇的重力或浮力变化时，往浮力调整水舱中注水（或排水）使水下状态的潜艇始终保持重力等于浮力。

浮力调整水舱一般设置一至两个。若设置两个浮力调整水舱，其中一个的纵向位置在变动载荷总的重心附近，另一个的纵向位置在潜艇的浮心附近。浮力调整水舱可布置在舷间或布置在耐压艇体内。

5. 速潜水舱

潜艇的上浮和下潜完全由主压载水舱的注排水来实现。为了使潜艇快速下潜或在水下时能迅速改变艇下潜深度，某些潜艇设有速潜水舱。一般速潜水舱在略偏于潜艇重心前的艇体下部，布置在舷间，紧靠浮力调整水舱，也有的布置在耐压艇体内。由于速潜水舱位于潜艇重心前，该舱注满水后，潜艇重力大于浮力，且产生艏纵倾，因而能够迅速下潜或迅速改变下潜深度。

6. 艏、艉均衡水舱

潜艇都设置有艏、艉均衡水舱（纵倾平衡水舱）。该水舱通常设置在耐压艇体内的艏、艉端，并且分隔成互不相同的左、右两部分。艏、艉均衡水舱的作用是调整潜艇不平衡纵倾力矩，从而控制潜艇纵倾状态。

7. 其他水舱

除了上述介绍的水舱外，潜艇上还设有一些专用水舱，如淡水舱、蒸馏水舱、污水舱、鱼雷（弹）补重水舱、导弹瞬时补重水舱、燃油舱、滑油舱等。这些专用水舱部分用于储备相应的物品，部分用于补偿潜艇在短时间内消耗大量载荷而减少的重量。

以上介绍的水舱，除主压载水舱外，其他水舱在潜艇水下状态时，都要承受深水压力，所以它们是耐压水舱，而主压载水舱则为非耐压水舱。

5.2　潜艇的平衡

潜艇为什么会以各种状态漂浮于水中？这是作用在潜艇上的重力和浮力在不同条件下互相平衡的结果。为此需研究作用于静浮潜艇的力，即浮力与重力的性质、大小、变化规律及其作用方式。

5.2.1　潜艇的平衡条件与平衡方程

因为静浮潜艇仅受重力和浮力的作用，为了使潜艇能在水面任一水线处或在水下保持漂浮状态，即平衡于一定的浮态，充分必要条件(称为平衡条件)应是：

(1) 潜艇的重力等于浮力，即二者的合力为零。

(2) 潜艇的重心和浮心在同一条铅垂线上，即合力矩为零。

这两个条件缺一不可，必须同时满足，只有这样才能保证潜艇在水中处于平衡状态。如图5-3 所示情况，虽然重力等于浮力，潜艇也不可能按 WL 水线漂浮，由重力和浮力所构成的力矩将使潜艇发生艉倾。

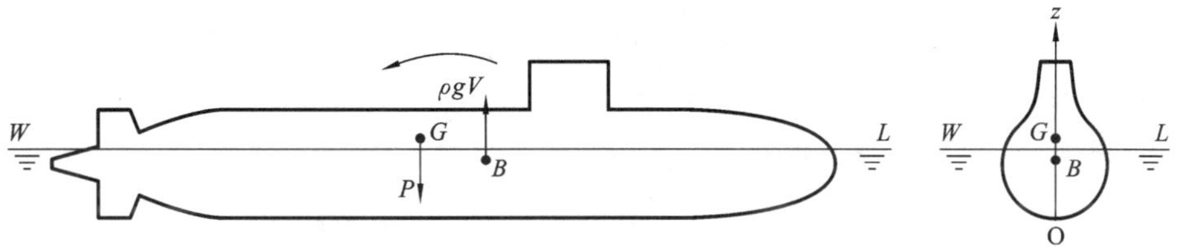

图 5-3　合力矩不为零

以下分别介绍潜艇的水上、水下平衡方程式。

1. 潜艇水上平衡方程式

潜艇水上平衡方程式与水面舰艇相同，即

$$\begin{cases} P_{\uparrow}=\Delta_{\uparrow}=\rho g V_{\uparrow} \\ x_{g\uparrow}=x_{b\uparrow} \\ y_{g\uparrow}=y_{b\uparrow}=0 \end{cases} \tag{5-1}$$

式中　$P_{\uparrow}$——潜艇重量；

$\Delta_{\uparrow}$——处于水上状态时潜艇的排水量，简称水上排水量；

$V_{\uparrow}$——处于水上状态时潜艇水密艇体的体积；

$x_{g\uparrow}$、$y_{g\uparrow}$——处于水上状态时潜艇重心$G_{\uparrow}$的坐标；

$x_{b\uparrow}$、$y_{b\uparrow}$——处于水上状态时潜艇浮心$B_{\uparrow}$的坐标。

符号“↑”表示水上状态，以下均同。

值得注意的是，式(5-1)中 $V_{\uparrow}$ 指艇体的水密艇体体积。因为非水密艇体内部有水自由流进、流出(见图 5-4),不产生浮力,只有水密艇体才提供浮力,因此,在浮性和初稳性计算中,水线面面积、排水体积按水密艇体的长度计算。

图 5-4 非水密艇体水的自由流出

2. 潜水艇水下平衡方程式

在列潜艇水下平衡方程式时对主压载水舱中的水有两种处理方法,即增加重量法和损失浮力法。将主压载水舱中的水看成潜艇重量的一部分,即增加重量法;将主压载水舱中的水看成舷外水,认为向主压载舱内注水时,潜艇的重量没有增加,只是失去了主压载水舱所提供的浮力,即损失浮力法。在潜艇的浮性与稳性计算中常将增加重量法称为可变排水量法,而将损失浮力法称为固定排水量法。两种方法在潜艇的浮性和稳性计算中都要用到。

1) 采用增加重量法时的水下平衡方程式

依增加重量法,潜艇正浮于水下时的平衡方程式为

$$\begin{cases} P_{\downarrow} = \Delta_{\downarrow} = \Delta_{\uparrow} + \rho g \sum v_{\mathrm{m}} = \rho g V_{\downarrow} \\ x_{\mathrm{g}\downarrow} = x_{\mathrm{b}\downarrow} \\ y_{\mathrm{g}\downarrow} = y_{\mathrm{b}\downarrow} = 0 \end{cases} \tag{5-2}$$

式中 $P_{\downarrow}$——把主压载水舱中的水视为潜艇重量时,潜艇的水下重量;

$\Delta_{\downarrow}$——处于水下状态时潜艇的排水量,简称水下排水量;

$V_{\downarrow}$——处于水下状态时潜艇水密艇体体积,简称水下水密艇体排水体积;

$\rho g \sum v_{\mathrm{m}}$—— 主压载水舱注水总重量;

$x_{\mathrm{g}_{\downarrow}}$、$y_{\mathrm{g}_{\downarrow}}$——将主压载水舱中水的重量视为艇体重量时的艇体重心坐标;

$x_{\mathrm{b}_{\downarrow}}$、$y_{\mathrm{b}_{\downarrow}}$——将主压载水舱中水的重量视为艇体重量时的艇体浮心坐标。

水下水密艇体排水体积 $V_{\downarrow}$ 由耐压艇体、耐压水舱(浮力调整水舱、速潜水舱)、主压载水舱以及提供浮力的所有附体体积等组成,但不包括非水密艇体内部的体积。$\rho g \sum v_{\mathrm{m}}$ 是主压载水舱注水总重量,即潜艇从水上下潜到水下后增加的总重量。其中 v_{m} 是一个主压载水舱的体积,$\sum v_{\mathrm{m}}$ 是所有主压载水舱的总体积(见图 5-5(a))。

2) 采用损失浮力法时的水下平衡方程式

依损失浮力法,潜艇正浮于水下时的平衡方程式为

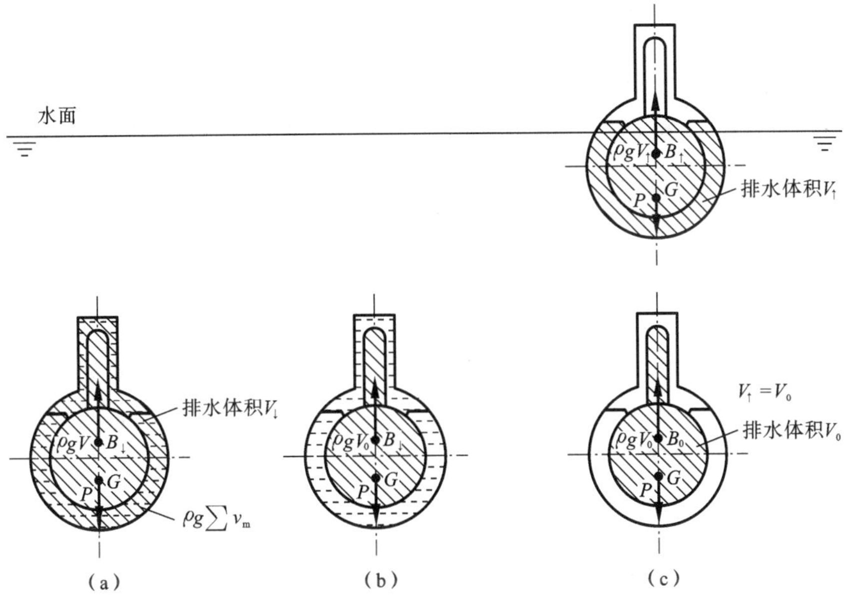

图 5-5　水下状态平衡

$$\begin{cases} P_\downarrow = \Delta_\uparrow = \rho g V_0 \\ x_{g\uparrow} = x_{b0} \\ y_{g\uparrow} = y_{b0} = 0 \end{cases} \tag{5-3}$$

将主压载水舱注水看成艇外水(见图 5-5(b)),下潜后潜艇本身的重量并没有改变,重心位置也没有改变。所以,艇的排水量依然是 $\Delta_\uparrow$,艇的重心也依然是 $x_{g\uparrow}$ 和 $y_{g\uparrow}$。式(5-3)中,V_0 是潜艇处于水下状态时所有排水物排开水的体积,包括耐压艇体体积,耐压舷舱体积,所有提供浮力的艇外附属体、非耐压艇体外板、非水密艇体内部构架等的排水体积,而不包含主压载水舱的容积。习惯上称 V_0 为固定浮容积。x_{b0}、y_{b0} 是固定浮容积 V_0 的几何形心坐标,即浮心 B_0 的坐标。

式(5-2)和式(5-3)虽然表达形式不同,但都是潜艇水下平衡方程式,只是采用了不同的观点。两种方法在实际计算中都会采用,式(5-3)在水下平衡的计算中应用较多。

5.2.2　潜艇水下平衡的特点

潜艇的航行状态有水面状态和水下状态两种,这就要求潜艇既能在水面上平衡,又能在水下平衡。潜艇在水上平衡时,其平衡状态与水面舰艇相同,即如果重力和浮力不一致,艇体的吃水会自动改变而调整浮力,使潜艇达到平衡。但在水下平衡时,重力和浮力都是固定数值,由式(5-3)可知,如果设计时浮力大于重力($\rho g V_0 > P$),则潜艇就只能浮在水面上而不能下潜。反之,如果重力大于浮力($P > \rho g V_0$),则潜艇下潜后不能保持平衡,必然沉至海底。由此可见,潜艇的水下平衡是需要研究的主要问题。

在用损失浮力法导出的平衡方程式(5-3)中没有出现主压载水舱体积 $\sum v_m$,潜艇从水上平衡状态转入水下平衡状态时,要使潜艇在水下处于平衡状态,即重力等于浮力,则必须有 $P_\uparrow = \rho g V_0$,它说明水下状态的平衡不依赖于主压载水舱体积 $\sum v_m$ 的大小。如果还要求潜艇

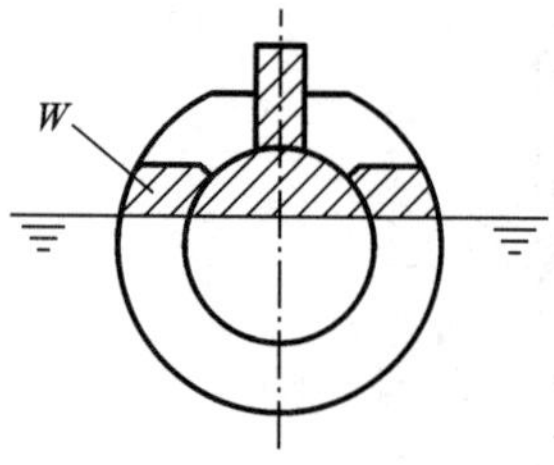

图 5-6　储备浮力

在水下保持正浮(见图 5-5),则还需要满足 $x_{g\uparrow}=x_{b0}$,$y_{g\uparrow}=y_{b0}=0$。

主压载水舱的作用除了使潜艇下潜和上浮外,其体积大小还决定了潜艇储备浮力的大小。如图 5-6 所示,潜艇处于水上平衡状态,这时水线以上水密艇体的体积 W 称为储备浮容积,ρgW 称为储备浮力。当主压载水舱注水,潜艇潜入水中时,显然潜艇损失浮力大小是 $\rho g\sum v$,增加的浮力大小是 ρgW,若潜艇在水下也处于平衡状态,那么必然有

$$\rho g\sum v_{\mathrm{m}}=\rho gW \quad 或 \quad \sum v_{\mathrm{m}}=W$$

由此可见,原来处于水上平衡状态的潜艇,下潜后要保持平衡,其储备浮容积必然等于主压载水舱的总体积。如果要求潜艇下潜后仍保持正浮状态,则必须使储备浮容积和主压载水舱的几何形心(体积中心)在同一条铅垂线上。这就是潜艇下潜的条件。

对潜艇的平衡条件总结如下:

(1) 对于潜艇,最重要的是应满足水下平衡条件 $P_{\uparrow}=\rho gV_0$,而水上平衡条件总是能满足的。主压载水舱虽然用来实现上浮和下潜,但它的大小对水下平衡没有影响。

(2) 主压载水舱的大小决定了储备浮力的大小,它还影响潜艇水下排水量的大小和潜艇下潜上浮的速度。

(3) 要同时满足潜艇水下和水上正浮平衡条件,则主压载水舱总体积和储备浮容积应大小相等,且体积中心在同一条铅垂线上。

可见,潜艇的浮性问题比水面舰艇要复杂。所以,设计潜艇时,为了保证潜艇能在水下保持平衡状态,通常是按下述步骤进行:

(1) 确定潜艇的重量 $P_{\uparrow}$,亦即确定潜艇的水上排水量的大小;

(2) 确定固定浮容积 V_0,并使其满足式(5-3),以保证潜艇在水下的正浮平衡;

(3) 画出非耐压艇体的外形,布置主压载水舱,确定主压载水舱总体积 $\sum v$,由此决定储备浮力 ρgW 的大小和潜艇处于水上状态时的水线位置。

5.2.3　潜艇的主要航行状态

潜艇航行状态大致可以分为以下几种:

(1) 水上正常状态(设计状态):所有载荷都按设计规定的重量装载到艇上,主压载水舱内无水。通常所说的水上状态就是指这种状态。

(2) 半潜状态:主压载水舱分四组,即艏组、舯组、艉组和超载燃油组,当艏组、艉组和超载燃油组主压载水舱都注满水(或油),舯组主压载水舱不注水时,潜艇所处的状态称为半潜状态。它是上浮和下潜过程中的一个过渡状态。

(3) 水下状态:所有主压载水舱注满水(超载燃油组主压载水舱注满水或油),潜艇完全潜入水中。

除了以上三种基本航行状态外,有些潜艇还有以下两种航行状态。

(4) 燃油超载状态:为了使潜艇能远离基地执行任务,部分主压载水舱可用来装载燃油(称为燃油主压载水舱)。这些水舱中装满燃油后潜艇所处的状态称为燃油超载状态。

(5) 巡航状态:潜艇处于水上状态时,再将速潜水舱注满水,潜艇即处于巡航状态。潜艇

在该状态下航行时，可以随时进行快速下潜。

5.2.4　潜艇排水量分类

若潜艇浮于 WL 水线处，则水下部分的体积 V 称为容积排水量，单位是 m^3；而我们通常所说的排水量是指这部分水的质量，单位是 t。这两种排水量分别从容积和质量方面表示了潜艇的大小。

为了明确地区分潜艇的装载状态和航行状态以及满足某些性能计算的需要，常将潜艇排水量分为以下五种。

1. 空船排水量

完全完工的潜艇，装载了任务书所规定的武器装备、机械、装置、系统、设备等时的排水量，也就是装备齐全的潜艇的质量，但不包括人员、弹药、燃料、滑油、食物、淡水、供应品等的质量在内。

2. 正常排水量

潜艇的正常排水量(或称巡航排水量、水上排水量)是指装配完整的船体，装有全部装配完整的机械(湿重)、武器装备和其他各种设备、装置、系统(各系统处于待工作状态)以及固体压载，全部弹药、供应品、备品、按编制的人员及其行李，按自给力配备的食品、淡水、蒸馏水、燃油、滑油和一、二回路用水等，并计入耐压船体内空气、均衡水的质量和储备排水量，并能在水下处于静力平衡时潜艇的排水量。

正常排水量就是空船排水量加上任务书所规定的人员、弹药、燃油、滑油、食物、淡水、供应品以及供潜艇水下均衡用的初水量等变动载荷的质量，即处于巡航状态的潜艇可随时下潜的质量。这时速潜水舱注满水(但不计入正常排水量)、主压载水舱未注水，但潜艇已均衡好。燃油储备正常，并能保证在任务书所规定的各航速下达到全航程(续航力)。对于续航力较大的潜艇，只将燃油总储量的 60%计入正常排水量，其余作为超载燃油量。通常所指的潜艇排水量就是正常排水量(如某艇的排水量为 1319.36 t)，也是试潜定重后确定的装载状态。

3. 超载排水量

潜艇的超载排水量是指正常排水量加上超载燃油、滑油、食品、淡水和蒸馏水等的质量。

4. 水下排水量

水面正常排水量加上全部主压载水舱中水的总质量。水下排水量也就是水面正常排水量加上储备浮力。

5. 水下全排水量

潜艇裸船体及全部附体外表面所围封的总体积带来的排水量，即包括非水密部分在内的整个艇体所排开水的质量。

需要说明的是，潜艇的储备排水量，是舰艇设计时预先计入，用于设计建造及现代化改装的一项备用量。为适应潜艇的现代化改装，其储备排水量一般可按0.5%的正常排水量留取，但最大不宜超过 20 t，储备重心高一般可按比正常排水量下潜艇的重心垂向坐标高出 0.5 m 留取。

此外，常用的还有固定浮容积排水量和标准排水量。前者指潜艇处于水下状态时，耐压船体和耐压指挥台及其他附体等所有排水部分的排水量 ，其数值和正常排水量相等，后者指正常排水量扣除燃滑油等储量后的排水量。

按正常排水量的大小，将潜艇划分为：大型潜艇（$\Delta \geqslant 2500$ t）；中型潜艇（2500 t$>\Delta \geqslant 1000$ t）；小型潜艇（$\Delta < 1000$ t）。

5.3 潜艇的均衡

5.3.1 潜艇均衡的概念

在潜艇设计中，通过使 $P_{\uparrow}=\rho g V_0$ 来保证潜艇水下平衡，建造完工后通过潜艇的定重试验确定潜艇实际重量和重心位置与设计值的误差，通过进一步调整固定压载的重量和位置，使潜艇在水下保持平衡。然而，潜艇在整个航行过程中，由于载荷的消耗或武器的发射，其重量将发生变化；其次，不同的海区（海水密度变化）、不同的深度（海水压力变化）和不同温度（海水盐度变化）等条件下，潜艇的固定浮容积提供的浮力也会发生相应的变化。因此，要始终保证潜艇在水下的平衡，并消除潜艇的纵倾和横倾，就要采取一些相应的措施：如注排水、导移油水等。这种根据潜艇载荷变动情况进行的计算和为使潜艇始终保持水下平衡状态而采取的相应措施，称为潜艇的均衡。

潜艇上有一些专门用于均衡的水舱：浮力调整水舱，艏、艉均衡水舱和专用水舱。浮力调整水舱一般设在艇的舯部（位于浮心附近），增减该水舱中的水量，可以调整潜艇的重量，由此产生的纵倾力矩比较小。艏、艉均衡水舱位于耐压艇体内艏、艉两端并有专门的管路相连通。可从艏（艉）均衡水舱向艉（艏）均衡水舱调水，产生纵倾力矩，借以调整艇的纵倾。因此，潜艇重力与浮力之间的平衡是通过增减浮力调整水舱中水量来实现的，而浮态的调整则通过在艏、艉纵倾水舱之间进行调水来实现。专用水舱包括针对一些载荷变化比较大的情况（如发射鱼雷和导弹时）进行补重的水舱。发射鱼雷或导弹时，在补重水舱内灌入海水补偿鱼雷或导弹的重量。补重水舱通常设在需补重量附近。

5.3.2 重力、浮力的变化及均衡

1. 重力变化时的均衡

1）瞬间消耗载荷（鱼雷、导弹等）时的均衡

导弹和鱼雷的重量较大，导弹和鱼雷发射后，海水充入发射管或补重水舱，但是注入的水不一定恰好代换原来的载荷重量，可借助浮力调整水舱和艏、艉均衡水舱来平衡剩余浮力差和力矩差。

2）消耗燃油时的均衡

潜艇上燃油的消耗量是由海水自动注入来补偿的，称为自动代换载荷。但是海水的密度和燃油的密度不同，代换后的重量差额和纵倾力矩可用浮力调整水舱和艏、艉均衡水舱进行均衡。

3）消耗粮食、淡水、蒸馏水和润滑油时的均衡

一般要根据载荷的具体消耗情况，用浮力调整水舱来消除浮力差，用艏、艉均衡水舱来消除力矩差。

2. 浮力变化时的均衡

1) 海水密度变化时的均衡

海水密度的变化主要是由于海水盐度、温度和压力的变化引起的，其中盐度和温度起着主要的作用，盐度大、温度低则海水密度大。不同海区，由于海水盐度及气温不同，海水的密度各不相同。世界上海水密度最大的海区是地中海，冬季海水密度为 1.0315 t/m^3；海水密度最小的海区是波罗的海，夏季海水的密度为 1.006 t/m^3。我国沿海海水密度变化情况见表 5-1。

表 5-1　不同海区海水密度

海区	渤海	黄海	东海	南海	长江口附近
密度(t/m^3)	1.021～1.023	1.023～1.026	1.022～1.026	1.021～1.024	1.012～1.015

均衡好的潜艇由海水密度小的海区航行到海水密度大的海区时，潜艇浮力增大，产生正浮力；反之，产生负的浮力。海水密度改变所产生的浮力变化可近似认为作用在潜艇浮心 B_0 点处，即对纵倾影响不大，而浮力变化的大小为

$$\Delta F=(\rho_2-\rho_1)gV \tag{5-4}$$

式中　ρ_1——原海区的海水密度；

ρ_2——新海区的海水密度；

V——潜艇排水体积。

例 5-1　一艘潜艇 $V_\uparrow=1000\ m^3$，从海水密度为 $\rho_1=1.00\ t/m^3$ 的海区航行至海水密度为 $\rho_2=1.025\ t/m^3$ 的海区。假定该潜艇以水上状态航行，如果保持吃水不变，浮力增加为

$$\Delta F=(\rho_2-\rho_1)gV_\uparrow=(1.025-1.00)\times9.8\times1000\ kN=245\ kN$$

假设该潜艇处在水下平衡状态，主压载水舱体积是 $\sum v_m=300\ m^3$，并假设通海阀是关闭的，主压载水舱内水的密度仍是 ρ_1，则浮力变化为

$$\Delta F\doteq(\rho_2-\rho_1)gV_\downarrow=(1.025-1.00)\times9.8\times1300\ kN=318.5\ kN$$

此例说明海水密度变化2.5%时，潜艇的浮力变化达 73.5 kN。所以海水密度变化引起浮力改变较大。

2) 海水温度变化时的均衡

温度下降将引起海水密度的增加，反之则引起海水密度的减小，但两者之间并不是线形关系。一般可以认为：

当 $t=20\sim10$ ℃时，温度每降低 1 ℃海水密度增加率为 $\chi=0.014\%$；

当 $t=10\sim4$ ℃时，温度每降低 1 ℃海水密度增加率为 $\chi=0.003\%$；

所以温度变化引起浮力的改变量为

$$\Delta F=\chi(t_1-t_2)\rho gV$$

例 5-2　某艇 $V_\downarrow=1713\ m^3$，从 $t_1=20$ ℃水层下潜至 $t_2=10$ ℃水层，已知初始海水密度 $\rho=1.025\ t/m^3$，则浮力变化为

$$\Delta F=\chi(t_1-t_2)\rho gV=0.014\%\times(20-10)\times9.8\times1.025\times1713\ kN=24\ kN$$

浮力变化在整个艇体上是均匀分布的，对纵倾影响不大，只要增减浮力调整水舱中的水量就可以达到均衡。

此外，下潜深度也会导致海水压力变化，从而引起潜艇排水体积(固定浮容积)改变，进而导致浮力改变，但这种情况下浮力变化较小，这里不做讨论。

5.3.3 均衡计算

潜艇在航行中，由于重力或浮力的变化，原来的水下平衡状态被破坏，在用浮力调整水舱和艏、艉均衡水舱进行均衡前需先进行计算，确保均衡后潜艇能达到水下平衡。采取均衡措施前的计算称为均衡计算。

潜艇每次出航之前都要进行均衡，在航行中根据需要也要随时进行均衡。为了迅速进行均衡，在艇上一般都有专门的计算表格用于均衡计算。下面通过实例来介绍均衡计算。

例 5-3 某艇前次均衡是在 10 月 20 日 6 时进行的，当时海水密度 $\rho_1=1.010\ \mathrm{t/m^3}$，艇上装有正常储备量的燃油（$\rho_f=0.845\ \mathrm{t/m^3}$）。该艇在水上全速航行 12 小时后到达海水密度为 $\rho_2=1.015\ \mathrm{t/m^3}$ 的海区，准备紧急下潜。为了保证满足水下平衡，先进行均衡计算。

为简便起见，表 5-2 中只列出了有变化的载荷项，并采用质量和质心来进行计算。

表 5-2 均衡计算表

项目名称	质心至舯距离/m	10 月 20 日 6 时质量/t	10 月 20 日 18 时质量/t	载荷变化	
				质量/t	纵倾力矩/(tf·m)
2 号燃油舱内燃油	27.95	14.94	5.82	1.83	51.10
3 号润滑油内滑油	−12.90	2.48	1.98	−0.50	6.45
4 号淡水舱内淡水	15.10	6.89	5.33	−1.56	−23.56
海水密度变化的影响	0.76	($\rho_1=1.010$)	($\rho_2=1.015$)	−6.50	−5.00
共计				−6.73	28.99
均衡方法					
1 号浮力调整水舱注水	4.35			6.73	29.28
共计				0	58.27
从艏均衡水舱向艉均衡水舱调 1.16 t 水（$l=50.04$ m）					58.27

（1）2 号燃油舱：

消耗燃油质量为

$$m_2=(14.94-5.82)\ \mathrm{t}=9.12\ \mathrm{t}$$

质量变化

$$\Delta m_2=\left(\frac{1.015\times 9.12}{0.845}-9.12\right)\ \mathrm{t}=1.83\ \mathrm{t}$$

纵倾力矩变化

$$\Delta M_2=1.83\times 27.95\ \mathrm{tf\cdot m}=51.1\ \mathrm{tf\cdot m}$$

注意：燃油消耗后，燃油舱内将自动补偿等体积的海水。

（2）3 号润滑油舱：

质量变化

$$\Delta m_3=(1.98-2.48)\ \mathrm{t}=-0.5\ \mathrm{t}$$

纵倾力矩变化为

$$\Delta M_3 = -0.5\times(-12.90)\ \text{tf}\cdot\text{m}=6.45\ \text{tf}\cdot\text{m}$$

(3) 4 号淡水舱：

载荷变化

$$\Delta m_4=(5.33-6.89)\ \text{t}=-1.56\ \text{t}$$

纵倾力矩变化

$$\Delta M_4=-1.56\times15.10\ \text{tf}\cdot\text{m}=-23.56\ \text{tf}\cdot\text{m}$$

(4) 海水密度变化的影响：

已知艇的排水体积为 1300 m^3,固定浮容积中心纵坐标为 0.76 m,则质量变化

$$\Delta m_{水}=\Delta\rho\times V=(1.010-1.015)\times1300\ \text{t}=-6.5\ \text{t}$$

纵倾力矩变化

$$\Delta M_{水}=-6.5\times0.76\ \text{tf}\cdot\text{m}=-0.5\ \text{tf}\cdot\text{m}$$

(5) 根据表中计算结果进行均衡。

由计算知重力浮力差为 -6.73×10^3 tf · m,负号表示浮力大于重力,艇轻,纵倾力矩为 28.99 tf · m(艏倾)。

均衡方案:在 1 号浮力调整水舱注水 6.73 t,于是

$$\Delta m=0\ \text{t}$$

$$\Delta M=(28.99+6.73\times4.35)\ \text{tf}\cdot\text{m}=-58.27\ \text{tf}\cdot\text{m}$$

再从艏均衡水舱向艉均衡水舱调水 q,以消除 58.27 tf · m 的纵倾力矩,令 $q\times l=\Delta M$,调水量为 $q=\Delta M/l=58.27/50.04\ \text{t}=1.16\ \text{t}$。

5.4 潜艇的稳性

潜艇在水上状态时的稳性与水面舰艇相类似,这里主要介绍潜艇在水下状态和下潜上浮过程的稳性问题。

5.4.1 水下稳性

潜艇在水下状态时没有水线面,水线面的纵、横惯性矩及稳心半径等于零,即

$$I_x=I_{yf}=0$$

$$r=R=0$$

此时横稳心 M、纵稳心 M_L 都与浮心 B 重合,浮心在重心之上的高度 $-a$ 就是水下横稳性高 $h_\downarrow$ 和纵稳性高 $H_\downarrow$：

$$h_\downarrow=H_\downarrow=-a=-(z_{g\downarrow}-z_{b\downarrow}) \tag{5-5}$$

因为浮心和重心的位置是固定的(不考虑移动载荷),潜艇在水下状态横倾任意一个角度 ϕ,浮心 B 和重心 G 都不移动(见图 5-7),所以潜艇在水下时的复原力矩为：

$$M_r=P_\downarrow(z_{b\downarrow}-z_{g\downarrow})\sin\phi=-P_\downarrow a\sin\phi \tag{5-6}$$

同理,潜艇有一纵倾角 θ 时,复原力矩为

$$M_R=P_\downarrow(z_{b\downarrow}-z_{g\downarrow})\sin\theta=-P_\downarrow a\sin\theta \tag{5-7}$$

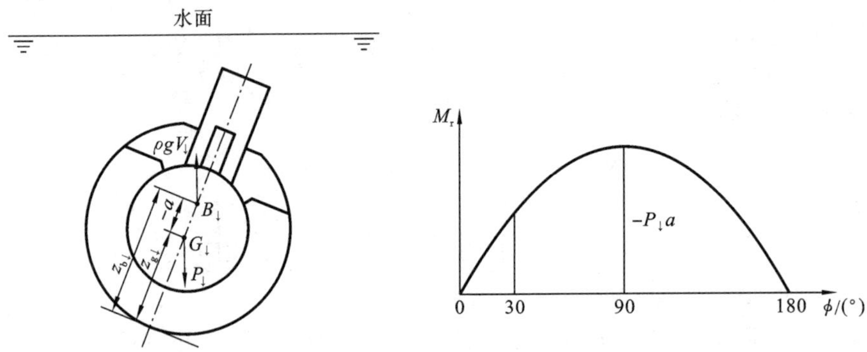

(a)　　(b)

图 5-7　潜艇水下稳性

式(5-6)、式(5-7)是潜艇水下稳性公式，其不受角度的限制，既适用于小角度倾斜，也适用于大角度倾斜。

式(5-5)和式(5-6)是根据增加重量法导出的，如果将主压载水舱内的水看成是艇体外的水，用损失浮力法同样可以得到类似的公式：

$$M_r = P_{\uparrow}(z_{b0} - z_{g\uparrow})\sin\phi \tag{5-8}$$

$$h_{\downarrow} = z_{b0} - z_{g\uparrow} \tag{5-9}$$

用由两种不同方法导出的公式计算所得的复原力矩相等，而横稳性高大小不同。定义 z_v 为主压载水舱内水的体积中心垂向坐标，证明如下：

因

$$P_{\downarrow} \cdot z_{g\downarrow} = P_{\uparrow} \cdot z_{g\uparrow} + z_v \cdot \rho g \sum v$$

$$z_{b\downarrow} \cdot V_{\downarrow} = z_{b0} \cdot V_0 + z_v \cdot \sum v$$

故

$$\begin{aligned} P_{\downarrow}(z_{b\downarrow} - z_{g\downarrow}) &= P_{\downarrow} \cdot z_{b\downarrow} - P_{\downarrow} \cdot z_{g\downarrow} \\ &= \left(z_{b0} \cdot \rho g V_0 + z_v \cdot \rho g \sum v\right) - \left(P_{\uparrow} \cdot z_{g\uparrow} + z_v \cdot \rho g \sum v\right) \\ &= z_{b0} \cdot \rho g V_0 - P_{\uparrow} \cdot z_{g\uparrow} = P_{\uparrow}(z_{b0} - z_{g\uparrow}) \end{aligned}$$

$$M_r = P_{\downarrow}(z_{b\downarrow} - z_{g\downarrow})\sin\phi = P_{\uparrow}(z_{b0} - z_{g\uparrow})\sin\phi \tag{5-10}$$

由于横稳性高是与单位排水量有关的稳性系数，两种方法所对应的排水量不相等，增加重量法所对应的排水量为固定浮容积和主压载水舱体积两者共同产生的排水量，而损失浮力法对应的排水量是固定浮容积产生的排水量。所以式(5-8)和式(5-9)中的横稳性高的大小并不相等，因此，在使用横稳性高时，要弄清所对应的是哪个排水量。由两种方法导出的横稳性高虽然不同，但复原力矩相等，这表明复原力矩是表示稳性的基本量。

此外，应该指出的是，式(5-10)所表达的关系式不仅适用于水下状态，也适用于潜艇由潜浮状态向水上状态转变过程中的任一位置(称为过渡位置)，即

$$P(z_b - z_g) = P_{\uparrow}(z'_b - z_{g\uparrow}) \tag{5-11}$$

式中　P——潜艇处于过渡位置时的重量；

z_b、z_g——用增加重量法计算的过渡位置浮心、重心垂向坐标；

z'_b——用损失浮力法计算的浮心垂向坐标，即图 5-8 中阴影部分体积中心的垂向坐标。

潜艇水下稳性的特点为：

(1) 静稳性曲线为正弦曲线。

(2) 由稳性高公式(5-5)可知，潜艇处于水下平衡状态时的稳定条件为浮心在重心之上。

(3) 潜艇在水上状态的纵稳性高很大，但在水下状态的纵稳性高与横稳性高相等，数值很小，又因为潜艇纵向尺寸远大于横向尺寸，重量变化可能引起较大的纵倾力矩而导致纵向失稳及潜艇操纵的安全性问题，所以潜艇处在水下状态时纵稳性较横稳性更重要。这也是在潜艇均衡中必须对纵倾力矩进行均衡的原因。

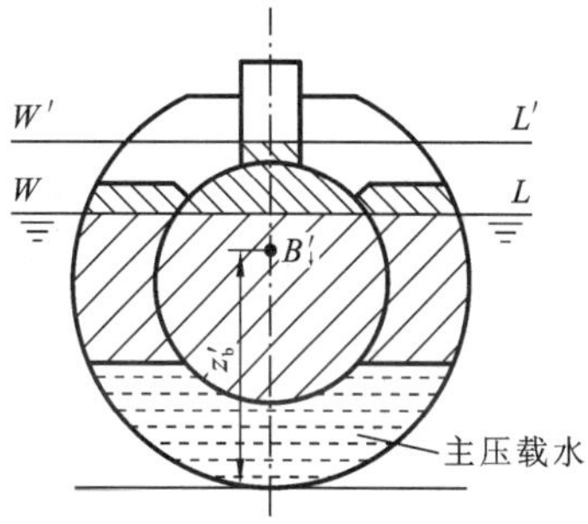

图 5-8　潜浮过渡位置

5.4.2　主压载水舱自由液面对初稳性的影响

潜艇不仅应能在水上和水下保持稳定平衡状态，而且在上浮和下潜的全过程中也应保持稳定平衡状态。潜艇上浮和下潜靠主压载水舱的注排水来实现，而大量主压载水舱内的自由液面对初稳性有较大的影响。故此，这里专门讨论主压载水舱内自由液面对初稳性的影响。

主压载水舱除艏、艉处的两个外，其余都分布在左右两舷。舱内自由液面随通海阀、通气阀的开闭状况不同而有所不同，具体分为如下三种情况。

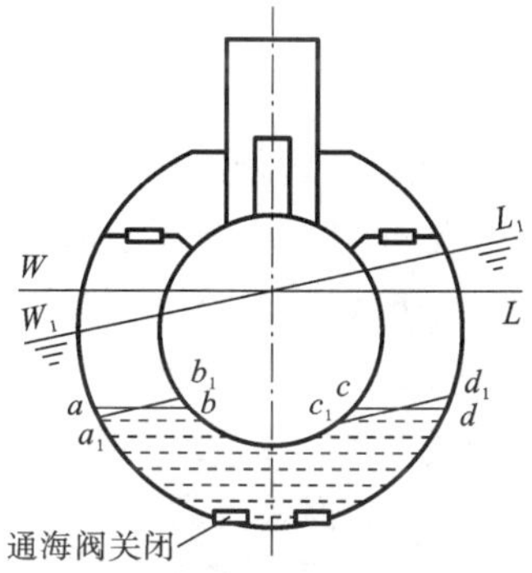

图 5-9　通海阀关闭

1. 通海阀关闭

如图 5-9 所示，当艇体横倾时，两舷主压载水舱内的水只能在舱内横向流动。根据本书 3.9 节的介绍，可得两舷内自由液面引起的横稳性高改变量为

$$\Delta h_1 = -2\frac{\rho g i_x}{\rho g V} = -2\frac{i_x}{V} \tag{5-12}$$

式中　V——排水体积；

i_x——一舷主压载水舱内自由液面对自身倾斜轴的面积惯性矩。

2. 通海阀和通气阀都开启

如图 5-10(a)所示，当艇体横倾时，左舷有部分的主压载水流出舱外，而右舷则有海水流入舱内，这就相当于左右两舷是连通的，主压载水舱内自由液面绕通过 O 点的纵轴(简称 O 轴)旋转，并与水线 W_1L_1 平行，所以两舷内自由液面引起的横稳性高改变量为

$$\Delta h_2 = -2\frac{I_x}{V} \tag{5-13}$$

式中　I_x——一舷主压载水舱内自由液面对 O 轴的横向面积惯性矩。

根据平行移轴定理可得：

$$I_x = i_x + S \cdot l^2 \tag{5-14}$$

故有

$$\Delta h_2 = -\frac{2i_x + 2Sl^2}{V}$$

式中　S——一舷主压载水舱内自由液面的面积；

l——自由液面的面积中心至 O 轴的距离。

3. 通气阀关闭而通海阀开启

与第二种情况相类似，当艇体横倾时，左舷主压载水舱有水流出，液面降低，右舷主压载水

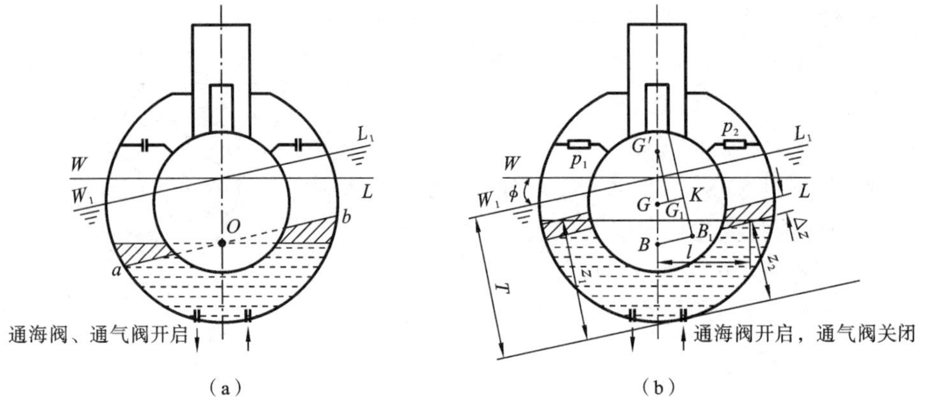

图 5-10　通海阀开启

舱有海水流入，液面升高，如图 5-10(b)所示。由于通气阀是关闭的，故右舷舱内液面的升高因舱内空气压力的增大而受到阻碍，左舷舱内液面的降低因舱内空气压力的减小也要受到阻碍。因此两舷主压载水的水面虽然与 W_1L_1 平行，但并不在同一水平高度上。此种情况下两舷内自由液面引起的横稳性高改变量为

$$\Delta h_3 = \frac{-(2i_x + 2\beta S l^2)}{V} \quad (0<\beta<1)$$

主压载水舱三种自由液面情况对初稳性的影响可归结如下：

第一种情况对初稳性的影响较小。由于通海阀关闭，压载水只能在舱内做横向流动，不能从一舷流向另一舷，自由液面的影响取决于 i_x 的大小。第二种情况对初稳性的影响较大，由于通气阀和通海阀都打开，主压载水舱在舱内横向流动外，还可从一舷流向另一舷，因此会产生较大的横倾力矩。第三种情况对初稳性的影响介于两者之间，主压载水虽然可以从一舷流向另外一舷，但要受到空气压力的阻碍，故在 $S \cdot l^2$ 前乘以系数 β。β 是介于 0 与 1 之间的一个数值。若 $\beta=0$，就是第一种情况，左右两舷完全不通；若 $\beta=1$，就是第二种情况，左右两舷相通。因此，$\Delta h_2 > \Delta h_3 > \Delta h_1$。$\Delta h_1$、$\Delta h_2$、$\Delta h_3$ 都随水舱中水位不同而异，其变化曲线大致如图 5-11 所示。

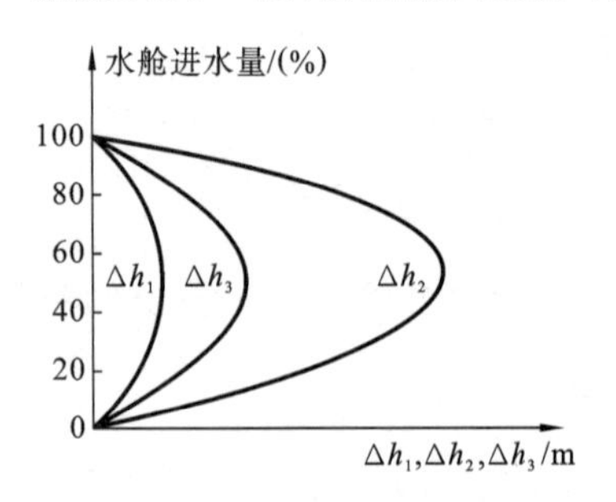

图 5-11　三种情况下横稳性高改变量

5.4.3　潜浮稳度图

以下先分析一下处于正浮状态的潜艇在下潜过程中其重心、浮心和稳心的变化(暂不考虑自由液面的影响)。

处于水上正浮状态潜艇的横稳性高为

$$h = z_b + r - z_g$$

如图 5-12(a)所示，主压载水舱注水，潜艇开始下潜，最初海水注于舱底，潜艇重心下降。随着水舱中海水增加，压载水的重心不断升高，当它高过潜艇重心时，潜艇重心不再降低而是开始不断升高。

浮心位置则随吃水增加而不断升高。在巡航水线以上，水线面面积不断减小，因此横稳心

半径也将减小。

潜艇浮心上升到一定高度时，重心 G 与浮心 B 将重合在一点，如图 5-12(b)所示，此时横稳性高 $h=r$。

潜艇继续下潜，浮心继续升高并开始高于重心，如图 5-12(c)所示，此时横稳性高即为图中所示的$\overline{GM}$。

潜艇完全潜入水中后，浮心位置不再改变，浮心与稳心重合为一点，即 $r=0$，此时潜艇的横稳性高以浮心和重心之间的距离来表示，如图 5-12(d)所示。

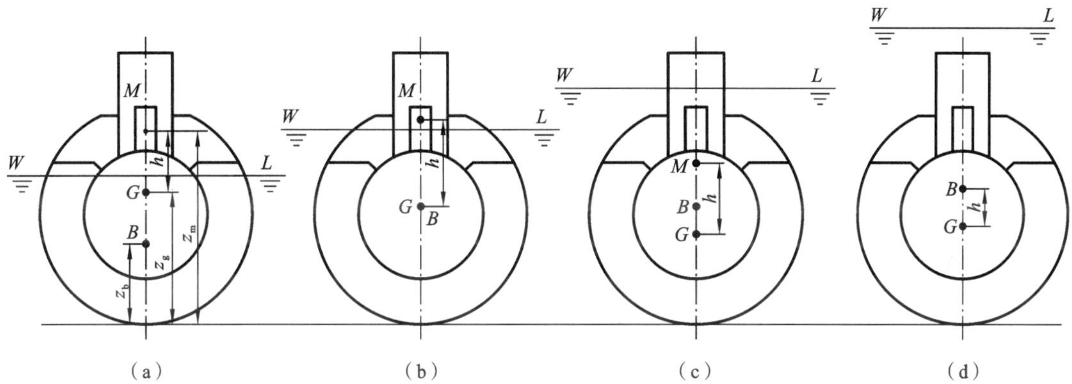

图 5-12　潜浮过程中横稳性高

由于潜艇在上浮和下潜过程中，重心 G、浮心 B 和稳心 M 都在不断变化(从增加重量法的观点来看)，同时主压载水舱注排水时存在大量的自由液面，从而会产生对稳性不利的影响。在潜艇稳性的讨论中，潜浮过程中的稳性计算是潜艇稳性研究中的一个特殊问题。为了考察潜艇潜浮过程中初稳性的变化，通常要计算绘制随吃水变化的 z_g、z_b、z_m、$(\Delta h+\Delta h_1)$ 和 V 曲线，如图5-13所示，该图称为潜浮稳度图。

潜浮稳度图由以下曲线组成：

(1) 排水体积曲线 $V=f(T)$；

(2) 重心垂向坐标曲线 $z_g=f(T)$；

(3) 浮心垂向坐标曲线 $z_b=f(T)$；

(4) 横稳心垂向坐标曲线 $z_m=f(T)$；

(5) 二次下潜时的重心垂向坐标曲线 $z'_g=f(T)$；

(6) 为考虑自由液面修正的横稳心垂向坐标曲线 $z'_m=f(T)$。

图中 Δh 是耐压艇体内液舱(包括浮力调整水舱，艏、艉均衡水舱，淡水舱，燃油舱等)自由液面对横稳性高的修正值，Δh_1 是主压载水舱自由液面通海阀关闭时的横稳性高修正值。此外，在图的左边纵坐标旁画有潜艇在宽度方向缩小了的横剖面外形，在外形上标明耐压艇体、耐压指挥台和潜望镜的位置。

根据潜浮稳度图，可以方便地得到潜浮过程中任一吃水下的横稳性高 h。例如：当 $T=5.4$ m 时，若不计自由液面影响，潜艇的横稳性高为$\overline{GM}$，考虑自由液面影响时，潜艇的横稳性高为$\overline{GM'}$。在水上状态，潜艇的横稳性高为 $h_{\uparrow}=z_{m\uparrow}-z_{g\uparrow}$。在水下状态，潜艇的横稳性高为 $h_{\downarrow}=z_{m\downarrow}-z_{g\downarrow}$。在图中还可以看到，最小横稳性高出现在耐压艇体即将全部入水的时刻。这是因为此时：①水线面已经很小，横稳心半径 r 趋于零，稳心 M 与浮心 B 即将重合，故稳心 M

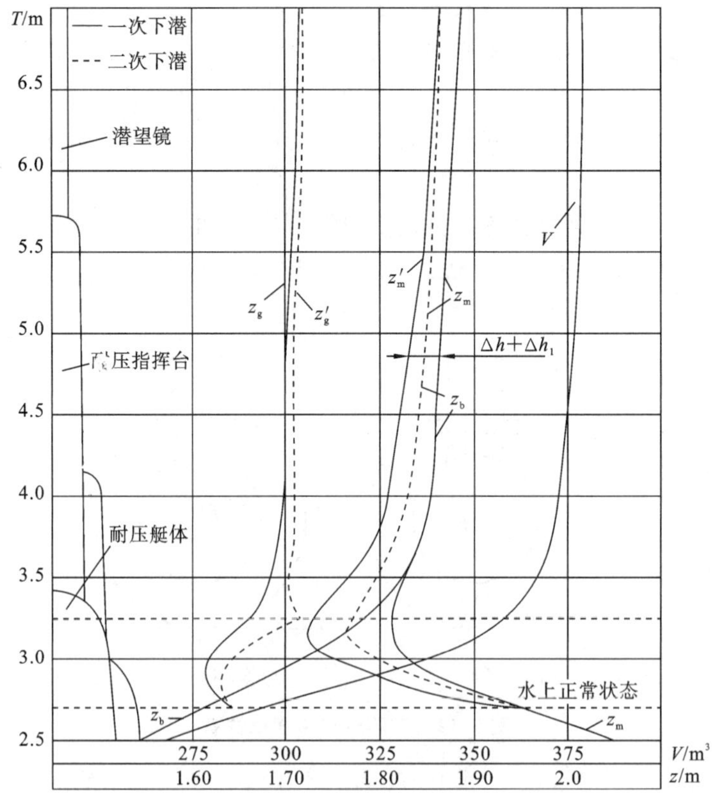

图 5-13　潜浮稳度图

处于最低位置；②主压载水舱未注满，自由液面影响仍然存在；③潜艇的重心高度 z_g 已临近最高值。所以，这一时刻的横稳性高最小。在潜浮稳度图上该位置通常称为“颈部”。

思　考　题

1. 潜艇主压载水舱、浮力调整水舱的作用是什么？

2. 什么是潜艇的耐压艇体？什么是潜艇的水密艇体？耐压艇体一定是水密艇体吗？水密艇体一定是耐压艇体吗？

3. 分别按照增加重量法和损失浮力法的思路写出潜艇正浮状态下的水下平衡方程式。

4. 潜艇水下平衡与水上平衡的差别有哪些？为什么说潜艇的水下平衡是关键？

5. 潜艇的均衡水舱包括哪些？它们一般布置在什么位置，在潜艇均衡时分别如何发挥作用？

6. 潜艇水下平衡状态稳定的条件是什么？

7. 为什么按照增加重量法和损失浮力法分析潜艇水下平衡状态的稳性时，得到的潜艇横稳性高不一样？这是否说明潜艇的稳性也不一样？

8. 处于水下平衡状态潜艇的大角稳性与处于水上平衡状态潜艇的大角稳性有什么区别？

第6章 不 沉 性

舰艇在战斗中可能受损伤。舰艇水线以下部分破损后海水进入船体内部，将造成浮力与稳性的损失。因此，在舰艇的设计阶段，不但要考虑如何使舰艇具有抗破损能力，而且要考虑在舰艇破损后如何保持或恢复其航海性能和战斗能力，不沉性计算则是其中首要的一环。

所谓不沉性，是指舰艇在一舱或数舱破损浸水后仍然保持一定的浮性和稳性的能力。也就是舰艇在破损浸水后不沉也不翻，仍然具有一定的储备浮力和稳性，没有过大的横倾和纵倾，能给继续使用武器和其他技术装备，继续航行和战斗，提供必备的前提条件。

保证舰艇不沉性的因素是：

(1) 在舰艇的设计建造中，要使舰艇具有足够的储备浮力和良好的完整稳性(未破损时的稳性)。

(2) 有合理的分舱，通过横舱壁、甲板、平台、内底等将船体内部空间分隔为许多水密舱室，以至一旦破损，可以把浸水局限在一个或几个水密舱室的范围内，力求减少储备浮力和稳性的损失。

(3) 舰艇结构应具有足够的强度和刚度，以承受破损条件下可能遭受到的各种外力。

良好的抗沉设备也是保证不沉性的重要物质条件，这里包括各种排、灌、导移油水的设备和管系以及各种堵漏、支撑损管器材等。

6.1 浸水舱的分类与渗透系数

6.1.1 浸水舱的分类

在不沉性计算中，根据舱室浸水情况，将浸水舱分为三类。

第一类舱(见图6-1(a))：舱的顶部位于水线以下，船体破损后海水灌满整个舱室，舱顶未破损，舱内没有自由液面。舱内的浸水量不随舰艇吃水、横倾角和纵倾角的改变而变化。顶盖在水线以下的舱柜等属于类。

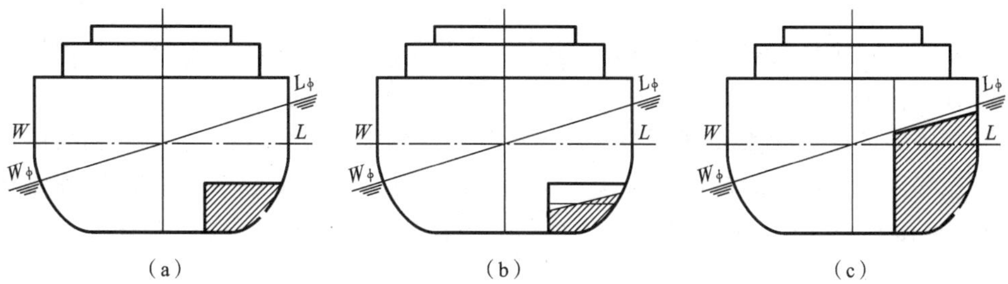

图6-1 三类浸水舱

第二类舱(见图 6-1(b)):浸水舱未被灌满,有自由液面,舱内的水与船外的海水不连通,舱内的水量也是不变的。破损舱破洞已经堵塞,但水未被抽干,或为调整舰艇浮态而灌注水的舱等属于这类。

第三类舱(见图 6-1(c)):舱的顶盖在水线以上,舱内的水与船外海水相通,因此舱内水面与船外海面始终保持在同一水平面,而浸水量随舰艇吃水、横倾角、纵倾角的改变而改变。这类舱在舰艇破损时较为普遍,也是最典型的一种类型。

6.1.2　渗透系数

在不沉性计算中,应当注意,舱室的实际浸水体积 v_1 和空舱的型体积 v 之间一般是不相等的,这是因为舱内有各种结构构件、设备、机械和货物等,它们在舱内已经占据了一定的空间。因此,舱内实际浸水的体积 v_1 总是小于空舱的型体积 v。两者的比值称为体积渗透系数 μ_v,即 $\mu_v=v_1/v$,或 $v_1=\mu_v v$。

体积渗透系数的大小视舱室的用途和装载情况而定,表 6-1 所示是舰艇舱室体积渗透系数的参考值。

表 6-1　各类舱室体积渗透系数参考值

舱　室	体积渗透系数
水柜、舷舱、底舱	0.98
水兵及军官住舱	0.96
弹药舱	0.90
大型舰艇机舱	0.85
小型舰艇机舱	0.75
供应舱及粮舱	0.70

除上述体积渗透系数外,还有面积渗透系数 μ_A,表示实际浸水面积 S_1 和空舱面积 S 之比值 $\mu_A=S_1/S$。μ_v 和 μ_A 之间并无一定联系,通常 μ_v 小于 μ_A,但并非在所有情况下都是这样。在一般计算中,μ_v 和 μ_A 可取相同的数值,往往不加区别写成 μ。在实际应用中渗透系数通常指体积渗透系数。

6.1.3　计算不沉性的两种基本方法

在舰艇破损浸水后需要计算其浮态和稳性,对于进入船体内的海水也可以采用增加重量法或损失浮力法来考虑。

(1) 增加重量法:把舰艇破损后进入舱室的水看成增加的液体载荷,舰艇破损后的浮态和稳性可以按增加液体载荷的情形来计算。应用这个方法,舰艇在破损后的重量 P、排水体积 V 都要增加,浮心 B 和重心 G 的位置也要改变。一般计算第一类舱室和第二类舱室的浮性和稳性时多采用该方法。

(2) 损失浮力法:把舰艇破损后进入舱室的水看成船外水的一部分,破损后舰艇并没有增加任何载荷，只是失去了被进入舱室的水所占据的体积 v，从而相应失去了一部分浮力 ρgv（见图 6-2）。舰艇破损后水线 WL 下沉至 W_1L_1，这不是缘于重量的增加，而是缘于浮力的减少。应用这个方法，舰艇在破损后的重量 P、排水体积 V 都是不变的，重心 G 的位置也不改变，变化的只是浮心 B 的位置。事实上破损后舰艇在水线 W_1L_1 下的排水体积 V_1 和破损前舰艇在水线 WL 下的排水体积 V 完全相等，只是排水形状不同（从 $WadL$ 变为 W_1abcdL_1），从而浮心 B 的位置发生了相应的改变。一般计算第三类舱室的浮性和稳性时多采用该方法。

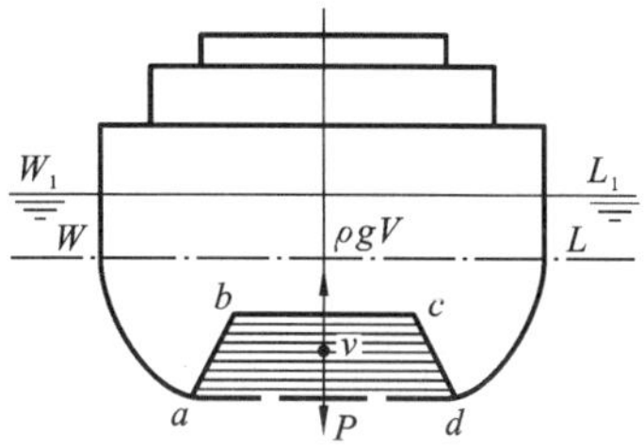

图 6-2 舱室浸水的处理方法

6.2 舱室浸水后舰艇浮态与稳性的计算

下面介绍各类舱室浸水后舰艇浮态和初稳性的计算。在计算中，如不特别指出都假定舱室在浸水前是空的，即渗透系数 $\mu=1.0$。

6.2.1 第一类舱浮态与初稳性计算

1. 采用重量增加法计算

对于这类舱室，用重量增加法比较方便，可以应用第 3 章中的有关结论。

如图 6-3 所示，舰艇在舱室浸水前浮于水线 WL 处，艏、艉吃水分别为 T_f、T_a，重量为 P，横稳性高为 h，纵稳性高为 H，水线面面积为 S_w，漂心纵向坐标为 x_f。设浸水舱的体积为 v，其中心在 $b(x_v, y_v, z_v)$ 处，可把该舱进水看成是在 b 处增加了重量为 $q=\rho gv$ 的液体载荷，但没有自由液面。由此可得出舱室浸水后舰艇的浮态和稳性相关计算式。

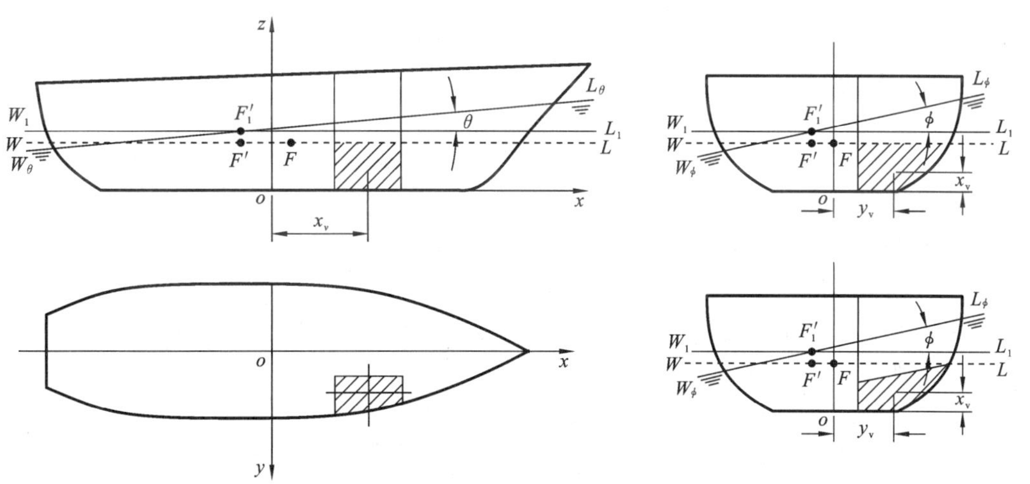

图 6-3 第一、二类舱浮态与初稳性

1）平均吃水的改变量

平均吃水改变量的计算式为

$$\Delta T=\frac{q}{\rho gS_w} \tag{6-1}$$

2）新的横稳性高

新的横稳性高的计算式为

$$h_1 = h + \frac{q}{P+q}\left(T + \frac{\Delta T}{2} - h - z_v\right) \tag{6-2}$$

3）新的纵稳性高

新的纵稳性高的计算式为

$$H_1 = H + \frac{q}{P+q}\left(T + \frac{\Delta T}{2} - H - z_v\right) \approx \frac{PH}{P+q} \tag{6-3}$$

4）横倾角与纵倾角

横倾角与纵倾角的计算式为

$$\begin{cases} \phi = \dfrac{q y_v}{(P+q)h_1} \\ \theta = \dfrac{q(x_v - x_f)}{PH} \end{cases} \tag{6-4}$$

5）艏、艉吃水

艏、艉吃水的计算式为

$$\begin{cases} T_{f1} = T_f + \Delta T + \left(\dfrac{L}{2} - x_f\right)\theta \\ T_{a1} = T_a + \Delta T + \left(\dfrac{L}{2} + x_f\right)\theta \end{cases} \tag{6-5}$$

以上各公式中的符号与第 3 章所采用的相同，这里不再重复说明。

2. 采用损失浮力法计算

1）平均吃水的改变量

由图 6-3 可见，舰艇由破损前水线 WL 平行下沉至水线 W_1L_1 处，浮力损失是失去了破损舱浸水体积 v 造成的，损失的浮力大小为 $q=\rho g v$，增加的浮力则是水线 WL 与水线 W_1L_1 之间的排水体积 $\Delta T \cdot S_w$，浮力大小为 $\Delta T \cdot \rho g S_w$，增加的浮力和损失的浮力应大小相等，于是得平均吃水改变量为

$$\Delta T = \frac{q}{\rho g S_w} \tag{6-6}$$

2）新的横稳性高

横稳性高的改变量应为

$$\Delta h = \Delta z_b + \Delta r - \Delta z_g \tag{6-7}$$

在损失浮力法中，破损前后舰艇重量和重心不变，因此重心高度改变量 $\Delta z_g = 0$。稳心半径的改变量则为

$$\Delta r = \frac{I_{x1}}{V} - \frac{I_x}{V}$$

在直舷假定下，破损前后水线面面积大小和形状不变，因而有 $I_{x1} - I_x = 0$，所以 $\Delta r = 0$。

浮心高度的改变量则根据体积静矩来确定：水线 W_1L_1 下提供浮力的体积大小仍为 V，它由水线 WL 与水线 W_1L_1 之间的排水体积 $\Delta T \cdot S_w(=v)$ 和水线 WL 下排水体积 V 之和扣除破损舱浸水体积 v 得到，这三部分体积中心高度分别是 $T+\dfrac{\Delta T}{2}$、z_b 和 z_v，这三部分体积对通过原排水体积中心 B 的水平面取体积静矩，则应等于破损水线 W_1L_1 下提供浮力的排水体积相

应的静矩，即

$$V\Delta z_b = v\left(T+\frac{\Delta T}{2}-z_b\right)+V\cdot 0-v(z_v-z_b)$$

所以

$$\Delta z_b = \frac{v}{V}\left(T+\frac{\Delta T}{2}-z_v\right) \tag{6-8}$$

将式(6-8)代入式(6-7)中，得到横稳性高的改变量：

$$\Delta h = \frac{v}{V}\left(T+\frac{\Delta T}{2}-z_v\right)$$

所以

$$h_1 = h+\frac{q}{P}\left(T+\frac{\Delta T}{2}-z_v\right) \tag{6-9}$$

3）新的纵稳性高

与新的横稳性高计算类似，可得新的纵稳性高为

$$H_1 = H+\frac{q}{P}\left(T+\frac{\Delta T}{2}-z_v\right)\approx H \tag{6-10}$$

4）横倾角与纵倾角

横倾角与纵倾角的计算式为

$$\begin{cases}\phi=\dfrac{qy_v}{Ph_1}\\[2ex]\theta=\dfrac{q(x_v-x_f)}{PH_1}\end{cases} \tag{6-11}$$

5）艏、艉吃水

艏、艉吃水的计算式为

$$\begin{cases}T_{f1}=T_f+\Delta T+\left(\dfrac{L}{2}-x_f\right)\theta\\[2ex]T_{a1}=T_a+\Delta T-\left(\dfrac{L}{2}+x_f\right)\theta\end{cases} \tag{6-12}$$

应该指出：用由上述两种方法推导出的横稳性高公式（式(6-2)与式(6-9)）计算，所得结果不相等，这是因为稳性高是与单位排水量有关的稳性系数，重量增加法对应的排水量为 $P+q$，损失浮力法对应的排水量是 P。但是采用上述两种方法时，复原力矩、横倾角、纵倾角，以及舰艇艏、艉吃水的计算结果完全一致。

6.2.2　第二类舱浮态与初稳性计算

这类舱与第一类舱的不同之处在于，舱室未被注满，存在自由液面，在用增加重量法时，应当要考虑浸水舱的自由液面影响。

如图 6-3 所示，舰艇在舱室浸水前浮于水线 WL 处，艏、艉吃水分别为 T_f、T_a，重量为 P，横稳性高为 h，纵稳性高为 H，水线面面积为 S_w，漂心纵向坐标为 x_f。设浸水舱的体积为 v，其中心在 $b(x_v,y_v,z_v)$处，浸水舱自由液面对其自身的纵向主轴和横向主轴的面积惯性矩分别为 i_x 和 i_y。可把进入该舱的水看成是在 b 处增加了重量为 $q=\rho gv$ 的液体载荷，且需要考虑自由液面的影响。由此可得出舱室浸水后舰艇的浮态和初稳性相关计算式。

1）平均吃水的改变量

平均吃水的改变量计算式为

$$\Delta T=\frac{q}{\rho g S_w} \tag{6-13}$$

2）新的横稳性高

新的横稳性高的计算式为

$$h_1=h+\frac{q}{P+q}\left(T+\frac{\Delta T}{2}-h-z_v\right)-\frac{\rho g i_x}{P+q} \tag{6-14}$$

3）新的纵稳性高

新的纵稳性高的计算式为

$$H_1=\frac{PH}{P+q}-\frac{\rho g i_y}{P+q} \tag{6-15}$$

4）横倾角与纵倾角

横倾角与纵倾角的计算式为

$$\begin{cases}\phi=\dfrac{q y_v}{(P+q)h_1}\\ \theta=\dfrac{q(x_v-x_f)}{PH}\end{cases} \tag{6-16}$$

5）艏、艉吃水

艏、艉吃水的计算式为

$$\begin{cases}T_{f1}=T_f+\Delta T+\left(\dfrac{L}{2}-x_f\right)\theta\\ T_{a1}=T_a+\Delta T-\left(\dfrac{L}{2}+x_f\right)\theta\end{cases} \tag{6-17}$$

第二类舱与第一类舱的不同之处在于，其稳性高计算式(6-14)和式(6-15)中增加了自由液面的影响一项。

6.2.3 第三类舱浮态与初稳性计算

这类舱室破损浸水后，舱内的水面与船外海面保持在同一水平面上，其浸水量需由最后的水线来确定，而最后的水线位置又与浸水量有关。因此，用增加重量法进行计算就很不方便。对于这类舱室宜采用损失浮力法来进行计算。

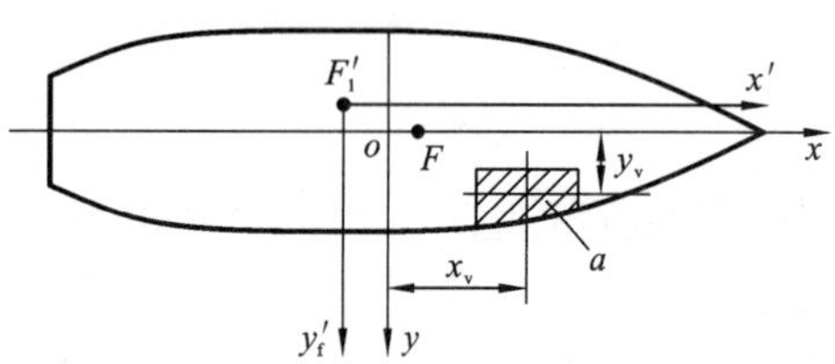

图 6-4 第三类舱水线面图

设舰艇原漂浮于水线 WL 处，吃水为 T，浮心坐标为 $B(x_b,0,z_b)$，横稳性高为 h，纵稳性高为 H，水线面面积为 S_w，漂心 F 坐标为 x_f。

破损舱在水线 WL 下的浸水体积为 v，体积中心坐标为 $b(x_v,y_v,z_v)$，破损舱在水线 WL 处的浸水面积为 a，称 a 为损失水线面面积（见图6-4），其形心坐标为 $f(x_a,y_a)$。

海水进入该舱后，舰艇损失了浮力 $\rho g v$，但因舰艇的重量没有改变，故需下沉至 W_1L_1 处，以获得补偿浮力，这样方能使舰艇保持平衡。

1）平均吃水的改变量

假设在吃水变化的范围内，舰艇是直舷的，舱是直壁的，根据失去的浮力等于补偿的浮力可得到：

$$\Delta T=\frac{v}{S_w-a} \tag{6-18}$$

式中　S_w-a——有效水线面面积。

2）有效水线面的形心 F' 的坐标（x'_f，y'_f）

有效水线面（面积为 S_w-a）的形心 F' 坐标不难由下式得到：

$$\begin{cases} x'_f=\dfrac{S_w x_f-a x_a}{S_w-a} \\ y'_f=\dfrac{-a y_a}{S_w-a} \end{cases} \tag{6-19}$$

3）有效水线面对通过其形心 F' 的横向及纵向倾斜轴的面积惯性矩

根据平行移轴定理，有效水线面对中心轴 x' 的面积惯性矩应为有效水线面对 x 轴的面积惯性矩 I_{x1} 减去 $(S_w-a)y'^2_f$，即

$$I'_x=I_{x1}-(S_w-a)y_f^2 \tag{6-20}$$

而有效水线面对 x 轴的面积惯性矩 I_{x1} 是原水线面（面积为 S_w）对 x 轴的面积惯性矩 I_x 与损失水线面对 x 轴的面积惯性矩 i_{ax1} 之差，即

$$I_{x1}=I_x-i_{ax1} \tag{6-21}$$

式中　i_{ax1}——损失水线面对 x 轴的面积惯性矩，根据平行移轴定理，其大小为

$$i_{ax1}=i_{ax}+a y_a^2 \tag{6-22}$$

所以将式（6-21）与式（6-22）代入式（6-20），得到有效水线面对通过其漂心的横向倾斜轴的面积惯性矩为

$$I'_x=I_x-(i_{ax}+a y_a^2)-(S_w-a)y_f^2 \tag{6-23}$$

同理可得纵向惯性矩为

$$I'_y=I_{yf}-[i_{ay}+a(x_a-x_f)^2]-(S_w-a)(x'_f-x_f)^2 \tag{6-24}$$

式中　I_x、I_{yf}——原水线面对通过其形心 F 的横向及纵向面积惯性矩；

i_{ax}、i_{ay}——损失水线面对通过其形心 f 的横向及纵向面积惯性矩。

常将完整水线面对 x 轴的面积惯性矩和破损水线面对倾斜轴的面积惯性矩之差称为损失惯性矩，横向、纵向损失惯性矩分别记为 i_{px}、i_{py}，即

$$\begin{cases} i_{px}=I_x-I'_x=(i_{ax}+a y_a^2)+(S_w-a)y_f^2 \\ i_{py}=I_{yf}-I'_y=[i_{ay}+a(x_a-x_f)^2]+(S_w-a)(x'_f-x_f)^2 \end{cases} \tag{6-25}$$

于是

$$\begin{cases} I'_x=I_x-i_{px} \\ I'_y=I_{yf}-i_{py} \end{cases} \tag{6-26}$$

4）浮心位置的变化

损失浮力 $\rho g v$ 的作用点在 $b(x_v,y_v,z_v)$ 处，而补偿浮力 $\rho g\Delta T(S_w-a)$ 的作用点在（x'_f，y'_f，$T+\Delta T/2$）处。可以认为，由于 $\rho g v$ 自（x_v，y_v，z_v）处移至（x'_f，y'_f，$T+\Delta/2$）处，舰艇浮心位置发生了移动。根据重心移动原理可知，破损以后舰艇浮心垂向坐标的改变量为

$$\Delta z_b=\frac{v}{V}\left(T+\frac{\Delta T}{2}-z_v\right) \tag{6-27}$$

5）横、纵稳心半径的变化

由于破损前后舰艇的排水体积大小未变，所以

$$\begin{cases} \Delta r = \dfrac{I'_x}{V} - \dfrac{I_x}{V} = -\dfrac{i_{px}}{V} \\ \Delta R = \dfrac{I'_y}{V} - \dfrac{I_{yf}}{V} = -\dfrac{i_{py}}{V} \end{cases} \tag{6-28}$$

6）新的横、纵稳性高

稳性高的改变量可根据 $\Delta h = \Delta z_b + \Delta r - \Delta z_g$ 确定，按照浮力损失法知重心位置没有发生改变，即 $\Delta z_g = 0$，所以

$$\begin{cases} \Delta h = \Delta z_b + \Delta r - \Delta z_g = \dfrac{v}{V}\left(T + \dfrac{\Delta T}{2} - z_v\right) - \dfrac{i_{px}}{V} \\ \Delta H = \Delta z_b + \Delta R - \Delta z_g = \dfrac{v}{V}\left(T + \dfrac{\Delta T}{2} - z_v\right) - \dfrac{i_{py}}{V} \approx -\dfrac{i_{py}}{V} \end{cases} \tag{6-29}$$

新的横、纵稳性高为

$$\begin{cases} h_1 = h + \Delta h \\ H_1 = H + \Delta H \end{cases} \tag{6-30}$$

7）横倾角和纵倾角

横倾角和纵倾角的计算式为

$$\begin{cases} \phi = \dfrac{v(y_v - y'_f)}{Vh_1} \\ \theta = \dfrac{v(x_v - x'_f)}{Vh_1} \end{cases} \tag{6-31}$$

8）新的艏、艉吃水

新的艏、艉吃水的计算式为

$$\begin{cases} T_f = T + \Delta T + \left(\dfrac{L}{2} - x'_f\right)\theta \\ T_a = T + \Delta T - \left(\dfrac{L}{2} + x'_f\right)\theta \end{cases} \tag{6-32}$$

6.2.4 舱组浸水

如果舰上有若干个舱同时破损浸水，那么舰艇的浮态和稳性的计算就要采取等值舱法。这一方法是把多个破损舱用某个设想的单舱来代替，而这个单舱破损所引起的浮态和稳性的改变应当和舱组破损所引起的结果完全相同，符合这个条件的想象中的单舱就称为等值舱。

在舱组浸水后的舰艇浮态与初稳性计算中，当舱组中没有第三类舱时，用增加重量法计算一般比较方便，而有第三类舱时，则统一用损失浮力法计算。以下列出计算等值舱的公式。

1）等值舱的浸水体积

$$v = \sum_{1,2,3} v_i \tag{6-33}$$

式中 $\sum$ 符号下的数字 1、2、3 分别表示第一、二、三类舱，也就是说等值舱的浸水体积为三类舱浸水体积之和。值得注意的是，第三类舱的体积是指舰艇破损前水线以下的浸水体积。

2）等值舱的体积中心位置

等值舱体积中心坐标按以下公式计算：

$$\begin{cases} x_v = \dfrac{1}{v}\sum\limits_{1,2,3} v_i \cdot x_{vi} \\ y_v = \dfrac{1}{v}\sum\limits_{1,2,3} v_i \cdot y_{vi} \\ z_v = \dfrac{1}{v}\sum\limits_{1,2,3} v_i \cdot z_{vi} \end{cases} \tag{6-34}$$

式中　x_{vi}、y_{vi}、z_{vi}——各单舱浸水体积中心坐标。

3）等值舱的损失面积及中心坐标

等值舱的损失面积为

$$a = \sum_{3} a_i$$

等值舱的损失面积中心坐标为

$$\begin{cases} x_a = \dfrac{1}{a}\sum\limits_{3} a_i \cdot x_{ai} \\ y_a = \dfrac{1}{a}\sum\limits_{3} a_i \cdot y_{ai} \end{cases} \tag{6-35}$$

式中 $\sum$ 符号下的“3”表示只针对第三类舱求和，x_{ai}、y_{ai}为各第三类舱的损失面积中心坐标。

4）等值舱损失惯性矩

等值舱损失惯性矩为

$$\begin{cases} i_{px} = \sum\limits_{2} i_{xi} + \sum\limits_{3}(i_{axi} + a_i y_{ai}^2) + (S_w - a)y_f'^2 \\ i_{py} = \sum\limits_{2} i_{yi} + \sum\limits_{3}[i_{ayi} + a_i(x_{ai} - x_f)^2] + (S_w - a)(x_f' - x_f)^2 \end{cases} \tag{6-36}$$

有了以上等值舱的数据，就可以利用第三类舱的单舱浸水公式来计算舱组浸水后舰艇的浮态和稳性了。

应该指出，前面单舱和舱组所用的计算公式都是根据初稳性公式而得，只有在浸水量不大（不超过排水量的 10%～15%）的情况下，才能获得比较正确的结果。若浸水量较大，则可采用下面介绍的逐步近似法（或称累次近似法），以求得比较正确的结果。此外，在前面推导有关计算公式时，假定浸水舱是空的，即渗透系数取 1.0。事实上各浸水舱的渗透系数 μ 总是小于 1.0 的。因此，应根据浸水舱的实际渗透系数值，先计算出浸水重量及实际的损失水线面面积，然后再按有关公式计算浮态和稳性。

6.2.5　逐步近似法

逐步近似法往往用于大舱浸水时计算舰艇破损后的浮态和初稳性。所谓“大舱”是相对小舱而言的，在前面推导小舱的计算公式时，假定在吃水改变的范围内，船体和破损舱是直舷和直壁的，在倾角改变的范围内初稳性公式适用，在浮态改变的范围内破损舱类型不变等等。如果实际情况与以上假定的差别较大，就可能导致较大的计算误差。当某个破损舱采用小舱公式计算不能得到准确的结果时，可以认为这种舱为大舱。

以下介绍逐步近似法的要点。为方便起见，假设舰艇对称浸水，只引起纵倾，没有横倾。

1. 第一次近似计算

第一次近似计算的方法和步骤与小舱浸水计算完全一样。

设舰艇原正浮于水线 WL 处，舰艇诸元为 V、S_w、x_f、h 及 H，如图 6-5 所示。有一对称大舱破损，破损舱诸元为 $v(x_v,0,z_v)$、$a(x_a)$、i_{ax}、i_{ay}。

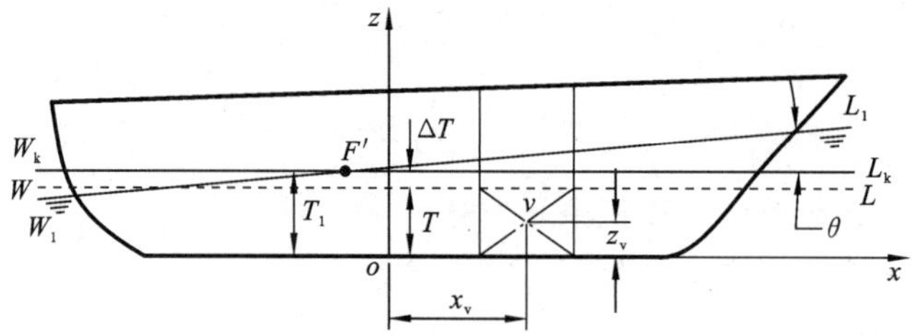

图 6-5　大舱浸水第一次近似计算

根据小舱浸水计算公式可求舰艇浮态。

1）平均吃水的改变量

舰艇平均下沉至水线 W_kL_k 时平均吃水的改变量为

$$\Delta T=\frac{v}{S_w-a} \tag{6-37}$$

2）有效水线面形心的位置

有效水线面的形心 F' 的纵坐标为

$$x'_f=\frac{S_wx_f-ax_a}{S_w-a} \tag{6-38}$$

3）损失惯性矩

损失惯性矩为

$$i_{py}=[i_{ay}+a(x_a-x_f)^2]+(S_w-a)(x'_f-x_f)^2 \tag{6-39}$$

4）纵稳性高

破损后舰艇的纵稳性高为

$$H_1=H-\frac{i_{py}}{V} \tag{6-40}$$

5）纵倾角

纵倾角为

$$\theta=\frac{v(x_v-x'_f)}{VH_1} \tag{6-41}$$

6）舯吃水

舯吃水为

$$T_1=T+\Delta T-x'_f\theta \tag{6-42}$$

通过上述计算，按照第三类小舱的计算公式（式(6-19)至式(6-32)）不难得到第一次近似计算水线 W_1L_1 下要素 $V_1(x_{b1},z_{b1})$、$S_{w1}(x_{f1})$、I_{x1}、I_{yf1}，以及破损舱诸元 $v_1(x_{v1},z_{v1})$、$a_1(x_{a1})$、i_{a1x}、i_{a1y}。

注意，上述各量中舰艇的水线元及破损舱的损失面积诸元均是它们在基平面上的投影。

2. 第二次近似计算

由第一次近似计算的结果，得到近似计算水线 W_1L_1，根据舰艇的重量与水线 W_1L_1 下的浮力之差修正平均吃水，得到修正水线 $W_{k1}L_{k1}$，确定修正水线 $W_{k1}L_{k1}$ 下因重力与浮力不在同一条铅垂线上而产生的力矩，做补加纵倾角 $\Delta\theta$ 的计算，由此得到第二次近似计算水线 W_2L_2，如图 6-6 所示。

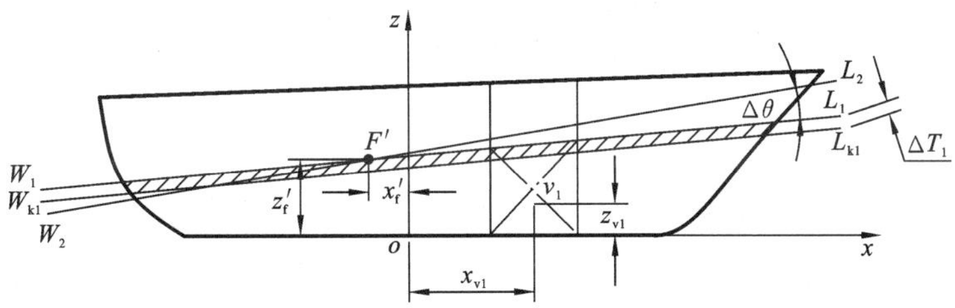

图 6-6　大舱浸水第二次近似计算

1）平均吃水修正量

按损失浮力法，水线 W_1L_1 下舰艇的浮力是 $\rho g(V_1-v_1)$，则舰艇的重量 P 与浮力之差为

$$P-\rho g(V_1-v_1)=\rho g\Delta V$$

在直舷直壁假设下，平均吃水的修正量是：

$$\Delta T_1=\frac{\rho g\Delta V}{\rho g(S_{w1}-a_1)}=\frac{V-(V_1-v_1)}{S_{w1}-a_1} \tag{6-43}$$

式中　ΔV——从水线 W_1L_1 下沉到水线 $W_{k1}L_{k1}$ 时舰艇的补加排水体积（如图 6-6 中阴影部分所示）。

经平均吃水修正，得到水线 $W_{k1}L_{k1}$。

2）水线 $W_{k1}L_{k1}$ 处的不平衡力矩及稳性高

首先要计算出水线 $W_{k1}L_{k1}$ 处的有效诸元在基平面上的投影。

由于水线 W_1L_1 和水线 $W_{k1}L_{k1}$ 很接近，故可以用水线 W_1L_1 处的有效水线诸元代替水线 $W_{k1}L_{k1}$ 处的有效诸元，因此有效水线面在基平面上的投影面积为

$$S'_{w1}=S_{w1}-a_1 \tag{6-44}$$

有效水线面面积中心纵坐标在基平面上投影为

$$x'_{f1}=\frac{S_{w1}x_{f1}-a_1x_{a1}}{S_{w1}-a_1} \tag{6-45}$$

有效水线面面积在基平面上的投影的面积惯性矩为

$$\begin{cases}I'_{x1}=I_x-i_{a1x}=(i_{ax}+ay_a^2)+(S_w-a)y_f^2\\ I_{yf1}=I_{y1}-i_{a1y}-a_1x_{a1}^2-S'_{w1}x_{f1}^2\end{cases} \tag{6-46}$$

再计算出水线 $W_{k1}L_{k1}$ 对应的舰艇诸元。

按损失浮力法考虑时，舰艇重量为 P，重心为 $G(x_g,0,z_g)$，浮力则由几个部分的排水体积提供，即

$$V=V_1-v_1+\Delta V$$

排水体积 V_1 的中心坐标为 (x_{b1},z_{b1})、排水体积 v_1 的中心坐标为 (x_{v1},z_{v1})、排水体积 ΔV 的中心坐标为 (x'_{f1},z'_{f1})，其中排水体积 ΔV 的中心可近似认为在水线 W_1L_1 处的有效面积中心 (x'_{f1},z'_{f1}) 上，而 $z'_{f1}=T_1+x'_{f1}\tan\theta_1$，于是水线 $W_{k1}L_{k1}$ 之下有效排水体积中心坐标将是：

$$\begin{cases}x'_{b1k}=\dfrac{V_1x_{b1}-v_1x_{v1}+\Delta Vx'_{f1}}{V}\\[2ex] x'_{b1k}=\dfrac{V_1z_{b1}-v_1z_{v1}+\Delta Vz'_{f1}}{V}\end{cases} \tag{6-47}$$

相当于舰艇沉至水线 $W_{k1}L_{k1}$ 处时的初稳性高为

$$h_{1k}=\frac{I'_{x1}}{V\cos\theta_1}-\frac{z_g-z'_{b1k}}{\cos\theta_1},\quad H_{1k}=\frac{I'_{yf1}}{V\cos^3\theta_1}-\frac{z_g-z'_{b1k}}{\cos\theta_1} \tag{6-48}$$

3）纵倾角的修正量 $\Delta\theta_1$

舰艇在水线 $W_{k1}L_{k1}$ 处时，由重力和浮力所形成的纵倾力矩及补加纵倾角 $\Delta\theta$ 计算式如下（见图 6-7）。

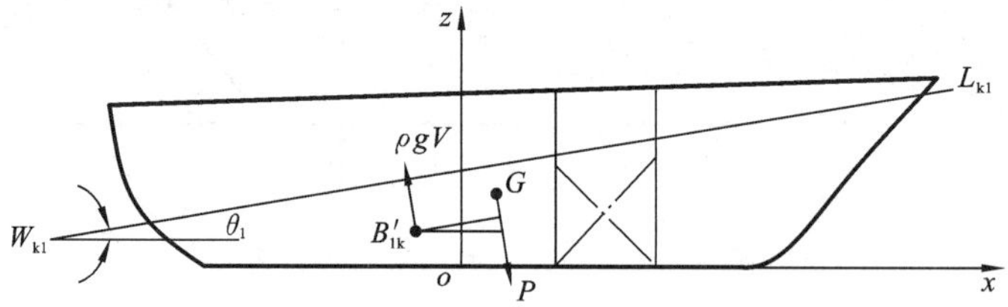

图 6-7　大舱浸水第二次近似纵倾力矩计算

纵倾力矩：

$$\overline{M}=P[(x_g-x_{b1k})\cos\theta_1+(z_g-z'_{b1k})\sin\theta_1] \tag{6-49}$$

补加纵倾角 $\Delta\theta_1$：

$$\Delta\theta_1=\frac{\overline{M}}{PH_{1k}} \tag{6-50}$$

至此，得到在水线 $W_{k1}L_{k1}$ 处的第二次近似值，其中艏吃水和纵倾角分别为

$$\begin{aligned}T_2&=T_1+\Delta T_1-x'_f\cdot\Delta\theta_1\\ \theta_2&=\theta_1+\Delta\theta_1\end{aligned} \tag{6-51}$$

如果 $\Delta\theta_1$ 比较小，计算至此可结束，否则应当再以由第二次近似计算得到的水线 W_2L_2 为原始水线，按上述步骤求第三次近似值，但在实际应用一般算到第二次近似值已够了。

6.2.6　舰艇不沉性规范简介

在舰艇不沉性相关规范中，关于舰艇不沉性，有以下几个基本要求：

① 舰艇应针对满载排水量状态下对称浸水和标准排水量状态下的不对称浸水进行不沉性核算。

② 按表 6-2 所指定数目的任意相邻隔舱对称或不对称浸水时，舰艇都应能保持漂浮；最小干舷不小于表 6-2 中所规定的值；同时，舰艇的横稳性高 h 应为正值。

表 6-2　最小干舷指标

正常排水量 Δ/t	最小浸水隔舱数	最小干舷/m
$2500\leqslant\Delta<5000$	3	0.6
$1000\leqslant\Delta<2500$	2	0.6
$500\leqslant\Delta<1000$	2	0.5
$200\leqslant\Delta<500$	2	0.4

以上要求的相邻隔舱，其总长度如果小于舰艇设计水线长度的 20%，应在该相邻隔舱的一端加一个较小的相邻隔舱计算。

③ 在条款②中所述隔舱浸水条件下，舰艇破损纵倾不得影响主动力装置和螺旋桨的连续

运转；不对称浸水时，舰艇的静横倾角不应大于 12°。对设有平衡设施的舰艇，允许适当超过上述横倾角值，但不得大于 15°。

④ 在条款①中所述隔舱浸水条件下，破损舰艇的静稳性曲线确定的最大力臂不应小于 10 cm。

在舰艇的设计中，完成总布置设计后就可以根据总布置图按条款①进行不沉性计算，计算的结果若满足条款②～④的要求，表明不沉性设计指标达到要求，否则就要调整总布置设计，增加或调整水密隔舱壁等。

在上述不沉性要求中，除条款④相关计算在前面已经介绍。条款④涉及破损舰艇静稳性曲线的计算，其原理与第 4 章中介绍的舰艇静稳性曲线计算相同，但要考虑扣除破损舱的影响，计算较为复杂，这里不做介绍，仅就几种典型的破损对大角稳性的影响做一定性分析。

1. 对称浸水

对称浸水时，破损前舰艇的静稳性曲线如图 6-8(a)中曲线Ⅰ所示。

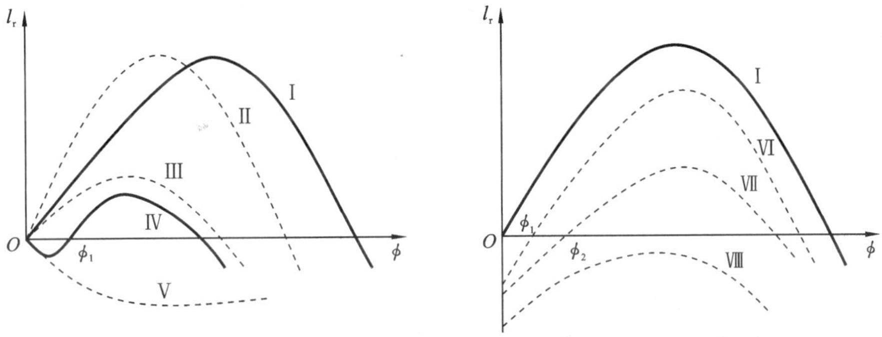

(a) 对称浸水　　(b) 不对称浸水

图 6-8　破损下典型静稳性曲线

如果是第一类舱破损，由于重心降低，初稳性高往往是增加的，但由于吃水增加、干舷减小，稳性消失角将减小，破损后的静稳性曲线大致如图 6-8(a)中曲线Ⅱ所示。

如果是第二类舱或第三类舱，由于自由液面影响和水线面面积的损失，干舷又减小了，通常初稳性和大角稳性都要降低，破损后的静稳性曲线大致如图 6-8(a)中曲线Ⅲ所示。若浸水范围较大，即破损舱的自由液面面积或损失面积比较大，那么初稳性高可能为负值，静稳性曲线可能类似曲线Ⅳ或Ⅴ。对于一般中小舰艇，曲线Ⅳ很可能是由于下述情况所造成的：在小角度时自由液面影响较大，使初稳性高降低为负值，而当舰艇倾斜至 ϕ_1 时自由液面的影响迅速减小，使对应于 ϕ_2 的初稳性高又变为正值，于是尽管浸水是对称的，但舰艇却以 ϕ_1 角倾斜地平衡，虽然并不翻掉，但稳性很差。若舰艇静稳性曲线大致如曲线Ⅴ所示，则舰艇将倾覆。

2. 不对称浸水

不对称浸水时，破损前舰艇的静稳性曲线如图 6-8(b)中曲线Ⅰ所示。

由于浸水不对称，舰艇将产生倾斜，正浮位置将不再是平衡位置，破损后舰艇的静稳性曲线如曲线Ⅵ、Ⅶ、Ⅷ所示。根据浸水程度的不同，舰艇将以 ϕ_1 或 ϕ_2 倾斜，由曲线Ⅵ和Ⅶ可知，舰艇一旦发生倾斜，其大角稳性就明显恶化，因不论是最大复原力矩、稳性消失角还是曲线包围的面积都大大减小了。即使破损的是第一类舱（破损后初稳性高可能增大）也是这样。曲线Ⅷ则对应更严重的浸水，在这种情况下舰艇肯定将倾覆，因所有倾角的复原力矩均已变为负值。

6.3 舰艇破损后应采取的措施

确保舰艇不沉性，一方面是要在舰艇的设计中保证舰艇在舱室破损后仍具有一定的浮性和稳性，满足舰艇不沉性规范所提出的要求。如对于一定排水量的舰艇，不对称浸水时，舰艇的静横倾角不应大于15°，破损舰艇的静稳性曲线的最大力臂不应小于10 cm等等。另一个重要的方面是舰艇的有效抗沉措施，这直接关系到舰艇的生命力。这些措施包括：

(1) 及时堵漏和加强结构。及时发现破损浸水的位置，确定破损区的范围，限制水蔓延；用支柱加固舱壁、甲板、平台和水密舱盖；堵塞破洞，从已堵漏的舱中排水。

(2) 恢复稳性。加载、移载和排出载荷，其目的是降低破损舰艇的重心和减少由破损浸水所产生的自由液面所引起的稳性损失。

(3) 扶正舰艇。消除或减小由于舰体破损而产生的横倾和纵倾。

根据我海军历年来处理海损事故及战斗破损的经验，《水面舰艇损管条例》总结出有效抗沉的三条原则。

6.3.1 限制水的蔓延——抗沉原则之一

一般来说，一两个破损口浸水，甚至两三个舱被淹，由于在舰艇的不沉性设计中已保证舰艇具有一定的储备浮力和稳性，舰艇不一定会很快损耗其储备浮力而沉没。舰艇破损浸水后的最大威胁来自水的蔓延。根据海战的经验，多数舰艇的沉没或失去航行与战斗能力，是由于水在舰艇内部蔓延造成的。经验也表明，虽然有的舰艇破损严重，但由于注意了限制水的蔓延，舰艇得以保存并仍具备一定的航行与战斗能力。

限制水蔓延的基本方法有以下三种。

1. 堵漏

堵塞破洞，阻止海水进入舰内，对保证不沉性来说是比较彻底的方法，但不是都能实现的。能否实现堵漏，与破口的大小、破口在水下深度(水压)、海水灌入舰内的速度(破损舱室灌水时间)及舰员所用堵漏器材及操作的水平有关。

2. 支撑

支撑是限制水蔓延的主要措施。通常由于水密门、舱口盖的结构比较弱，舱室淹没后，海水往往由此向邻舱蔓延。炸弹、炮弹等在舱内爆炸时，舱壁受损，更是海水蔓延的主要原因。因此，加固水密舱壁、水密门及舱口盖是抗沉的一项重要措施。

3. 排水

排干破损舱内的海水能彻底消除浸水对舰艇不沉性能的影响，是抗沉的一项重要措施。但是，由于破口的浸水量与舰上排水设备的排水能力之间可能会存在着比较大的差异，所以排水的作用比较有限。

6.3.2 破损舰艇的扶正——抗沉原则之二

当破损舰艇浸水时，限制水的蔓延是关系到舰艇存亡的主要问题。但是在水的蔓延问题解决之后，必须尽快解决倾斜、倾差和稳性降低的问题。倾斜、倾差和稳性降低对舰艇航行和作战很不利，严重时舰艇也可能因稳性降低而在风浪中倾覆。

扶正舰艇的目的就是消除和改善倾斜、倾差，提高稳性，保障舰艇的不沉性和武器、机器的正常工作。

扶正舰艇的基本方法有以下三种。

(1) 灌水：一般是在破损舱的对角或对端加灌海水。

(2) 导移载荷：将破损舱附近的载荷移至破损舱的对角，通常是导移油水，也可搬动其他重物，如粮食、弹药等。

(3) 排出载荷：排出破损舱附近的载荷，或排出堵好破洞的灌注舱的积水。

事实证明，舰艇因稳性丧失而倾覆是突然的，时间很短，而丧失储备浮力使舰艇正直下沉的时间较长，往往在几个小时以上。通过牺牲储备浮力换取稳性，赢得时间，一方面可以继续作战，另一方面可以继续进行抢救工作。并且，储备浮力经过堵漏排水之后，也能有所恢复。所以扶正的基本原则是：在扶正舰艇的过程中必须充分注意“节约储备浮力，提高稳性，必要时才以储备浮力换取稳性”。

扶正的方法基本不外乎以上介绍的三种，但所有这些措施都必须在计算的基础上进行，否则，可能反而会使舰艇产生更大的横倾和纵倾，甚至使船翻掉，而在战斗中又应使有关扶正的计算工作量减少到最低限度。因此，有必要设想在战斗中可能出现的一系列破损情况，针对每种情况，通过事先计算，选择相应的扶正方案，供作战时快速使用。因此设计部门给舰艇使用人员制定了各种文件，称为扶正参考文件，供扶正舰艇参考用。

常用的扶正参考文件有标板图和各种类型的不沉性表。

1. 不沉性标板图及其应用

不沉性标板图是一块指示板，上面标有舱室分布、载荷分布、舰艇不沉性情况，如图6-9所示。它的功用是供抗沉参考。

典型的标板图由三部分组成：

(1) 单舱灌注影响图（也称四角号码图）（见图6-9(a)）。这是标板图的主要部分，图上标出了单舱浸水对不沉性的影响，在舱的四角标有该舱浸水的体积(v)，该舱浸水后的倾角(ϕ)、倾差(Δd)及横稳性高的变化(Δh)。

(2) 油舱使用次序表（见图6-9(b)）。

(3) 稳性储备浮力指示表（见图6-9(b)）。它可指出按油舱使用次序使用油时，横稳性高、储备排水体积、排水体积和吃水等当时的具体数值。

不沉性标板图的使用方法：

(1) 及时将油水、弹药以及其他重大载荷数量填到图的相应位置，并随时修改，使之符合当前的实际数量，供扶正参考用。

(2) 按规定次序使用油水，及时了解当时的储备浮力、横稳性高和吃水。

(3) 破损浸水时，标明破损浸水舱、水蔓延的趋势和范围。经过堵漏、支撑等措施使水的蔓延基本被控制住后，用叠加法估计舰艇的浮态和横稳性高变化。即查四角号码数字的代数和—— $\sum v$、$\sum \phi$、$\sum \Delta d$、$\sum \Delta h$，然后针对主要威胁是倾斜、倾差还是稳性大幅度下降，根据标板图考虑平衡方案（即采取什么平衡方法，选哪些舱室平衡），即保证以下三式中有某一公式成立：

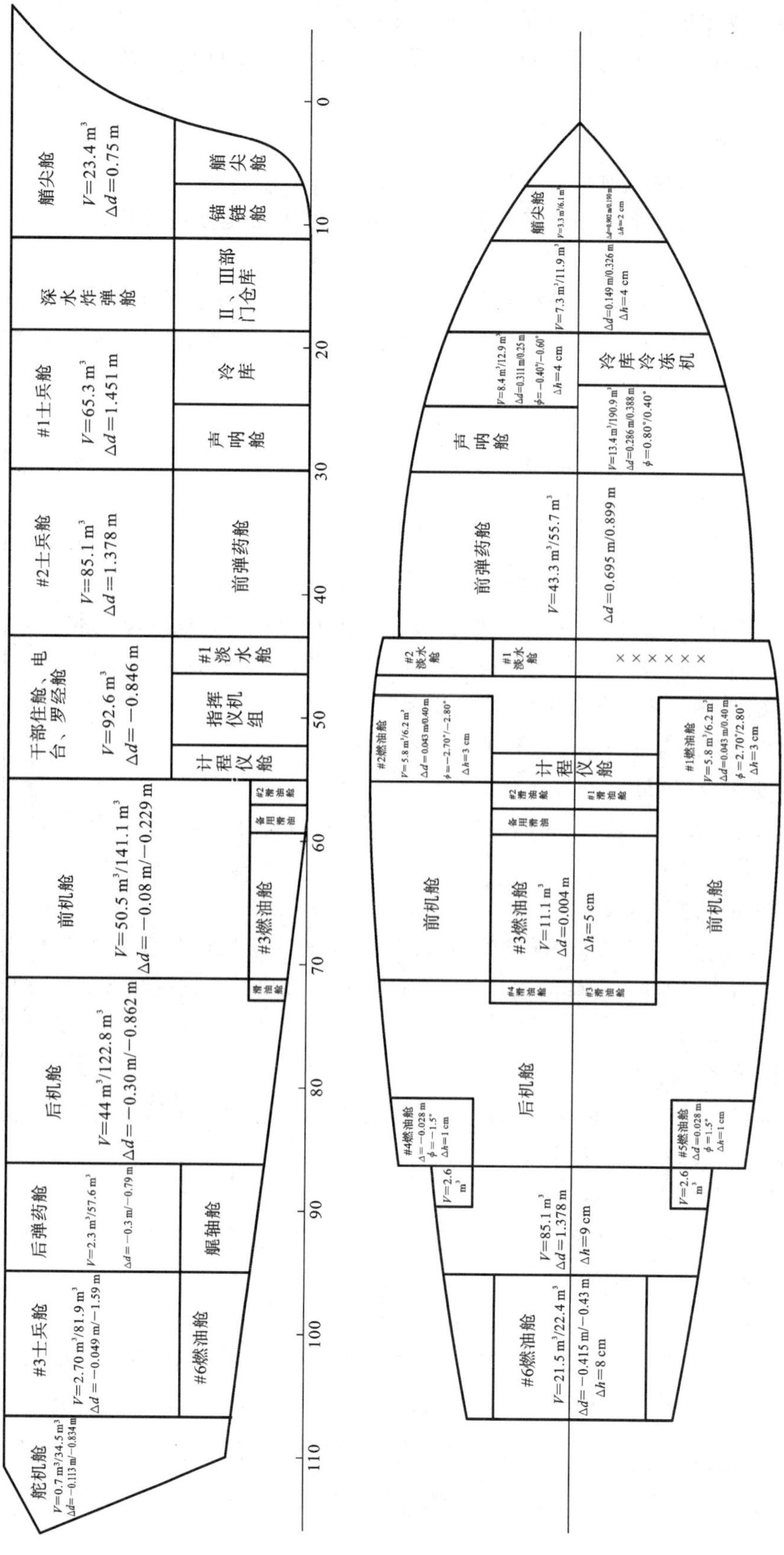

（a）

图 6-9 不沉性标板图

注：图中“/”不表示相除，“/”前后为两种不同状态下的参数值。

油舱使用次序表

使用次序	1	2	3	4	5	6	7	8
油舱号	7	8	4.5	2	1	3	6	5
油量	□	□	□	□	□	□	□	□

稳性储备浮力指示表

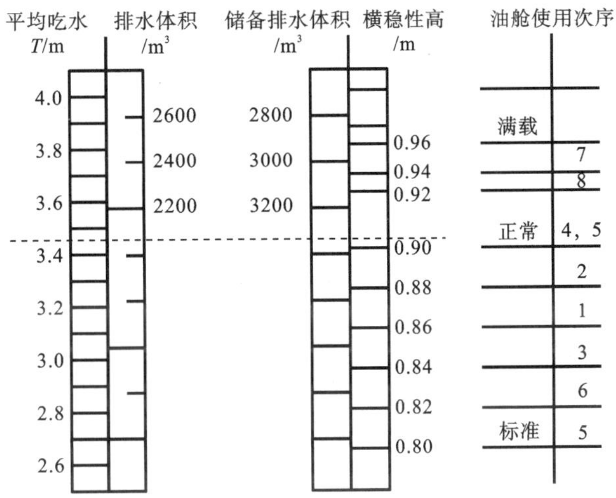

（b）

续图 6-9

$$\sum \phi_{扶} \approx \left| - \sum \phi_{破} \right.$$

$$\sum \Delta d_{扶} \approx \left| - \sum \Delta d_{破} \right.$$

$$\sum \Delta h_{扶} \approx \left| - \sum \Delta h_{破} \right.$$

采取扶正措施前，必须估算扶正后的结果。可采用以下公式进行估算

$$\sum \phi_{扶} + \left(-\sum \phi_{破}\right) = \sum \phi' \text{（剩余横倾角）}$$

$$\sum \Delta d_{扶} + \left(-\sum \Delta d_{破}\right) = \sum \Delta d' \text{（剩余倾差）}$$

$$\sum \Delta h_{扶} + \left(-\sum \Delta h_{破}\right) = \sum \Delta h' \text{（剩余横稳性高变化量）}$$

2. 战用不沉性表

为了解决多舱浸水问题，舰艇上还使用一种“战用不沉性表”，根据战用不沉性表进行扶正的方案称为多舱灌注平衡方案。战用不沉性表是假定一系列的舱室破损浸水，按舱组破损的等量法进行计算所得出的，同时还拟好了相应的扶正舱组，供平时训练和战时灌注扶正时参考。表 6-3 为其中一种形式。

值得注意的是，过去采用的战用不沉性表大都基于灌注法，即一次灌注就基本上同时消除倾斜倾差。其优点是正、负初稳性都适用。缺点是单纯采用灌注法，对储备浮力不利，而且只能用一次，多次破损浸水就难以应用。所以，目前新建造的舰艇的不沉性表已废弃采用单纯的灌注法，而采用基于综合抗沉措施的舰艇抗沉调整参考书。

表 6-3 战用不沉性表

问题号数	破损浸水结果									破损舱及扶正舱排注水后的总结果								
	破损舱肋骨号	破损舱名称	浸水体积	吃水改变量			横倾角改变量	纵倾角改变量	横稳性高改变量	扶正舱肋骨号	扶正舱名称	破损舱和浸水舱总浸水量	总吃水改变量			总横倾角改变量	总纵倾角改变量	总横稳性高改变量
				艏	平均	艉							艏	平均	艉			

抗沉调整参考书的文件形式与战用不成性表的形式基本相同，所不同的是，抗沉调整参考书针对每一种扶正方案都列出了一张表，在表内所采用的扶正方法，根据情况有灌、导移、排或这些方法的综合，而且还采用了其他相应的不沉性措施，如支撑、排水、堵漏。

3. 抗沉计算仪

随着计算机技术的发展，计算机的运算速度和存储容量不断提高，这为提高舰艇抗沉的自动化程度创造了有利条件。目前建造的新型舰艇借助计算机的手段，在不沉性措施的制定方面也开始采用新的方法。

4. 分步扶正法

利用标板图扶正舰艇必须了解舰艇破损的情况，确知舰艇的浮态和稳性，如果对舰艇的破损情况不明，不了解破损后稳性的变化，只知道倾角，此时只能采用分步扶正方法。也就是扶正分两至三步进行，扶正一步，校核破损舰艇的稳性，在此基础上确定消除剩余倾角（或倾差）所需要的力矩，再进行下一步的扶正。在每次扶正过程中确认稳性是否提高，扶正措施是否正确。

具体方法举以下例子说明。

例 6-1 设有一护卫舰，破损前的排水量 $\Delta=1200$ t，横稳性高 $h_0=0.80$ m，破损后横倾角 $\phi=15°$。

扶正步骤：

(1) 由于对破损后稳性情况不了解，因此决定选一个位置较低的小舱作为试验舱灌水，能造成 323.4 kN·m 的倾斜力矩。估计第一次扶正产生扶正角 $\frac{1}{5}\phi_{破}=3°$，因 $\Delta_0=1200$ t，则 $P_0=1200\times9.8$ N$=11760$ N。这时所需复原力矩约为

$$M_r=P_0h_0\cdot\frac{1}{5}\phi_{破}=11760\times0.8\times3\times\frac{\pi}{180}\ \text{kN}\cdot\text{m}=492.35\ \text{kN}\cdot\text{m}$$

灌水后舰艇横倾角变为 11°，即实际上引起了 4°的横倾。所以，破损后舰艇的稳性系数为

$$k_1=P_1h_1=\frac{m_{kp}}{\phi}=\frac{323.4\times57.3}{4}\ \text{kN}\cdot\text{m}=4632.7\ \text{kN}\cdot\text{m}$$

即 $k_1\approx\frac{1}{2}k_0=\frac{1}{2}P_0h_0$，这说明破损后舰艇稳性降低了。

(2) 假定 k_1 不变，要扶正剩余的 11°，则需要复原力矩：

$$M_r = P_1 h_1 \phi = 4632.7 \times 11 \times \frac{\pi}{180}\ \mathrm{kN \cdot m} \approx 888.96\ \mathrm{kN \cdot m}$$

考虑到破损后初稳性的降低，在灌注过程中舰艇稳性还可能产生预料不到的变化，再将舰艇从 11°横倾位置分为两步扶正。

选取位置较低能提供 441 kN·m 力矩的舱灌水，灌水后实际扶正 5°。这说明这次灌水过程中初稳性增加了，因为预计扶正角度为

$$\frac{441}{k_1} \times 57.3 = 5.5°$$

这时要将舰艇从剩余的 6°横倾位置扶正，需要复原力矩：

$$M_r \approx 490\ \mathrm{kN \cdot m}$$

再选取能提供约 490 kN·m 力矩的舱灌水，就基本上可将舰艇扶正。

6.3.3　舰艇负初稳性的处理——抗沉原则之三

舰艇多舱浸水时，往往存在大面积自由液面，于是稳性大大降低，甚至初稳性高可能出现负值，使舰艇处于危险状态，如果处理不当，可能造成翻船事故。因此舰艇在战斗中破损时，"凡出现大面积自由液面，应先按负初稳性对待"，这就是抗沉中应遵守的第三个原则。舰艇在出现负初稳性时的扶正问题在第 4 章中已经讨论，下面就判断负初稳性的方法简单进行介绍。

舰艇破损浸水后，当横稳性高仍然为正值时，如果浸水是对称的(装载对载)，则舰艇不会产生倾斜；如果浸水不对称，则舰艇会产生倾斜，但必然只能倾斜停留于浸水的一边(重边)。

当横稳性高为负值时，即使浸水对称，也会产生倾斜，而且两舷都可倾斜停留，同时两舷倾角是相等的。如果浸水不对称，则有两种情况：

(1) 倾斜力矩大于舰艇本身的最大负复原力矩。如图 6-10 中 M_{KP1}，它所造成的倾角为 ϕ，比正初稳性情况下倾斜力矩 M_{KP1} 所造成的倾角 ϕ' 大许多，即 $\phi \gg \phi'$。

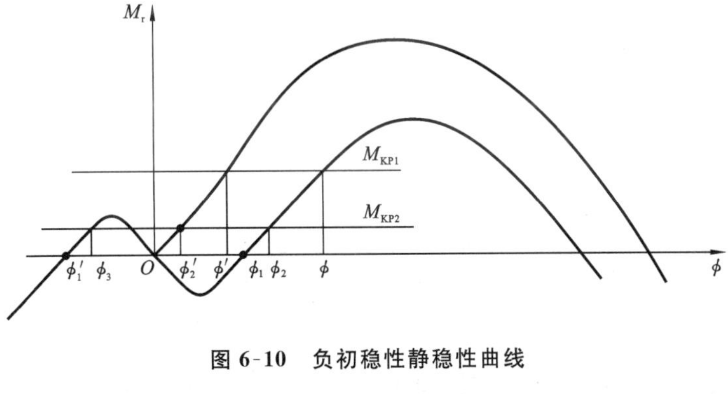

图 6-10　负初稳性静稳性曲线

(2) 倾斜力矩小于舰艇本身最大负复原力矩。如图 6-10 中 M_{KP2} 表示向右舷的倾斜力矩，它对应的倾角为 ϕ_2 或 ϕ_3，即舰艇以 ϕ_2 角向一弦(重边)倾斜，也可能以 ϕ_3 角向另一舷(轻边)倾斜，如果向重边倾斜，倾角 ϕ_2 也比横稳性高为正值时的倾角 ϕ'_2 要大得多。

所以，凡舰艇破损浸水、出现大面积自由液面时，若发现舰艇不定期地在左舷与右舷间轮换倾斜停留而且倾角相等，或者虽只停留于一舷，但倾角远大于因浸水不对称所造成的倾角，或者舰艇倾斜停留于轻边时，即可判定该舰艇的横稳性高为负值。

思考题

1. 舰艇不沉性计算中三类浸水舱是如何分类的？各有什么特点？

2. 增加重量法与损失浮力法这两种处理舰艇不沉性方法的基本思路有何区别？

3. 第一类舱浸水后，根据增加重量法与损失浮力法计算得到的横稳性高为什么不一样？而计算得到的浮态为什么又是一样的？

4. 舰艇的抗沉三原则是什么？

5. 舰艇出现向一侧倾斜的情况时，如何区分其是由不对称装载引起的还是由负初稳性引起的？

第 7 章　舰艇快速性概述及舰艇阻力分类

7.1　舰艇快速性的概念

什么是舰艇的快速性？图 7-1 展示了一艘舰艇劈波斩浪、在海面上高速驰骋的景象，这个景象就是舰艇的快速性带给人们最直观的感受。人们往往直观地将舰艇快速性与舰艇所能达到的最大航速联系起来。

图 7-1　高速航行的舰艇

舰艇在海洋上航行时，不可避免地会受到海水与空气的阻碍，这种阻碍表现为舰艇阻力。要使舰艇维持一定的速度航行，舰艇上必须有能够产生推力的设备，这种设备是舰艇推进器，而推进器工作消耗的能量又由舰艇的主机来供给。所以舰艇快速性涵盖舰艇阻力和舰艇推进两部分的内容，对舰艇快速性的理解也可以分别从舰艇阻力和舰艇推进的角度进行。从舰艇阻力的角度来讲，一定排水量的舰艇，在既定的主机功率条件下能达到的最大航速越大则快速性越好，因为此情况下舰艇的最大航速越大意味着舰艇的阻力性能越好；从舰艇推进的角度来讲，对于既定的舰艇，达到一定航速所需要的主机功率越小则其快速性越好，因为此情况下舰艇消耗的主机功率越小，舰艇的推进效率越高。

一般决定一艘舰艇快速性的因素主要有舰艇的阻力、主机的输出功率和舰艇推进器水动力效率。

从受力的角度看，舰艇航行受到阻碍舰艇运动的阻力，为了克服舰艇的运动阻力，舰艇推进器就要产生推力，而推进器又是由舰艇主机带动工作的，因此在舰艇航行过程中存在力的传递与平衡关系（见图 7-2）；从能量的角度看，舰艇航行呈现出巨大的向前运动能量，这种能量从根源上看是由舰艇主机供给的，但舰艇主机最初提供的是旋转能量，而舰艇推进器恰好起着将主机输出的旋转能量转化为舰艇前进运动能量的作用，因此在舰艇航行过程中也存在能量的转化与平衡关系。无论是力的传递与平衡还是能量的转化与平衡，其中的平衡状态都会受到舰艇航速的巨大影响，船体的阻力、主机的输出功率、推进器的水动力在舰艇前进的过程中构成了相互联系、相互影响的有机整体。

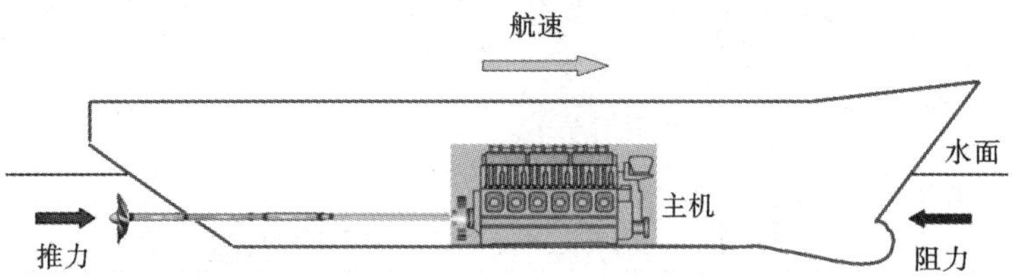

图 7-2　舰艇航行中的船体阻力与推进器推力

为了使舰艇前进，主机要输出功率，一般可称之为轴功率，用符号 P_S 表示，如图 7-3 所示。这个轴功率经过传递，最终转化为舰艇前进需要的有效功率，用符号 P_E 表示。有效功率 P_E 直接与舰艇的航速和该航速下舰艇的阻力相关，即

$$P_E = R \cdot v_s \tag{7-1}$$

式中　v_s——舰艇的航速；

　　R——舰艇的阻力。

若按照国际单位制，航速 v_s 的单位应采用米/秒(m/s)，舰艇阻力的单位应采用牛顿(N)，则有效功率的单位为瓦特(W)。在实际使用中，舰艇的航速主要用节(kn)表示，有

$$1\ \text{kn} = 0.5144\ \text{m/s}$$

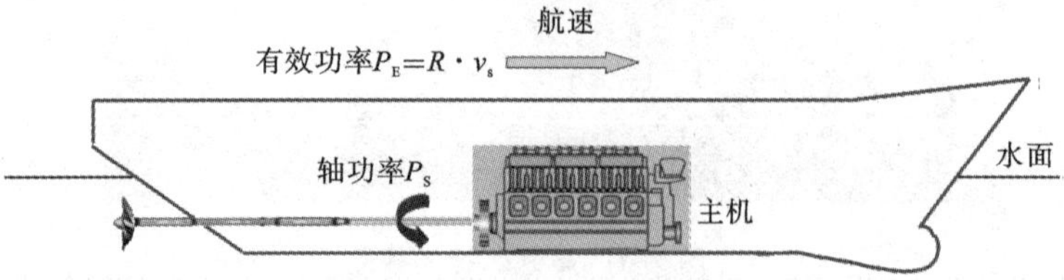

图 7-3　舰艇航行中船体需要的有效功率与主机轴功率

舰艇前进过程中，推进主机的输出功率为轴功率 P_S，但舰艇前进需要的有效功率为 P_E，二者的比值称为推进系数，用 P.C 表示，即

$$\text{P.C} = P_E / P_S \tag{7-2}$$

P.C 反映的是舰艇前进需要的有效功与推进主机所做总功的比值，是一个效率的概念，很显然，P.C 不可能大于 1，且 P.C 越大越好。

不同类型的舰艇，有不同的使命任务、不同的外形设计、不同的排水体积，因此要分别配置合适的主机和推进器，并且使它们处于良好的匹配状态，能高效率地推船前进，从而能满足不同的快速性要求。

下面简要列举几种不同舰艇的主尺度和航速数据(需要注意的是所给出的数据为近似数值)如下。

美国"乔治·华盛顿"号核动力航母(见图 7-4)：满载排水量约为 104200 t，总长约为 332.8 m，水线长约为 317 m，甲板最大宽度约为 76.8 m，水线宽约为 40.8 m，最大航速超过 30 kn，推进功率约为 194 MW。

图 7-4　美国“乔治·华盛顿”号核动力航母

英国 45 型驱逐舰(见图 7-5):满载排水量约为 8700 t，总长约为 152.4 m,舰宽约为 21.2 m,吃水约为 5.7 m,最大航速超过 32 kn,推进功率约为 40 MW。

图 7-5　英国 45 型驱逐舰

美国 LCS-1“自由号”滨海战斗舰(见图 7-6):满载排水量约为 3500 t,总长约为 115 m,舰宽度约为 17.5 m,吃水约为 3.9 m,最大航速约为 47 kn，推进功率约为 72 MW。

美国“萨克拉门托”(Sacramento)级综合补给舰(见图 7-7):满载排水量约为 53000 t，总长约为 242.3 m,舰宽约为 32.6 m,吃水约为 11.9 m，最大航速约为 26 kn,推进功率约为 75 MW。

德国 214 型潜艇(见图 7-8):水下排水量约为 1860 t,艇长约为 65 m,艇宽约为 6.3 m,水下航速约为 20 kn,水面航速约为 12 kn。

俄罗斯“北风之神”战略导弹核潜艇(见图 7-9):水下排水量约为 24000 t,艇长约为 170 m,艇宽约为 13.5 m,水下航速约为 30 kn,水面航速约为 15 kn。

图 7-6　美国 LCS-1“自由号”濒海战斗舰

图 7-7　美国“萨克拉门托”级综合补给舰

图 7-8　德国 214 型潜艇

图 7-9　俄罗斯“北风之神”战略导弹核潜艇

瑞典“盾牌”级导弹快艇(见图 7-10):满载排水量约为 274 t,总长约为 47.5 m,艇宽约为 14.3 m,吃水约为 1.0 m,静水最大航速约为 60 kn,三级海况下最大航速为 45 kn。

图 7-10　瑞典“盾牌”级导弹快艇

本课程对舰艇快速性的研究,主要是从舰艇航行原理的角度来探讨舰艇的阻力性能和推进器的水动力性能,而不涉及主机的工作原理。

7.2　舰艇阻力的分类

7.2.1　舰艇阻力的成分

有运动就会有阻力,这是自然界中最普遍的一种现象。一般的排水型舰艇,在海洋上航行时会受到空气的阻力和水的阻力，但是由于水的密度远远大于空气，所以舰艇的水阻力占绝大部分。舰艇的水阻力可分为静水阻力和波浪增阻，而静水阻力又分为裸船体阻力和附体阻力，如图 7-11 所示。附体(见图 7-12)指的是舭龙骨、轴支架、轴包套、舵等突出在裸船体之外的部件，附体阻力一般占舰艇阻力的 10%左右。舰艇阻力中占主要地位的是裸船体阻力。

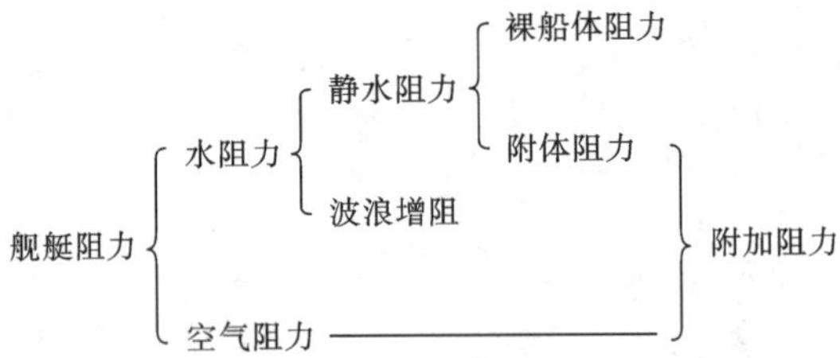

图 7-11　舰艇阻力的成分

图 7-12　舰艇及其附体

裸船体阻力是舰艇阻力性能研究的主要对象，其原因有两个：一是裸船体阻力是舰艇阻力的绝对主要成分；二是空气阻力与舰艇上层建筑(见图 7-13)的布置密切相关，而与裸船体线型关系不大；附体阻力受附体数量、尺寸、形状影响较大，并且在一种裸船体上可以根据实际需要布置不同数量、尺寸、形状的附体，将裸船体阻力划分出来作为舰艇阻力性能研究的主要对象有助于弄清阻力的产生机理和变化规律，并指导船体线型设计。

图 7-13　舰艇上层建筑

其实，从舰艇的实际航行情况来看，舰艇的阻力还可以分为静深水航行阻力、波浪中航行阻力、浅水航行阻力、等速直航运动阻力、变速直航运动阻力和非直线航行运动阻力等等。本章首先详细地讨论等速直航舰艇静深水裸船体的阻力，并以之为主体和基础，讨论附体阻力、空气阻力、波浪增阻等，而舰艇变速直航运动阻力和非直线航行运动阻力属于舰艇操纵运动中水动力学研究的范畴，在本书中不加以讨论。

7.2.2　裸船体阻力的成分

舰艇在海洋上航行会对周围流体介质产生扰动，比如对空气与海水界面产生扰动，造成了兴波现象；由于黏性的作用，船体运动时会带动船体表面的一薄层水运动，形成黏性边界层；在运动船体的艉部区域还会出现旋涡与艉流等。这些现象都会导致阻力。船体运动时的水阻力是水对船体浸湿表面的力作用的结果。船体的水阻力根据形成原因的不同，可以分为摩擦阻力、黏压阻力和兴波阻力三种类型。

（1）摩擦阻力。船体摩擦阻力来自于水的黏性。由于水是有黏性的，所以当船体与水发生相对运动时，会受到水的迟滞力作用，这种迟滞力在微观上体现为水流微团对船体表面的切应力。将该切应力在船体运动方向上投影并沿整个船体浸湿表面积分，就得到了船体总的摩擦阻力。摩擦阻力一般用符号 R_f 表示。

（2）黏压阻力。黏压阻力也称形状阻力，形成的根本原因也是水的黏性。水的黏性导致船体表面受到的切向力最终合成为船体的摩擦阻力；同样，由于水的黏性，船体在运动时艉部流动受到影响，导致船体表面受到的法向力（也就是压力）艏、艉不能平衡。将该法向力在船体运动方向上投影，并沿整个船体浸湿表面积分，就得到了船体总的黏压阻力。黏压阻力一般用符号 R_{pv} 表示。

（3）兴波阻力。舰艇在水面航行时，将对水表面造成扰动，这种扰动在重力和惯性力的作用下将形成兴波现象。从能量的角度来讲，兴波的波能会消耗船前进的能量；从受力的角度来讲，船体周围兴波会改变船体周围的压力场，这种压力场变化导致的裸船体阻力称为兴波阻力。兴波阻力一般用符号 R_w 表示。

若从形成原因上看，摩擦阻力 R_f 和黏压阻力 R_{pv} 都是由水的黏性引起的，可以合称为黏性阻力，用符号 R_v 表示，即有

$$R_f + R_{pv} = R_v \tag{7-3}$$

若从作用方式上看，摩擦阻力 R_f 是沿船体表面的切向力在运动方向上投影的积分，黏压阻力和兴波阻力是垂直于船体表面的法向力（即压力）在运动方向上投影的积分，体现的是船体前后的压力差，所以黏压阻力和兴波阻力可以合称为压差阻力，用符号 R_p 表示，即有

$$R_{pv} + R_w = R_p \tag{7-4}$$

如图 7-14 所示，水流顺船体表面经过微面积 dS 时，水对该微面积的摩擦切应力为 τ，法线方向压强为 p，由于船体左右对称，所以直航运动时，水流摩擦切应力 τ 和法线方向压强 p 沿整个船体浸湿表面积分不会形成沿船体横向的力，而只有在船体中线面内的力，这个力可以分解成垂直于舰艇航行方向（即垂直于水平面）的抬升力 P 和沿舰艇航行方向的阻力 R_t。R_t 积分表达式为

$$R_t = \int_S \tau\cos(\tau, x)\mathrm{d}S + \int_S P\cos(p, x)\mathrm{d}S \tag{7-5}$$

式中　S——整个船体浸湿表面面积（简称湿表面积）。

阻力 R_t 表达式中的第一项积分反映的是水流对船体表面摩擦切应力导致的阻力，即摩擦阻力 R_f；第二项积分反映的是水流对船体表面法向压力导致的阻力，即压差阻力 R_p。可见：

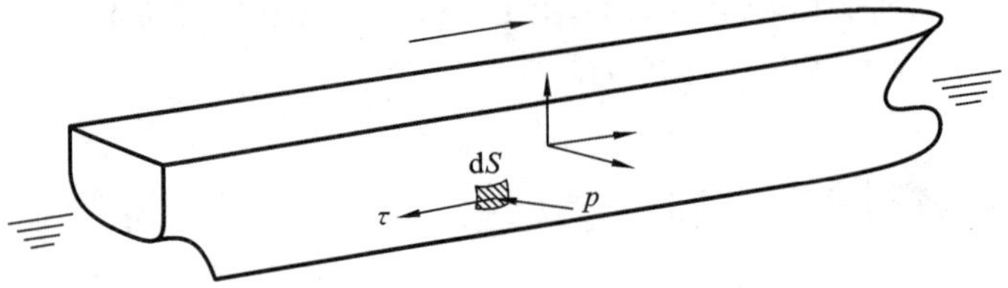

图 7-14　阻力微表面积分示意图

$$R_t = R_f + R_p = R_f + R_{pv} + R_w \tag{7-6}$$

裸船体阻力的划分如图 7-15 所示。

- 裸船体阻力 R_t
  - 摩擦阻力 R_f
  - 压差阻力 R_p
    - 黏压阻力 R_{pv}
    - 兴波阻力 R_w
- 黏性阻力 R_v = 摩擦阻力 R_f + 黏压阻力 R_{pv}

图 7-15　裸船体阻力的划分

7.2.3　各阻力成分随航速的变化

舰艇的摩擦阻力、黏压阻力、兴波阻力占总阻力的比重受舰艇航速的影响很大。对一般的排水型舰艇而言：在低速时摩擦阻力占的比重最大；随着速度的增加，兴波阻力占比迅速增大，在高速时会超过摩擦阻力；黏压阻力一般所占的比重较小。

从阻力性能研究的角度，所谓高速船、中速船、低速船并不是根据舰艇航行速度的高低来划分的，而是根据将航速无因次化后得到的弗劳德数（Froude number）的范围来划分的。弗劳德数 Fr 的计算公式为

$$Fr = \frac{v_s}{\sqrt{gL}} \tag{7-7}$$

式中　v_s——舰艇航速，m/s；

g——重力加速度，$g=9.8\ \mathrm{m/s^2}$；

L——特征长度（一般取舰艇水线长），m。

各类船舶弗劳德数范围和对应的各阻力成分所占比重大致分布如表 7-1 所示。

表 7-1　各类船舶不同阻力成分所占比重的情况

名称		水面舰艇			潜艇		运输船
		各种辅助舰船	扫雷舰等中速舰艇	驱逐舰等高速舰艇	水面航行状态	水下航行状态	典型油槽船散装货船
裸船体阻力（R_t）	摩擦阻力（R_f）	70%	55%	35%	60%	90%	70%
	黏压阻力（R_{pv}）	10%	10%	10%	10%	10%	25%
	兴波阻力（R_w）	20%	35%	55%	30%	无	5%

续表

名　称	水面舰艇			潜艇		运输船
	各种辅助舰船	扫雷舰等中速舰艇	驱逐舰等高速舰艇	水面航行状态	水下航行状态	典型油槽船散装货船
附体阻力(R_{ap})	10%～20%	10%～15%	10%～15%	10%	30%～50%或更多	10%～15%
空气阻力(R_{aa})	<2%	≈20%	2～4%	不可计	无	2%～4%

需要注意的是，对于水下航行的潜艇，对速度的无因次表达一般不采用弗劳德数，这是因为弗劳德数在本质上是重力的相似准数，反映的是兴波相似，而潜艇处在水下航行状态时是没有兴波阻力的。并且，由于潜艇是由主艇体和指挥台围壳、艉翼、舵等多个附体组成的航行体，大尺度的附体众多，因此潜艇在水下时，附体阻力所占的比重很大。

从阻力随航速的变化关系来看，可以近似认为摩擦阻力约正比于航速的 1.83 次方，黏压阻力约正比于航速的 2 次方，兴波阻力正比于航速的 4～6 次方，即有

$$R_f \propto v_s^{1.83}$$
$$R_{pv} \propto v_s^2$$
$$R_w \propto v_s^{4\sim6}$$

某护卫舰裸船体阻力各成分随航速的变化如图 7-16 所示。

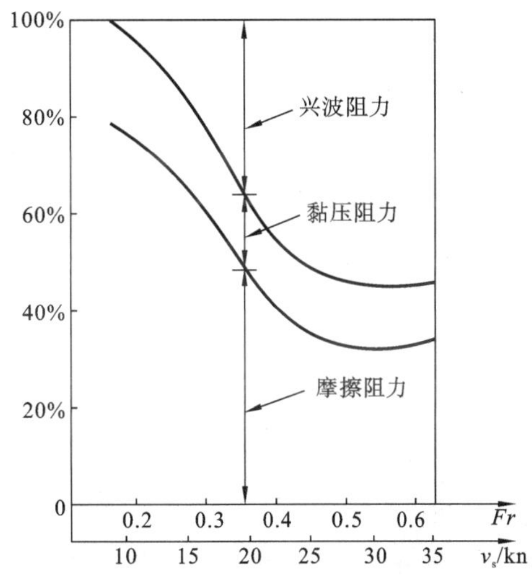

图 7-16　某护卫舰裸船体阻力各成分随航速的变化

7.3　舰艇阻力的相似律

7.3.1　弗劳德对舰艇阻力相似律的探索

如何确定舰艇在不同航速下的阻力以及达到一定航速所需要的有效功率？这个问题一直到 19 世纪中叶以后才由威廉·弗劳德(William Froude)给出了比较准确的答案。在此以前，人们也尝试采用船模试验来确定舰艇的阻力，但是由于不清楚舰艇阻力的作用规律，为了确定一艘舰艇的阻力经常需要做大量的阻力测量试验，并且所得到的结果应用到实船上时经常是错误的。弗劳德仔细研究了大量的船模阻力试验测量结果，认为舰艇阻力中有两种成分，一种是船体与水的摩擦导致的摩擦阻力，另一种是船体兴波导致的兴波阻力，并且这两种阻力成分分别服从不同的相似律。

弗劳德首次科学地探究了舰艇阻力的相似律，提出了有效的舰艇阻力预报方法，建造了船模拖曳水池，并将其建立的舰艇阻力研究的理论和试验体系向全世界推广。弗劳德对舰艇阻

力研究领域的贡献获得高度认可，他也因而被业界尊称为舰艇阻力研究之父。

弗劳德对阻力试验相似律的探索是从直观的船模兴波图像开始的。他发现，对于几何相似、尺度大小不同的船模，要想获得相同的兴波图像，大尺度的船模速度要高，小尺度的船模速度要低。这种船模速度 v 与尺度 L 的关系为

$$\frac{v}{\sqrt{L}}=C \tag{7-8}$$

或者说，尺度分别为 L_1、L_2 的两条几何相似船模，速度分别为 v_1、v_2，若有

$$\frac{v_1}{\sqrt{L_1}}=\frac{v_2}{\sqrt{L_2}} \tag{7-9}$$

则此时两条船模的兴波图像就是相同的。

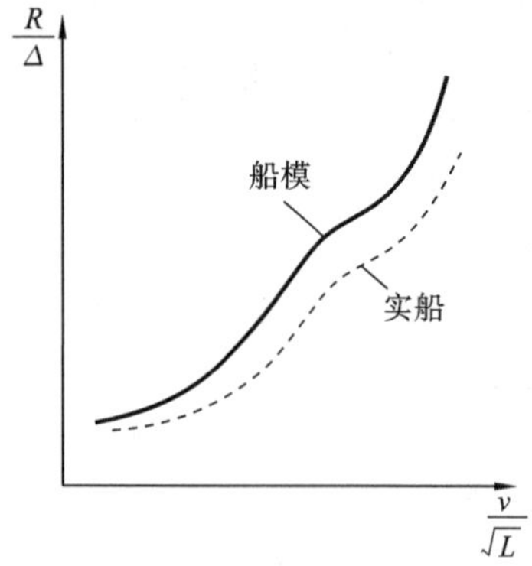

图 7-17　实船与船模单位排水量阻力的变化

因此，弗劳德认为，如果两条船模的阻力也满足“$\frac{v}{\sqrt{L}}$”相似律，则对应的速度 v 下，两船模单位排水量阻力应该相等。但是弗劳德对比了船模与实船阻力测量的结果(见图 7-17)发现，尽管船模与实船单位排水量阻力 $\frac{R}{\Delta}$ 随 $\frac{v}{\sqrt{L}}$ 变化曲线的形状有相似性，但在数值上有明显的差距。

所以，弗劳德推断：舰艇的阻力成分有两种，一种是与船体兴波相关的兴波阻力，兴波阻力服从相似律，另一种阻力成分不服从相似律。弗劳德进一步将第二种阻力描述成与水的黏性相关的摩擦阻力，并提出将两种阻力成分分别单独计算然后再相加的舰艇阻力处理方法。

由于几何相似船模的兴波阻力满足相似律，那么对于 $\frac{v}{\sqrt{L}}$ 相等的船模和实船，在不考虑水密度差异的情况下，船模和实船单位排水量兴波阻力是相等的，如果能够得到船模的兴波阻力，就可以预报相等条件下对应航速的实船兴波阻力。怎样将船模的兴波阻力大小从测量得到的船模总阻力中分离出来呢？根据弗劳德的观点，总阻力由兴波阻力和摩擦阻力两部分组成，显然兴波阻力 R_w、摩擦阻力 R_f 和总阻力 R_t 的关系为

$$R_w=R_t-R_f \tag{7-10}$$

因此，现在的重点是如何确定不服从相似律的摩擦阻力 R_f。弗劳德为了寻找计算摩擦阻力的方法，开展了一系列不同长度全浸水平板的阻力测量试验，根据试验测量结果拟合得到了摩擦阻力的计算公式：

$$R_f=f \cdot S \cdot v^n \tag{7-11}$$

式中　v——拖曳速度；

n——指数，取 $n=1.825$；

S——船体湿表面积；

f——随船模长度和表面粗糙度变化的系数，船模长度越大 f 数值越小，船模表面越粗糙 f 数值越大。

弗劳德开创的对舰艇阻力的研究方法，将阻力划分为两部分分别进行处理的思路，奠定了现代舰艇阻力研究的基础。由于弗劳德当时只是将舰艇阻力的划分为兴波阻力和摩擦阻力，忽视了黏压阻力，后人将舰艇阻力修正为剩余阻力(将黏压阻力和兴波阻力合称为剩余阻力)

和摩擦阻力。弗劳德提出几何相似船模的兴波阻力服从相似律是准确的，但是囿于当时黏性流体力学研究还不充分的实际情况，摩擦阻力计算公式并不准确。

7.3.2　弗劳德相似律

弗劳德发现几何相似船模的兴波阻力服从相似律，现在从量纲分析的角度对这一发现进行证明。

船体的兴波是一种重力波，对于几何特征一定的船体，影响其兴波阻力 R_w 的物理量是船体尺度 L、船舶速度 v、水的密度 ρ 以及重力加速度 g，兴波阻力 R_w 是关于这四个物理量的函数，即

$$R_w = f(L, v, \rho, g) \tag{7-12}$$

不同几何特征的船体具有不同的函数关系，但无论何种关系一定都是关于这四个物理量的函数。令

$$R_w = k \cdot L^a v^b \rho^c g^d \tag{7-13}$$

根据量纲分析方法，将式中各物理量的量纲用质量 M、长度 L 和时间 T 这三个基本量纲进行表达，则有：

$$\left[\frac{\mathrm{ML}}{\mathrm{T}^2}\right] = \mathrm{L}^a \cdot \left[\frac{\mathrm{L}}{\mathrm{T}}\right]^b \left[\frac{\mathrm{M}}{\mathrm{L}^3}\right]^c \left[\frac{\mathrm{L}}{\mathrm{T}^2}\right]^d \tag{7-14}$$

由基本量纲的指数，可建立方程组：

$$\begin{cases} 1 = c \\ 1 = a + b - 3c + d \\ -2 = -b - 2d \end{cases}$$

解得

$$\begin{cases} a = 2 + d \\ b = 2 - 2d \\ c = 1 \end{cases}$$

代入兴波阻力 R_w 的表达式，可得

$$R_w = k \cdot L^{2+d} v^{2-2d} \rho g^d \tag{7-15}$$

等式两边同时除以 $\rho v^2 L^2$，有

$$\frac{R_w}{\rho v^2 L^2} = k \cdot Fr^{-2d} \tag{7-16}$$

式中　Fr——弗劳德数，$Fr = \dfrac{v}{\sqrt{gL}}$；

$\dfrac{R_w}{\rho v^2 L^2}$——兴波阻力 R_w 的无因次化表达式，通常写成 $\dfrac{R_w}{\frac{1}{2}\rho v^2 S}$（$S$ 为船体湿表面积，与 L^2 量纲相同），称为兴波阻力系数。

将兴波阻力系数用 C_w 表示，即有

$$C_w = \frac{R_w}{\frac{1}{2}\rho v^2 S} \tag{7-17}$$

根据表达式(7-16)可知,几何相似、尺度不同的实船与船模,满足实船的弗劳德数与船模的弗劳德数相等时,实船与船模的兴波阻力系数相等,此即为弗劳德相似律。

设实船的船长为 L_s,船宽为 B_s,吃水为 T_s,排水体积为 V_s,航速为 v_s,实船航行水域的海水密度为 ρ_s,相似船模的船长为 L_m,船宽为 B_m,吃水为 T_m,排水体积为 V_m,船模速度为 v_m,船模试验水池的水密度为 ρ_m。实船的弗劳德数 $Fr_s=\frac{v_s}{\sqrt{gL_s}}$,船模的弗劳德数 $Fr_m=\frac{v_m}{\sqrt{gL_m}}$。当 $Fr_s=Fr_m$ 时,实船的兴波阻力系数 C_{ws} 与船模的兴波阻力系数 C_{wm} 相等。

根据实船弗劳德数与船模弗劳德数相等,得

$$\frac{v_s}{\sqrt{gL_s}}=\frac{v_m}{\sqrt{gL_m}}$$

可得

$$v_m=\sqrt{\frac{L_m}{L_s}}\cdot v_s \tag{7-18}$$

式(7-18)表明,对于与实船相似的缩尺船模,船模在速度为 $v_m=\sqrt{\frac{L_m}{L_s}}\cdot v_s$ 时的兴波阻力系数 C_{wm} 与实船在对应速度 v_s 下的兴波阻力系数 C_{wm} 相等。

实船的兴波阻力为

$$R_{ws}=\frac{1}{2}\rho_s v_s^2 S_s C_{ws} \tag{7-19}$$

相似船模的兴波阻力

$$R_{wm}=\frac{1}{2}\rho_m v_m^2 S_m C_{wm} \tag{7-20}$$

例 7-1　实船的速度为 37 kn,长度为 120 m,在水池中开展相似船模的阻力拖曳试验,船模比例尺为 1∶30,要求船模与实船满足弗劳德相似条件,问:船模在水池中的速度应为多少?

解　要求船模与实船满足弗劳德相似条件,则实船与船模的弗劳德数相等。

设实船的弗劳德数为 Fr_s,船模的弗劳德数为 Fr_m,其表达式分别为

$$Fr_s=\frac{v_s}{\sqrt{gL_s}},\quad Fr_m=\frac{v_m}{\sqrt{gL_m}}$$

又因为 $Fr_s=Fr_m$,所以有

$$\frac{v_s}{\sqrt{gL_s}}=\frac{v_m}{\sqrt{gL_m}}$$

$$v_m=\sqrt{\frac{L_m}{L_s}}\cdot v_s=\sqrt{\frac{1}{30}}\cdot 37\ \text{kn}=6.76\ \text{kn}$$

7.3.3　雷诺相似律

几何特征一定的舰艇,仅就其黏性阻力 R_v 而言,与之相关的物理量是船体尺度 L、船舶速度 v、水的密度 ρ 以及黏度(用运动黏度 ν 表达),而不计重力和兴波的影响,可将黏性阻力写成如下的表达式:

$$R_v=k\cdot L^a v^b \rho^c \nu^d \tag{7-21}$$

根据量纲分析方法,将式中各物理量的量纲用质量 M、长度 L 和时间 T 三个基本量纲进

行表达，则有

$$\left[\frac{\mathrm{ML}}{\mathrm{T}^2}\right]=\mathrm{L}^a\cdot\left[\frac{\mathrm{L}}{\mathrm{T}}\right]^b\left[\frac{\mathrm{M}}{\mathrm{L}^3}\right]^c\left[\frac{\mathrm{L}^2}{\mathrm{T}}\right]^d \tag{7-22}$$

由基本量纲的指数，可建立方程组：

$$\begin{cases}1=c\\1=a+b-3c+2d\\-2=-b-d\end{cases}$$

解得

$$\begin{cases}a=2-d\\b=2-d\\c=1\end{cases}$$

代入黏性阻力 R_v 的表达式可得

$$R_v=k\cdot L^{2-d}v^{2-d}\rho\nu^d \tag{7-23}$$

等式两边同时除以 ρv^2L^2，有

$$\frac{R_v}{\rho v^2L^2}=k\cdot(Re)^{-d} \tag{7-24}$$

式中　Re——雷诺数，$Re=\dfrac{vL}{\nu}$；

$\dfrac{R_v}{\rho v^2L^2}$——黏性阻力 R_v 的无因次化表达式，通常写成$\dfrac{R_v}{\frac{1}{2}\rho v^2S}$（$S$ 为船体湿表面积，与 L^2 量纲相同），称为黏性阻力系数。

将黏性阻力系数用 C_v 表示，则有

$$C_v=\frac{R_v}{\frac{1}{2}\rho v^2S} \tag{7-25}$$

根据表达式可知，几何相似、尺度不同的实船与船模，满足实船的雷诺数与船模的雷诺数相等的条件时，实船与船模的黏性阻力系数相等，此即为雷诺相似律。

设实船的船长为 L_s，船宽为 B_s，吃水为 T_s，排水体积为 V_s，航速为 v_s，实船航行水域的海水密度为 ρ_s，海水的运动黏度为 ν_s，相似船模的船长为 L_m，船宽为 B_m，吃水为 T_m，排水体积为 V_m，船模速度为 v_m，船模试验水池的水密度为 ρ_m，水的运动黏度为 ν_m。实船的雷诺数 $Re_s=\dfrac{v_sL_s}{\nu_s}$，船模的雷诺数 $Re_m=\dfrac{v_mL_m}{\nu_m}$。当 $Re_s=Re_m$ 时，实船的黏性阻力系数 C_{vs} 与船模的黏性阻力系数 C_{vm} 相等。

要满足实船的雷诺数 Re_s 与船模的雷诺数 Re_m 相等，则有

$$\frac{v_sL_s}{\nu_s}=\frac{v_mL_m}{\nu_m} \tag{7-26}$$

$$v_m=\frac{\nu_mL_s}{\nu_sL_m}v_s \tag{7-27}$$

由于海水与淡水的运动黏度差别很小，所以

$$v_m\approx\frac{L_s}{L_m}v_s \tag{7-28}$$

此时实船的黏性阻力为

$$R_{vs}=\frac{1}{2}\rho_s v_s^2 S_s C_{vs} \tag{7-29}$$

相似船模的黏性阻力为

$$R_{vm}=\frac{1}{2}\rho_m v_m^2 S_m C_{vm} \tag{7-30}$$

$$C_{vs}=C_{vm} \tag{7-31}$$

但是,在利用缩尺船模进行水池拖曳阻力试验的过程中,要使船模的航速满足 $v_m=\frac{L_s}{L_m}\cdot v_s$ 是比较困难的。

例 7-2 实船的速度为 37 kn,长度为 120 m,在水池中开展相似船模的阻力拖曳试验,船模比例尺为 1∶30,要求船模与实船满足雷诺相似条件,问:船模在水池中的速度应为多少?(假设温度为 15 ℃)

解 要求船模与实船满足雷诺相似条件,则实船与船模的雷诺数相等。

设实船的雷诺数为 Re_s,船模的雷诺数为 Re_m,其表达式分别为

$$Re_s=\frac{v_s L_s}{\nu_s},\quad Re_m=\frac{v_m L_m}{\nu_m}$$

查资料可知,15 ℃时,淡水的运动黏度为 $1.139\times10^{-6}\ \mathrm{m^2/s}$,海水的运动黏度为 $1.1883\times10^{-6}\ \mathrm{m^2/s}$。

因为要求 $Re_s=Re_m$,所以有

$$\frac{v_s L_s}{\nu_s}=\frac{v_m L_m}{\nu_m}$$

$$v_m=\frac{\nu_m L_s}{\nu_s L_m}v_s=\frac{1.139\times10^{-6}}{1.1883\times10^{-6}}\times30\times37\ \mathrm{kn}=1063.9\ \mathrm{kn}$$

可见,缩尺船模要达到与实船雷诺数相等,其拖曳速度需极高,所以在一般情况下,在试验水池中开展相似船模的阻力拖曳试验都难以满足实船与船模的雷诺相似条件。

7.3.4 全相似律

航行中的舰艇遭受的阻力既有与重力和兴波相关的兴波阻力,又有与黏性相关的黏性阻力。几何特征一定的舰艇,与其总阻力相关的物理量有船体尺度 L、船体航速 v、水的密度 ρ 以及黏度(用运动黏度 ν 表达)以及重力加速度 g,将总阻力写成如下的表达式:

$$R=k\cdot L^a v^b \rho^c \nu^d g^e \tag{7-32}$$

同样,经过量纲分析可得:

$$R=\rho L^2 v^2\cdot f(Re,Fr) \tag{7-33}$$

可见,几何相似、尺度不同的实船与船模,能同时满足实船的雷诺数与船模的雷诺数相等、实船的弗劳德数与船模的弗劳德数相等时,实船与船模的总阻力系数相等,此即为全相似律。

设实船的船长为 L_s,船宽为 B_s,吃水为 T_s,排水体积为 V_s,航速为 v_s,实船航行水域的海水密度为 ρ_s、海水的运动黏度为 ν_s,相似船模的船长为 L_m,船宽为 B_m,吃水为 T_m,排水体积为 V_m,船模速度为 v_m,船模试验水池的水密度为 ρ_m,水的运动黏度为 ν_m。实船的雷诺数 $Re_s=$

$\frac{v_s L_s}{\nu_s}$，船模的雷诺数 $Re_m=\frac{v_m L_m}{\nu_m}$，实船的弗劳德数 $Fr_s=\frac{v_s}{\sqrt{gL_s}}$，船模的弗劳德数 $Fr_m=\frac{v_m}{\sqrt{gL_m}}$。

当 $Re_s=Re_m$ 时，实船的黏性阻力系数 C_{vs} 与船模的黏性阻力系数 C_{vm} 相等。当 $Fr_s=Fr_m$ 时，实船的兴波阻力系数 C_{ws} 与船模的兴波阻力系数 C_{wm} 相等。

根据 $Re_s=Re_m$ 并且 $Fr_s=Fr_m$ 可得：

$$\begin{cases}\dfrac{v_s L_s}{\nu_s}=\dfrac{v_m L_m}{\nu_m}\\[2ex]\dfrac{v_s}{\sqrt{gL_s}}=\dfrac{v_m}{\sqrt{gL_m}}\end{cases}$$

化简得

$$\begin{cases}\dfrac{L_m}{L_s}=\left(\dfrac{\nu_m}{\nu_s}\right)^{\frac{2}{3}}\\[2ex]\dfrac{v_m}{v_s}=\left(\dfrac{\nu_m}{\nu_s}\right)^{\frac{1}{3}}\end{cases} \tag{7-34}$$

例 7-3　实船的速度为 37 kn，长度为 120 m，在水池中开展相似船模的阻力拖曳试验，要求船模与实船满足全相似条件，问：船模的尺度应为多少？在水池中的速度应为多少？（假设温度为 15 ℃）

解　要求船模与实船满足全相似条件，则要求船模与实船满足弗劳德数和雷诺数对应相等的条件。查资料可知，15 ℃时，淡水的运动黏度为 $1.139\times10^{-6}\ m^2/s$，海水的运动黏度为 $1.1883\times10^{-6}\ m^2/s$。由式(7-34)得

$$\frac{v_m}{v_s}=\left(\frac{\nu_m}{\nu_s}\right)^{\frac{1}{3}}$$

$$v_m=36.5\ kn$$

同时有

$$\frac{L_m}{L_s}=\left(\frac{\nu_m}{\nu_s}\right)^{\frac{2}{3}}$$

得

$$L_m=116.7\ m$$

即船模在水池中的速度为 $v_m=36.5$ kn，船模尺度 $L_m=116.7$ m，此时船模尺度太大，速度太高，且都与实船相当，无法在现有的试验水池中开展拖曳试验。

综上所述，一般情况下，在试验水池中开展相似船模的阻力拖曳试验难以满足全相似条件和雷诺相似条件，而较容易满足弗劳德相似条件。

7.4　舰艇快速性的研究方法

船舶作为水上运载工具具有非常悠久的历史，人们关注船舶阻力和船舶推进的历史也同样悠久，但是人们将船舶快速性作为一个有一定体系的专门学科领域进行专门研究只有一百多年的历史。

由于舰艇是依托水这种流体介质来实现漂浮和航行的，舰艇的阻力性能、推进器水动力性能主要反映的是船体、推进器与水介质的相互作用规律，所以对舰艇阻力与舰艇推进器水动力学的研究是以流体力学为基础的。

舰艇在海洋上航行，船体会受到阻力，舰艇的推进器需要产生推力抵抗船体阻力，从而使舰艇达到一定的航速。可见，舰艇阻力与舰艇推进是耦合地、矛盾地存在于舰艇快速性中的，研究舰艇快速性应该将舰艇阻力与舰艇推进综合起来研究，但是考虑到研究的方便性和可行性，目前对舰艇快速性还是先分别研究孤立船体的阻力性能、孤立推进器的水动力性能，然后研究推进器安装在船上工作时二者的相互干扰。这种研究思路虽然是对船体-推进器耦合水动力性能的一种割裂，但是实践表明，其能够满足工程应用的要求，所以得到了广大研究者的一致认可。

目前，无论是对舰艇阻力性能的研究，还是对舰艇推进器水动力性能，以及船体与推进器相互干扰的研究，相应的研究方法都可以分为理论方法、数值计算方法和试验方法。

(1) 理论方法　理论方法对于舰艇兴波阻力和推进器推力、扭矩等的求解具有很大的方便性，在以达到最小兴波阻力为目标的舰艇船型优化和舰艇螺旋桨设计等方面有很强的应用优势，但在准确计及黏性影响、显示船体和推进器流场中的精细结构方面存在明显的欠缺。

(2) 数值计算方法　数值计算方法是以求解描述流体运动和受力的普适性方程——纳维-斯托克斯(Navier-Stockes)方程为基础，结合船体、推进器的边界条件和实际工况，对船体、推进器周围的三维流场中各点的速度、压力等物理量进行全场计算，从而不仅可以得到作用在船体、推进器上各项总的水动力，还能够获得流场中任何位置的流场细节。在求解纳维-斯托克斯方程的过程中，针对不同的问题，需要进一步采用不同的方法。有的需要结合自由面模型模拟水气界面兴波；有的需要结合高精度湍流模型计算流场细节的非定常发展演化；有的需要结合刚体运动模型反映船体在水动力作用下的自由运动；等等。随着计算机软硬件技术的发展和船舶流体力学数值计算方法、计算模型的进步，各种界面友好、使用方便的流体力学数值计算软件被开发出来，为舰艇阻力、舰艇推进器水动力性能研究提供了功能强大的专业工具，使得数值计算方法在舰艇快速性研究中的应用越来越广泛。目前，数值计算方法的不足主要表现在两个方面：一是计算结果的准确性需要被确认。现在即使是一些大型的专业软件，尽管其自动化程度已经很高，在运用专业软件进行舰艇阻力、推进器水动力和流场模拟计算时，也仍然需要大量的人工干预，特别是在前处理方式、计算模型选取上，不同的人有不同的认识，或者同一人对不同的计算问题也需要依据自己的主观判断对计算进行干预，这些非标准但又必不可少的人工干预会对计算结果产生影响，因此在采用数值计算方法研究具体的舰艇快速性问题时必须首先对计算结果的精度进行确认。二是目前的数值计算方法主要用于计算预报而难以直接进行设计。即在给定船体外形、给定推进器形状条件下能够很方便地计算得到其在一定工况下的水动力特性，但是要直接自动基于最小阻力目标进行船型优化，或者基于船体航速要求进行推进器设计目前还比较困难。

(3) 试验方法　无论是从历史还是从现在的情况来看，船模试验或者说在理论指导下的船模试验对舰艇快速性的设计、评估、预报都起到了极其重要的作用，它也是舰艇快速性研究中不可或缺的方法手段。从重要性上讲，船模试验设施的条件水平可以很好地反映舰艇水动力学研究的能力水平。在舰艇快速性研究的范畴中，主要的试验包括船模静水阻力拖曳试验、推进器水动力性能试验、推进器空泡与噪声测量试验、船模自航试验等，主要的试验设施有拖曳水池、空泡水洞，此外还有相应的测力天平、动力仪、自航仪等设备。运用试验方法研究舰艇的快速性的优势在于：关于舰艇快速性的船模试验方法经过百余年的实践应用检验，已形成了受业界认可的标准规范，在标准规范的指导下获得的试验结果直观可靠、准确度高，是评价舰艇快速性设计与优化结果的主要手段，也可以作为检验理论研究和数值计算结果的依据。其有三点不足：一是试验需要依托专门的试验设施设备进行；二是相对理论研究和数值计算而言，从试验模型设计加工、试验准备到试验完成需要投入较多的人力物力和时间；三是试验模型的尺寸有限，与实物尺度相差巨大，也无法满足全相似条件，存在尺度效应，导致模型试验结果可能无法直接应用到实船上。

可见，可用于舰艇快速性研究的理论方法、数值计算方法、模型试验方法都有各自的特点和优势，也有其缺点，在舰艇快速性研究的进程中，这三种方法互为补充，也相互促进，共同提高，不断促进舰艇快速性的研究持续向前发展。

思　考　题

1. 影响舰艇快速性的因素主要有哪些？
2. 推进器的功能是什么？
3. 裸船体的静水阻力可以分为哪几类？
4. 船模阻力试验中，弗劳德相似的意义是什么？
5. 在船模阻力试验中，为什么难以满足雷诺相似和全相似条件？

第 8 章　舰艇阻力成因与计算

在 19 世纪中叶弗劳德首次提出将舰艇阻力分为摩擦阻力和兴波阻力，并且提出将其分别单独计算然后再相加的处理方法后，舰艇阻力研究的体系才逐渐发展起来并形成一门科学。对舰艇阻力按成因分类分别进行研究仍然是目前舰艇阻力研究的基本思路。

8.1　摩擦阻力

8.1.1　流体的黏性与边界层

1. 流体的黏性与黏性切应力

黏性是实际流体的基本属性之一。人们从自然界的许多现象中很早就对流体的黏性有了直观的认识。牛顿设计了两块平板在流体中相对运动的试验（见图 8-1，图中 y 方向是平板的法线方向），用来测量物体表面的流体黏性切应力与流体速度在物体表面法向上梯度的关系，得到切应力 τ 与流体速度法向梯度的关系式：

$$\tau=\mu\cdot\frac{\partial u(y)}{\partial y} \tag{8-1}$$

式中　τ——切应力，N/m^2；

μ——流体的动力黏度，$N\cdot s/m^2$；

$u(y)$——流体沿 x 轴方向的运动速度，m/s；

$\frac{\partial u(y)}{\partial y}$——流体速度法向梯度（速度在平板法线方向上的变化率），1/s。

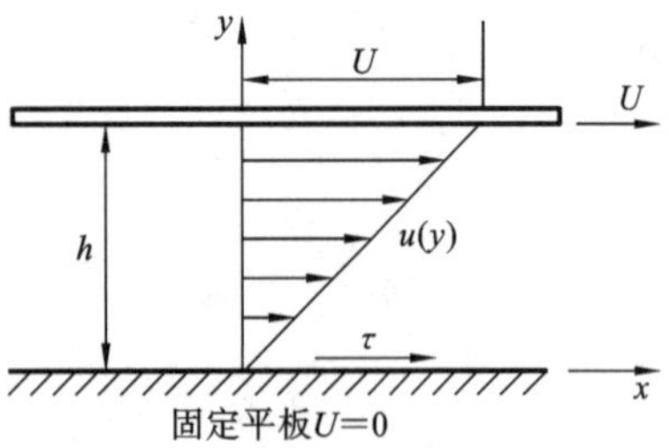

图 8-1　流体黏性切应力测量试验

若在切应力的计算公式中动力黏度 μ 不随流体速度法向梯度的大小而变化，则这种流体称为牛顿流体。舰艇航行接触的空气和水（包括海水、淡水）都属于牛顿流体。

2. 边界层

1）边界层的概念

1904 年，普朗特提出了在黏性流体中运动物体表面边界层的概念，认为流体的黏性主要体现在离物体与流体接触表面不远的一薄层之内，在薄层之外，黏性的影响可以忽略，此薄层即为边界层。

2）平板边界层

当来流以一定的速度 U_0 流经沿流向布置的平板（见图 8-2）时，受黏性的影响，平板表面流体的速度为零，沿平板的法线流速逐渐增大，直至到达某一距离 δ 处，流速与来流速度相等，此处可以认为是平板法向上黏性影响结束的位置，以此位置为分界线，在分界线以内的区域为边界层区域，必须要考虑黏性的影响，在分界线以外的区域为外部势流区，可以忽略黏性的影响。δ 称为边界层的厚度。

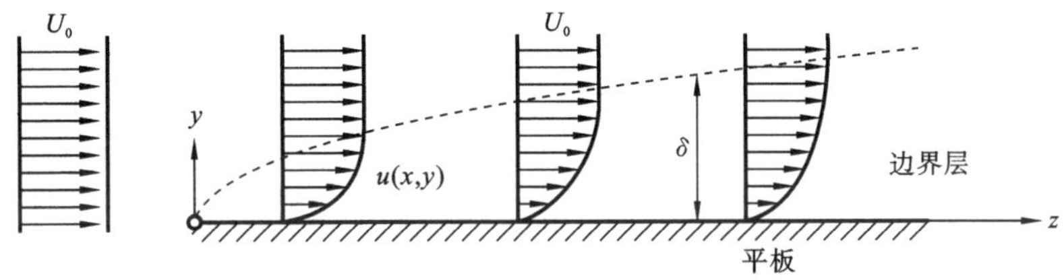

图 8-2　平板边界层

由于严格按流速达到来流速度 U_0 的位置来确定边界层的厚度可能很大，所以一般都是按流速达到 99%的来流速度 U_0 的位置确定边界层的厚度。在平板表面沿流向不同的位置，边界层的厚度不同，边界层内的流动状态也可能不同。

在平板的前端部，边界层内的流体呈现出分层流动的状态，边界层厚度沿流动方向增长较慢，此阶段为层流边界层；而经过一段距离后，边界层内的流体质点不再规则地分层流动，而是相互掺杂、相互碰撞，虽然整体上还是沿流动方向运动，但存在各方向上不规则的扰动，且边界层厚度沿流动方向增长较快，此阶段为湍流边界层。在层流边界层与湍流边界层之间存在一段过渡区，称之为转捩区，如图 8-3 所示。

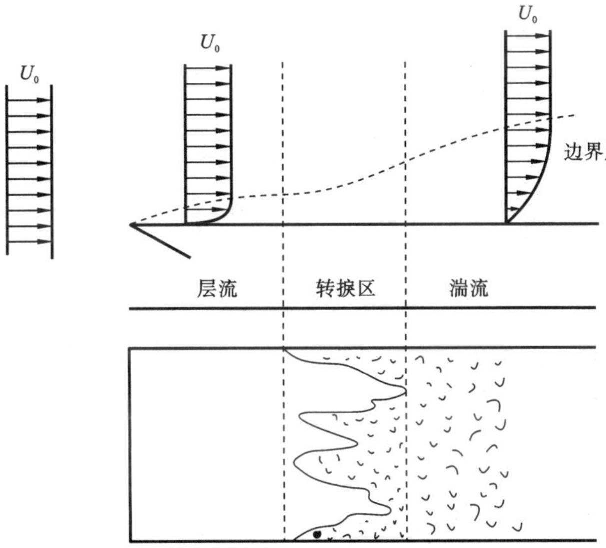

图 8-3　边界层流态的转变

平板上某点处边界层的流态主要由该点处的局部雷诺数决定。局部雷诺数的表达式为

$$Re_x=\frac{U_0 x}{\nu} \tag{8-2}$$

式中　U_0——前方无干扰来流的速度，m/s；

x——某点至平板前端点的距离，m；

ν——流体的运动黏度，m^2/s。

研究表明，边界层内流态与局部雷诺数有如下对应关系：

(1) 层流状态下，$Re_x<(3.5\sim5.0)\times10^5$；

(2) 转捩状态下，$(3.5\sim5.0)\times10^5<Re_x<3.0\times10^6$；

(3) 湍流状态下，$Re_x>3.0\times10^6$。

根据平板边界层理论还可确定平板上某点处边界层厚度。

层流边界层厚度为

$$\delta=5.2Re_x^{-\frac{1}{2}}x \tag{8-3}$$

湍流边界层厚度为

$$\delta=\frac{0.0598}{\lg Re_x-3.107}\cdot x \tag{8-4}$$

可见：当来流速度一定时，平板上离前端点远的位置处，边界层的厚度大；当平板上某点离前端点的位置一定时，来流速度越大，该点处的边界层厚度越小。

8.1.2 平板摩擦阻力

根据平板边界层理论，流体流过平板表面时，由于黏性的作用，在平板表面与流体接触区域中会形成边界层，边界层内从底部沿平板法向向外流体速度从零逐渐增加。根据牛顿内摩擦定律，平板表面受到的局部摩擦切应力为

$$\tau=\mu\cdot\frac{\partial u(y)}{\partial y}\bigg|_{y=0} \tag{8-5}$$

式中下标 $y=0$ 表示位于平板的表面上。

将平板每处的局部摩擦应力在整个平板表面积分就得到整个平板所受到的总的摩擦阻力 R_f，即

$$R_f=\int_s\tau\cdot ds \tag{8-6}$$

在工程应用上，比较普遍的是采用无因次的摩擦阻力系数 C_f 来计算摩擦阻力：

$$C_f=\frac{R_f}{\frac{1}{2}\rho U_0^2 S} \tag{8-7}$$

式中 ρ——流体的密度，kg/m^3；

U_0——前方无干扰来流速度，m/s；

R_f——摩擦阻力，N；

S——平板与流体接触的表面积，m^2。

根据式(8-7)可得摩擦阻力的表达式为

$$R_f=\frac{1}{2}\rho U_0^2 SC_f \tag{8-8}$$

以一长度为 a、宽度为 b，沿来流方向放置的平板为例，按式(8-6)计算摩擦阻力为 $R_f=\int_0^a\tau dx\cdot b$，代入式(8-7)可得：

$$C_f=\frac{\int_0^a\tau dx\cdot b}{\frac{1}{2}\rho U_0^2 ab}=\frac{1}{a}\int_0^a\frac{\tau}{\frac{1}{2}\rho U_0^2}dx \tag{8-9}$$

令 $C_\tau=\dfrac{\tau}{\frac{1}{2}\rho U_0^2}$，则

$$C_f = \frac{1}{a}\int_0^a C_\tau \mathrm{d}x \tag{8-10}$$

C_τ 称为局部摩擦阻力系数。可见，C_f 是局部摩擦阻力系数在整个平板长度范围内的平均值。

从局部摩擦切应力的表达式可以看出，平板表面的流体速度法向梯度大小决定了局部摩擦切应力的大小。从边界层内流态来看，层流边界层内流体的分层流动比较规则，而湍流边界层内各层流体质点相互掺杂影响，产生动量交换，所以流体速度的分布较层流边界层更丰满；层流边界层内流体速度和湍流边界层内流体速度沿法向的分布分别如图 8-4(a)、(b)所示。

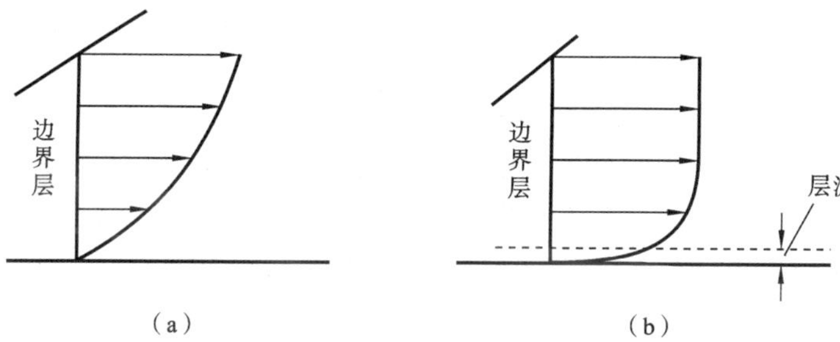

图 8-4　层流与湍流边界层内流体速度沿法向的分布

可见，在相同的来流条件下，处于湍流边界层中的平板表面速度法向梯度 $\left.\frac{\partial v_x}{\partial y}\right|_{y=0}$ 大于处于层流边界层中的平板表面速度法向梯度，其相应的局部摩擦切应力也大。

在平板边界层内流体的流态一定时，若保持来流速度不变，随着 x 的增大，局部雷诺数增大，根据边界层厚度计算公式，边界层厚度也增大，使边界层内流体速度沿平板法向分布的丰满程度下降，从而导致流体速度法向梯度有所减小，所以局部摩擦切应力 τ 减小，局部摩擦阻力系数 C_τ 也减小。即沿来流布置的平板，无论是在层流边界层范围内还是在湍流边界层范围内，局部摩擦阻力系数 C_τ 都是随 x 的增大而减小的，而平均的摩擦阻力系数 C_f 大于平板末端处的局部摩擦阻力系数。

沿来流放置的光滑平板受到的黏性阻力就是平板表面的摩擦阻力，但是对于舰艇或潜艇表面这样的有曲率的表面，黏性阻力的情况更复杂一些。

8.1.3　船体摩擦阻力和阻力系数的计算方法

弗劳德最早提出了将船体的摩擦阻力用同速度、同长度、同湿表面积的相当平板摩擦阻力来代替并计算。为了得出摩擦阻力的计算方法，弗劳德在托基的船模拖曳水池中开展了一系列的平板摩擦阻力试验。试验用的平板长度范围从 10～50 ft(1 ft=0.3048 m)不等，平板表面采用虫胶清漆、石蜡、锡纸等多种不同的材料，以反映船体表面涂层和粗糙度的影响。每块平板浸深为 19 in(1 in=25.4 mm)，厚度为 3/16 in，边缘都经过了倒圆角处理。经过系列平板试验，弗劳德提出了摩擦阻力的计算公式：

$$R_f = f \cdot S \cdot v^{1.825} \tag{8-11}$$

式中　S——平板的总面积，m^2；

f——平板的摩擦阻力系数；

v——平板速度，m/s。

这个公式曾经长期在国际上被广泛采用，但是此公式最早出现在普朗特提出边界层理论

(1904 年)之前,也出现在雷诺提出表征流体黏性影响的雷诺数概念(1883 年)之前,所以此公式没有从平板层流边界层、湍流边界层的本质去分析平板的摩擦阻力。但是弗劳德在试验中考虑了平板表面不同的材料和粗糙度,实践也证明该公式可以看成是计及了粗糙度的影响的,所以被广泛采用。

普朗特提出边界层理论后,人们才认识到边界层内壁面处流体速度法向梯度大小决定了局部切应力的大小,将平板上各处局部切应力积分就得到整个光滑平板总的摩擦阻力,而边界层内流体的法向速度分布又是由边界层内流体的流态和当地雷诺数大小决定的。由 8.1.2 节内容可知,整个平板的摩擦阻力可以采用无因次的平板摩擦阻力系数来计算:

$$R_f=\frac{1}{2}\rho U_0^2 SC_f$$

许多研究者开展了光滑平板摩擦阻力系数的研究工作,提出了一些受认可的光滑平板摩擦阻力系数的表达式。下面介绍几个有代表性的光滑平板摩擦阻力系数公式。

(1) 勃拉齐层流边界层平板摩擦阻力系数公式,即

$$C_f=1.328Re^{-1/2} \tag{8-12}$$

此公式适用于平板的边界层为层流边界层时平板摩擦阻力系数的计算。由于舰艇的尺度大、航速高,舰艇表面的边界层处于湍流边界层状态,所以该公式并不适用于舰艇摩擦阻力系数的计算。

(2) 柏兰特-许立汀湍流边界层平板摩擦阻力系数公式,即

$$C_f=0.455/(\lg Re)^{2.58} \tag{8-13}$$

此公式适用于平板的边界层为湍流边界层时平板摩擦阻力系数的计算,在国际上有比较广泛的应用。

(3) 桑海湍流边界层平板摩擦阻力系数公式,即

$$\frac{0.242}{\sqrt{C_f}}=\lg(Re\cdot C_f) \tag{8-14}$$

此公式是根据湍流边界层内速度沿平板法向按对数分布的假设,结合平板阻力试验结果而得到的,在 $1\times10^6<Re<1\times10^9$ 的范围内,该公式可以转化为

$$C_f=\frac{0.4631}{(\lg Re)^{2.6}} \tag{8-15}$$

(4) 休斯湍流边界层平板摩擦阻力系数公式。

休斯认为在拟合平板摩擦阻力系数计算公式的测量试验中,使用的平板都是宽度有限的三维平板,三维效应会使得测量的摩擦阻力系数结果偏大。休斯将试验结果经过修正后得到了适用于计算无限宽度的二维湍流边界层平板摩擦阻力系数公式:

$$C_f=\frac{0.066}{(\lg Re-2.03)^2} \tag{8-16}$$

(5) 1957 年国际船模试验池实船-船模换算公式(ITTC-57 公式)。

上述的湍流平板层摩擦阻力系数公式具有不同的形式,在计算船舶摩擦阻力时计算结果必然存在差异,1957 年召开的国际船模试验池会议(International Towing Tank Conference, ITTC)专门针对船舶摩擦阻力的计算以及缩尺船模阻力到实船阻力换算的问题,提出了船模和实船相当平板摩擦阻力系数的计算公式:

$$C_f=\frac{0.075}{(\lg Re-2)^2} \tag{8-17}$$

此公式的作用主要是用于缩尺船模阻力到实船阻力换算，所以称为 1957 年国际船模试验池实船-船模换算公式，常简称为 ITTC-57 公式。

应用以上五种公式计算得到的不同雷诺数下的平板摩擦阻力系数的计算结果对比如图 8-5 所示。

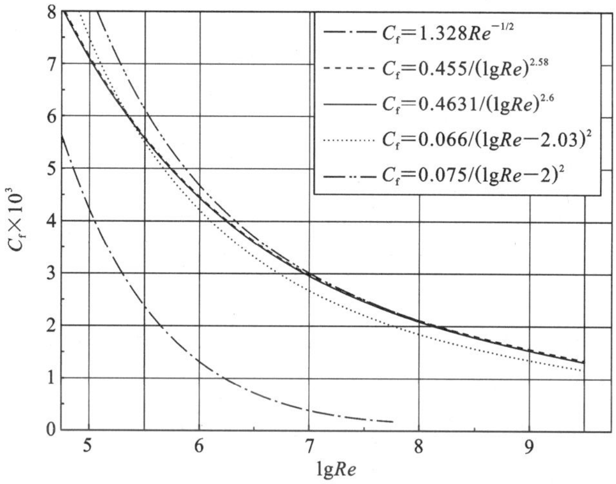

图 8-5　各种平板摩擦阻力系数计算公式结果的对比

实际船体的浸湿表面并不是平板，船体表面存在纵向曲率和横向曲率(见图 8-6)，使得实际船体的边界层流动和摩擦阻力与同速度、同长度、同湿表面积的相当平板的摩擦阻力有一定的差异。

图 8-6　舰艇水下船体表面

船体表面曲率的存在会导致当地船体摩擦阻力系数与同雷诺数的当地光滑平板摩擦阻力系数不一致，由于全船水下船体表面的横向、纵向曲率变化复杂，要准确计算整个船体曲率对摩擦阻力系数的影响十分困难，而研究表明曲率引起的摩擦阻力系数的变化并不大，所以一般并不针对曲率的影响单独进行计算，而是在船模向实船阻力换算中合并处理。

8.1.4　粗糙度补贴系数

船体漆面不可能绝对光滑，局部有凸起的焊缝，即存在粗糙度。为计及船体表面粗糙度对摩擦阻力系数的影响，一般的处理方法是在相当平板光滑摩擦阻力系数 C_f 的基础上再增加一项粗糙度补贴系数 ΔC_f。粗糙度补贴系数 ΔC_f 的取值通常依据经验或者按习惯给出，如图 8-7 所示。

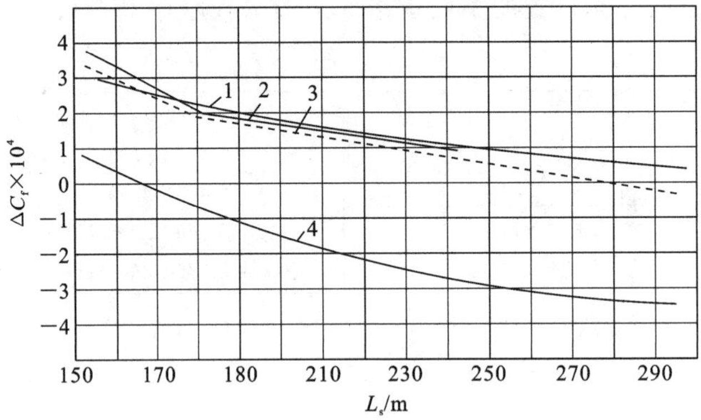

图 8-7　C_f 按不同公式计算时粗糙度补贴系数的取值

1—C_f 按 ITTC-57 公式(英国)；2—C_f 按桑海公式(瑞典)；
3—C_f 按桑海公式(荷兰)；4—C_f 按桑海公式(日本)

在我国，一般对水面舰艇和处于水面状态的潜艇取 $\Delta C_f=0.4$，对处于水下状态的潜艇取 $\Delta C_f=0.6$；在计入流水孔的影响时，对处于的水面状态潜艇取 $\Delta C_f=0.6$，对处于水下状态的潜艇取 $\Delta C_f=1.2\sim1.4$。

图 8-7 所示是国外使用的 ΔC_f 随船长的变化曲线。从该图可以看出，各国使用的 ΔC_f 都不尽相同，并且随着船长的增加，ΔC_f 逐渐减小，甚至变成负值。原因是：ΔC_f 的数值是各国舰艇阻力研究单位通过对船模试验与实船试验大量的数据对比、归纳、拟合得到的经验数据，粗糙度补贴系数在本质上起到了补偿从船模试验换算实船阻力值过程中误差的功能，这种误差不仅仅是粗糙度引起的，还包括平板摩擦阻力系数计算的误差、尺度效应带来的误差，以及其他各种误差等等，所以采用不同的实船阻力换算方法会有不同的修正补贴系数。并且，随着船长的增大 ΔC_f 数值减小并不就意味着粗糙度的影响随船长的增大而减小，而可能说明的是所使用的基于船模试验结果换算得到实船阻力的方法在较大船长情况下获得的实船阻力系数偏高，需要采用较小的 ΔC_f 进行修正才符合实际，这种修正值在超长船舶上还可能为负值。可见，ΔC_f 名义上称为粗糙度补贴系数，而实质上是船模-实船阻力换算补贴系数。

8.2　黏压阻力

8.2.1　黏压阻力的成因

黏压阻力是物体在水中运动时的压差阻力，这种阻力也是水的黏性导致的。法国物理学家、数学家让·勒朗·达朗贝尔于 1752 年发表了论文《流体阻力的一种新理论》，在该论文中他运用流体动力学理论推导得出了这样的结论：物体在大范围的静止或匀速流动的不可压缩、无黏性流体中做等速运动时，它所受到的外力之和为零。此结论即为著名的达朗贝尔佯谬。此结论看似与现实中的实际情况相悖，但其实是正确的。因为达朗贝尔佯谬中所指的流体是无黏性的理想流体，物体在静止的理想流体中匀速运动时既不会受到摩擦阻力，也不会受到黏压阻力，而现实中实际流体都是有黏性的，物体在有黏性的流体中运动必然会受到阻力。

1. 绕过流线型物体的流动

当水流绕过流线型物体流动时，其流场可以划分为边界层区、尾流区和外部势流区三个部分，如图 8-8 所示。在边界层内，流速由壁面的零值沿壁面法向迅速增加到外部势流的速度值，流体沿壁面法向的速度梯度很大。与平板边界层一样，物体壁面上也会产生摩擦切应力，切应力在流动方向上的分量沿整个物体表面积分即得到物体总的摩擦阻力。

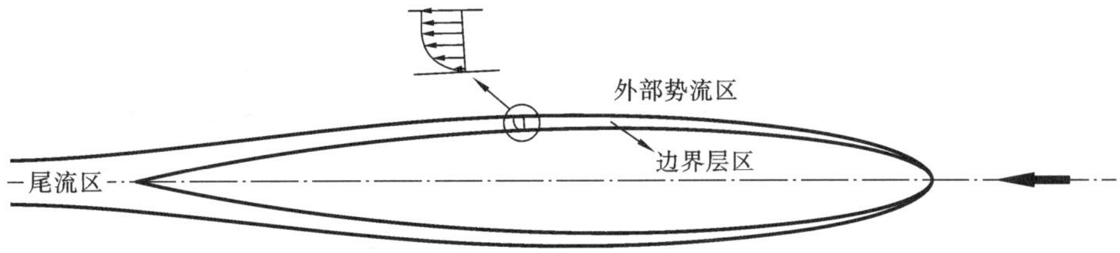

图 8-8　流线型物体表面边界层

边界层对流线型物体影响的第二个方面是会改变物体表面的压强分布。

如果是无黏性的理想流体，当绕过流线型物体时(见图 8-9(a))，根据流体力学的知识，在物体的最前端 A 点，流体速度为零，压强最大。在从 A 点到最大厚度点 B 点流动的过程中，速度逐渐增大，压强逐渐减小，流体流动为顺压强梯度流动；从最大厚度点 B 点向后端 C 点的流动过程中，速度逐渐减小，压强逐渐增大，流体流动为逆压强梯度流动，流体在后端 C 点速度刚好减为零，压强与最前端 A 点的压强相等。整个物体表面的相对压强(相对于远前方来流无扰动压强的变化量)分布如图 8-9(b)中曲线所示，此时，物体表面各点压力在流动方向上的分量沿整个物体表面的积分为零(物体前半部分受到的流体压力是向后的，物体后半部分受到的流体压力是向前的，对于理想无黏性流体，二者大小相等，相互抵消，合压力等于零)，因此物体所受到的阻力为零。

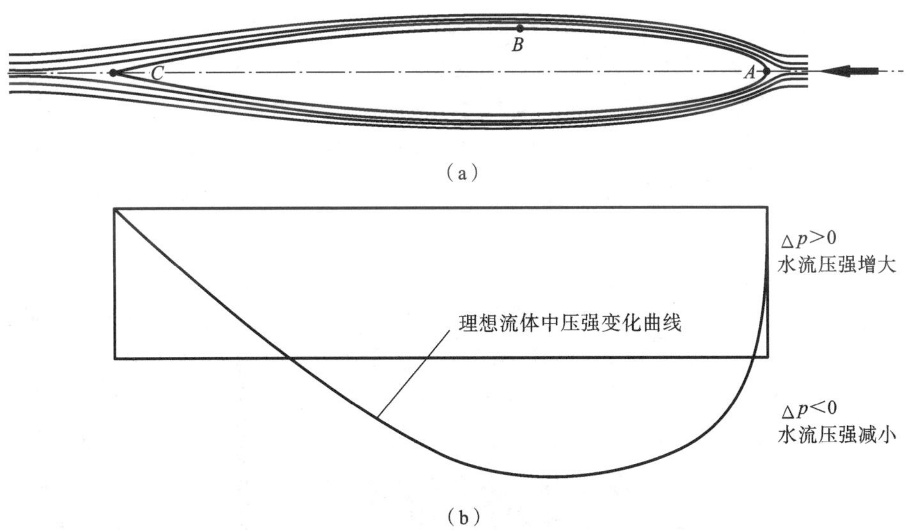

图 8-9　理想流体中流线型物体的绕流与压强分布

但是在实际流体中，物体表面会形成边界层，边界层内流体黏性会影响流体的绕流运动，如图 8-10 所示。

在黏性的影响下，流体从前端点 A 向最大厚度点 B 流动的过程中，由于黏性的阻滞作用

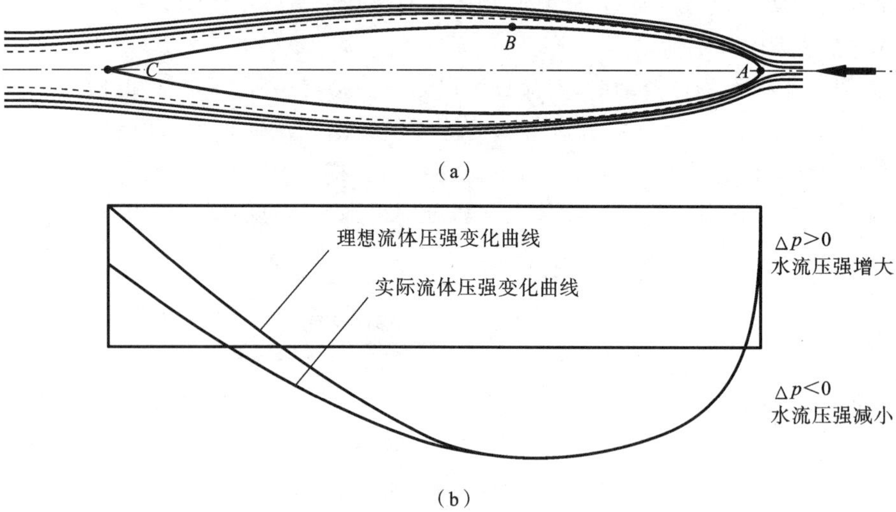

图 8-10　实际黏性流体中流线型物体的绕流

将消耗一部分动能，所以在 B 点处流体速度虽然也达到了最大值，但其数值比理想无黏性流体情况下的速度值要小。在流体从最大厚度点 B 向后端 C 点的流动过程中，边界层的厚度不断增大，使得尾部流线被排挤外移，从而导致尾部势流区速度增大、压强减小。势流区压强会传导到物体表面，整个物体表面的压强分布如图 8-10(b)所示，此时，物体后半部分受到的向前的流体压力小于物体前半部分受到的向后的流体压力，因此物体上产生向后的阻力，这种阻力是由于黏性边界层影响了流体流经物体表面压强的分布而产生的，是由于黏性影响导致的压差阻力，称为黏压阻力。

2. 绕过非流线型物体的流动

若物体是非流线型的，流体流过物体表面的流态更为复杂。下面以圆柱体为例介绍绕非流线型物体的流动。图 8-11 显示了实际黏性流体中圆柱体绕流的状态。

如图 8-12 所示，流体从最大厚度点 B 向后端 D 点的流动过程中，由于圆柱体后部收缩剧烈，压力梯度很大，再加上黏性流体的阻滞作用，流体速度较快地减小，在圆柱体后端 D 点之前的 C 点就减小到零。由于 C 点后方的压强较 C 点大，在压差的驱动下，在圆柱体后部区域产生回流，迫使黏性边界层在 C 点出现分离现象，脱离圆柱体表面。边界层分离后圆柱体尾部产生许多不稳定涡系，导致尾部压强下降。并且，随着雷诺数的变化，圆柱体绕流的状态和压强的分布也会发生变化。

对于流线型物体，若后部不发生边界层分离，尽管有黏压阻力，但其数值较小，而对于后部发生边界层分离的非流线型物体，旋涡耗散了大量的能量，黏压阻力将明显增加。总而言之，在实际有黏性的流体中运动的物体，由于黏性而产生的阻力有摩擦阻力和黏压阻力两种。摩擦阻力是由于流体黏性而产生的沿表面切向的切应力在运动方向上的分量沿整个物体表面的积分；黏压阻力是在受流体黏性影响大的物体表面各处法向的流体压力在运动方向上的分量沿整个物体表面的积分。水中航行的舰艇受到的黏性阻力同样包括摩擦阻力和黏压阻力。由于黏压阻力与船体的形状直接相关，因此黏压阻力也被称为形状阻力。

如果船体外形能设计成良好的流线型，水流在船体后部时不发生边界层分离，而只是由于艉部边界层对水流向外排挤导致流速增大、压强降低，则黏压阻力通常会很小。

有的舰艇由于受到布置、装载和主尺度的限制，难以设计成艉部不发生边界层分离的流线

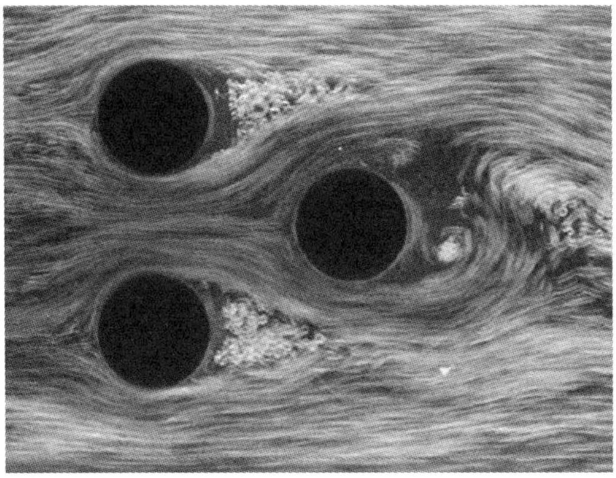

图 8-11　实际黏性流体中的圆柱体绕流

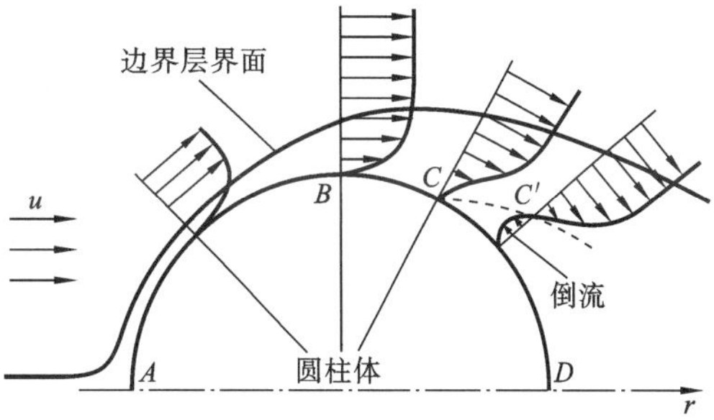

图 8-12　圆柱体绕流的分离

型，水流在船艉会形成分离旋涡，耗散水流的能量，使得舰艇后部压强显著下降，造成舰艇黏压阻力明显增大，因此也将黏压阻力称为旋涡阻力。

8.2.2　黏压阻力的特性

通过对黏压阻力成因的分析可以看出，水流流至物体后部的流动分离对黏压阻力有关键的影响；如果流动分离很早出现，则黏压阻力较大；如果流动分离推迟出现甚至不出现，则黏压阻力可以大幅度降低。

图 8-13 给出了尺寸大小不同、形状特征不同的六种水下航行体，这六种水下航行体在水流中以同一速度从右向左运动（或者水流以同一速度从左向右流经物体）时，水流作用在物体上的总阻力是相等的。

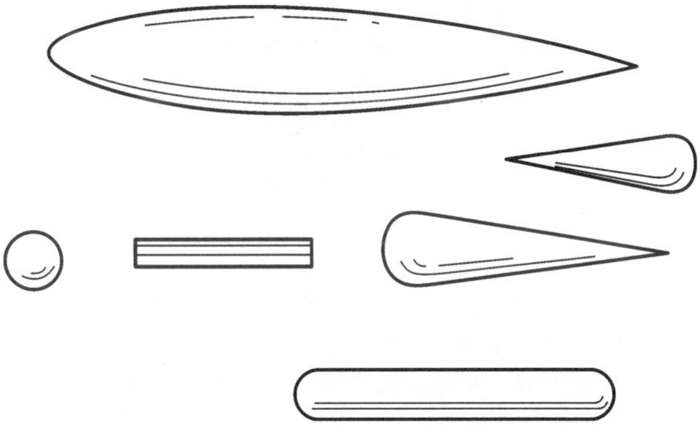

图 8-13　流体中六种等阻力的水下航行体外形（从右向左运动）

由于此时水下航行体的总阻力是摩擦阻力和黏压阻力之和，而在水流速度相同时，物体的摩擦阻力主要取决于湿表面积，所以图中物体尺度越小，其所受黏压阻力反而越大。进一步分析可以发现，物体前部迎流段和后部去流段外形尖瘦对减小黏压阻力有利，并且后部形状对黏压阻力的影响大于前部形状对黏压阻力的影响。

物体的长宽比对其黏压阻力也有明显的影响。图 8-14 给出了七种对称扁柱体的横剖面形状特征，表 8-1 给出了其横剖面长度 L 值和 L/B 值。

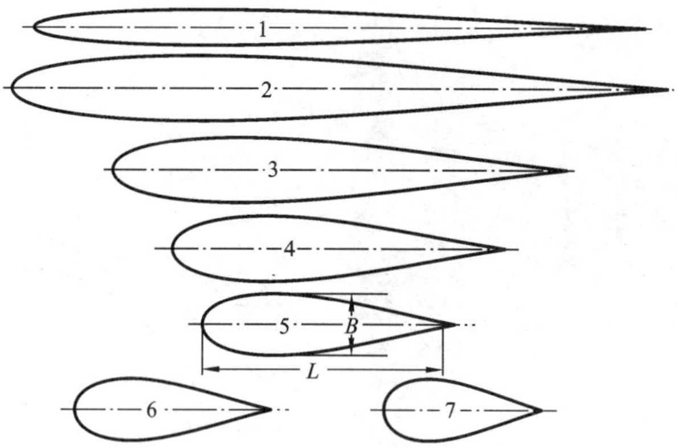

图 8-14　七种对称扁柱体的横剖面形状特征

表 8-1　七种对称扁柱体的横剖面长度 L 值和 L/B 值

横剖面积	1	2	3	4	5	6	7
L/in	54.1	57.7	39.7	29.0	22.0	18.35	14.60
L/B	18.149	9.615	6.640	3.747	3.668	3.058	2.484

这七种不同横剖面形状特征的对称扁柱体在水流中阻力的试验结果如图 8-15 所示，该图反映了扁柱体长宽比的变化对其总阻力、摩擦阻力和剩余阻力的影响规律。

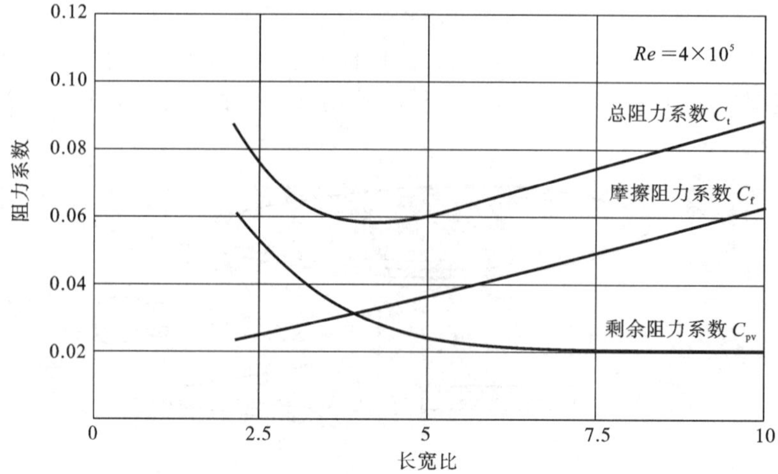

图 8-15　扁柱体长宽比变化对阻力的影响

需要注意的是，图中的总阻力系数

$$C_t=\frac{R_t}{\frac{1}{2}\rho v^2 B} \tag{8-18}$$

摩擦阻力系数

$$C_f=\frac{R_f}{\frac{1}{2}\rho v^2 B} \tag{8-19}$$

黏压阻力系数

$$C_{pv}=\frac{R_{pv}}{\frac{1}{2}\rho v^2 B} \tag{8-20}$$

这三种阻力系数都是根据扁柱体横剖面的宽度进行无因次化的。在宽度尺寸相同的情况下，这里总阻力系数、摩擦阻力系数、黏压阻力系数的变化反映的其实是扁柱体的总阻力、摩擦阻力和黏压阻力的变化规律。

可见：随着扁柱体长宽比的增大，扁柱体的摩擦阻力将持续增大（因为在宽度 B 相同时，L/B 增大则长度 L 增大，湿表面积增大，所以摩擦阻力持续增大）；扁柱体的黏压阻力持续减小（因为 L/B 越大，扁柱体横剖面越瘦长）；而扁柱体的总阻力是先减小后增大，大概在 $L/B=3.85$ 时达到最低值。当然，这是对二维物体在水流中运动（雷诺数 $Re=4\times10^5$）情况的分析结果。而实际的航行体都是三维的，并且舰艇作为海上机动作战平台，必须首先要具备足够的作战装备、机械设备、人员、油、水等的容纳能力以满足使命任务要求，然后在此基础上追求良好的平台运动性能并在一定程度上进行调节，并不是要单纯设计一个阻力最小的船型。若其实际装载和容纳能力很差，就不能称之为合格的作战平台。

水面舰艇的船长 L、船宽 B、设计吃水 T 之间的比例关系表 1-2 已给出。

对于水下航行的潜艇，主艇体的阻力主要是摩擦阻力和黏压阻力。第二次世界大战后，美国为了降低潜艇水下高航速航行阻力，开展了大规模的潜艇主艇体低阻力线型试验研究，建造 27 条潜艇模型，在大卫·泰勒水池进行了一系列的阻力拖曳测量试验。基于对大量试验数据的分析，最终确定了水下高速航行潜艇的最佳主艇体线型——水滴型。为了针对研究结果进行实艇验证，美国在 20 世纪 50 年代建造了“大青花鱼”号试验潜艇。“大青花鱼”试验潜艇的主尺度为 62.2 m×8.2 m×5.6 m。根据水池试验结果，为了降低水下航行阻力，艇体长宽比不宜较大，取为 7.6，同时不宜采用平行中体，艇体的所有横剖面尽量接近圆形。“大青花鱼”号潜艇水池试验模型的外形和实艇照片分别如图 8-16、图 8-17 所示。

图 8-16　“大青花鱼”号潜艇水池试验模型

图 8-17　“大青花鱼”号潜艇实艇

8.2.3　减小舰艇黏压阻力的方法

在舰艇长宽比一定的情况下，进一步减小黏压阻力的可行方法是改进艉部去流段和艏部进流段的线型。

对舰艇艉部线型改进的目的是尽量推迟甚至避免艉部边界层的分离。由于导致边界层分离的主要原因是流体在向艉部流动的过程中，艉部形状收缩产生了逆压力梯度，水流越向后流动压强越大，受到的阻碍越大，因此水流速度持续降低。若在最尾端以前水流速度降低到零就会出现边界层流动分离，所以对艉部形状的改进是尽量使艉部收缩段变得修长，从而使收缩的趋势变得平缓，减小压力梯度，推迟边界层分离的发生。

贝克(Baker)的研究表明，当舰艇艉部去流段的长度 L_R 满足$\frac{L_R}{\sqrt{S_M}}\geqslant 4.08$（$S_M$ 为舰艇中横剖面面积）时，黏压阻力很小，基本上可以认为艉部边界层无分离，对于高速军舰这个条件一般都可以满足。对于低速丰满船型，由于船型相对较为肥短，艉部去流段长度 L_R 难以满足$\frac{L_R}{\sqrt{S_M}}\geqslant 4.08$，可放宽至$\frac{L_R}{\sqrt{S_M}}\geqslant 2.5$。

此外，船体艉部的丰满度和船体艉部水线与中线的夹角对黏压阻力也有影响。艉部丰满度可以用艉部方形系数 C_{BR} 表达，后体方形系数的表达式为

$$C_{BR}=\frac{V_R}{L_R BT} \tag{8-21}$$

式中　V_R——艉部排水体积。

研究表明，舰艇艉部方形系数增大，则舰艇的总阻力值和单位排水量阻力值都增大，其中主要是黏压阻力部分增加明显。

船体艉部水线与中线夹角的大小反映了舰艇艉部形状收缩的剧烈程度，显然夹角越大收缩越剧烈。对水下回转体阻力与流场观测的试验研究表明：要避免艉部的边界层流动分离，回转体艉部外形轮廓边线与回转体轴线的夹角应小于 16°。所以潜艇艉部艇体去流角应尽可能小。有的潜艇艉部艇体去流角会较大，这一方面是由于艇艉需要足够的空间布置必要的设备，另一方面可能是由于潜艇水下航行时，艇后螺旋桨具有抽吸前方水流加速往后的作用，从而能够限制艇艉部边界层流动分离。

对于水面舰艇，艉部船体水线与船体中线面有夹角，并且在不同的吃水位置这个夹角会变化；在纵向垂直面上的纵剖线与水平面有夹角，并且在不同的宽度位置这个夹角也会变化。

桑德斯(H. E. Sounders)认为：舰艇水线与船体中线面的夹角最大不宜超过 15°；纵剖线与水平面的夹角最大不宜超过 22°。

舰艇艏部形状对黏压阻力的影响主要表现在一些低速肥大船型在船艏舭部会产生舭涡，导致黏压阻力增大，但军用舰艇都不采用此种船型，所以一般不会产生舭涡。

8.2.4　舰艇黏压阻力的确定方法

对于舰艇的黏压阻力，由于船体形状复杂，形状特征难以简单描述，并且黏压阻力受艉部流动分离的情况影响很大，而对流动分离进行准确计算也十分困难，所以目前还不能像对摩擦阻力那样总结出公认的计算公式，但是好在对一般的舰艇而言，黏压阻力所占比重都不大。

休斯为了提出更好的用于预报舰艇黏性阻力（包括摩擦阻力和黏压阻力）的方法，曾开展过确定舰艇黏压阻力方法的研究。在研究过程中，休斯开展了一系列的平板和平底船阻力测

量试验，试验中雷诺数最高达到 3×10^8。基于对试验结果的数据分析处理，休斯提出了船舶总阻力系数的计算公式：

$$C_t=C_f+C_{pv}+C_w \tag{8-22}$$

式中　C_f——二维无曲率且展长无限大平板的摩擦阻力系数。

休斯建立的 C_f 计算公式为

$$C_f=\frac{0.066}{(\lg Re-2.03)^2} \tag{8-23}$$

该公式的计算结果与 ITTC-57 摩擦阻力系数计算公式接近，二者的差别是 ITTC-57 摩擦阻力系数计算公式包含船体表面的三维效应对摩擦阻力的影响，而休斯的摩擦阻力系数计算公式明确为二维无曲率且展长无限大平板的摩擦阻力系数计算公式。图 8-18 所示为休斯公式与 ITTC-57 公式在不同雷诺数下的对比。

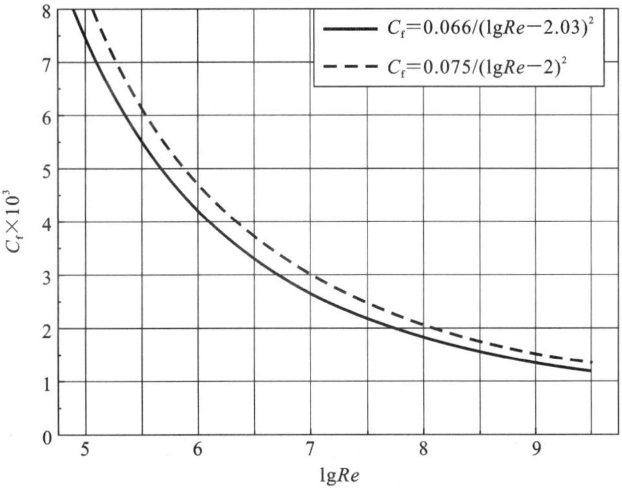

图 8-18　休斯公式与 ITTC-57 公式在不同雷诺数下的对比

可见，在全雷诺数范围内，由休斯公式计算得到的摩擦阻力系数都比由 ITTC-57 公式所得的计算结果要略小。

黏压阻力系数 C_{pv} 实质上就是反映实际三维船体表面的黏性阻力（包括摩擦阻力与黏压阻力）与同等特征长度、同等面积、同等速度的二维光滑平板黏性阻力（此时只包含摩擦阻力）的差值，这个差值是因为船体三维外形而产生的，主要是黏压阻力，其实还包含船体的曲率对摩擦阻力影响，但黏压阻力占绝大部分。

需要指出的是，黏压阻力是因压差而形成的，摩擦阻力是因切应力而形成的，休斯提出的公式中是采用“形状阻力”这一表述，这样表述应该更准确，因为形状阻力是指由外形特征导致的压差阻力和摩擦阻力的变化量之和。本书中为了表达的统一，沿用黏压阻力的称呼。

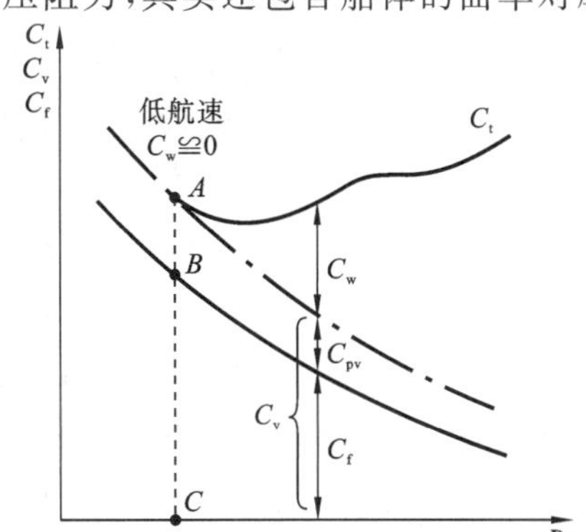

图 8-19　船模阻力试验数据的处理

图 8-19 所示为休斯对船模阻力试验数据的处理。休斯认为，舰艇的兴波阻力占总阻力的比重随着航速的提高而迅速增加，当船模的速度很低时，如果船模的兴

波阻力小到可被忽略，则此时总阻力系数 C_t 就等于摩擦阻力系数加上黏压阻力系数，如图 8-19 中，A 点对应的总阻力系数的大小用 $\overline{AC}$ 表示，摩擦阻力系数用 $\overline{BC}$ 表示。对于一定的船模，速度越低雷诺数越小，根据摩擦阻力系数计算公式，摩擦阻力系数随着雷诺数的减小而增大，若速度低到兴波阻力可以忽略的程度，则 $\overline{AB}$ 就表示黏压阻力系数的大小，因此有

$$\frac{\overline{AC}}{\overline{BC}}=\frac{C_v}{C_f}=\frac{C_f+C_{pv}}{C_f}=1+\frac{C_{pv}}{C_f} \tag{8-24}$$

令

$$k=\frac{C_{pv}}{C_f} \tag{8-25}$$

则

$$\frac{\overline{AC}}{\overline{BC}}=1+k \tag{8-26}$$

式中　k——黏压阻力系数与摩擦阻力系数的比值；

$1+k$——形状因子。

形状因子被认为不随速度而变化，并且实船与缩尺船模的形状因子是相等的。所以，如果能确定舰艇的形状因子 $1+k$，通过摩擦阻力系数计算公式获得舰艇在某一航速下的摩擦阻力系数后，就可以很方便地计算出黏压阻力系数 C_{pv} 和黏性阻力系数 C_v 了。

可见，确定黏压阻力系数的关键是先要确定形状因子，如果假定形状因子 $1+k$ 不随航速的变化而改变，也不随船模尺度大小的变化而改变，而随着速度的降低舰艇的兴波阻力持续减小，那么可以认为

$$1+k=\lim_{Fr\to 0}\frac{C_t}{C_f} \tag{8-27}$$

形状因子 $1+k$ 的确定还可以通过普鲁哈斯卡法进行：针对缩尺船模开展船模阻力试验，并计算各速度下船模的摩擦阻力系数，然后将试验结果拟合，绘制成 C_f 随 Fr（$Fr=0.1\sim0.2$）线性变化的直线，该直线的截距就是该船模的形状因子 $1+k$，也是对应实船的形状因子。

需要注意的是，这种形状因子的确定方法对于方艉舰艇和船体上有非顺流向安装附体情况下的实船阻力预报可能会存在误差。因为对于方艉舰艇，当速度不高时方艉后部存在流动分离和旋涡，船体上非顺流向安装附体后部也存在旋涡，这类旋涡造成的黏压阻力是与舰艇的尺度有关系的，所以当用缩尺船模的形状因子替代实船的形状因子时会有误差。

另外，用普鲁哈斯卡法确定形状因子的前提是假定形状因子与船模的速度无关，这个假设在高航速时也许难以成立。因为在高航速下弗劳德数较大，舰艇或船模的航态将发生变化，船体吃水和船体纵倾角与低速时有很大不同，并且从雷诺数的角度来看，高航速与低航速时的雷诺数差别很大，船体绕流流态也不同，也会影响 $1+k$ 的值。

8.3　兴波阻力

水面舰艇在海洋上航行时会产生船行波。船行波是水面因船体运动造成的扰动而在重力和惯性力的作用下形成的兴波现象。船行波中蕴含了势能和动能，兴波的波能消耗了船前进的能量，并且船体周围兴波改变了船体周围的压力场，导致船体的阻力增大，所增大的这部分阻力称为兴波阻力。即使舰艇是在无黏性的水和无黏性的空气的界面上航行，也会有兴波现象，也会产生兴波阻力。

8.3.1　关于水波的一般知识

静水面受到扰动就会发生垂向的位移，偏离原静水面，这种静水面的位移在重力和复原力矩的作用下形成往复振荡，这就是可观察的起伏的波面。

这种扰动可以在水面之下产生，也可以在水面之上产生，还可以在水面处产生。

从微观上看，水波是水面及水面下水质点做轨圆运动的综合表现，如图 8-20 所示。对于同一波面上的水质点 $P_1, P_2, \cdots, P_i$，其轨圆运动的半径是一样的，并且圆心都是在静水面上。

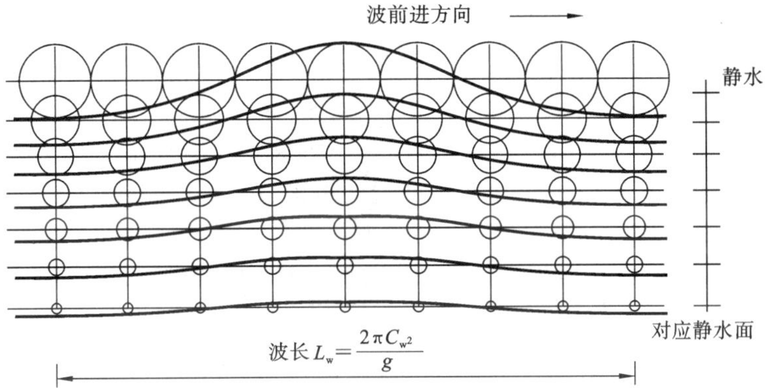

图 8-20　水质点的轨圆运动

如图 8-21 所示，质量为 dm 的水质点在做轨圆运动时，受到的力分为重力 $dm \cdot g$ 和离心力 $dm \cdot \omega^2 r$。重力 $dm \cdot g$ 的大小和方向是不变的；离心力的大小不变，方向取决于水质点在轨圆运动过程中的相位，P_1 至 P_5 均匀地相差 $\pi/4$ 相位角。假设水质点不能受切向力的作用，则重力与离心力的合力方向只能垂直于波面。当各个水质点做逆时针轨圆运动时，则到下一时刻，P_1 将从波峰处下来，P_2 会向波峰位置运动，P_3 将向 P_2 所处的相位运动……这样，波浪就从左向右传播推进。这种表面波形可以用数学中的坦谷曲线表示，所以称为坦谷波。

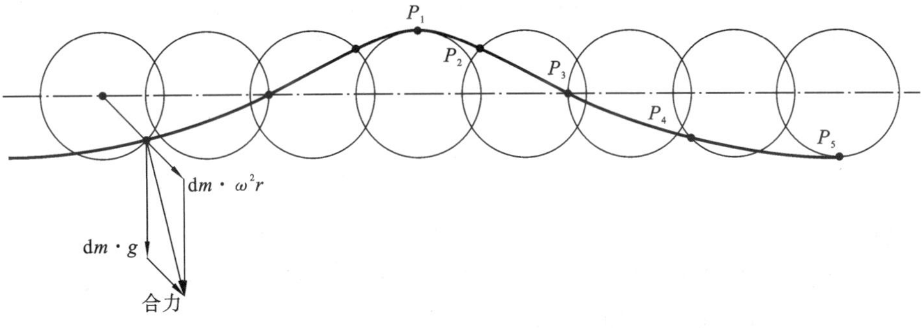

图 8-21　水质点做轨圆运动时的受力

坦谷曲线的数学表达形式可以这样确定：设半径为 R 的圆盘在 x 轴上向右滚动，在圆盘上距离圆盘圆心为 r 的 P 点随圆盘滚动而产生的轨迹就是坦谷曲线，如图 8-22 所示。设圆盘滚动过程中的转速为 ω，时间 t 后圆心到达 O' 位置，P 点到达 P' 位置，则圆盘滚动的距离 $OO'=\omega R \cdot t$，此时 P' 点在 x 轴上对应的坐标值为 $\omega R \cdot t+r \cdot \sin\omega t$，$P'$ 点在 y 轴上对应的坐标值为 $-(R+r \cdot \cos\omega t)$，得到描述坦谷曲线的方程式为

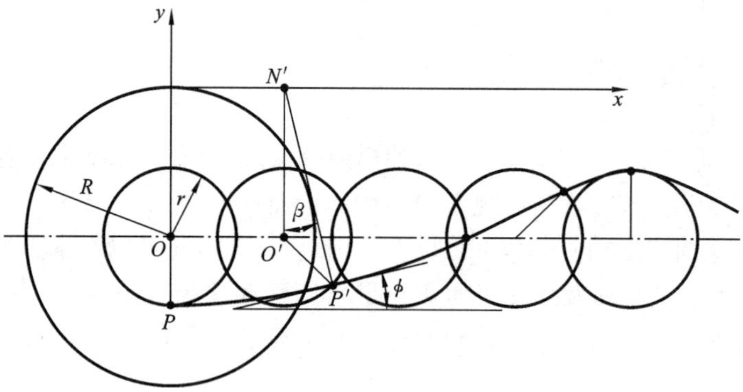

图 8-22 表面波形的表达

$$x=\omega R\cdot t+r\cdot \sin\omega t \tag{8-28}$$

$$y=-(R+r\cdot \cos\omega t) \tag{8-29}$$

根据图中所示的几何关系，P'点处坦谷曲线的斜率为

$$-\frac{\mathrm{d}y}{\mathrm{d}x}=\frac{\frac{\mathrm{d}y}{\mathrm{d}t}}{\frac{\mathrm{d}x}{\mathrm{d}y}}=-\frac{\omega r\sin\omega t}{\omega R+\omega r\cos\omega t}=-\frac{r\sin\omega t}{R+r\cos\omega t} \tag{8-30}$$

设过 P'点的坦谷曲线切线与水平线的夹角为ϕ，则有

$$\tan\phi=\frac{r\sin\omega t}{R+r\cos\omega t} \tag{8-31}$$

作过 O'点的垂线与 x 轴相交于 N'点，连接 N'点与 P'点，根据 P'点的坐标，依几何关系有

$$\tan\beta=\frac{r\sin\omega t}{R+r\cos\omega t}$$

所以，
$$\tan\beta=\tan\phi$$

即
$$\beta=\phi$$

由于 $O'N'$垂直于水平线，但 $\beta=\phi$，则 $N'P'$必定垂直于 P'点处的波面。进一步结合 P'点处水质点做轨圆运动时重力、离心力的作用力大小与方向的关系(见图 8-21)，可得关系式：

$$\frac{R}{r}=\frac{\mathrm{d}m\cdot g}{\mathrm{d}m\cdot \omega^2 r} \tag{8-32}$$

即
$$\omega^2=\frac{g}{R} \tag{8-33}$$

这就是波面水质点做轨圆运动的角速度的表达式。

在波浪传播过程中，波面上的水质点仅做轨圆运动，并不随波浪的传播向远处持续移动。波面上水质点轨圆运动经历一个周期，则波浪传播也经历一个周期，并且波浪向前推进一个波长。已知波面上水质点轨圆运动的角速度 ω，则轨圆运动的周期为 $T=\frac{2\pi}{\omega}$。

根据图 8-22 知，水质点 P 经历一个周期回到初始相位时，圆盘要滚动一个周长。圆盘的滚动相当于波浪的传播，设波浪的传播速度为 C，则圆盘滚动的速度也为 C，那么圆盘滚动一个周长的时间为$\frac{2\pi R}{C}$，所以

$$C=\omega R \tag{8-34}$$

圆盘滚动一个周长相当于波浪经历一个波长 λ，波幅 A 是指波面水质点轨圆运动的半径 r，波高 H 是波面水质点最高点与最低点的高度差，则对于规则波，有

$$A=r \tag{8-35}$$

$$H=2A \tag{8-36}$$

$$\lambda=2\pi R \tag{8-37}$$

$$C=\omega R=\frac{\lambda}{2\pi}\omega \tag{8-38}$$

$$\omega^2=\frac{2\pi g}{\lambda} \tag{8-39}$$

$$C=\sqrt{\frac{g}{2\pi}\lambda}\approx 1.25\sqrt{\lambda} \tag{8-40}$$

以上讨论的是波面处水质点的运动和波浪的传播。在波面以下的水质点同样也做同周期的轨圆运动，不过水质点轨圆运动的半径随水深的增加呈指数级衰减，且有

$$r=A\cdot e^{-\frac{z}{A}} \tag{8-41}$$

式中　z——波面上的水质点到水面的距离，m；

A——波幅，m。

下面对表达波浪的各要素及各要素之间的关系做统一说明。

波长 λ 与波速 C 的关系式为

$$C=\sqrt{\frac{g\lambda}{2\pi}} \tag{8-42}$$

波长 λ 与波浪周期 T 的关系式为

$$T=\sqrt{\frac{2\pi\lambda}{g}} \tag{8-43}$$

波长 λ 与波浪圆频率 ω 的关系式为

$$\omega=\sqrt{\frac{2\pi g}{\lambda}} \tag{8-44}$$

波速 C 与周期 T 的关系式为

$$T=\frac{2\pi C}{g} \tag{8-45}$$

波速 C 与波浪圆频率 ω 的关系式为

$$\omega=\frac{g}{C} \tag{8-46}$$

8.3.2　舰艇的兴波现象

舰艇在海面上航行，所兴起的波浪是非常显著的。早在 1904 年，开尔文(Kelvin)就研究了水面上一个移动的压力点引起表面波浪图案的问题。他的研究结果表明：移动压力点后产生的波系包括横波系和散波系。横波系呈圆弧形，与压力点运动的方向基本垂直；散波系分布于压力点两侧，与压力点运动方向斜交。横波系波峰与散波系波峰相交成尖角，波浪的传播限制在尖角连线形成的扇形区域内，扇形顶角为 $2\times19°28'=2\theta=38°56'$，如图 8-23 所示。此波系称为开尔文波系。

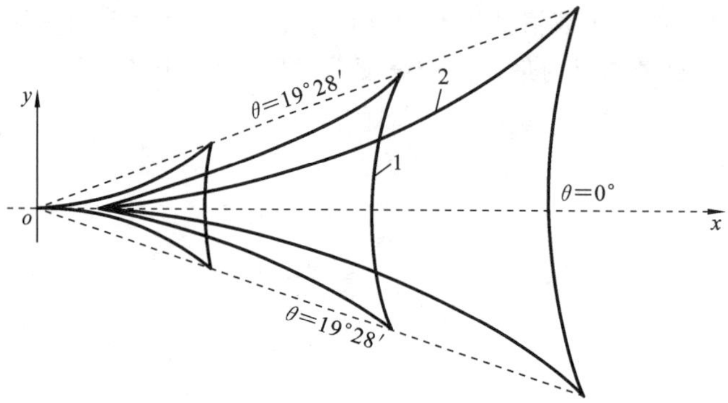

图 8-23　开尔文波系

1—横波；2—散波

开尔文波系随压力点一起运动，即波的传播速度 C 与压力点运动的速度相同。根据波速与波长的关系可以推理得到：

$$C=\sqrt{\frac{g\lambda}{2\pi}} \tag{8-47}$$

波系在传播扩散的过程中，波高迅速减小，这是由于在传播过程中波浪的范围会扩大，但波浪的能量要保持一定，因此波高必定减小。并且开尔文波系中横波的能量大于散波的能量，速度越高差别越明显。

舰艇在水面上运动时，船艏与船艉水流速度下降、水压力增大，船舯部水流速度增大、水压力减小，且船艏、艉压力变化剧烈，舯部压力变化相对平缓。在舰艇运动过程中，每处的压力变化都相当于移动的压力点，都会引起波系的产生。由于船艏、艉压力变化剧烈，所以艏波系和艉波系最明显，可分为艏横波、艏散波和艉横波、艉散波。艏横波从船艏柱后处以波峰开始；艉横波从艉柱前以波谷开始。同一波系中散波波段中点的连线基本上是一条直线，并且该直线与船体运动方向夹角 $\phi=18^\circ\sim20^\circ$；各散波段与船体运动方向夹角约为 2ϕ。各波系的横波波段在本波系散波波段之内，且随扇面宽度的扩展横波波段也有扩展，但波高减小。在波系传播过程中，各散波之间以及散波与横波之间不发生干扰，但各波系的横波之间会发生相互干扰。舰艇在海面上航行时产生的兴波图形（见图 8-24、图 8-25），即船后的横波波系是艏横波系与艉横波系相互干扰的结果。

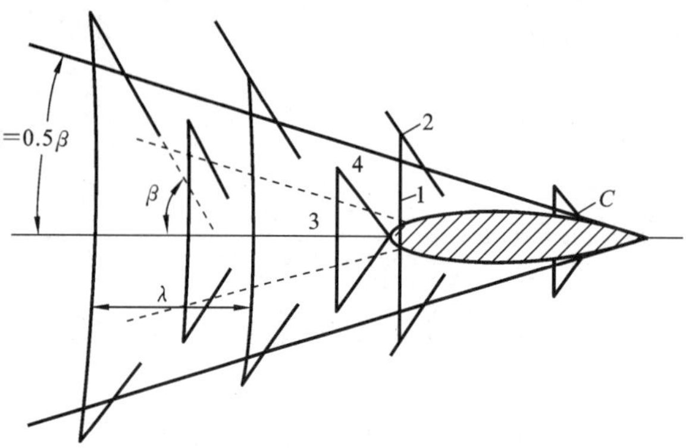

图 8-24　舰艇兴波图形示意

1—艏横波；2—艏散波；3—艉横波；4—艉散波；

$\alpha=18^\circ\sim20^\circ$，　$\beta=36^\circ\sim40^\circ$

图 8-25　舰艇兴波图形

船体产生兴波后，与无兴波状态相比，船体艏部因处于波峰区域，表面水压力提高，船体艉部因处于波谷区域，表面水压力降低，从而导致船体阻力增大。从能量的角度看，船体引起的横波系和散波系都蕴含能量，其能量来自于船体对水流做的功，所以船体对水流要有额外的力的作用。根据作用力与反作用力原理，水流对船体也有附加的阻力。这是舰艇兴波阻力产生的原因。

与摩擦阻力系数、黏压阻力系数的表达式类似，兴波阻力系数 C_w 的表达式为

$$C_w=\frac{R_w}{\frac{1}{2}\rho v^2 S} \tag{8-48}$$

舰艇的兴波是重力波，前面通过量纲分析法已证明，几何形状一定的舰艇，其兴波阻力系数只与舰艇的弗劳德数相关。图 8-26 所示为舰艇典型的兴波阻力系数随弗劳德数变化的曲线。可见：当弗劳德数很小时，兴波阻力系数很小；随着弗劳德数增大，兴波阻力系数曲线呈现

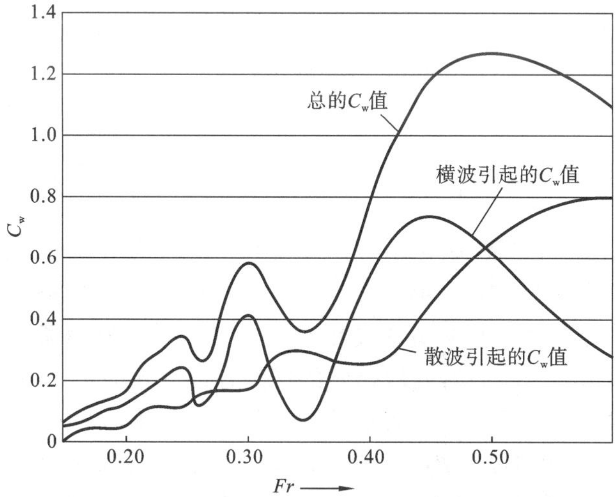

图 8-26　兴波阻力系数随弗劳德数变化的曲线

出峰谷现象;当弗劳德数增大到 0.5 附近时,兴波阻力系数达到峰值;弗劳德数继续增大,兴波阻力系数会逐渐减小。

图 8-26 显示出弗劳德数对兴波阻力和兴波阻力系数有较为复杂的影响。根据舰艇航速与兴波波长的表达式

$$\lambda=\frac{2\pi}{g}v_s^2 \tag{8-49}$$

可知,舰艇的航速增大,船体压力变化强烈,导致船体兴波波长随航速二次方的变化增大,波高也随之增大。

图 8-27 所示为不同航速舰艇产生的兴波波形,三幅图的对比也证实了上述航速对兴波波高和波长影响规律的正确性。

(a) 低速航行舰艇

(b) 中速航行舰艇

(c) 高速航行舰艇

图 8-27 不同航速舰艇的兴波

8.3.3 舰艇兴波干扰

由于舰艇船体艏部波系中横波系向后传播到达船艉时,会与船体艉部波系中的横波发生相互干扰,艏部横波波长、船长对这种相互干扰的具体情况有一定影响。

两种最极端的情况是:因为船体艉横波在艉柱处总是处于波谷,所以当艏横波传播到船体艉柱处也是波谷时(见图 8-28(a)),船后合成的横波波系得到加强,合成的横波波高增大,兴波能量增强,船体的兴波阻力增大。当艏横波传播到船体艉柱处是波峰时(见图 8-28(b)),那么船后合成的横波波系会削弱,合成的横波波高减小,兴波能量降低,船体的兴波阻力变小。

船体艏横波传播到船体艉部时到底是处于波峰、波谷还是其他状态,取决于艏横波波长与船长的关系。

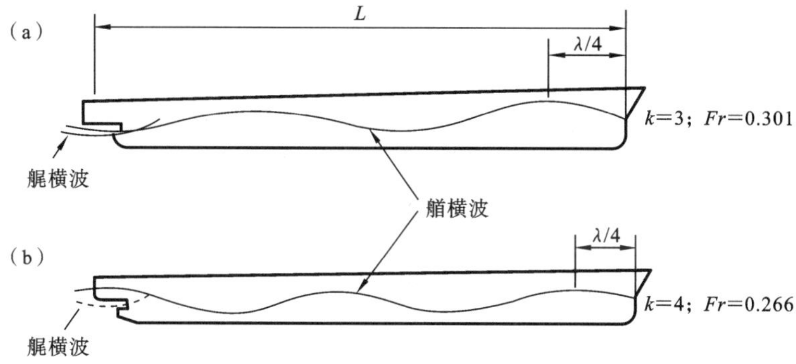

图 8-28　舰艇的兴波干扰示意图

对不同船舶兴波波形的观测分析表明，船体艏波系横波第一个波峰与船体艉波系横波第一个波峰之间的距离可表示为 mL，这个距离 mL 称为兴波长度，其表达式为

$$mL = C_p L + \frac{3}{4}\lambda \tag{8-50}$$

式中　C_p——船体纵向棱形系数。

显然，当艏波系横波传播 mL 的距离至船艉时恰好是波峰状态，则其与艉波系横波的波峰相遇时，合成波系波峰加强，兴波阻力增大。在这种情况下兴波长度 mL 为兴波波长的整数倍，即

$$mL = nL \quad (n=1,2,3,\cdots) \tag{8-51}$$

此时

$$C_p L = \left(n - \frac{3}{4}\right)\lambda \quad (n=1,2,3,\cdots) \tag{8-52}$$

若艏波系横波传播 mL 的距离至船艉时恰好是波谷状态，则其与艉波系横波的波峰相遇时呈现峰谷减弱的合成波系，兴波阻力降低。在这种情况下兴波长度 mL 为兴波半波长的整数倍，即

$$mL = n\lambda + \frac{1}{2}\lambda \quad (n=1,2,3,\cdots) \tag{8-53}$$

此时

$$C_p L = \left(n - \frac{1}{4}\right)\lambda \quad (n=1,2,3,\cdots) \tag{8-54}$$

前面已经说明，对于一定的舰艇，艏横波波长会随着航速的增加而增大。当某一航速对应的波长与船长满足表达式(8-54)时，船体的兴波阻力系数会减小，而当某一航速对应的波长与船长满足表达式(8-52)时，船体的兴波阻力系数会增大，所以兴波阻力系数随弗劳德数变化的曲线会呈现出峰谷间隔出现的状态。

当弗劳德数大于 0.5 时，艏横波波长已经很大，船体长度容纳不下一个艏横波波长，因此不再存在峰峰相遇的情况，且速度越大、波长越大，整个船体都不会落入艏横波的谷区，所以兴波阻力系数会随着弗劳德数的增大而持续减小。

对舰艇兴波波系间的干扰是可以加以利用，从而设计出低兴波阻力的船型的。在 1930 年至 1931 年间，威格利(Wigley)研究了一个楔形体的兴波波系，基于压力扰动的特殊性，得到了四组波系，如图 8-29 所示。

控制舰艇艏横波与艉横波的干扰对于减小舰艇的兴波阻力有重要意义。对于舰艇船型设

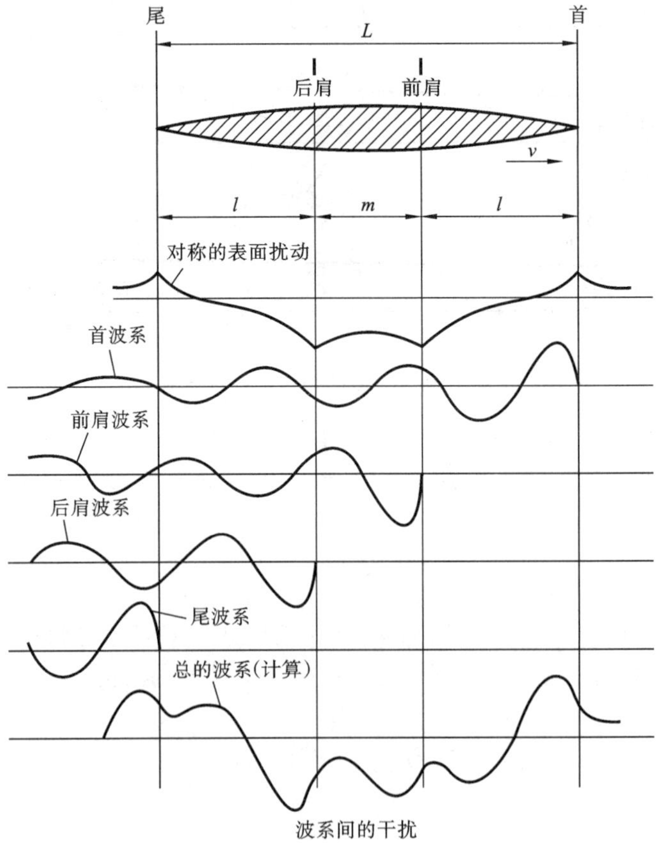

图 8-29　楔形体的兴波波系

计也可以利用兴波干扰进行船型优化，获得在关注的航速范围内能明显减小兴波阻力的优良船型。

8.4　破波阻力

对于艏部尖瘦的高速舰艇，在船模阻力试验中观察到的艏部兴波的波形一般较为完整，但是实船在海面上高速航行时能非常容易看到船艏兴波波峰处波浪的破碎，如图 8-30 所示。

（a）船模艏部波形

（b）实船艏部兴波状态

图 8-30　船模艏部波形与实船艏部兴波状态的比较

如果是低速肥大船型，艏部圆钝，艏部进流角很大，在船模试验和实船航行中都会观察到船体艏部附近水面抬升，但是不能形成完整波形而是翻出破碎浪花，如图 8-31 所示。这种在船体艏部兴起的破碎波浪也会导致船体阻力的增大，增大的阻力称为破波阻力。破波阻力也

图 8-31　低速肥大船型艏部波浪破碎

是兴波阻力的一种，因此兴波阻力可细分为波形阻力（即完整兴波波形导致的阻力）和破波阻力。

对于艏部尖瘦的高速舰艇，破波阻力相对波形阻力而言是极小的，但对于低速肥大船型，破波阻力非常显著并受到了研究者的关注。从现象上看，低速肥大船艏部进水角大且艏柱陡直，水流经过船艏部时发生严重堵塞，会在较大的范围内产生低水速高水压区域，促使水面明显抬升，形成既高且陡的艏波峰，并且此时波面运动不再是简单的水质点轨圆运动方式，而会出现波峰的翻卷、水流的回旋、空气吸入等复杂的非线性现象，导致船艏兴波波浪的破碎（见图 8-32），并影响船体周围的水流和船体艉流，从而产生破波阻力。

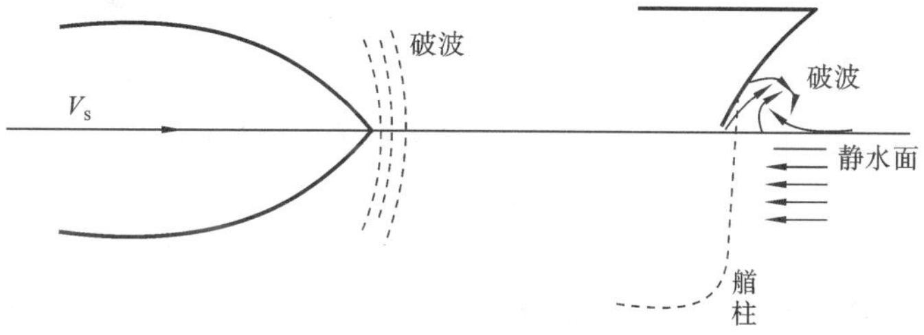

图 8-32　艏部波浪破碎示意图

波浪的破碎会影响到船体的艉流，如图 8-33 所示。破波阻力很小的尖瘦船型与破波阻力较大的肥大船型艉流有明显的差异，经艉流测量表明，尖瘦船型的艉流压力变化仅在船宽范围内（图 8-33 中的 A_0 区域），而肥大船型在较大速度下艉流压力变化区域扩展到船宽外一定范围（图 8-33 中的 A_1 区域），形成了主艉流区（图 8-33 中的 A_0 区域）与次艉流区（图中的 A_1 区

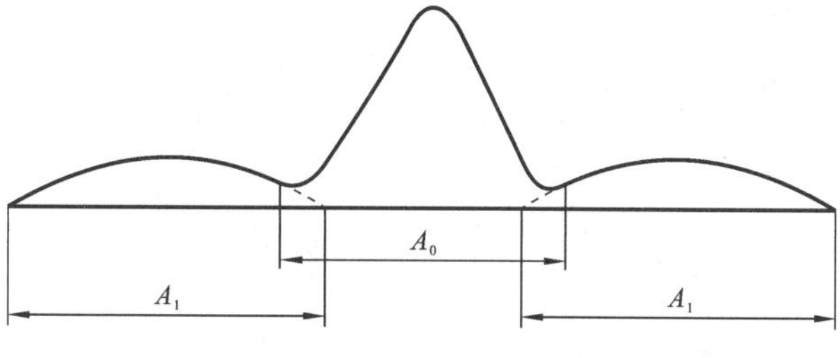

图 8-33　艏部波浪破碎对船体艉流的影响

域)，并且次艉流区的宽度随弗劳德数的增大会变宽。

8.5 附加阻力

根据图 7-13，舰艇在航行过程中受到的阻力除了有裸船体阻力之外，还有附体阻力、空气阻力，以及遭遇恶劣海况时的波浪增阻。舰艇的附体阻力、空气阻力、波浪增阻都属于舰艇的附加阻力。

8.5.1 附体阻力

舰艇的附体是安装在裸船体表面之外、伸入水中且有特定用途的附属物。比如用于减小船体摇摆的减摇鳍、舭龙骨，用于操纵舰艇机动的舵，用于固定螺旋桨轴的轴包套和轴支架等。螺旋桨是舰艇的推进器，不属于舰艇附体。

各种附体与水接触，因此随船体在水中运动时就会产生阻力。由于附体都安装于船体舭部或底部，吃水较深，并且附体尺度相对于船体很小，所以不考虑附体的兴波阻力而主要考虑摩擦阻力和黏压阻力。不同的附体外形特点不同、尺度大小不同，阻力特性也不一样。

1. 舭龙骨

舭龙骨(见图 8-34)一般布置在船舯区域的舭部。舭龙骨的长度为船长的 1/3～1/2；其宽度在保证减横摇效果的同时，应不超出船体轮廓以外以避免被碰伤。为了减小黏压阻力，舭龙骨一般都是顺船体绕流流线安装。恰当安装的舭龙骨的阻力主要是摩擦阻力，摩擦阻力随湿表面积(与舭龙骨的长度和宽度相关)的增大而增大。一般舰艇的舭龙骨阻力在裸船体总阻力的 1%～3%之间，可用舭龙骨相当平板摩擦阻力的 5/3 计算。

2. 轴包套与轴支架

轴包套与轴支架(见图 8-35)主要起到安装固定螺旋桨轴的作用。轴包套尽量沿船体绕流流线布置以减小壁面旋涡产生，减小黏压阻力；轴支架需采用流线型剖面，并且剖面的方位应保证来流的攻角为零度以降低黏压阻力。对轴包套与轴支架的线型设计与安装布置，可以结合舰艇精细流场研究手段进行优化，以减小阻力。

3. 舵

用于操纵舰艇机动的舵都布置在舰艇艉部，以增大舵上法向力对舰艇的操纵力臂。有的舵安装在螺旋桨后方以提高来流速度，增强舵效。舰艇艉部的舵(见图 8-36)在水中会受到摩擦阻力与黏压阻力。舵一般都采用水动力性能优良的翼型，若来流攻角为零，则舵的黏压阻力较小，舵的总阻力可用同湿表面积的相当平板摩擦阻力的 1.5 倍计。但是船体艉流和螺旋桨尾流会对舵的阻力产生很大的影响。在螺旋桨后方的舵会受到螺旋桨的周向旋转与轴向加速尾流的作用，阻力会明显增大；而对于一些艉部流线线型差、黏压阻力较大的船舶，采用恰当设计与安装的舵可以起到整流的效果并减小船体的黏压阻力，此时舵上阻力的增量可与船体黏压阻力减小的部分相抵消。

由于舰艇各类附体阻力的精确计算十分困难，可以采用经验方法对舰艇的附体阻力进行估算。一般认为：

(1) 对于单螺旋桨低速船，附体阻力为裸船体阻力的 2%～5%；

(2) 对于双螺旋桨低速船，附体阻力为裸船体阻力的 7%～13%；

图 8-34　船体上舭龙骨

图 8-35　舰艇进坞后露出的轴支架

图 8-36　舰艇艉部的舵

(3) 对于双螺旋桨高速船，附体阻力为裸船体阻力的 8%～15%。

需要注意的是，对于潜艇，由于其主体为类回转体外形，其附体有指挥台围壳、艏舵或围壳舵、艉垂直舵、艉水平舵、稳定翼及各种突出体，并且许多附体的尺度很大，所以潜艇的附体阻力在裸船体阻力中的比重要大得多。

8.5.2　空气阻力

在海上运动的舰艇与水接触的部分会遭遇水阻力，与空气接触的部分会遭遇空气阻力。其实对空气阻力也可按成因进一步细分，但是由于空气的密度只有水密度的 1/1000 左右，所以舰艇的空气阻力相对水阻力小得多，无再细分的必要。

此外还需要注意的是，由于风压的作用，运动的舰艇可能会出现横倾或者偏离既定航向，横倾现象会导致船体水阻力增大，为了纠正舰艇的偏航要操舵以保证航向，此时也会产生额外的水阻力。这些都是由于风的作用而产生的附加水阻力。

对于军用水面舰艇或者民用海洋船舶，水线面以上的船体和上层建筑比水线面以下的船体和附体要大得多，尽管舰艇与空气接触的面积远大于与水接触的面积，但是空气阻力远小于水阻力，所以对于水下部分的船体和附体，在设计和安装布置时都有严格的减小运动阻力的要求，而对于水上部分船体和上层建筑，在设计过程中却不用遵照低阻力的要求，更多地是基于使用和功能的需要来选择外形。由于舰艇上层建筑并非采用低阻力流线型设计，绕流场流线紊乱，会产生大量旋涡，所以舰艇的空气阻力主要是黏压阻力。

舰艇的空气阻力主要与舰艇相对于空气速度的大小、舰艇的受风面积、受风部分的形状等因素相关。空气阻力可以采用类似于水阻力的计算表达式来计算：

$$R_{aa}=\frac{1}{2}C_a\rho_a v_a^2 S_c \tag{8-55}$$

式中　R_{aa}——空气阻力，N；

C_a——空气阻力系数；

ρ_a——空气的密度，kg/m³；

S_c——船体水线面以上部分在中横剖面上的投影面积，m^2；

v_a——舰艇相对空气速度大小，m/s。

舰艇的航速为 v_s、风速为 v_w，若舰艇是顺风航行，则舰艇相对空气速度大小为 $v_s - v_w$，若舰艇是逆风航行，则舰艇相对空气速度大小为 $v_s + v_w$。设 ϕ_a 表示风向与船体纵向的夹角，称为风向角，则

$$v_a = v_s + v_w \cdot \cos\phi_a \tag{8-56}$$

由于海面上的风大小和方向都是极不稳定的，因此此处的风速与风向角只能是平均值。并且，海面上的风速受到海面边界层的影响，其速度大小会随离海面高度的不同而变化。

由于海面上真实风的复杂性，所以准确得到舰艇的空气阻力系数是困难的，目前主要是通过风洞中稳定风速下舰艇水线面以上部分缩尺模型的测力试验来确定，并且风洞试验段中风速也会受到边界层的影响。

试验表明，舰艇的空气阻力系数 C_a 随风向角变化规律大致如图 8-37 所示。一般空气阻力的峰值出现在迎风 30°相对风向角处，比完全逆风时的空气阻力稍大。空气阻力受上层建筑形式的影响很大，不同舰艇的空气阻力系数及其具体的变化规律是不尽相同的。

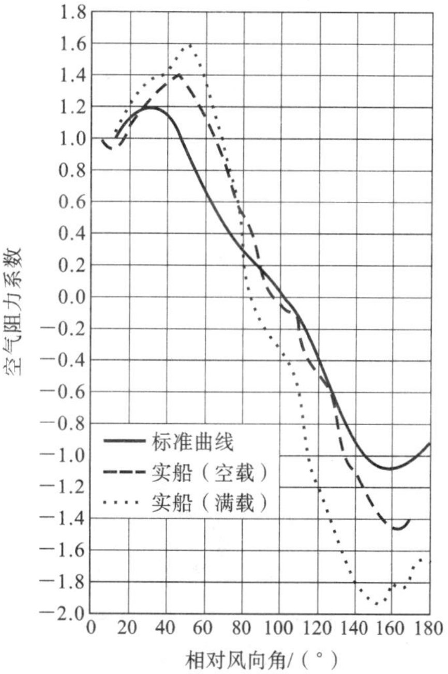

图 8-37 舰艇空气阻力系数随风向角的变化曲线

如果为了与水阻力系数表达式统一形式，并方便对空气阻力与水阻力进行比较，取空气阻力系数的表达式为

$$C_{AA} = \frac{R_{aa}}{\frac{1}{2}\rho_a v_a^2 S} \tag{8-57}$$

则空气阻力 R_{aa} 为

$$R_{aa} = \frac{1}{2}\rho_a v_a^2 S C_{AA} \tag{8-58}$$

式中 S——船体的湿表面积，m^2。

一般舰艇的空气阻力系数 C_{AA} 在 0.1×10^{-3} 左右，但有些特殊的船舶，如气垫船、地效应船等，其空气阻力很大，需要对其进行专门的分析研究。

8.5.3 波浪增阻

海洋上的风浪是十分常见的自然现象，舰艇遭遇风浪时（见图 8-38）与在静水中航行时相比，除了会增加空气阻力外，还会产生波浪增阻。

波浪增阻的来源主要有三个方面：

(1) 在波浪中航行的舰艇会发生摇荡运动。船体在波浪中的摇荡运动是六自由度运动，包括横摇、纵摇、艏摇和纵荡、横荡、垂荡。舰艇摇荡运动激起的波浪与海上的波浪相互干扰，会导致船体的阻力增大，特别是当船体迎浪航行发生大幅度的纵摇和垂荡时这部分增阻非常明显。

图 8-38　风浪中航行的舰艇

(2) 舰艇在发生摇荡运动时,船体始终是绕着平衡位置做周期性振荡,一直偏离正常稳定的航行状态,此时的阻力必然大于静水时稳定运动的阻力,且船体摇摆幅度越大阻力的增加也越大。

(3) 海上的波浪遭遇船体时,船体会反射波浪,船体对波浪的反射要消耗船体前进的能量,这种现象也会导致船体阻力的增大。

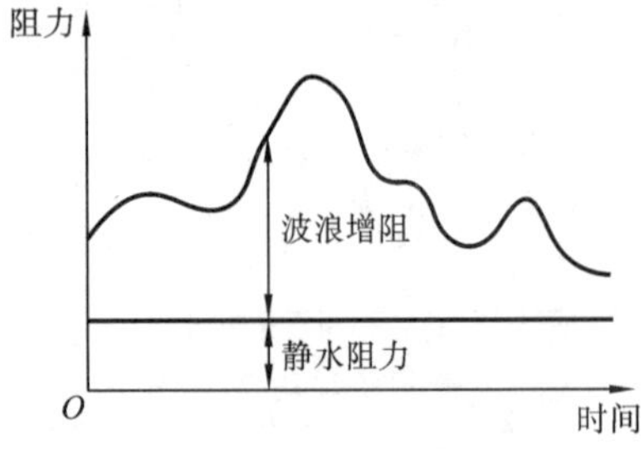

图 8-39　舰艇在不规则海浪中的波浪增阻

从对波浪增阻产生的主要原因的分析不难看出,舰艇波浪增阻主要取决于环境因素和自身因素。所谓环境因素就是海浪的大小,一般认为舰艇波浪增阻正比于浪高的平方;所谓自身因素就是舰艇在波浪中的摇摆幅度,主尺度相当的舰艇,若耐波性好、在波浪中的运动响应幅度小,则其波浪增阻一定小。

由于真实的海浪是不定常的、不规则的,舰艇遭遇的海浪浪高和周期也是变化的,所以舰艇在海浪中的波浪增阻是不稳定的,如图 8-39 所示。

舰艇的波浪增阻会给在海浪中航行舰艇的航速和主机输出功率带来影响。如果海况等级较低、船体运动响应幅度小、波浪增阻不大,舰艇可以维持既定的航速,但此时主机的输出功率必然要增大,以克服由于波浪增阻消耗的能量,这就要求主机留有足够的功率储备。如果海况恶劣,船体发生较大幅度运动响应,波浪增阻明显增加,此时若主机功率储备不够,那么舰艇必然要被迫降低航行速度,这种情况称为名义失速。另外,即使主机功率储备是足够的,但是高速航行的舰艇在恶劣海况下易发生严重的甲板上浪、船底波浪砰击、螺旋桨出水飞车等现象,将对舰艇造成破坏性影响,此时也要主动降速以保护舰艇,这种情况称为主动失速。

8.5.4　附加阻力的处理

针对附体阻力、空气阻力和波浪增阻(统称为附加阻力)对舰艇阻力和有效功率的影响,在舰艇设计中可采取以下两种处理方式。

(1) 将附体阻力和空气阻力和静水阻力叠加在一起作为舰艇的总阻力,用于确定舰艇在

不同航速下航行时的有效功率，则有

$$P_{et}=P_{eb}(1+k_{ap}+k_{aa}) \tag{8-59}$$

式中　P_{et}——实船静水有效功率，W；

P_{eb}——裸船体在静水中航行的有效功率；

k_{ap}——附体阻力比例系数，表示附体阻力与裸船体静水阻力的比值；

k_{aa}——空气阻力比例系数，表示空气阻力与裸船体静水阻力的比值。

(2) 在确定舰艇主机的储备功率时对波浪增阻予以适当考虑。

一般的民用船舶有所谓的主机正常连续输出功率(NCR，normal continuous rating)和最大连续输出功率(MCR，maximum continuous rating)的概念。最大连续输出功率为主机的额定功率，正常连续输出功率为进行船舶快速性设计时所用的功率。船舶主机选定后，最大连续输出功率就是一定的。进行船舶快速性设计(包括螺旋桨设计与选型、船舶最大航速预报等)都是使用正常连续输出功率，而正常连续输出功率一般只取为最大连续输出功率的 85%或者更低，最大连续输出功率与正常连续输出功率之间的差值就是储备功率。当然，设置储备功率不仅仅是为了应对船舶在风浪中增阻的情况，长期航行船舶表面附着生长海生物导致的污底增阻、主机老化导致的输出功率降低、螺旋桨在风浪中的效率下降等因素也会在储备功率中一并考虑。

高速军用战斗舰艇可达的最大航速是很高的，遭遇十分恶劣的海况时其往往会主动降速，以减小甲板上浪、艏底砰击和螺旋桨飞车等现象的强度和概率，保护舰艇，降速以后主机的输出功率是远小于额定功率的。所以军用战斗舰艇以最大航速指标进行快速性设计时，选定主机储备功率与额定功率的比值较民船要小。

8.6 浅水阻力

当舰艇航行的水域水深有限时，其阻力与舰艇在“无限水深”水域中航行时的阻力有较大的差别。前面关于舰艇摩擦阻力、黏压阻力和兴波阻力的描述中都不涉及水深的影响，本节进行水深对舰艇航行的影响分析。

早在 1899 年，就有人对“沙布约能”号鱼雷艇进行了在不同水深航道上航行时主机输出功率的对比测试，其中三种典型水深下航速与主机输出功率的曲线如图 8-40 所示。

可见，舰艇在有限水深区域航行时，其阻力会受到浅水效应的影响，舰艇的浅水阻力变化规律与水的深度和舰艇航速相关。为了便于分析浅水阻力随舰艇航速和水深度变化的规律，定义舰艇水深弗劳德数：

$$Fr_h=\frac{v_s}{\sqrt{gh}} \tag{8-60}$$

式中　v_s——舰艇航速，m/s；

g——重力加速度，m/s^2；

h——舰艇航行水域水深，m。

水深弗劳德数的表达式只是将常用的船长弗劳德数 Fr 表达式中的船舶特征长度替换成了水的深度。

1. 水深弗劳德数对舰艇兴波波形的影响

舰艇在浅水区域中航行时，水深弗劳德数的变化会对舰艇的兴波波形产生很大的影响。

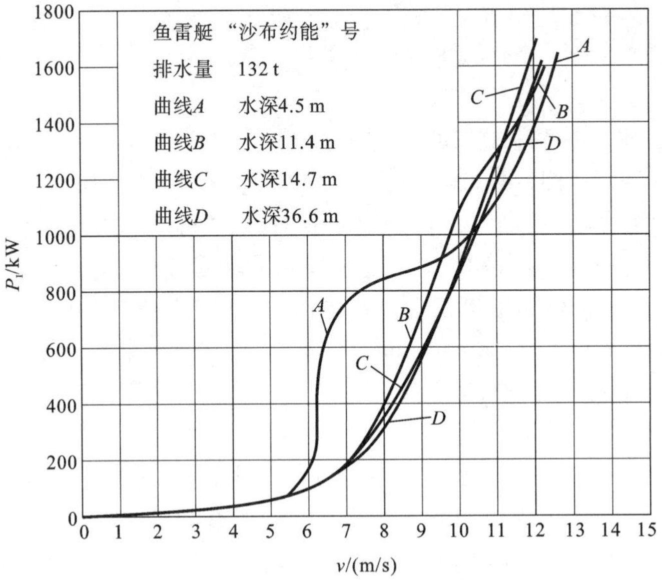

图 8-40　舰艇在波浪中的增阻

图 8-41 所示为舰艇在四种不同的水深弗劳德数条件下航行时的兴波图形的对比。

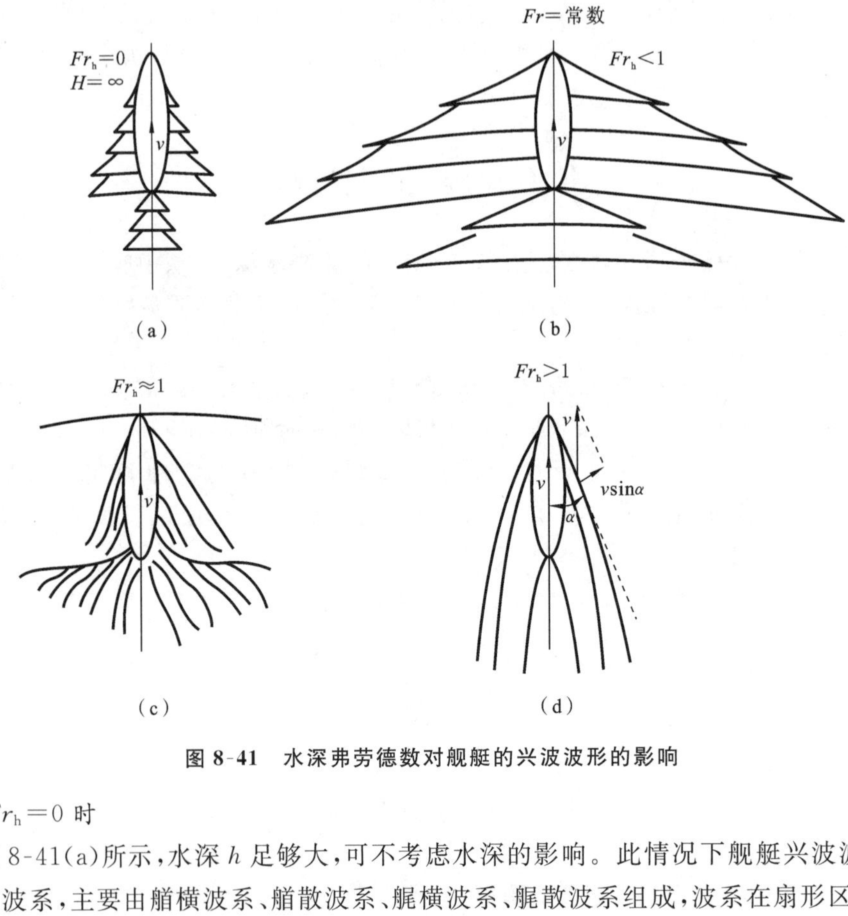

图 8-41　水深弗劳德数对舰艇的兴波波形的影响

1) $Fr_h=0$ 时

如图 8-41(a)所示，水深 h 足够大，可不考虑水深的影响。此情况下舰艇兴波波系为常规的开尔文波系，主要由艏横波系、艏散波系、艉横波系、艉散波系组成，波系在扇形区域内传播，散波段与舰艇中线面的夹角为 36°～40°。舰艇兴波的波速为

$$C=\sqrt{\frac{g\lambda}{2\pi}} \tag{8-61}$$

2) $0.5<Fr_h<1$ 时

如图 8-41(b)所示，水深弗劳德数逐渐增大，至 $0.5<Fr_h<1$ 时，舰艇兴波波形会发生变化：散波与舰艇中线面的夹角比深水时要大，舰艇兴波波系传播覆盖的面积比深水时增大，并且波高增大、波长变长、兴波阻力增大。

(1) 水深弗劳德数增大到一定的程度，浅水水底对舰艇绕流的限制显现，使舰艇船体绕流压力变化的幅度大于深水情况下船体绕流压力的变化幅度，所以自由水面受压力扰动形成的表面波高更高。

(2) 浅水中波浪传播速度

$$C_h=\sqrt{\frac{g\lambda_h}{2\pi}}\cdot\sqrt{\text{th}\,\frac{2\pi h}{\lambda_h}} \tag{8-62}$$

式中　λ——浅水中的波长，m；

　　　h——水深，m。

在深水情况下，h 趋于无穷大，此时波长 λ_h 趋于无限水深波长 λ，$\text{th}\,\frac{2\pi h}{\lambda_h}$ 趋于 1，如图 8-42 所示，则

$$C=C_h$$

$$C_h=\sqrt{\frac{g\lambda}{2\pi}}\quad (h\rightarrow\infty) \tag{8-63}$$

即与深水中波浪传播速度的表达式(8-62)相同。

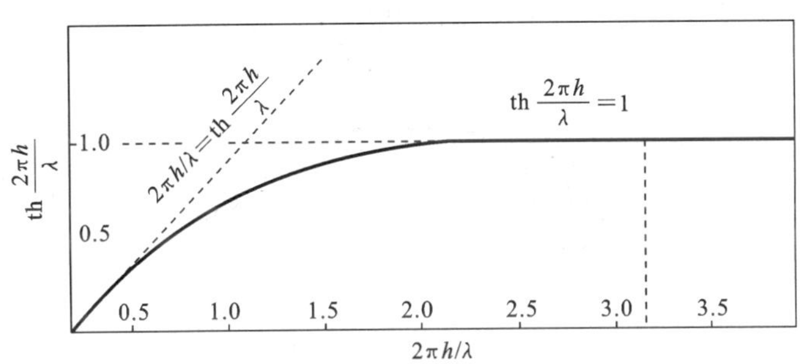

图 8-42　th 函数的变化规律

当舰艇在浅水中以与深水中航速相等的速度航行时，由于船的速度等于船兴波的速度，所以

$$\sqrt{\frac{g\lambda_h}{2\pi}}\cdot\sqrt{\text{th}\,\frac{2\pi h}{\lambda_h}}=\sqrt{\frac{g\lambda}{2\pi}} \tag{8-64}$$

而 $\text{th}\,\frac{2\pi h}{\lambda_h}<1$，所以 $\lambda_h>\lambda$，即舰艇在浅水中航行的兴波波长会变长。

(3) 由于此情况下舰艇兴波波系传播覆盖的面积比深水时大，并且兴波波高增大、波长变长，所以兴波阻力增大。

3) $Fr_h\approx1$ 时

如图 8-41(c)所示，当舰艇在浅水中的速度增加到使水深弗劳德数 $Fr_h\approx1$ 时，散波与船中线面的夹角增大到约 90°，散波与横波重合，舰艇的艏部和艉部各出现一横波，此时浅水效

应对舰艇兴波阻力的影响达到峰值。

4) $Fr_h>1$ 时

当相对水深极浅时，h 很小，当 $h\to 0$ 时，有 $\frac{2\pi h}{\lambda_h}\to 0$，所以

$$C_h=\sqrt{\frac{g\lambda_h}{2\pi}\cdot\frac{2\pi h}{\lambda_h}}=\sqrt{gh}\quad (h\to 0) \tag{8-65}$$

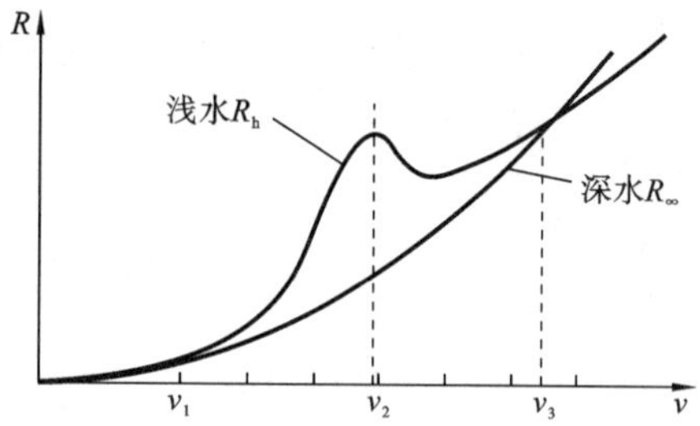

图 8-43　不同航速下舰艇浅水航行总阻力与深水航行总阻力的对比

所以浅水中横波的极限传播速度为 $\sqrt{gh}$，又由于横波的传播方向与舰艇航行的方向相同，所以当舰艇的航速大于 $v_s>\sqrt{gh}$ 时，舰艇兴波波系中的横波消失，只有散波系。并且随着舰艇航速的提高，散波波系范围逐渐减小（当 $Fr_h>3$ 时，浅水中散波范围比深水中散波范围还小），在超过一定航速后，舰艇的浅水兴波阻力小于同速度下深水兴波阻力。

图 8-43 给出了不同航速下舰艇浅水航行总阻力与深水航行总阻力的对比。

2. 水深对舰艇航行状态的影响

舰艇在浅水水域航行时，浅水效应除了会影响舰艇的兴波图形与兴波阻力外，还会影响舰艇的航行状态。由于浅水水底对舰艇绕流的限制和水底边界层的影响，舰艇在以与深水水域中相等的速度航行时，垂向水流剖面的面积比在深水水域时小，根据流体流动质量守恒定理，浅水水域中舰艇底部的水流速度比深水水域中同航速时舰艇底部的水流速度大，水流速度大则水流压强低，水流对船体向上的作用力减小并且沿船长的分布出现变化，导致船体下沉且出现纵倾。图 8-44 给出了一条船模在拖曳水池中开展不同水深的浅水试验时船体艏部和艉部吃水的变化曲线。

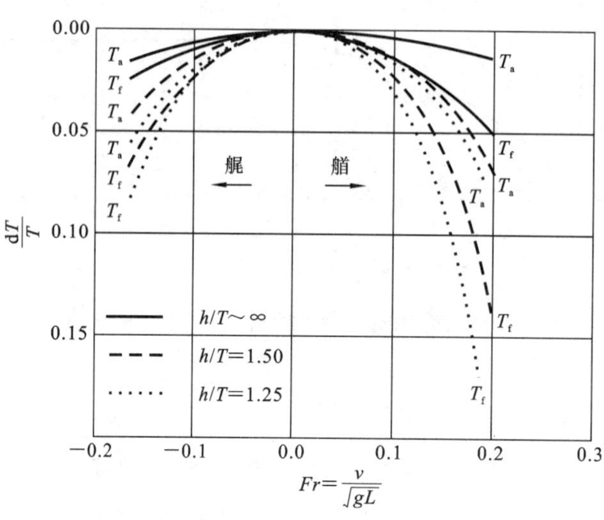

图 8-44　浅水中船模艏、艉吃水变化曲线

注：图中 T 表示平均吃水。

从图 8-44 中可以看出，水深越小、船速越高，船体的吃水和向艉倾斜的纵倾角越大。这也说明舰艇通过浅水水域时，需要降低船速以避免船艉触底的可能。

舰艇试航考核最大航速指标时，应当在没有或者可以忽略浅水效应的海域中进行，是否可以忽略浅水效应与舰艇的吃水、航速、航行水域的水深和船型都有关系。图 8-45 所示是不同 h/T 和 $v/\sqrt{h}$条件下有无浅水效应的大致分界线。

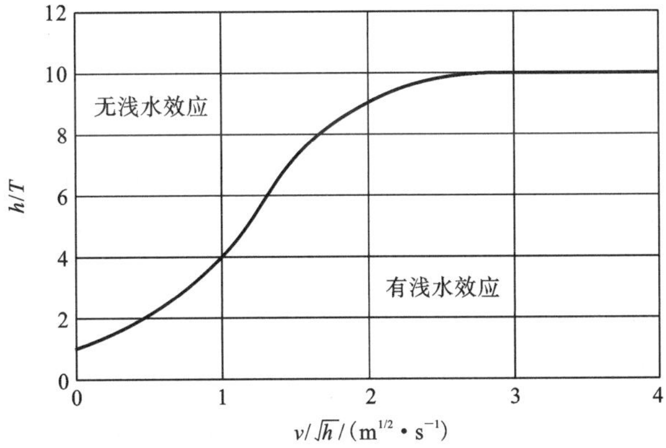

图 8-45　有无浅水效应的大致分界线

8.7　船模阻力试验与换算

船模阻力试验是研究船舶阻力最普遍的方法。目前关于船舶阻力方面的知识，特别是提供设计应用的优良船型资料及估算阻力的经验公式和图谱绝大部分是由船模试验结果得来的。新理论的发展和新船型设计都需要由船模试验来验证，同时又可反过来促进船模试验的丰富和改进。船模试验是船舶性能研究的重要组成部分。

船模阻力试验是研究船模在水中等速直线运动时所受到的作用力及其航行状态的重要手段。其具体研究目标包括以下几个。

(1) 船型阻力性能研究：测量特定几何外形的船模在给定速度下的阻力，比较不同船型的阻力性能。

(2) 实船阻力预报：根据船模阻力数据换算出实船的阻力，为根据自航试验结果预报实船性能提供必要的数据。

(3) 阻力成分试验：开展低速模型阻力试验或测量艉流，给出艉流阻力、黏性阻力、破波阻力、附体阻力和船型因子等。

(4) 流态测量试验：观察绕船流动情况，确定边界层分离点位置、流线等，给出波形阻力和自由波谱，得到波形阻力与船型之间的关系，用于改进船型。

(5) 航行状态研究：测量船模在高速直线运动时的纵倾、升沉等状态，该研究对于高速排水型船、滑行快艇、水翼艇等高速船舶尤为重要。

8.7.1　船模阻力试验水池与试验设备

据记载，早在 15 世纪，达·芬奇(1452—1519 年)就利用模型比较过船型体积纵向分布对阻力的影响。到 17 世纪，重力式船模试验已经较为常见，1791 年至 1898 年间开展的船模试验不下万次。

船模试验是以与实船几何相似的缩比船模在特定的水池中进行的。按试验时牵引船模的方式，船模试验可以分为拖车式和重力式两种。在拖车式船模试验中，船模由行驶于水池两侧轨道上的拖车带动前进，将拖车速度调整至一给定值，测定船模在该拖速下所受阻力等参数；在重力式船模试验中，船模由下落重物带动，此时船模阻力与下落重物的重力相平衡，测定船模对应该阻力的等速运动速度。

1. 船模阻力试验水池

1）拖曳式船模试验水池

1871 年，弗劳德为英国海军部建设了第一座拖曳式船模试验水池。1900 年，泰勒为美国海军建立了第一座自行式拖曳水池，长 470 ft，宽 42 ft，中心线水深 14 ft。到 19 世纪末，全世界仅有 5 座水池，20 世纪中叶则达到了 100 座。

拖曳水池按主要使用目的不同可以分成以下几种。

(1) 深水池：用于得出对应船舶在无限深广水中的试验结果，是船模试验最基本、最常用的设施。此类水池通常长度和横剖面尺寸均较大，除阻力试验外，还可以开展螺旋桨敞水试验、自航试验、耐波性试验等。

(2) 浅水池：水深较浅（1 m 左右）并可以根据需求调节，是进行不同浅水效应下船舶快速性、耐波性等方面性能研究的基本试验设施。

(3) 高速水池：该类水池池身很长，池宽相对较小，拖车车架轻、速度高（可高达 36m/s），专供滑行艇、水翼艇、气垫船等高速艇型做模型试验，各种支架、翼型等的水动力性能亦可在此种水池中测量。

(4) 减压（真空）水池：为气密的拖曳水池。通过抽吸其内部的空气来降低自由液面空气压力，可满足模型与实船弗劳德数和空泡数相等的条件，因此，适于进行空泡条件下模型性能的试验，如空泡水翼、空泡水翼艇的阻力试验，水翼艇和快艇模型的自航试验，推进器、舵、鱼雷或其他水中武器模型的空泡试验等。也可用于研究和测量空泡产生条件、变化特性及螺旋桨作用于船体的振动及噪声等。

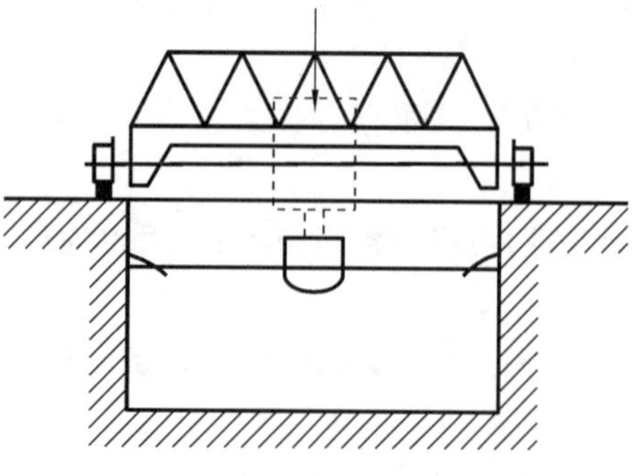

图 8-46　拖车式船模试验水池

2）拖车式船模试验水池

拖车式船模试验水池如图 8-46 所示。其主体是狭长的水池，所以通常又称为长条拖曳水池。水池横剖面可以是矩形、梯形或半圆形，通常在池体两侧池壁顶部敷设轨道供拖曳行驶，轨道下有轨道座，用以调节轨道的平直度。轨道两侧与拖车的导向轮接触，通常采用单向导轨，即仅在一侧轨道上设有导向轮。测试设备仪器和测量人员可以在拖车上作业，拖车通过集电弓与滑触线接触取电。

水池的主尺度决定了可开展试验的船模尺寸和拖曳速度及行程。水池长度主要由加速段、匀速段和制动段的长度决定，同时还要考虑船坞、拖车长度、造波机、消波岸等所需长度。拖车在加速段的加速度通常控制在（0.06～0.1）g，加速度过大则惯性力过大，且拖车走轮与轨道间易产生滑动；加速度过小则加速段占据有效测试段过长。制动段减速度一般为（0.1～0.2）g。为了得到稳定可重复的试验数据，匀速段稳定测试时间通常不小于 20 s。表 8-1 给出了水池长度随拖车速度的大致变化趋势，其中 s_1、s_2、s_3 分别是加速段、匀速段和制动段的长度，可以看出高速船模试验对水池长度要求很高。

表 8-1　水池长度随拖车速度变化估算值

v/(m/s)	s_1/(m/s)	s_2/(m/s)	s_3/(m/s)
6	18	120	9
8	32	160	16
10	50	200	25

水池横剖面的尺度同样对船模尺寸有影响。通常认为水深大于或者等于船模长度时可以避免浅水效应的影响；船模最大横剖面小于水池横剖面的 0.5%～1.0%时可以避免阻塞效应。也有文献指出池宽至少应为船模宽度的 15 倍，池深应为船模吃水的 20 倍以上。

2. 船模阻力试验设备

1）拖车与轨道系统

拖车与轨道系统是一套精密仪器，对匀速段速度平稳度的要求很高。速度波动会引起阻力波动，且会在测量的阻力成分中增加惯性力成分，从而导致测量误差。

假定在试验速度附近阻力与拖速的 n 次方成正比，即 $R \propto v^n$，则有

$$\frac{\mathrm{d}R}{R}=n\cdot\frac{\mathrm{d}v}{v} \tag{8-66}$$

这意味着阻力的相对误差为拖车速度相对误差的 n 倍。设 $n=3$，则速度波动千分之一将导致阻力波动千分之三。设阻力为船模重量的 0.5%～1%，加速度波动量为 $10^{-4}g$，则经计算可得惯性力 F 与阻力之比为

$$\frac{F}{R}=0.02\sim0.01$$

一般来说，测量阻力的误差要求在 1‰以内。因此，一般要求拖车速度的波动不超过 1‰，或者拖车速度波动的绝对值不超过 10^{-3} m/s。也有文献指出导致速度波动的加速度不应超过$(10^{-4}\sim10^{-5})g$，由上述推导可知这一要求也是合理的。此外，为了保证速度平稳，对轨道的加工精度、调整的平直度及拖车走轮的圆度等要求是很高的。另外，对轨座间距的选择、驱动电动机的一致性及拖车车架的刚度都需要做相应的考虑。拖车速度测量通常通过测速轮来进行，拖车行走时测速轮与轨道间产生滚动摩擦旋转，并发出光电或电磁信号，根据单位时间内定时采样信号间隔数测算拖车速度。

2）测力传感器

随着传感器技术的发展，越来越多地采用测力传感器代替机械测力仪进行阻力测量。测力传感器通常由一个或多个能在受力后产生形变的弹性体、能感应这个形变量的电阻应变片组成的电桥电路（如惠斯通电桥），以及能把电阻应变片固定粘贴在弹性体上并能传导应变量的黏合剂和保护电子电路的密封胶等三大部分组成。在受到外力作用后，粘贴在弹性体上的应变片随之产生形变，引起电阻变化，电阻变化使组成的惠斯通电桥失去平衡，输出一个与外力成正比线性变化的电量电信号。试验前通过传感器标定，确定电信号与外力的对应关系，试验时就可以根据测量的电信号得到对应的力的大小。

3. 船模

船模通常用木质材料制作，现在也有采用玻璃钢制作船模的。采用木材制作船模成本较低，但是木质船模浸水一段时间后容易产生局部变形。采用玻璃钢制作船模成本较高，但玻璃钢材料质量好，不易变形，通常用来制作标准船模。标准船模可以用来做试验检验水池测试设

备状态、校核理论计算精度或者比较不同船池数据。

通常船模尺度以较大为好，尺度大易于制造精确，其绝对阻力较大而测量相对误差较小。更重要的是大尺度船模可以达到更大的雷诺数，受尺度效应影响更小。当进行自航模试验时，螺旋桨尺度也不可过小，以免制造不精确及受层流影响过大。一般认为螺旋桨直径应不小于150 mm，此时船模尺寸要根据螺旋桨尺寸来确定。

实船的雷诺数很大，可视为在全船范围内流动均为紊流，船模即使采用很大的尺寸，其雷诺数与实船也相差甚远，在船模周围总会存在层流段，边界层内流态不全相似。试验时层流段长度与艏部压力梯度有关，艏部有负压梯度时，层流段会延续较大长度。艏柱轮廓形状、满载艏部水线进角、面积曲线进流段形状均对层流段长度有影响。因此，通常需要对船模采取激流的方法，使艏部边界层紊流化，以解决船模受层流影响的问题。

最常见的方法是安装激流丝，即以约 1 mm 直径的铜丝缚于艏柱后 $L/20$ 处；也可采用激流钉或砂条。这些激流方法的特点是激流物附着在船体上，会造成附加阻力。其位置不可太接近艏柱，以免在其后不远处又产生层流。至于激流物前部的层、紊流阻力差值可视为与激流物的附加阻力相抵消。

8.7.2 船模阻力试验数据

由船模阻力试验可以得到船模阻力与速度之间的关系曲线，进而通过阻力换算得到实船的阻力和有效功率曲线。但为了能更方便地对所涉及船舶进行阻力换算，以及便于比较不同船型阻力性能的优劣，需要将由船模试验所得的阻力（或功率）与速度之间的关系以恰当的形式进行表达，相应的表达方法称为船模数据表达法。

船模阻力数据表达的目的主要有两个：一是实现阻力换算，即船型相同而尺寸不同的船舶之间的阻力换算。显然按不同缩尺比均可由船模阻力资料换算得各大小不同船舶的阻力值。二是比较船型阻力性能的优劣，进行船型不同但尺寸相同或相近的船舶之间阻力性能优劣的判别。

目前，国际船模试验池协会认为恰当的表达方法应满足以下几个基本要求：

(1) 无量纲化。为了具有普遍意义，表达式常采用无量纲形式。这样既可避免绝对尺度对阻力值的影响，同时所表示的各参数的值在任何单位系统中都是相同的。

(2) 选定弗劳德数或类似参数作为速度参数。因为裸船体阻力是雷诺数和弗劳德数的函数，且按弗劳德假定，有

$$R_t = R_f(Re) + R_r(Fr) \tag{8-67}$$

由于船型变化对剩余阻力影响显著，而对摩擦阻力影响不大，考虑到表达法的目的之一在于比较不同船型的阻力性能，因而取弗劳德数作为速度参数较为适宜。只有在讨论某些与摩擦阻力有关的问题时才取雷诺数作为速度参数。

(3) 阻力与速度之间的函数形式既要便于进行阻力换算，又要便于比较不同船型阻力性能的优劣。

8.7.3 弗劳德阻力换算法

利用船模试验结果推算实船阻力时，船舶及其模型必须满足相似条件。由于实际中很难

做到实船和船模的雷诺数相等，无法把船模试验结果简单按照缩尺比例进行放大，必须寻求换算方法。一般采用弗劳德阻力换算法。

1. 弗劳德假设

(1) 假定黏性和重力引起的现象互不相干。在这个假定下可以将黏性和重力所引起的阻力分开，在仅满足弗劳德数相等的条件下单独把重力引起的兴波阻力应用比较律进行计算。这个假定意味着实船和船模的兴波阻力系数不受雷诺数的影响，黏性阻力系数不受弗劳德数的影响。裸船体阻力系数可以分解为两个部分：

$$C_t(Fr,Re)=C_v(Re)+C_w(Fr) \tag{8-68}$$

(2) 假定比较律也适用于黏压阻力。按此假定，船舶阻力分为摩擦阻力和由兴波阻力、黏压阻力组成的剩余阻力两部分，且剩余阻力服从比较律。

(3) 船体所受摩擦力可以用相当平板摩擦阻力估算，这意味着两者的差值也并入了剩余阻力之中。

2. 弗劳德换算方法步骤

缩尺比船模的航速满足弗劳德数相似条件，即

$$v_s/\sqrt{L_s}=v_m/\sqrt{L_m}$$

据此进行阻力换算。具体步骤如下。

(1) 开始试验获得船模的裸船体阻力 R_{tm}。

(2) 按照相当平板假设计算长度和表面积与船模相等的平板所受摩擦阻力，作为船模所受摩擦阻力的计算值 R_{fm}。

(3) 计算船模的剩余阻力 R_{rm}：

$$R_{rm}=R_{tm}-R_{fm} \tag{8-69}$$

(4) 根据弗劳德相似准则计算实船的剩余阻力 R_{rs}：

$$R_{rs}=R_{rm}\lambda^3 \tag{8-70}$$

此时实船对应的航速为

$$v_s=v_m\times\lambda^{\frac{1}{2}} \tag{8-71}$$

(5) 按照相当平板假设计算实船所受的摩擦阻力 R_{fs}。

(6) 给出实船裸船体阻力 R_{ts}：

$$R_{ts}=R_{fs}+R_{rs} \tag{8-72}$$

当用阻力系数来表示上述推导过程时，也可以写成：

$$C_{ts}=C_{fs}+C_{rs}+\Delta C_f=C_{fs}+\Delta C_f+(C_{tm}-C_{fm})=C_{tm}-(C_{fm}-C_{fs}-\Delta C_f) \tag{8-73}$$

式中　C_{ts}、C_{fs}、C_{rs}——实船在 v_s 下的裸船体阻力系数、摩擦阻力系数、剩余阻力系数；

C_{tm}、C_{fm}、C_{rm}——船模在 v_m 下的裸船体阻力系数、摩擦阻力系数、剩余阻力系数；

ΔC_f——粗糙补贴系数。

弗劳德换算法以相当平板摩擦阻力曲线代替船体黏性阻力曲线作为换算线，因此也被称为二因次法。

8.7.4　阻力数据表达法

由于应用的直接目的不同，船模阻力数据表达法的形式很多，这里介绍两种较为广泛的表

达法。

1. 泰勒表达法及其换算关系

泰勒表达法的速度参数采用弗劳德数 Fr，阻力采用用单位重量排水量总阻力 R_t/Δ' 或单位重量排水量剩余阻力 R_r/Δ' 或 C_r 的形式表达。

1）以 R_t/Δ' 与 Fr 表达阻力

当船模试验数据表达为 R_{rm}/Δ'_m 与 Fr 的关系时，则将船模试验数据换算为相应的实船阻力和有效功率较为方便，采用的表达式为

$$\frac{R_{ts}}{\Delta'_s}=\frac{R_{fs}}{\Delta'_s}+\frac{R_{rs}}{\Delta'_s} \tag{8-74}$$

其中，单位重量排水量摩擦阻力 R_{fs}/Δ'_m 可应用平板摩擦阻力公式计算，而根据弗劳德假设，对于几何相似的实船和船模，在满足弗劳德数相等的条件时，R_{rm}/Δ'_m 可由给定的表达曲线直接得到。

2）以 R_t/Δ' 与 Fr 表达阻力

当船模试验数据以 R_{tm}/Δ'_m 与 Fr 表达时，则实船阻力的换算过程如下。

根据弗劳德换算法可知：

$$\frac{R_{ts}}{\Delta'_s}=\frac{R_{tm}}{\Delta'_m}-\left(\frac{R_{fm}}{\Delta'_m}-\frac{R_{fs}}{\Delta'_s}\right)$$

其中

$$\frac{R_{fm}}{\Delta'_m}=\frac{C_{fm}\cdot\frac{1}{2}\rho_m v_m^2 S_m}{\rho_m g C_b L_m B_m T_m}=\frac{\frac{1}{2}S_m}{C_b B_m T_m}Fr^2 C_{fm}$$

$$\frac{R_{fs}}{\Delta'_s}=\frac{\frac{1}{2}S_s}{C_b B_s T_s}Fr^2(C_{fs}+\Delta C_f)$$

根据几何相似条件可知

$$\frac{\frac{1}{2}S_m}{C_b B_m T_m}=\frac{\frac{1}{2}S_s}{C_b B_s T_s}$$

因此得到实船阻力换算关系为

$$\frac{R_{ts}}{\Delta'_s}=\frac{R_{tm}}{\Delta'_m}-Fr^2\frac{\frac{1}{2}S_s}{C_b B_s T_s}(C_{fm}-C_{fs}-\Delta C_f) \tag{8-75}$$

因为阻力随弗劳德数迅速增加，实际中常将纵坐标取为阻力与弗劳德数的平方之比，这样可使波阻峰点和波阻谷点明显，此时实船阻力换算关系为

$$\frac{R_{ts}}{\Delta'_s Fr^2}=\frac{R_{tm}}{\Delta'_m Fr^2}-\frac{\frac{1}{2}S_s}{C_b B_s T_s}(C_{fm}-C_{fs}-\Delta C_f) \tag{8-76}$$

实船阻力换算关系式右边的第二项是由于实船和船模雷诺数不同而产生的摩擦阻力系数的差别，所以称为摩擦阻力修正值。

2. 弗劳德圆圈系数表达法

1988 年弗劳德提出的表达法中给出了一系列无量纲系数，且以圆圈系数的形式表示。这种系数形式的表达方法主要在英国等一些国家使用。弗劳德圆圈系数主要有三种：

1）表达船体几何尺度的系数

采用排水体积的 1/3 次方即 $V^{\frac{1}{3}}$ 来表示无量纲化的线性尺度。这些系数有：

(1) 长度系数Ⓜ$=L/V^{1/3}$；

（2）宽度系数Ⓑ$=B/V^{1/3}$；

（3）吃水系数Ⓓ$=T/V^{1/3}$

湿表面积系数Ⓢ$=S/V^{2/3}$等。

对于船模和实船，相应系数是必定相等的。

2）速度表达系数

可采用系数Ⓚ和Ⓛ进行表示。Ⓚ为速度系数，其定义为船速 v 与波长为 $\frac{1}{2}V^{1/3}$ 的波的速度之比，即

$$\text{Ⓚ}=\frac{v}{\sqrt{\frac{g}{2\pi}\cdot\frac{1}{2}V^{1/3}}}=\sqrt{\frac{4\pi}{g}}\cdot\frac{v}{V^{1/6}} \tag{8-77}$$

Ⓛ为速度系数，其定义为船速 v 与波长为 $\frac{1}{2}L$ 的波的速度之比，即

$$\text{Ⓛ}=\sqrt{\frac{4\pi}{g}}\cdot\frac{v}{\sqrt{L}} \tag{8-78}$$

3）阻力表达系数

总阻力系数Ⓒ定义为：

$$\text{Ⓒ}=\frac{R_t}{\Delta'}\cdot\frac{1000}{\text{Ⓚ}^2}=\frac{1000R_t}{\rho gV\cdot\frac{4\pi}{g}}\cdot\frac{V^{1/3}}{v^2}=\frac{125}{\pi}\cdot\frac{R_t}{\frac{1}{2}\rho v^2V^{2/3}} \tag{8-79}$$

摩擦阻力系数为

$$\text{Ⓕ}=\frac{R_f}{\Delta'}\cdot\frac{1000}{\text{Ⓚ}^2} \tag{8-80}$$

剩余阻力系数为

$$\text{Ⓡ}=\frac{R_r}{\Delta'}\cdot\frac{1000}{\text{Ⓚ}^2} \tag{8-81}$$

总阻力系数之所以采用Ⓒ的形式，原因同样在于，高速时 R_t/Δ' 随速度变大而急剧增大，阻力曲线将非常陡直，掩盖了诸如行波阻力的峰谷等重要特征。所以在分母中增加 $V^{1/3}$ 项再乘以 1000，这样既可以显示这些阻力特征，又可避免给出过小的阻力系数。

总阻力系数Ⓒ和 $C_t=R_t/\frac{1}{2}\rho v^2S$ 的形式不同，但都表示总阻力特性，两者存在如下关系：

$$\frac{\text{Ⓒ}}{C_t}=\frac{125}{\pi}\text{Ⓢ}$$

或

$$\text{Ⓒ}=C_t\cdot\frac{125}{\pi}\text{Ⓢ} \tag{8-82}$$

根据上述给出的无量纲系数定义，由模型试验所得船模阻力与速度的关系可用Ⓒ$_m$-Ⓚ的形式来表达，但常见的是用已换算到船长为 122 m 时的Ⓒ$_{122}$对Ⓚ的形式来表达，如图 8-47 所示。

由模型的Ⓒ$_m$-Ⓚ关系曲线，可以换算得到实船的曲线，换算公式为

$$C_{ts}=C_{fs}+(C_{tm}-C_{fm})+\Delta C_f=C_{tm}-(C_{fm}-C_{fs}-\Delta C_f) \tag{8-83}$$

代入圆圈阻力系数则有

$$\text{Ⓒ}_s=\text{Ⓒ}_m-\frac{125}{\pi}\text{Ⓢ}(C_{fm}-C_{fs}-\Delta C_f) \tag{8-84}$$

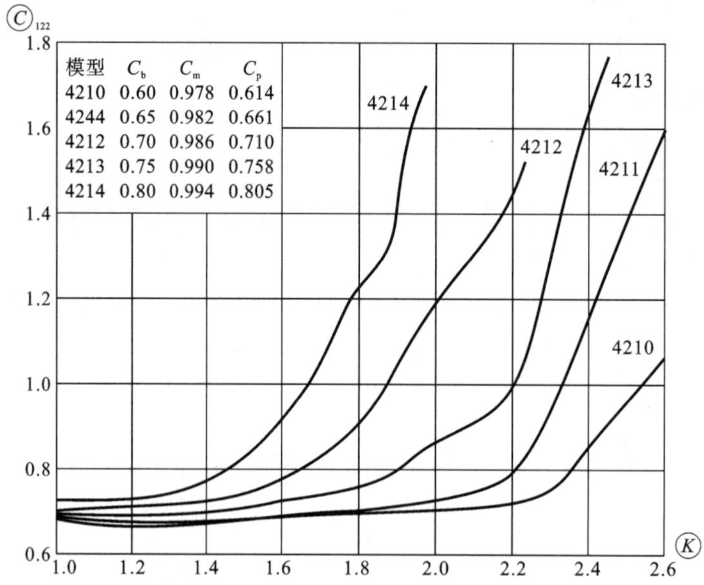

图 8-47　60 船型系列的©$_m$-Ⓚ曲线

对于给定©$_{122}$的情况，则有

$$\copyright_s=\copyright_{122}-\frac{125}{\pi}\textcircled{S}(C_{f122}-C_{fs}-\Delta C_f) \tag{8-85}$$

式(8-84)和式(8-85)即为采用弗劳德表达法得到的实船与船模阻力换算关系式，表达式右端的第二项称为摩擦阻力修正值，即尺度效应引起的摩擦阻力差值。

3. 比较不同船型的阻力性能

在船模设计过程中比较不同船型阻力性能优劣时，常以体现经济性的单位重量排水量总阻力 R_t/Δ' 作为衡量标准。由于尺度效应的影响，即使船型相似，船大小不同，它们的 R_t/Δ' 也是不同的，因此需首先把不同船型的阻力换算成尺度相同船舶的阻力，然后在相同速度下比较阻力性能的优劣。

对不同的阻力数据表达法，具体的比较方法也不完全一样。

1）用弗劳德表达法比较阻力性能

当采用弗劳德表达法比较不同船型的阻力性能时，应首先换算得到统一排水量情况下的©-Ⓚ曲线，这样速度相同时Ⓚ值相等，只要在设计航速对应的Ⓚ值处作垂线，即可得到相应阻力系数值。现行习惯是将阻力换算到船长为 122 m 时的©$_{122}$-Ⓚ的表达形式，在比较相同长度不同船型的阻力性能时，必须在各船的排水量长度系数 Δ'/L^3 保持相同的情况下进行，这样在Ⓚ值相同时就是在相同的速度情况下进行比较。

2）用泰勒表达法比较阻力性能

采用泰勒表达法，只要换算得到相同船长情况下的对应曲线，就可以比较不同船型的阻力性能，这样在 Fr 相同时的阻力性能比较，实际上就是在速度相同情况下对不同船型阻力性能的比较。

综上所述可知：在设计过程中根据不同情况可以选用不同的表达法来比较不同船型的阻力性能。若在决定船型前船长和船速已确定，则可用泰勒表达法；如果排水量和船速已给定，则选用弗劳德表达法较方便。

思 考 题

1. 舰艇的黏性阻力可以进一步划分成哪两类？成因是什么？

2. 层流边界层和湍流边界层的特点是什么？

3. 舰艇摩擦阻力系数是如何无因次化的？为什么随着雷诺数的增大摩擦阻力系数会减小？

4. 为什么流线型物体与非流线型物体的黏压阻力相差很大？

5. 为什么在理想流体中运动的物体没有阻力？

6. 舰艇兴波阻力的产生原因是什么？

7. 舰艇兴波波浪的传播速度与船速有什么关系？

8. 舰艇兴波的形态是怎样的？

9. 什么是有利的波系干扰？如何利用兴波造成有利的波系干扰？

10. 为什么肥大型慢速船破波阻力比较明显？

11. 舰艇的附加阻力包含哪些部分？在工程上一般如何处理附加阻力？

12. 什么是水深弗劳德数？

13. 舰艇的浅水效应会导致舰艇兴波波形产生什么样的变化？

14. 舰艇的浅水效应是否总是导致舰艇兴波阻力增大？

15. 船模的阻力试验按照何种相似律进行？如何设计船模阻力试验？

16. 船模阻力试验的结果如何换算到实船阻力？

第 9 章　船型对阻力的影响与阻力估算

在船舶的初步设计阶段，船体线型尚没有形成，但是需要确定主尺度、船型系数等重要参数。阻力性能是达成目标船设计航速的重要考虑因素，因此有必要了解船型参数变化对阻力性能的影响规律。在确定了船型基本参数后，还需要对船型的阻力进行初步估算，以完成包括主机功率核算在内的初步方案设计，论证船型初步设计方案的可行性。图 9-1 给出了初步设计阶段船型参数选取和阻力估算的关系。

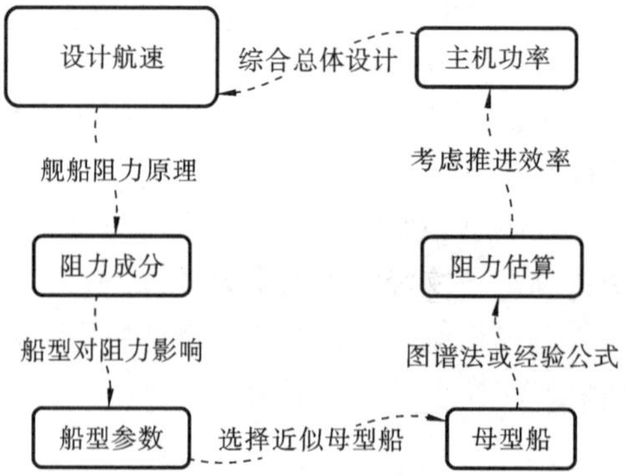

图 9-1　船型参数选取和阻力估算的关系

确定船体水线以下部分的特征参数和几何形状是船舶设计的重要内容。理论上船型的任何变化都会对阻力性能产生影响，但是表征船体外形的船型参数很多，且各船型参数变化对阻力影响的程度不同。实际中，船体型线设计是涉及多目标优化的专门研究课题，除了要考虑船型对阻力的影响外，还要综合考虑船型对总体布置、工艺结构、静稳性、快速性、耐波性、操纵性等因素的影响。本章不涉及具体型线优化，主要讨论描述船体主尺度比及重要船型参数对阻力性能的影响规律，这对于完成船舶的初步设计是至关重要的。在阻力估算方面，本章将介绍最常用的海军部系数法和图谱法的基本原理，为开展初步的船型阻力估算方法提供指导。

9.1　船型对阻力影响的基本概念

根据舰艇阻力分类可知裸船体阻力可由下式表示：

$$R_{\mathrm{t}}=\frac{1}{2}(C_{\mathrm{f}}+C_{\mathrm{w}}+C_{\mathrm{pv}})\rho v_{\mathrm{s}}^{2}S \tag{9-1}$$

分析式(9-1)可知，阻力正比于摩擦阻力系数 C_{f}、兴波阻力系数 C_{w}、黏压阻力系数 C_{pv}、湿表面积 S 和舰艇航速的二次方 v_{s}^{2}。相同航速下，船型变化将会引起 C_{f}、C_{w}、C_{pv} 和 S 不同程度的变化，其中 C_{f}、C_{w}、C_{pv} 又是航速 v_{s} 的函数，因此关于船型变化对阻力的影响，需要就不同航速进行讨论。

9.1.1　船型变化与不同阻力成分的关系

前文已经介绍,按照成因不同,裸船体阻力可以分为摩擦阻力、黏压阻力和兴波阻力。由于船型要素对各类阻力的影响不同,不同舰艇的阻力构成比例不同。

由摩擦阻力成因可知,影响其大小的最重要的因素是船体的湿表面积。因此,为了获取小的摩擦阻力,应当尽可能减小湿表面积。由几何知识可知,在排水体积相同时,船型越粗短、肥满,湿表面积越小,相应的摩擦阻力也就越小。

由黏压阻力成因可知,船体边界层的分离流动是影响黏压阻力的主要原因。船体越细长、去流段越光顺,边界层越不容易发生流动分离,越有利于减小黏压阻力。

由兴波阻力的成因可知,船体主要有艏波系和艉波系,对于部分较宽的船体还存在肩波。船体越细长、艏部越尖削,兴波阻力往往越小。此外还可以考虑取恰当主尺度,以满足波系相消条件,从而减小兴波阻力。

9.1.2　航速对不同船型阻力性能的影响

1. 航速对阻力性能的影响

船型对阻力性能的影响与航速密不可分。在不同航速范围内,船型参数对阻力的影响程度不同,甚至有本质上的差别。低速时阻力性能良好的船型,高速时可能阻力性能反而不佳。这主要是因为在不同航速范围内,船型变化所带来的阻力成分变化趋势不同,而影响裸船体阻力主要船型系数也是不同的。因此,在船舶设计过程中考虑参数选择的出发点不应完全相同。

对同一船型的不同设计航速也有不同的要求。对军舰而言,航速有巡航速度和最大航速之分。前者是在平均海面情况下能保持经济性的航速,后者是舰艇使用全部功率所能达到的最大速度。巡航速度与最大速度往往相差较大,对船型的要求存在矛盾,应在船型设计中充分考虑。

2. 船舶分类及其主要阻力成分

在讨论船型对阻力的影响之前,还有必要了解船舶的分类,因为不同类型船舶的阻力成因各异,甚至有本质差别,这就造成了不同类船舶船型设计的侧重点不同。排水型船通常可以按照弗劳德数 Fr 分为低速船($Fr<0.18$)、中速船($0.18\leqslant Fr<0.30$)和高速船($Fr\geqslant 0.30$)。常见的民用船舶大多属于中、低速船,军舰属于高速船。

低速船的航速较低,由阻力随航速变化规律可知,此时兴波阻力较小,舰艇裸船体阻力中摩擦阻力和黏压阻力占主要部分。因此,低速船船型设计重点在于减小摩擦阻力和黏压阻力。在相同排水量和相同速度下,摩擦阻力主要由船体湿表面积决定,相对肥短的船型可以获得更小的船体湿表面积,从而可减小摩擦阻力。值得注意的是,粗短的船型容易产生旋涡,因此必须注意采取船体去流段设计,以防止黏压阻力增大。

中速船的航速较低速船有所增加,兴波阻力成分相应有所增大且不可忽视。因此,在中速船型设计中既要注意减小兴波阻力,又要防止其他阻力成分的增长。一方面要恰当地选择船型参数以造成艏、艉波系的有利干扰;另一方面船型应适当地趋于瘦削,以避免产生大量旋涡,减小黏压阻力。

高速船的兴波阻力占裸船体阻力的主要部分,有时可达 50%以上。为此,设计中应当力求减小兴波阻力。通常高速船兴波波长较大，艏、艉波系在船艉产生有利干扰的可能性较小，所以设计时需要减小艏、艉波系的波高。高速船通常都比较瘦长，目的在于尽可能减小兴波阻力。

综上所述，通过船型改变阻力的原理主要是根据不同航速区间的阻力成因，选择可使在该航速区间内起主要作用（占比大）的阻力成分有效降低的船型。

9.2　船型系数与主尺度比对阻力的影响

9.2.1　修长系数的影响

1. 阻力随修长系数变化规律

修长系数 $\Delta/(0.01L)^3$ 代表船体的瘦长程度，该系数越大意味着在同样的长度范围内排水量更大，船体肥短；反之，该系数小，表明船体瘦长。通过减小船长或增大排水量均可以增大修长系数，且当船长和排水量数值变化幅度相同时，船长变化引起修长系数的变化更大。湿表面积可按 $S=C\sqrt{VL}$ 估算，代入式(9-1)可得单位排水量阻力：

$$\frac{R_t}{\Delta}=\frac{1}{2}(C_f+C_w+C_{pv})v_s^2C\sqrt{\frac{L}{V}} \tag{9-2}$$

兴波阻力主要受船体瘦长程度影响。当修长系数增大时，船体变瘦长，根据兴波阻力产生机理可知兴波阻力将显著减弱，即兴波阻力系数 C_w 减小；修长系数增大同时会引起船体湿表面积 S 增大，但是 S 增大的幅度远小于 C_w 减小的幅度。因此，兴波阻力总体上随修长系数的增大而减小。

摩擦阻力同时受摩擦阻力系数 C_f 和湿表面积 S 的影响。修长系数增加会使雷诺数 Re 有所增加，由 C_f 的计算公式可知 Re 增加会引起 C_f 缓慢减小，这是由摩擦阻力系数随雷诺数变化规律所决定的。C_f 随修长系数减小的幅度要远小于湿表面积 S 随修长系数增大的幅度。因此，摩擦阻力总体上随修长系数增大而增大。

黏压阻力主要由艉部瘦长程度确定。舰艇艉部船体瘦长程度对黏压阻力系数 C_{pv} 的影响不可一概而论。通常认为船体细长对于减小黏压阻力是有利的。

2. 不同船舶的修长系数选取

综上所述，增大修长系数会对摩擦阻力和剩余阻力产生完全相反的影响，修长系数对裸船体阻力的影响主要由兴波阻力和摩擦阻力成分占比决定。图 9-2 给出了泰勒系列船模在较低航速（$Fr=0.208$）和较高航速（$Fr=0.298$）时的单位排水量剩余阻力曲线。图 9-3 给出了各阻力成分随修长系数的变化趋势。

对于低速船，黏性阻力占主要部分，可达总阻力的 70%以上，剩余阻力占比很小，因此减小修长系数有利于减小阻力；高速船的兴波阻力占比很大，甚至可以超过 50%，适当增大修长系数有利于减小阻力。

对于不同速度的船，可归结如下：

(1) 低速、中速船修长系数宜取适当大一些；随着航速增大，降低修长系数对提高阻力性能是有利的。

(2) 高速船的修长系数较低速船要小得多，所以高速船船型瘦长，低速船短而肥。

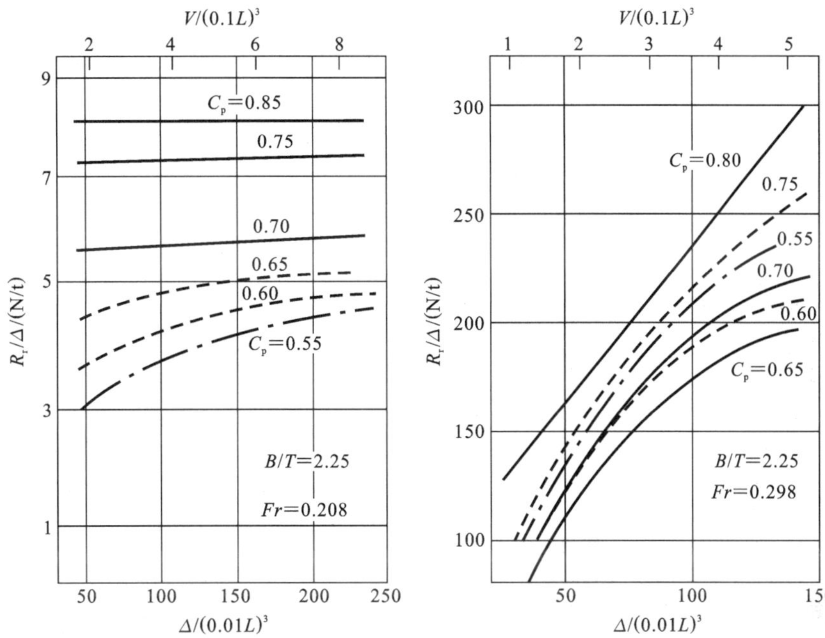

(a)　　(b)

图 9-2　修长系数对剩余阻力的影响

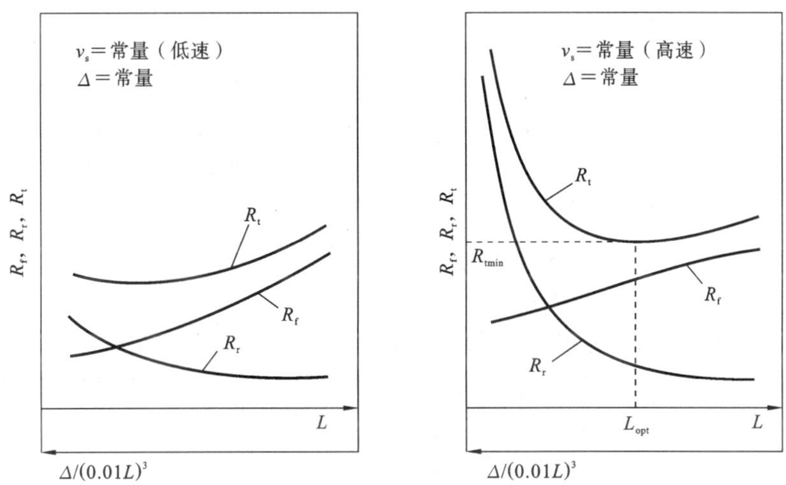

(a)　　(b)

图 9-3　修长系数对各阻力成分的影响

(3) 从理论上说，对于给定航速的船舶，存在一个对应于最低阻力的最佳值，对应于不同航速应该存在修长系数的最佳曲线。

9.2.2　宽度吃水比的影响

1. 阻力随 B/T 变化规律

B/T 表示船体的扁平程度，在排水量一定的条件下，增大 B/T 将使船变得扁平，同时会引起船体湿表面积增加，故摩擦阻力增大。图 9-4 给出了不同方形系数 C_b 下最小湿表面积与 B/T 的关系曲线，同时给出了湿表面积增加不超过 2%的 B/T 的上下界限。由图 9-4 可知，

湿表面积对 B/T 的变化并不很敏感，可近似认为 B/T 在 2.25～3.75 的实用范围内变化时，湿表面积的增加最多约为 2.5%。一般认为船宽 B 增大时，船体散波波高增大；吃水 T 增大时横波的波高增大。B/T 的改变是由于 B 和 T 的变化，T 和 B 对兴波有相反的影响。

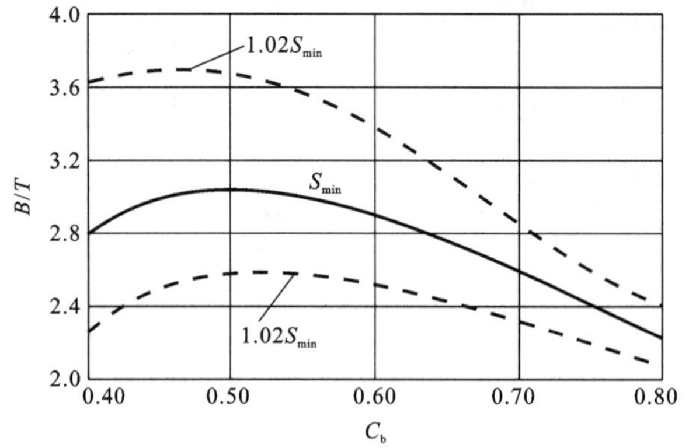

图 9-4　不同方形系数下最小湿表面积随 B/T 的变化曲线

总体而言，B/T 对裸船体阻力的影响比较有限，根据试验统计资料可近似估计这种影响。对于中、低速船，在常用的 B/T 范围内，当 B/T 值增加 0.1 时，总阻力将增加 0.50%～0.75%，对于高速船裸船体阻力增加量相应要多一些。

2. 不同船舶的 B/T 的选取

在船舶设计中 B/T 往往不是依据阻力性能，而是依据在船舶的稳性、布置、航道水深限制等方面的要求来确定的。特别是现代补给舰、救援船的设计趋势是适当地增大 B，同时相应地降低方形系数，这有利于提高作业面积、减轻船体结构的重量和降低船舶造价。同时增大船宽将提高稳性，而吃水减小又可降低船舶受航道和港口水深条件的影响程度。

9.2.3　棱形系数的影响

棱形系数 C_p 表示排水体积沿船长的分布情况。根据棱形系数的定义可知，排水体积和船长一定时，C_p 小代表排水体积集中于舯部，艏艉两端较瘦削；C_p 大表示排水体积沿船长的分布比较均匀，艏艉两端比较丰满。不同的 C_p 值与相应的横剖面面积曲线如图 9-5 所示。

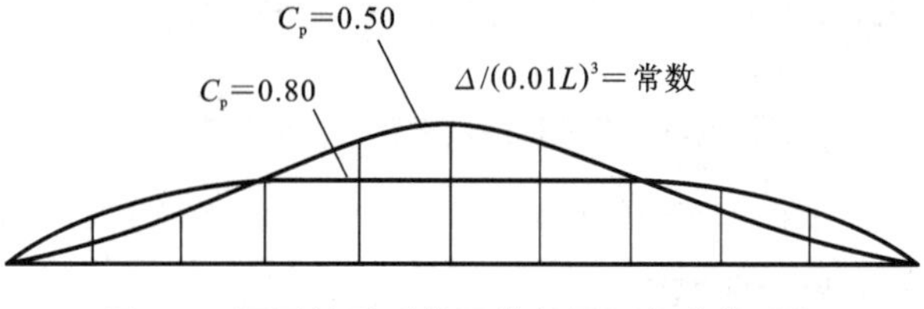

图 9-5　不同棱形系数下横剖面面积曲线对比

1. 阻力随棱形系数的变化规律

当船的排水量和长度不变时，改变棱形系数所引起的船形变化对船体湿表面积的影响是很小的。一般认为 C_p 对摩擦阻力的影响可以不考虑。

棱形系数对剩余阻力的影响是很大的。图 9-6 给出了根据泰勒水池船模资料绘制的不同航速下单位排水量剩余阻力随棱形系数 C_p 的变化曲线。由图 9-6 可见：

(1) 在低速($Fr<0.2$)时，剩余阻力受棱形系数变化的影响甚微，这是因为低速时船舶的

兴波阻力极小。

(2) 在中速(0.2<Fr<0.3)时，剩余阻力随棱形系数增加而增大，船体的兴波集中在艏、艉，棱形系数小，艏、艉尖瘦，对减小兴波阻力有利。如图 9-7 所示，C_p 较小，船体艏段尖瘦，会使水压力在运动方向的分量较小，相当于减小阻力，因此选择较小的 C_p 有利。

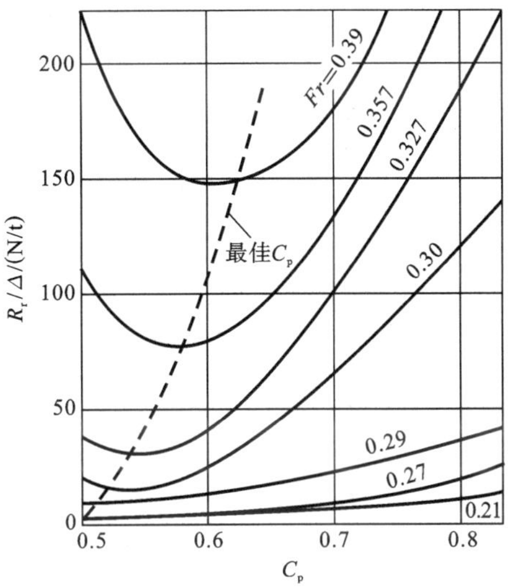

图 9-6　单位排水量剩余阻力随棱形系数变化曲线

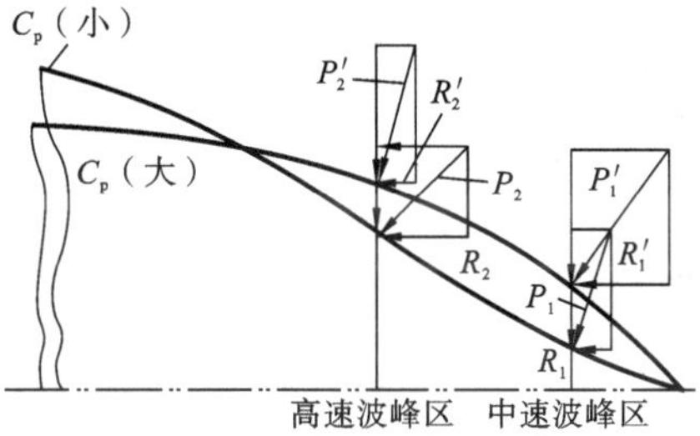

图 9-7　棱形系数与船艏形状、水压力关系

(3) 在高速(Fr>0.3)时，整个船体均产生较大的兴波，若排水体积沿船长分布比较均匀，则有利于缓和兴波作用。因此，取适当大的 C_p 值时剩余阻力反而较小。

2. 棱形系数的选取

棱形系数改变将对兴波阻力产生不同的影响，因此不同设计航速所要求的棱形系数应当不同。从图 9-6 可见，在给定修长系数时，每个 Fr 都对应一个最小剩余阻力的最佳棱形系数 C_p。在整个速度范围内，最佳棱形系数 C_p 形成的曲线称为理论最佳 C_p 曲线。实际船舶设计中，在确定 C_p 值时会考虑船舶使用性和经济性，例如：低速民船的 C_p 值远大于理论最佳 C_p 值，以在阻力增加不大的情况下获得较大的排水量；高速军舰的 C_p 值则较理论 C_p 值更低，以保证巡航速度下的经济性。

9.2.4　艏、艉端形状的影响

1. 艏、艉横剖面形状对阻力影响规律

1) 艏部横剖面形状

低速船的摩擦阻力占主导，选择 V 形横剖面艏部较 U 形横剖面艏部得到的湿表面积更小。同时由于 V 形横剖面艏部水下部分较尖瘦，便于水流的纵向流动，有利于减少船体舭部的流动分离，从而有利于减小黏压阻力。中、高速船在相同排水量下，采用 U 形横剖面艏部能够使更多的排水体积处于水线以下，使得水线处较 V 形横剖面艏部更尖瘦，可以减小兴波阻力。但是对于中、高速船，采用 U 形横剖面艏部时需要注意避免因舭部曲率过大产生舭涡而引起黏压阻力增大。

2) 艉部横剖面形状

采用 V 形横剖面的艉部除了湿表面积较小外，还更容易与较宽的水线衔接，使得艉部去流段型线平顺，不易产生流动分离，有利于改善船舶阻力性能，且不影响螺旋桨效率。此外，较宽的水线更适于布置双桨，因此双桨船艉部通常采用V形横剖面。采用U形横剖面的艉部可以获得更加均匀的伴流场，船体振动较小，对提高单螺旋桨效率有利。

2. 船艏柱、艉柱形状

1）艏柱形状

艏柱是船体最前端部分，由龙骨线到船体的顶部。从侧视图上看，其主要形式包括垂直式（见图9-8(a)）、倾斜-垂直式（见图9-8(b)）、倾斜式（见图9-8(c)）、球鼻式（见图9-8(d)）、飞剪式（见图9-8(e)）和破冰式（见图9-8(f)）等。

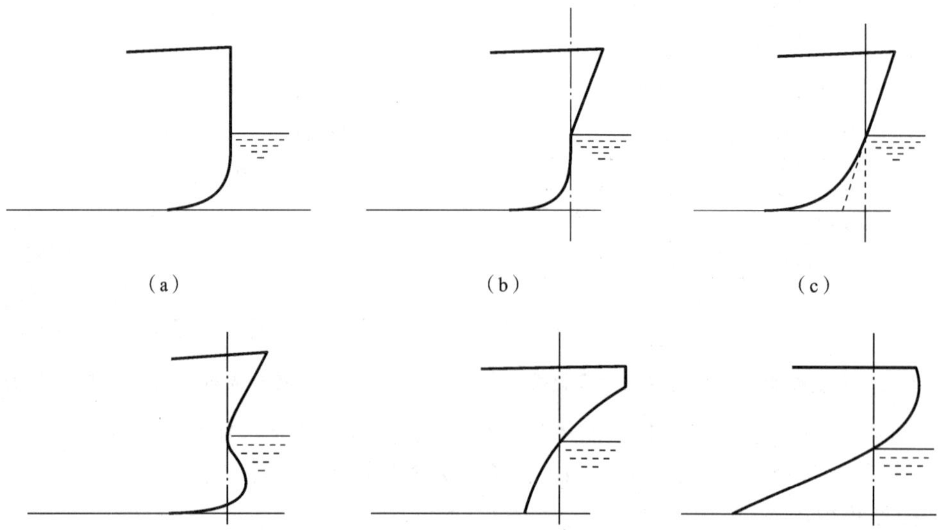

(a) (b) (c) (d) (e) (f)

图9-8 不同船艏柱侧视轮廓外形

第一次世界大战期间的铁甲战舰常采用垂直式艏柱，其可以起到冲撞作用。随着海战模式的演变和技术的发展，垂直式艏柱越来越少见，且由于舰艇实际航行时，艏柱会向后倾斜，目前已很少采用垂直式艏柱。

倾斜-垂直式艏柱在水线以上部分向前伸，在水线以下保持铅直。这样一方面可以使水线上的艏部变得尖瘦，有利于舰艇在波浪中运动，另一方面可以增大甲板作业面积。

倾斜式艏柱整个前倾或者后倾，可使水线以上部分水线较为瘦削，有利于减少纵摇运动，降低波浪增阻。

球鼻艏是在船艏柱上加装一个球形凸体而形成的。对大型船舶而言，球鼻艏可以起到减小兴波阻力、破波阻力和舭涡阻力等的效果；对水面舰艇而言，采用球鼻艏便于布置艇壳声呐。

飞剪式艏柱侧视图呈现凹形曲线，艏柱向前伸出，且有一较大的悬伸部。

破冰式艏柱在设计水线以下的部分侧面轮廓线与基线间的夹角通常小于45°，用于破冰。

2）艉柱形状

常见的艉柱形状包括椭圆形艉（见图9-9(a)）、巡洋舰艉（见图9-9(b)）和方艉（见图9-9(c)）。

椭圆形艉的特点是艉柱取垂直形式，结构简单，艉部甲板呈椭圆形，早期的民船往往采用这种船艉。

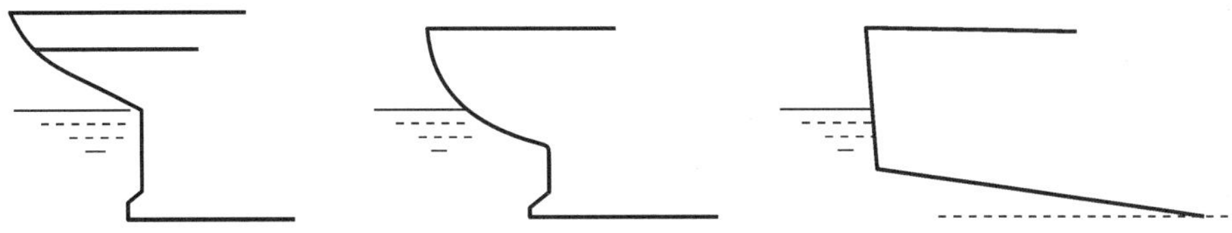

(a)　　(b)　　(c)

图 9-9　不同船艉侧视轮廓外形

巡洋舰艉的特点是水线附近的艉部水线向后做适当延伸，相当于增加了水线长度，有利于减小兴波阻力和黏压阻力，同时也增加了船艉甲板面积，便于布置舵机和对螺旋桨和舵起到保护作用。

方艉的特点是将艉端采取平直切面，水线面艉部形状接近方形。高速船，特别是快艇和驱逐舰通常采取方艉。高速船方艉可以形成虚长度，相当于增加了船体修长系数。

9.3　裸船体阻力估算方法

在舰艇的初步设计阶段，主要有两类问题需要解决：一类是已知主机功率，确定舰艇能够达到的航速；另一类是确定要达到设计航速所需要的主机功率。虽然船型主尺度和船型系数确定，但当船体线型尚未确定时，无法借助船模阻力试验或者计算流体动力学(CFD)来确定阻力，此时只能用近似方法进行裸船体阻力估算。

近似估算裸船体阻力的方法很多，按照计算内容主要可以分为两类：一类是直接近似估算裸船体阻力或有效功率；另一类是先估算剩余阻力，再采用相当平板公式计算摩擦阻力。估算采用的资料主要包括阻力图谱和阻力回归公式。

9.3.1　海军部系数法

海军部系数法是一种阻力近似估算法，也是较常用的方法，其估算精度取决于设计船和母型船在船型、主尺度、弗劳德数、雷诺数等方面的接近程度。

1. 海军部系数法假设

(1) 当设计船与母型船的船型、弗劳德数相近时，可近似认为两船的剩余阻力系数 C_r 相等；

(2) 当设计船与母型船的船型、主尺度和雷诺数相近时，可近似认为两船的摩擦阻力系数 C_f 相等；

(3) 当设计船与母型船的船型、主尺度相近时，可近似认为两船的湿表面积 S 与排水量 Δ 的 2/3 次方成比例。

由此，设计船的裸船体阻力可表示为：

$$R_t=R_f+R_r=\frac{1}{2}\rho v_s^2 S(C_f+C_r)\propto\Delta^{2/3}\cdot v_s^2 \tag{9-3}$$

式中　v_s——船舶航速。

有效功率表示为

$$P_e\propto\Delta^{2/3}\cdot v_s^3 \tag{9-4}$$

式中　Δ——排水量(t)；

v_s——航速(kn)；

P_e——有效功率，马力，1 马力=735 W。

2. 海军部系数计算

定义海军部系数为

$$C \propto \frac{\Delta^{2/3} \cdot v_s^3}{P} \tag{9-5}$$

则对应有效功率的海军部系数为

$$C_e = \frac{\Delta^{2/3} \cdot v_s^2}{P_e}$$

C_e 仅反映了船舶的阻力性能，当用主机功率 P 替换 P_e 时，对应主机功率的海军部系数可以表示为

$$C_W = \eta \cdot C_e \tag{9-6}$$

式中　η——推进效率。

C_W 反映了船舶的快速性优劣，包含船舶阻力和推进的综合性能。船舶主机功率给定时，C_W 越大，船舶的快速性越好。显然对应不同的功率，将有不同含义的海军部系数。当有相近母型船数据时，应用海军部系数法可以在给定排水量和主机功率时估算所设计船舶可以达到的航速，或在给定排水量限制和航速要求时估算所设计船舶的主机功率。

在没有较相近的母型时，可根据相应船舶类型的统计资料凭经验选取。表 9-1 给出了典型舰艇海军部系数 C_W 的统计值。

表 9-1　典型舰艇的海军部系数 C_W 统计值

航行状态	巡洋舰	护卫舰	扫雷舰	潜艇		
				老式	过渡型	现代
水面	155～195	130～170	110～150	170～200	120～150	小于 120
水下	—	—	—	55～65	100～135	大于 135

例 9-1　某在航舰艇排水量为 4200 t，航速为 17 kn 时，主机功率为 8000 马力。现该舰因执行任务需要，排水量增加为 4500 t，增加排水量后主机功率保持不变。试求增加排水量后的航速。

解　根据排水量增加前的已知条件构造海军部系数：

$$C_{W1} = \frac{\Delta_1^{2/3} v_{s1}^3}{P} = \frac{4200^{2/3} \times 17^3}{8000} = 160$$

排水量增加前后海军部系数相等：

$$C_{W1} = C_{W2}$$

故有

$$v_{s2} = \sqrt[3]{\frac{C_{W1} \cdot P}{\Delta_2^{2/3}}} = 16.7 \text{ kn}$$

例 9-2　有一优秀艇型，排水量为 75 t，航速为 30 kn，主机功率为 4000 马力。现需设计一船型、排水量和航速与之相近的艇，该艇排水量为 70 t，航速约为 31 kn，试估算该艇所需主机功率 P。

解　根据母型艇构造海军部系数：

$$C_{W1}=\frac{\Delta_1^{2/3}v_{s1}^3}{P_1}$$

根据海军部系数 $C_{W1}=C_{W2}$ 可得

$$P_2=\frac{\Delta_2^{2/3}v_{s2}^3}{\Delta_1^{2/3}v_{s1}^3}P_1=\frac{70^{2/3}\times31^3}{75^{2/3}\times30^3}\times4000\text{ 马力}=4215\text{ 马力}$$

例 9-3　某舰艇维修后加装了一艉板节能装置，经研究该装置在巡航速度下可减小阻力 10%，试估算在相同主机功率下舰艇航速可提高的百分比。

解　若舰艇航速保持不变，则减阻后有效功率减小 10%，所需主机功率减小；若保持主机功率不变，即主机功率恢复到减阻前的量值，可认为有效功率也接近恢复为减阻前的值，前后排水量保持不变。根据海军部系数相等可得：

$$\frac{\Delta_1^{2/3}v_{s1}^3}{P_{e1}}=\frac{\Delta_2^{2/3}v_{s2}^3}{P_{e2}}$$

$$v_{s2}=\sqrt[3]{\frac{P_{e2}}{P_{e1}}}v_{s1}=1.036v_{s1}$$

由此可以得出主机功率不变、舰艇阻力小量变化条件下航速变化的估算方法：

$$\frac{v_{s2}}{v_{s1}}=\sqrt[3]{\frac{R_2}{R_1}}$$

具体计算过程略。

9.3.2　泰勒图谱估算法

泰勒图谱是根据泰勒船模水池对系列船模试验得出的阻力计算图谱。该图谱列出了以英国巡洋舰利维坦号（双桨、U 形横剖面）为母型，成系列地变化宽度 B、吃水 T 和棱形系数 C_p 而导出的 80 余条船模的线型。该图谱适用于巡洋舰艉船型，由图谱估算得到的是剩余阻力以及舰艇的湿表面积。图 9-10 给出了剩余阻力系数随弗劳德数变化的图谱，其实际上是在不同 B/T、C_p 下，以不同的 Δ/L^3 为参数的 C_r 随 Fr 变化曲线组。图 9-11 给出了湿表面积变化图谱，其实际上是湿表面积系数 C_s 随 B/T、C_p、Δ/L^3 变化曲线组，一旦获得湿表面积系数即可以按照下式确定湿表面积：

$$S=C_s\sqrt{VL}$$

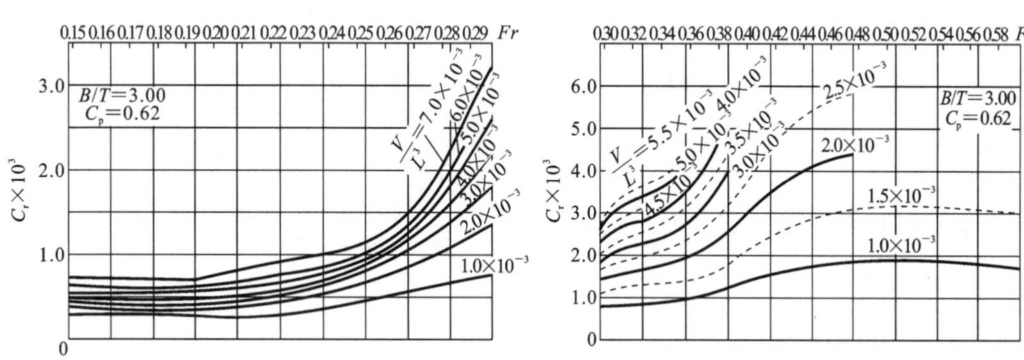

（a）$Fr<0.3$　　　　（b）$Fr\geqslant0.3$

图 9-10　剩余阻力变化泰勒图谱

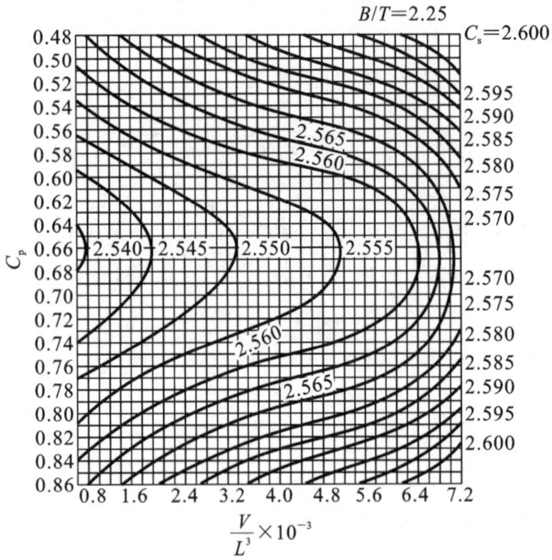

(a) $B/T=2.25$

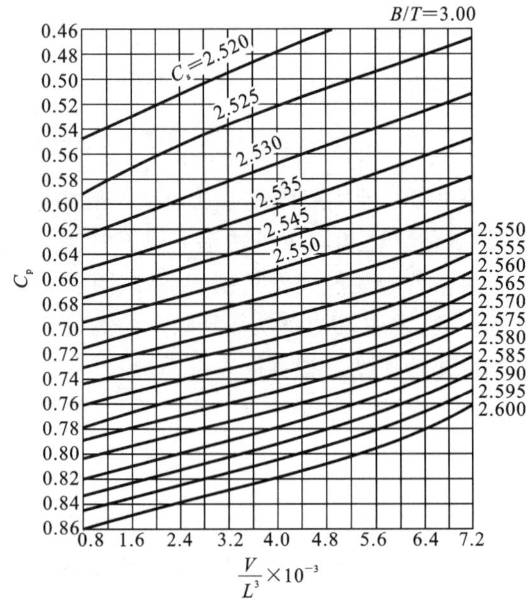

(b) $B/T=3.00$

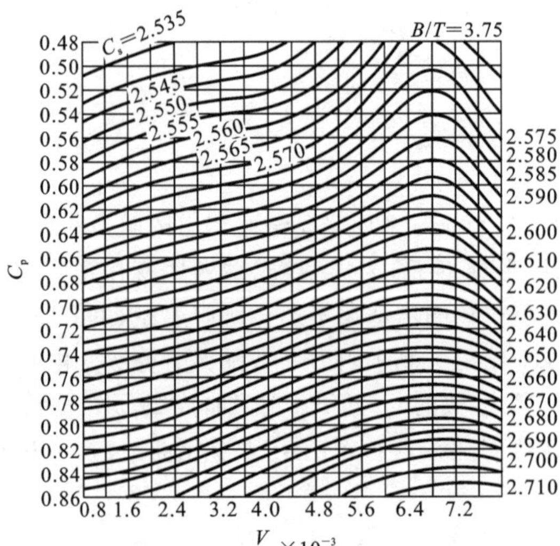

(c) $B/T=3.75$

图 9-11 湿表面积变化泰勒图谱

泰勒图谱包含了最主要的影响剩余阻力的船型参数，利用它可以比较细致地估算和分析船舶的剩余阻力。

使用泰勒图谱进行阻力估算的主要步骤如下：

(1) 计算设计船型参数值$\frac{B}{T}$、C_p、$\frac{V}{L^3}$、Fr。

(2) 求湿表面积系数。

一般可以根据船体型线图求得湿表面积，进而求得湿表面积系数。但如果设计船型尚没有型线图，则可近似认为其湿表面积与标准船型的湿表面积相等。

(3) 计算摩擦阻力系数。

在泰勒图谱法中，摩擦阻力系数是按照桑海公式进行计算的，可先计算雷诺数，然后查表或直接计算。应当注意计算雷诺数时船长取水线长，粗糙度补贴系数 $\Delta C_f = 0.4 \times 10^{-3}$。

(4) 求剩余阻力系数。

根据设计船的$\dfrac{B}{T}$、C_p、$\dfrac{V}{L^3}$、Fr 选择对应的图谱，根据各参数内插求得 C_r 值。当所设计船舶的湿表面积系数与标准船型不同时，还需要进行修正，修正后的剩余阻力系数为

$$C'_r = C_r \frac{C_s}{C'_s} \tag{9-7}$$

(5) 计算裸船体阻力和有效功率。

裸船体阻力系数计算式为

$$C_t = C'_r + C_f + \Delta C_f$$

裸船体阻力计算式为

$$R_t = \frac{1}{2}\rho v_s^2 S$$

有效功率计算式为

$$P_e = \frac{R_t v_s}{1000}$$

最后，应当指出：泰勒标准船型的母型为一巡洋舰，其阻力性能较好，对航速高、船型较瘦的双桨船用此法计算较合适，对商船用此法估算所得结果往往偏小。

思　考　题

1. 试描述低速、中速及高速船划分方法，并说明各种阻力成分在裸船体阻力中所占比例的大致情况。

2. 试阐述高速水面船和低速水面船的船型特征和选取规律，并从阻力的角度加以解释。

3. 某护卫舰设计排水量为 1200 t，航速为 20 kn 时有效功率为 2425 马力，该舰满载排水量为 1300 t，试求：

(1) 满载并保持 20 kn 航速时该舰所需有效功率是多少？

(2) 满载并保持有效功率 2425 马力时该舰航速是多少？

4. 欲使某船排水量增加 20%，并维持航速不变，试求必须增加的主机功率百分比。

5. 某高速导弹快艇正常排水量为 125 t，现对导弹进行改装升级，排水量增加至 142 t，试求设计航速下该艇阻力增加的百分比。

6. 试阐述船舶艏柱和艉柱的主要形状及特点。

7. 试阐述用图谱法估算船型阻力的步骤。

第 10 章　螺旋桨几何形状

舰艇航行时会遭受阻力，为了克服阻力，需要主机输出能量，而推进器作为一种能量转换装置，能将主机输出的旋转能量转化为推动舰艇前进的能量。随着舰艇快速性设计技术的不断提升，推进器经历了橹、风帆、明轮、螺旋桨、特种推进器的发展历程，各个演变形式都对舰艇的快速航行起到了重要的作用，且不同的形式均有其适用性。

螺旋桨是舰艇推进器的一种典型形式。19 世纪中叶，螺旋桨开始在舰艇上大量应用，到现在，螺旋桨仍然是各类舰艇使用最多的推进器，也是舰艇推进器最基本的形式。除了螺旋桨，目前还发展出诸如吊舱推进器、Z 型全回转推进器、导管推进器、泵喷推进器、无轴推进器、直翼型推进器、仿生推进器、磁流体推进器等特种推进器，其在提高舰艇推进性能方面各有长处。

高效率是推进器选型和设计最基本的要求。近年来，随着各种需求的不断提出，人们对推进器的综合性能也提出了越来越高的要求。目前对螺旋桨的主要性能要求集中在以下几个方面：

(1) 高效节能　推进器消耗扭矩，产生推力，因此在有限的主机功率下，产生最大的推力是螺旋桨设计的主要目标。另外，还可通过前置补偿导管、后置定子或前置导叶、毂帽鳍等装置来改善螺旋桨的流场环境，进而提高推进效率，实现舰艇的高效节能航行。

(2) 减振降噪　螺旋桨可能引起船体艉部的剧烈振动，是舰艇三大辐射噪声源之一。以减振降噪为目标，对螺旋桨的几何形状进行优化设计，可在高效推进的基础上进一步改善舰艇的隐身性能，如采用桨叶气幕降噪技术和大侧斜螺旋桨技术等来实现减振降噪。

(3) 抗空化　空泡是螺旋桨高速旋转时常见的液体内气核逸出现象，严重时会造成桨叶的剥蚀和船体的振动，通过叶切面优化或采用整流装置，抑或换用抗空化性能优良的推进器形式，可增加螺旋桨和舰艇的寿命，改善总体性能。

螺旋桨特殊的外形设计使它能产生良好的水动力性能，掌握螺旋桨的几何外形特征是研究螺旋桨水动力性能的基础。本章将主要针对螺旋桨的几何形状进行介绍，其他形式的推进器可参考螺旋桨。

10.1　螺旋桨的类型

螺旋桨是舰艇推进器发展过程中形成的最主要的推进形式，和其他类型的舰艇推进器相比，螺旋桨的构造简单，效率较高，故目前应用最为广泛。

早期的螺旋桨和现代螺旋桨有很大的不同，螺旋桨的发展也经历了很长的过程，现代舰艇航行性能的提升也对螺旋桨的发展起到了很大的促进作用，从而形成了不同类型的螺旋桨。除了普通螺旋桨，目前还发展出了诸如对转螺旋桨、大侧斜螺旋桨、可调螺距螺旋桨等多种类型，它们均巧妙利用了螺旋桨的多个外形特征，使其能发挥各自的优势。

下面对几种类型的螺旋桨进行介绍。

1. 对转螺旋桨和双侧螺旋桨

为了让螺旋桨在有限的空间下产生更多的推力，对转螺旋桨(见图 10-1(a))的前后两个螺旋桨旋转方向相反，后桨可吸收前桨尾流中的能量。对转螺旋桨的优点是推进效率较高，最佳直径较小，缺点是结构过于复杂，维护成本高。其多用于鱼雷和潜艇。

一般水面舰船在左右舷侧均安装一套螺旋桨，以产生双倍的推力，称之为双侧螺旋桨，如图 10-1(b)所示。

这两种螺旋桨均有两个旋向相反的螺旋桨，区别在于对转螺旋桨同轴，而双侧螺旋桨不同轴。

(a) 对转螺旋桨

(b) 双侧螺旋桨

图 10-1　对转螺旋桨和双侧螺旋桨

2. 大侧斜螺旋桨

大侧斜螺旋桨(见图 10-2、图 10-3)从形状上来看就是叶片偏转程度(侧斜)很大的螺旋桨，相比于普通螺旋桨(见图 10-4)，大侧斜螺旋桨的桨叶端部距离下一片桨叶很近。螺旋桨一般工作在复杂的船舶艉流场中，是高速旋转的装置，由于船体及附体的存在，螺旋桨前方来流不均匀，螺旋桨所产生的推力也是高低起伏的，大侧斜的设计能使叶片在旋转时，更平稳地、渐次性地通过某个伴流区，一个叶片经过时，下一个叶片将同步跟上，这样产生的推力起伏程度会降低，能有效缓解船体的振动和损坏。大侧斜螺旋桨由于其优良的减振降噪性能，从 20 世纪中叶以来得到了越来越广泛的应用。其缺点是制造困难。

图 10-2　舰艇大侧斜螺旋桨

图 10-3　潜艇七叶大侧斜螺旋桨

3. 可调螺距螺旋桨

可调螺距螺旋桨如图 10-5 所示，可以看到，其是通过桨毂里面的机械装置来实现叶片旋

图 10-4　普通螺旋桨

转的，这样一来，桨叶旋转切入水流的角度将发生改变，会产生不同的推力，可以适应更多的航行工况。简单地讲，这种旋转叶片引起的角度变化即是螺距，可调螺距螺旋桨控制机构复杂，且桨毂直径很大。

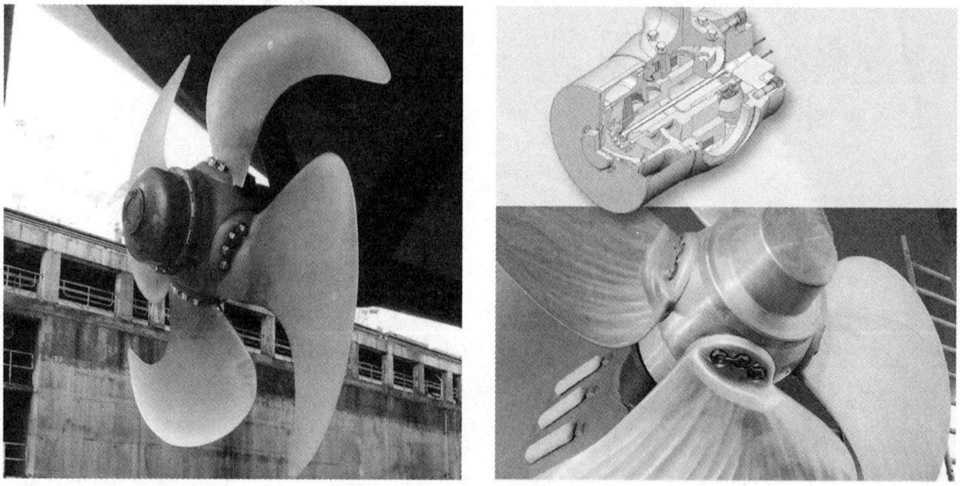

图 10-5　可调螺距螺旋桨

10.2　螺旋桨的安装布置与外形特征

螺旋桨的外形设计特征和安装布置方式都是为满足舰艇推进性能要求服务的，不同的舰艇使用的螺旋桨的外形和布置都不相同。对螺旋桨的外形和布置需要进行了解并能用参数表达出来。

10.2.1　螺旋桨的布置

根据舰艇的类型、要求的航速和配备的功率，螺旋桨可有单桨、双桨、多桨等多种配置，有时也将舰艇安装螺旋桨的数目用轴数 Z 表示。在艉部中线处只装一个螺旋桨的船称为单桨船，左右各装一个的称为双桨船，也有三桨船、四桨船等多桨船。

作为推动舰艇高速航行的主推进器一般布置在艉部(见图 10-6),有的舰艇根据离靠码头等操纵需要,及从生命力考虑,装有辅助推进器(简称“辅推”),如美国的 688 潜艇(见图 10-7)、DD963 驱逐舰,俄罗斯的 956 导弹驱逐舰;有的舰艇装有侧向推进器(简称“侧推”),如 926 型综合援潜救生船(见图 10-8)等。

图 10-6　舰艇艉部的主推螺旋桨

图 10-7　美国 688 潜艇

图 10-8　艏部的侧推螺旋桨

10.2.2　螺旋桨的组成

螺旋桨由桨叶、桨毂、毂帽组成(见图 10-9),桨叶和桨毂可以是整体成形的,也可以是装配在一起的,如图 10-5 所示的可调螺距螺旋桨的桨叶和桨毂即是装配在一起的。

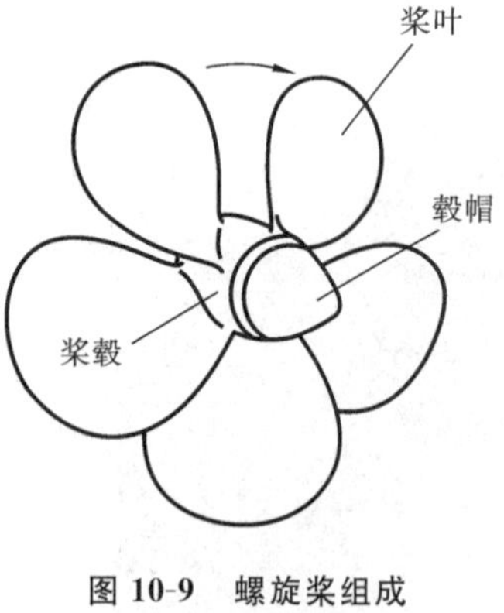

图 10-9　螺旋桨组成

1. 桨毂

螺旋桨与艉轴连接部分称为桨毂,一般是一个截头的锥形体,大头在前。毂径 d 为桨叶叶根中点对应的桨毂直径。

2. 毂帽

为了减小水阻力,在桨毂后端加一整流罩,与桨毂形成一光顺流线形体,称为毂帽。

3. 桨叶

桨叶固定在桨毂上,叶片数一般在 2~7 之间。两叶螺旋桨仅用于机帆船或小艇,普通螺旋桨常为三叶或四叶式,有些船舶(如大吨位大功率的油船)和军舰为避免振动而采用五叶或五叶以上的螺旋桨,潜艇则采用七叶螺旋桨。

10.2.3　螺旋桨的外形

1. 螺旋桨的叶片

如图 10-10 所示,螺旋桨的叶片由叶根和叶梢、叶面(图中未示出)和叶背,以及导边和随边组成。

1) 叶根和叶梢

桨叶的根部称为叶根,尖端部称为叶梢。

2) 叶面和叶背

螺旋桨一般装在船艉,从艉向艏看,所看到的一面称为叶面,相反的一面称为叶背。叶面和叶背也分别称为压力面和吸力面,其原因是在螺旋桨正常工作时叶面压力升高,叶背压力降

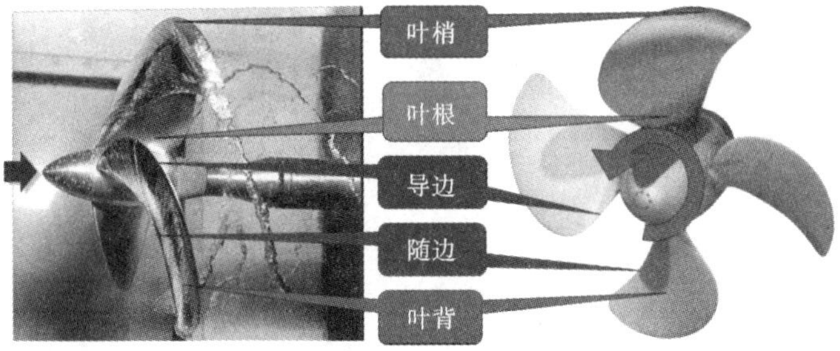

图 10-10　螺旋桨叶片外形

低，也可认为相对静压力而言，叶面、叶背分别产生了压力和吸力，螺旋桨的推力即由叶面的压力与叶背的吸力合成。

3）导边和随边

螺旋桨正车旋转时，桨叶边缘在前面者（引水边）称为导边。另一边称为随边。

2. 螺旋桨的旋向

对单桨船而言，螺旋桨有右旋与左旋之分。定义从艉向艏看，螺旋桨推船前进时顺时针旋转的称为右旋桨，逆时针旋转的为左旋桨。图 10-10 中的两个螺旋桨均为右旋桨。

对双桨船而言，螺旋浆有内旋桨和外旋桨之分。在螺旋桨正车旋转时，其上部向船的中线方向旋转者称为内旋桨，向外舷侧旋转者称为外旋桨。图 10-6 所示为外旋桨。

10.2.2　螺旋桨的几何参数

为了对螺旋桨做进一步研究和分析，要定义其几何参数，从而实现对复杂几何体的参数化表达。

1. 螺距

1）螺旋面和螺旋线

桨叶的叶面通常是螺旋面的一部分。下面首先介绍一下螺旋面（线）的概念。

在空间笛卡儿坐标系的 oxy 平面上有一条线段 oA，使 oA 在以等角速度绕 z 轴旋转的同时以等线速度沿 z 轴向上移动，则 oA 在空间所描绘的曲面即为等螺距螺旋面，如图 10-11 所示。线段 oA 称为母线；母线绕行一周在轴向前进的距离称为螺距，以 P 表示。

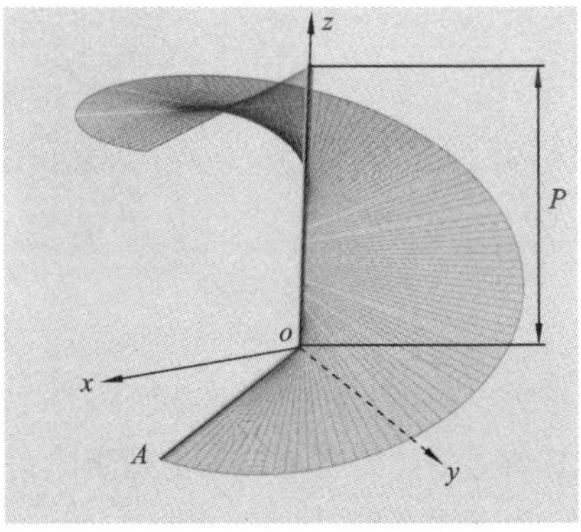

图 10-11　等螺距螺旋面

根据母线的形状及其与轴线间夹角的变化可以得到不同形式的螺旋面。若母线为一直线且垂直于轴线，则所形成的螺旋面为正螺旋面，如图 10-12 所示。若母线为一直线但不垂直于轴线，则形成斜螺旋面，如图 10-13 所示。若母线为曲线，则形成扭曲的螺旋面，如图 10-14 所示。

母线上任一固定点在运动过程中所形成的轨迹均为一螺旋线。如图 10-15 所示，半径为 R 的圆柱面与螺旋面相交得到螺旋线 BB_1B_2。如将此圆柱面展开成平面，则此圆柱面即成一

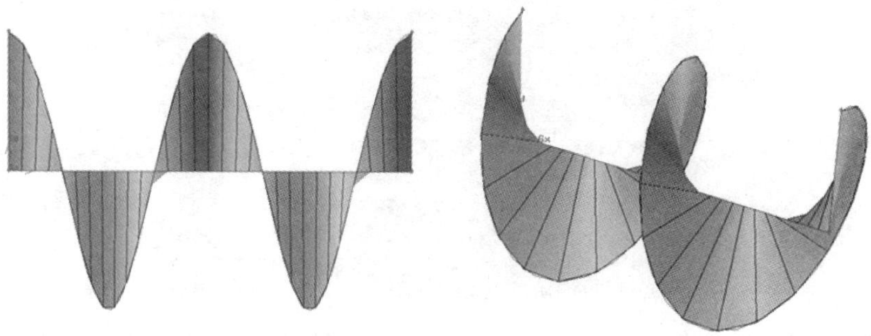

图 10-12　正螺旋面

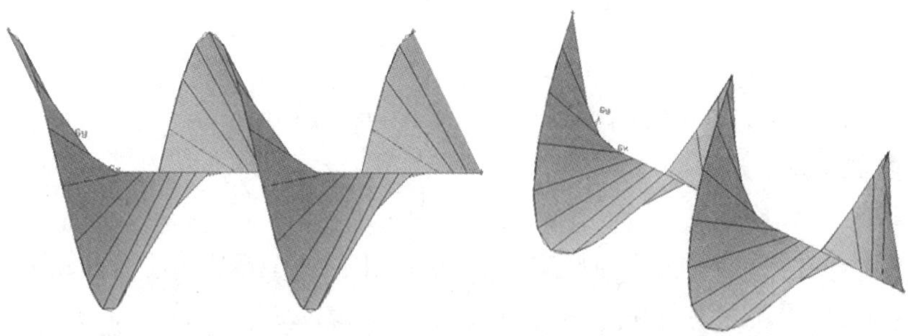

图 10-13　斜螺旋面

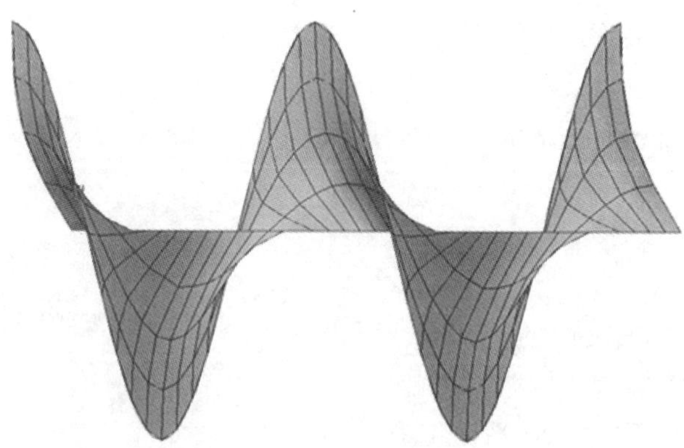

图 10-14　扭曲螺旋面

底长为 $2\pi R$、高为 P 的矩形，而螺旋线变为斜线(矩形的对角线)，此斜线称为节线。节线与矩形的两边围成的三角形称为螺距三角形；节线与底线间的夹角 θ 称为螺距角。由图可知，螺距角可由下式来确定：

$$\tan\theta=\frac{P}{2\pi R} \tag{10-1}$$

2) 螺旋桨的面螺距

螺旋桨桨叶的叶面是螺旋面的一部分，如图 10-16(a)所示，故任何与螺旋桨共轴的圆柱面与叶面的交线均为螺旋线的一段，如图 10-16(b)中的 B_0C_0 段。若将螺旋线段 B_0C_0 延长且环绕轴线一周，则其两端的轴向距离等于此螺旋线的螺距 P。若螺旋桨的叶面为等螺距螺旋面的一部分，则 P 称为螺旋桨的面螺距。面螺距 P 与直径 D 之比 P/D 称为螺距比。将圆柱

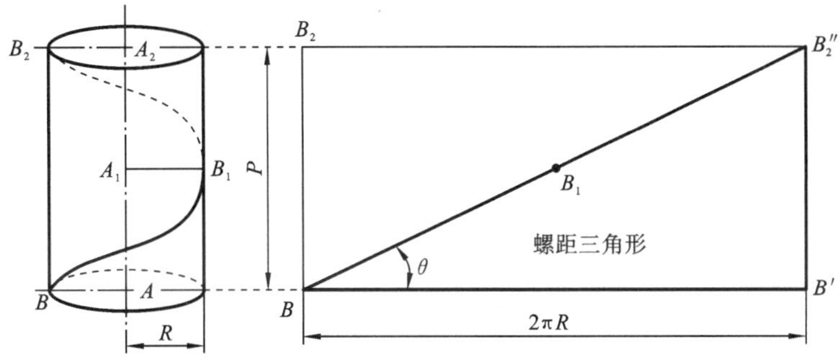

图 10-15　螺旋线

面展成平面后即得螺旋桨的螺距三角形，如图 10-16(c)所示。

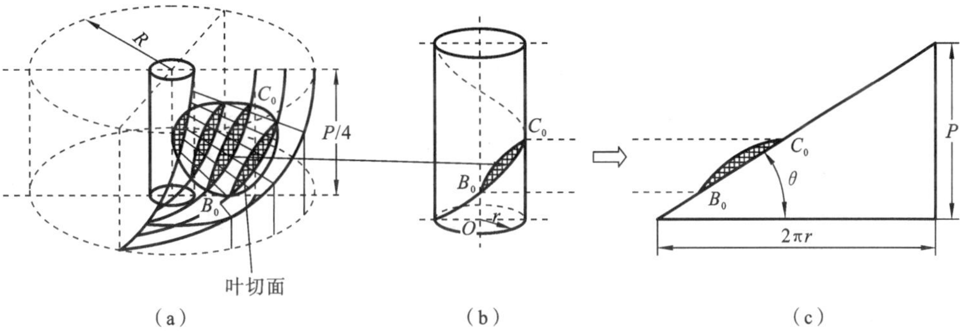

图 10-16　螺旋桨的面螺距

设上述圆柱面的半径为 r，则展开后螺距三角形的底边长为 $2\pi r$，节线与底线之间的夹角 θ 为半径 r 处的螺距角，并可据下式来确定：

$$\tan\theta = \frac{P}{2\pi r} \tag{10-2}$$

螺旋桨某半径 r 处螺距角 θ 的大小，表示桨叶叶面在该处的倾斜程度。不同半径处的螺距角是不等的，r 愈小则螺距角 θ 愈大。图 10-17(a)表示三个不同半径的共轴圆柱面与等螺距螺旋桨桨叶相交后展开的螺距三角形，显然 $r_1 < r_2 < r_3$，而 $\theta_1 > \theta_2 > \theta_3$。

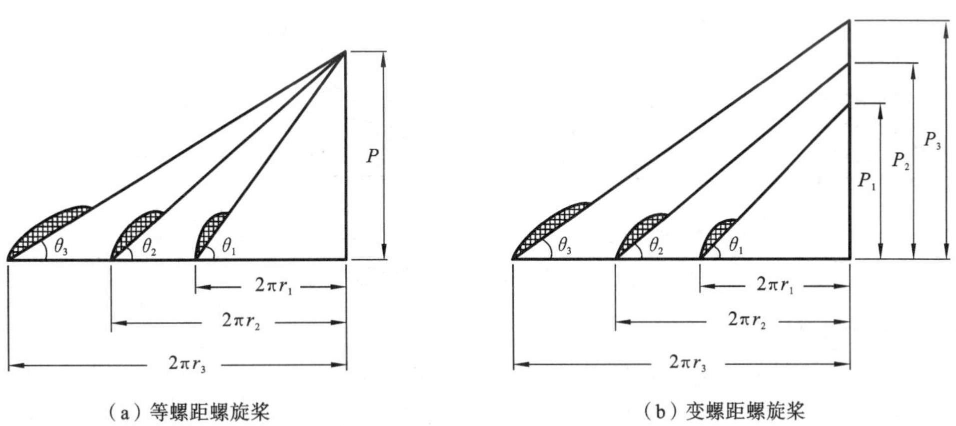

图 10-17　螺旋桨不同半径 r 处的螺距角

若螺旋桨叶面各半径处的面螺距不等，则称为变螺距螺旋桨，其不同半径处螺旋线的展开如图 10-17(b)所示。对此类螺旋桨常取半径为 $0.7R$ 或 $0.75R$(R 为螺旋桨叶梢半径)处的面螺距代表螺旋桨的螺距，为注明其计量方法，在简写时可写作 $P_{0.7R}$ 或 $P_{0.75R}$。

2. 叶切面

半径为 r 且与螺旋桨同轴的圆柱面与桨叶相交所得的剖面称为叶切面，也称叶剖面，如图 10-16 所示。显然，叶切面是圆柱面的一部分，而不是一个平面。叶切面展平后的形状称为翼型(见图 10-18)。翼型的弦线(首、尾连线)的水平投影长度称为弦长，用 b 表示，对应叶切面则为半径 r 处的弦长；翼型上下边的最大距离称为翼厚，用 t 表示，对应叶切面则为叶厚；上下边坐标平均后的曲线称为拱线，拱线最高处的纵坐标值称为拱度，用 f 表示，对应叶切面则为拱弧。

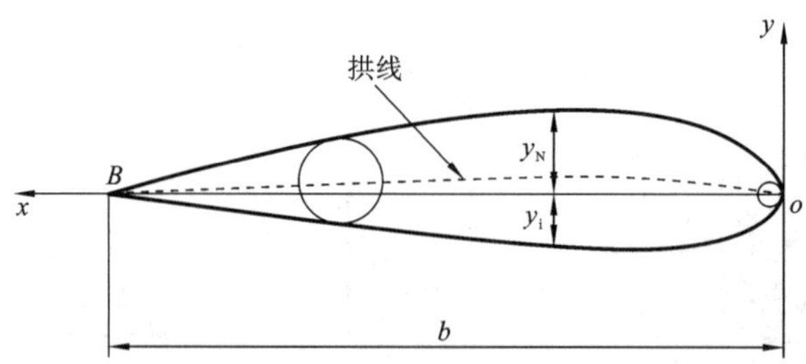

图 10-18　叶切面翼型

对叶切面翼型有两种定义方法。一种是以弦线为基准，在弦线的不同位置给出上、下表面的型值，在传统的图谱设计中一般采用这种方法。另一种则是在螺旋桨理论设计中采用的 NACA组合翼型定义方法。

叶切面翼型有机翼形、弓形、月牙形及梭形等，如图 10-19 所示。过去认为月牙形叶切面的空泡性能好主要是针对均匀流场而言的，目前理论设计时主要采用机翼形叶切面，而且人们还在研究各种新型叶切面。

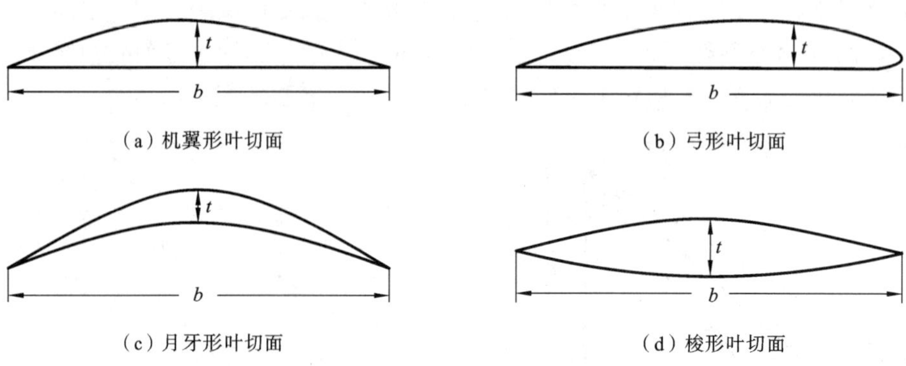

图 10-19　各种叶切面翼型

3. 纵倾和侧斜

从图 10-20(a)所示的螺旋桨侧视图上看：若叶面参考线(螺旋桨叶面所在螺旋面的母线)与轴线垂直，如图 10-21(a)所示，则叶面所在螺旋面为正螺旋面；若叶面参考线与轴线的垂直线成一夹角 ε，如图 10-21(b)所示，则叶面所在螺旋面为斜螺旋面，角 ε 称为纵倾角。纵倾的方向一般是向后。

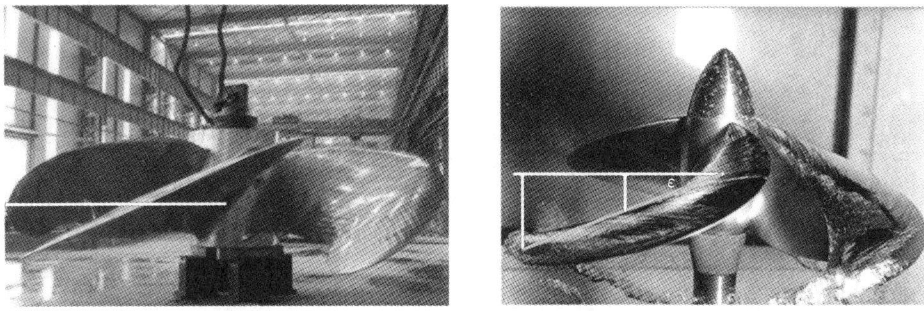

（a）无纵倾角　　（b）有纵倾角

图 10-20　不同纵倾角的翼型

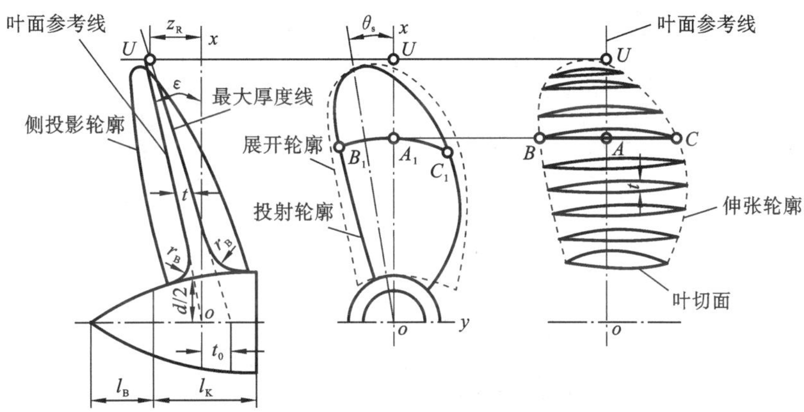

（a）　（b）　（c）

图 10-21　螺旋桨简图

如图 10-21 所示，螺旋桨叶的投影轮廓称为投射轮廓。对称桨叶的投射轮廓对称于叶面参考线；非对称桨叶的投射轮廓不对称于叶面参考线。叶梢到叶面参考线的距离称为侧斜，以 X_s 表示，相应的角度 θ_s 称为侧斜角，相应的螺旋桨即侧斜桨。侧斜的方向与螺旋桨的旋向相反。

合理选择纵倾角、侧斜角可加大桨叶到艉部船体的间隙，对减小螺旋桨诱导的振动有利。纵倾角不宜过大，否则螺旋桨工作时离心力对叶根的弯矩较大，不利于保证桨叶强度。适当增大侧斜角还对防止螺旋桨空泡、减小噪声有利。近年来出现了大侧斜桨，其抗空泡减振降噪性能都较高。

MIT 4381-4384 为系列标准螺旋桨模，其最大的区别就是侧斜角不同，从图 10-22 中可以直观地看到，叶梢处的侧斜角（即最大侧斜）分别为 0°、36°、72°和 108°。

4. 直径和盘面积

螺旋桨旋转一周所形成的圆盘称为桨盘面。由桨叶的“顶点”叶梢可以定义螺旋桨的直径 D（见图 10-23）和盘面积 $A_0=\frac{\pi D^2}{4}$。

桨叶是一个扭曲状的三维体，将桨叶展平测量得到桨叶的面积，然后乘以叶数，即得到螺旋桨的叶面面积，记作 A，$A=Z\times$单个桨叶面面积。

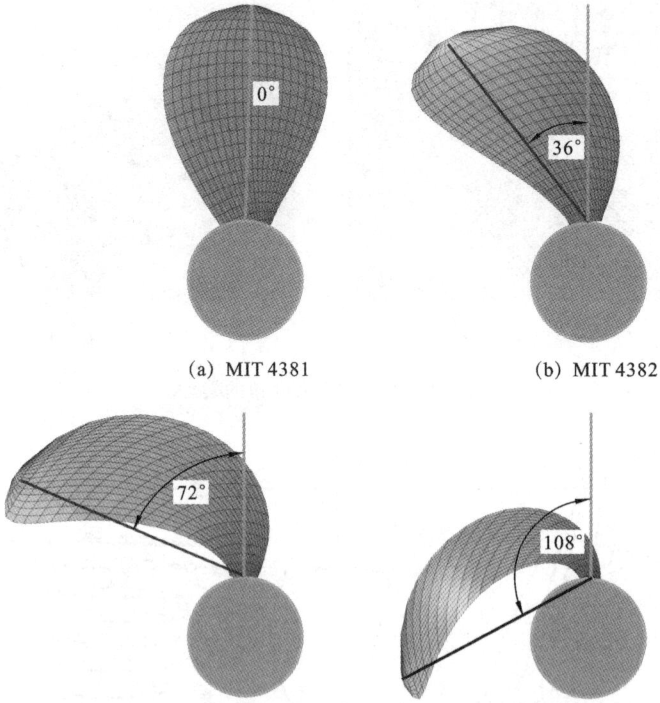

(a) MIT 4381　　(b) MIT 4382

(c) MIT 4383　　(d) MIT 4384

图 10-22　不同侧斜的螺旋桨

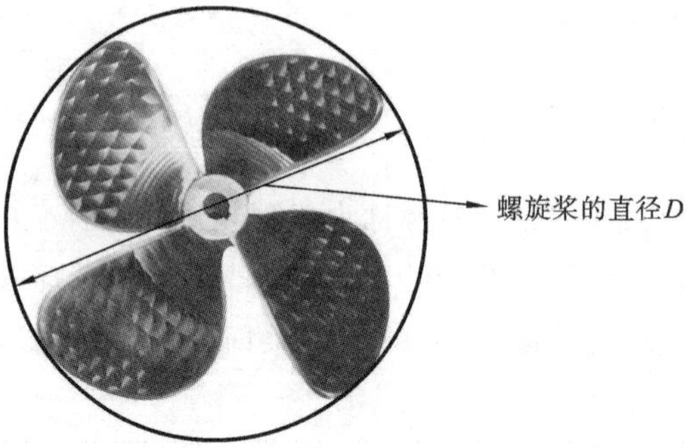

图 10-23　螺旋桨的直径

在工程上也常用盘面比 A/A_0 衡量螺旋桨叶面面积，A/A_0 是螺旋桨叶面面积 A 与盘面积 A_0 的比值，A/A_0 表征叶片轮廓形状的饱满程度，A/A_0 大则表示叶片饱满。注意：螺旋桨的 A/A_0 可以大于 1.0。

A 或 A/A_0 是对螺旋桨的空泡、振动特性影响大的参数，对螺旋桨的工作特性也有较大影响，但对螺旋桨水动力性能影响的程度要小于直径 D 和螺距 P。

5. 螺旋桨型线图

螺旋桨的型线图和型值表完整准确地表达了螺旋桨的几何形状，是螺旋桨设计的结果和制造的依据。

螺旋桨型线图一般由三部分组成：侧视图、正视图和伸张轮廓图（见图 10-24）。螺旋桨型线图可将螺旋桨的结构组成、外形和几何参数以曲线和数值的形式表达出来。

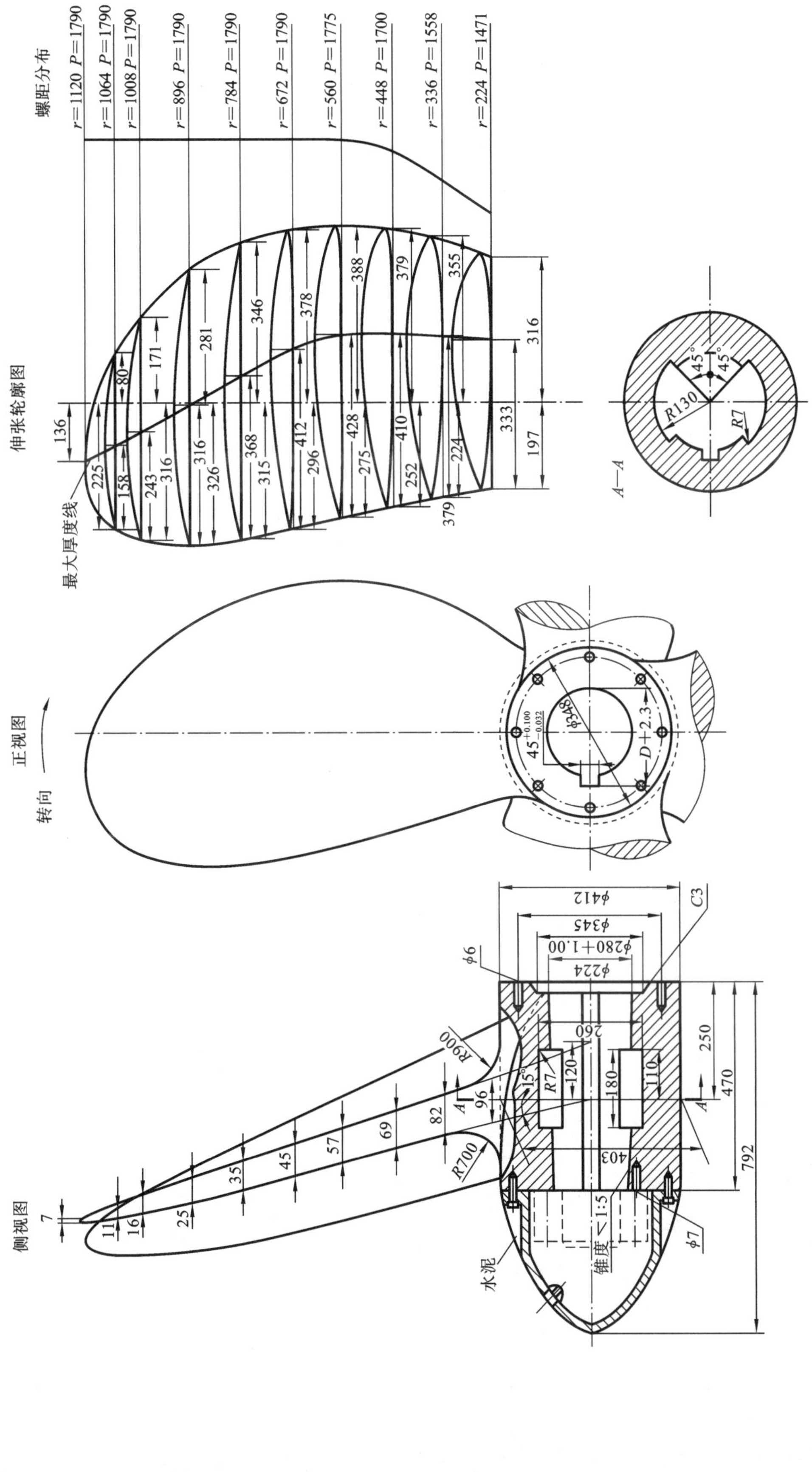

（a）侧视图　（b）正视图　（c）伸张轮廓图

图10-24　螺旋桨型线图

正视图是从船艉向船艏看得到的视图，侧视图是从船侧看得到的视图。

所谓伸张轮廓图，是将桨叶各半径处的叶切面拉直后置于相应半径处，并过导边与随边绘出在叶梢处相接的框线所得到的图形。该框线称为伸张轮廓，伸张轮廓的外形称为伸张外形。若桨叶伸张外形为左右对称的，则该桨为对称型螺旋桨，否则为非对称型螺旋桨。伸张轮廓的面积称为伸张面积，记作 A_E，研究表明该面积与螺旋桨叶面面积非常接近，常认为 $A_E=A$。在工程中也常以伸张面积比 A_E/A_0 表示伸张面积，因而盘面比 $A_E/A_0=A/A_0$。

思 考 题

1. 对转螺旋桨的特点是什么？
2. 螺旋桨的直径是如何定义的？
3. 如何判断螺旋桨的旋向？
4. 什么是螺旋桨的螺距？
5. 叶切面的螺距角是如何定义的？
6. 对于等螺距螺旋桨，从叶根到叶梢叶切面的螺距角变化规律是怎样的？
7. 螺旋桨桨叶的叶面和叶背、导边和随边如何区分？

第 11 章　螺旋桨水动力性能

螺旋桨作为舰艇的推进器，它最本质的任务就是要产生可以克服舰艇运动阻力的推力，推动舰艇以要求的航速航行。螺旋桨的水动力性能是桨叶几何特殊性和桨叶运动特点巧妙结合而展现出的桨的推力和转矩随桨运动的变化规律。

19 世纪 40 年代，英国海军部组织了一场两艘舰艇的海上拔河比赛，参加比赛的是以螺旋桨为推进器的“响尾蛇”号炮舰和以明轮为推进器的“阿列托克”号炮舰（见图 11-1），两艘炮舰推进方式不同，但排水量和主机功率都相当，比赛结果是以螺旋桨为推进器的“响尾蛇”号炮舰胜出，这场比赛证明了螺旋桨推进器的水动力性能更为优良。后来，螺旋桨推进器迅速取代明轮成为各类船舶最主要的推进装置，直到现在螺旋桨仍然在舰艇推进器领域牢固地居于首要地位。

图 11-1　明轮推进炮舰与螺旋桨推进炮舰的海上拔河比赛

螺旋桨推进器在水动力性能方面的优势已经被实践广泛且充分地证明，而其中螺旋桨水动力理论对促进螺旋桨推进器样式的发展、丰富螺旋桨推进器的实际应用、保持螺旋桨在船用推力器领域的生命力起到了强有力的推动作用。螺旋桨水动力理论十分丰富，既包括对螺旋桨推力、转矩产生原因的解释和计算理论，也包括螺旋桨水动力性能的优化和螺旋桨设计理论，还包括螺旋桨非定常力和振动与空泡理论。本章仅介绍螺旋桨推进器水动力计算的基础理论。

螺旋桨的推力如何计算？这是螺旋桨水动力理论最基本的问题，并且在螺旋桨推进器已经开始大范围应用后的很长一段时间内仍然没有得到很好地解答，直到 20 世纪中叶现代螺旋桨螺旋桨理论建立后，才有了比较准确的解答。本章从螺旋桨水动力基本概念与对螺旋桨水动力的基本认识的角度对螺旋桨的动量理论、叶元体理论和环流理论做基本的说明，具体理论计算过程中涉及的大量数学问题可以参考相关文献。

11.1 螺旋桨的动量理论

螺旋桨的动量理论是人们根据螺旋桨工作时对水流运动的影响而提出的。根据对水流运动变化考虑方式的不同,螺旋桨的动量理论可以分为理想推进器理论和理想螺旋桨理论。

11.1.1 理想推进器理论

基于力学的基本原理,在水中运动的推进器上产生的推力是水流作用在推进器上的,由作用力与反作用力的关系可知,如果水流作用在推进器上的是一个向前的力,那么推进器必然对水流作用一个向后的力。这个力学关系从简单的人力桨推船的方式就可以看出:划桨者用力向后划桨,桨面向后推水,水则在桨面上产生向前的推力,从而使船可以向前运动,如图 11-2 所示。

图 11-2 划动人力桨使船前进

可见,无论是何种在水中工作的推进器,要产生推船前进的推力,必然都要先推水向后运动。显而易见的现象是:水流受推进器推动会向后加速,水流受到向后的推力越大,水流加速的幅度也越大,水流作用在推进器上的(或者说推进器上产生的)向前的推力也越大,因此,经过推进器的水流的运动速度改变量与推进器产生的推力有直接的关系,根据这种关系可以基于流体力学中的动量定理建立推进器推力的简化表达式。

为了运用动量定理得到理想推进器推力的简化表达式,提出以下假定:

(1) 推进器是在不可压、无黏性的理想流体中工作;

(2) 将推进器视为一个轴向尺度趋于零且可以均匀加速水流的圆盘,忽略推进器的真实几何形状,并且也不考虑推进器加速水流的方法;

(3) 推进器远前方的水流是未受干扰的,水流可以自由通过推进器圆盘,且圆盘上各点加速水流的程度是一样的。

该假设将推进器当成一个向后均匀加速水流运动、可以忽略其真实几何形状的鼓动盘,因此也称为鼓动盘假设。由于推进器使水流加速向后运动,所以前方的水流在推进器的作用下越来越快,根据流体流动质量守恒的原则,在不可压缩流体的前提下,水流剖面面积越来越小,流线越来越密,如图 11-3 所示。

根据动量定理:物体动量的变化率等于物体受到的外力之合力。具体而言,水流被加速、动量增加,是由于推进器对水流有向后的力的作用,根据作用力与反作用力原理,水流同时对推进器有一个同等大小、向前的力的作用,这个力就是推进器的推力。由动量定理推导推进器的推力,就是求解推进器作用于水流、使水流动量增加的力。对动量定理的应用需选择恰当的控制体,这个控制体应包括流经推进器盘面的所有水流。因此,从盘面沿流线向上游回溯至远前方,得到远前方水流尚未受推进器影响的位置,从盘面沿流线向下游延伸至远后方,得到远后方水流受推进器影响结束的位置,从而得到如图 11-4 所示的控制体。

设推进器在水中向前运动的速度为 v_A,根据相对运动的关系,可以认为推进器并不向前

图 11-3　鼓动盘假设

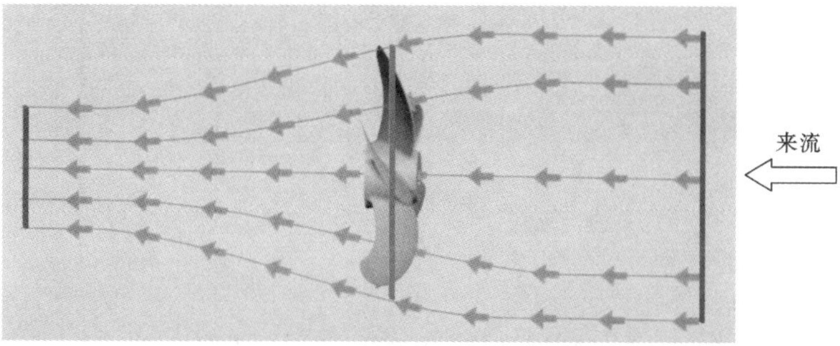

图 11-4　理想推进器理论中的选取的控制体

运动，是远前方水流以大小为 v_A 的速度流向推进器盘面。设远前方水流的压强为 p_0（未受推进器干扰的环境压强），在水流向推进器盘面流动的过程中，由于推进器会使水流加速，所以水流的速度逐渐增大、压强逐渐降低。如图 11-5 所示，在推进器紧前方，水流的压强降低至 p_1，水流速度增加到 v_A+u_{a1}，u_{a1} 为推进器盘面处的轴向诱导速度（轴向可理解与螺旋桨轴线平行的方向），在水流经过推进器盘面的瞬间，由于推进器的作用水流的压强会增加，在推进器盘面紧后方的水流压强突增至 p'_1，但由于流体流动质量守恒，推进器盘面紧后方的水流速度仍然为 v_A+u_{a1}；水流从推进器盘面紧后方向后流去，速度持续增大，一直到水流不再受推进器干扰。推进器盘面远后方水流速度为 v_A+u_a，u_a 为远后方的轴向诱导速度，此处水流的压强减小到环境压强 p_0。

假设单位时间内从远前方流入控制体的流体质量为 m，由于控制体的周向边界是流线，流体不会从周向边界流出或者流入，因此单位时间内通过控制体任何一个横剖面（包括远后方）的流体质量都是 m。动量的表达式为质量乘以速度。远前方单位时间内流入的流体动量为 mv_A，远后方单位时间内流出的流体动量为 $m(v_A+u_a)$，所以单位时间内控制体中流体动量的增量为 mu_a。

控制体内流体动量增加是由于流体受到力的作用，这个力就是推进器作用于水流向后加速的力（见图 11-6），根据动量定理，得到推进器作用于水流向后的力为

$$F=mu_a \tag{11-1}$$

则水流对推进器向前的反作用力大小也为 mu_a，这就是推进器产生的推力，推力大小为

$$T=mu_a \tag{11-2}$$

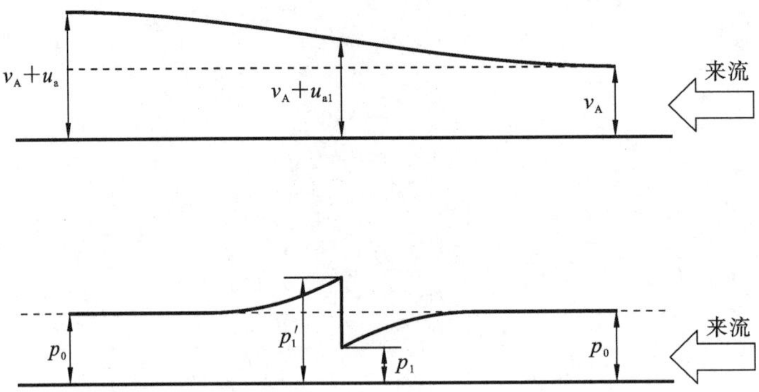

图 11-5　流过推进器盘面水流的速度与压强的变化

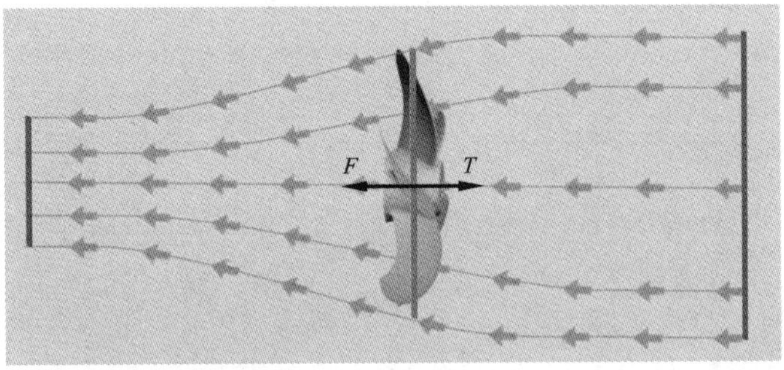

图 11-6　推进器对水流的作用力和水流对推进器的反作用力

由于流体流动满足质量守恒，单位时间内通过控制体任何一个横剖面的流体质量都是 m，设推进器盘面面积为 S_0，水流的密度为 ρ，则单位时间内流过控制体的流体质量 m 为 $\rho(v_A+u_{a1})S_0$，所以理想推进器推力的表达式为

$$T=\rho(v_A+u_{a1})u_a\cdot S_0 \tag{11-3}$$

进一步的，根据动能定理，外力对物体做的功等于物体动能的变化。单位时间内，在远前方流入控制体的水流的动能为$\frac{1}{2}mv_A^2$，在远后方流出控制体的水流的动能变为$\frac{1}{2}m(v_A+u_a)^2$。推进器以大小为 $F=mu_a$ 的向后的力作用在水流上，并且流过推进器盘面的水流速度为 v_A+u_{a1}，所以单位时间内推进器对水流做功大小为 $m(v_A+u_{a1})\cdot u_a$。由动能定理可得

$$m(v_A+u_{a1})\cdot u_a=\frac{1}{2}m(v_A+u_a)^2-\frac{1}{2}mv_A^2 \tag{11-4}$$

解得

$$u_{a1}=\frac{1}{2}u_a \tag{11-5}$$

可见，理想推进器盘面处水流的轴向诱导速度为远后方水流轴向诱导速度的一半。那么理想推进器推力的最终表达式是

$$T=\rho\left(v_A+\frac{1}{2}u_a\right)u_a\cdot S_0 \tag{11-6}$$

该表达式表明，在水中工作的船用推进器，必须在加速水流向后运动的同时产生向前的推力。

理想推进器为了推船前进，付出的功是推水向后加速水流的功，单位时间内理想推进器消耗的功大小为

$$P=(v_A+u_{a1})\cdot mu_a=\left(v_A+\frac{1}{2}u_a\right)\cdot mu_a \tag{11-7}$$

此表达式即为理想推进器消耗的功率。理想推进器的有效功率等于其推力大小乘以其向前运动的速度，即 $mu_a \cdot v_A$。可方便地得到理想推进器的效率为

$$\eta_{iA}=\frac{mu_a \cdot v_A}{mu_a \cdot \left(v_A+\frac{1}{2}u_a\right)}=\frac{v_A}{v_A+\frac{1}{2}u_a} \tag{11-8}$$

11.1.2　理想螺旋桨理论

理想推进器理论表明推进器要产生推力必须要加速水流并使其向后运动。不同的推进器有不同的加速水流的方法，但无法在理想推进器中考虑加速水流的方法。显然，螺旋桨是通过旋转运动推动水流向后加速的，所以螺旋桨在使水流轴向加速的同时还会带动水流周向（旋转方向）加速，如图 11-7 所示。在动量定理中进一步考虑螺旋桨使水流周向加速的现象，可以得到理想螺旋桨理论的相关表达式。

图 11-7　螺旋桨推动水流旋转加速

设螺旋桨的进速为 v_A，螺旋桨旋转加速水流的旋转角速度为 ω。由于在螺旋桨盘面不同的半径处，螺旋桨旋转的线速度不同，因此引起水流的周向诱导速度也不同。为了分析问题的方便，在桨盘面上取一半径为 r、宽度为 $\mathrm{d}r$ 的圆环，以此圆环为基础，从圆环处沿流线向上游回溯至远前方，得到远前方水流尚未受螺旋桨影响的位置；从圆环处沿流线向下游延伸至远后方，得到远后方水流受螺旋桨影响结束的位置，得到如图 11-8 所示的环柱状控制体。

假定在圆环周向上螺旋桨对水流速度的周向和轴向扰动都是均匀的，即将螺旋桨假定为无限叶数的虚拟螺旋桨，不考虑周向位置的不同引起的差异。

根据运动转换，认为螺旋桨不向前运动而是远前方水流以 v_A 的速度大小流向螺旋桨，螺旋桨旋转的角速度为 ω。

在远前方，未受干扰的来流轴向速度为 v_A、周向速度为 0；在远后方，受螺旋桨影响结束后的来流轴向速度变为 v_A+u_a、周向速度变为 u_t；在桨盘面处的水流轴向速度是 v_A+u_{a1}、周向速度是 u_{t1}。

设单位时间内流过环柱状控制体的流体质量为 $\mathrm{d}m$，在轴向上运用动量定理，可以得到桨盘面半径 r 处宽度为 $\mathrm{d}r$ 圆环的推力为

$$\mathrm{d}T=\mathrm{d}m \cdot u_a \tag{11-9}$$

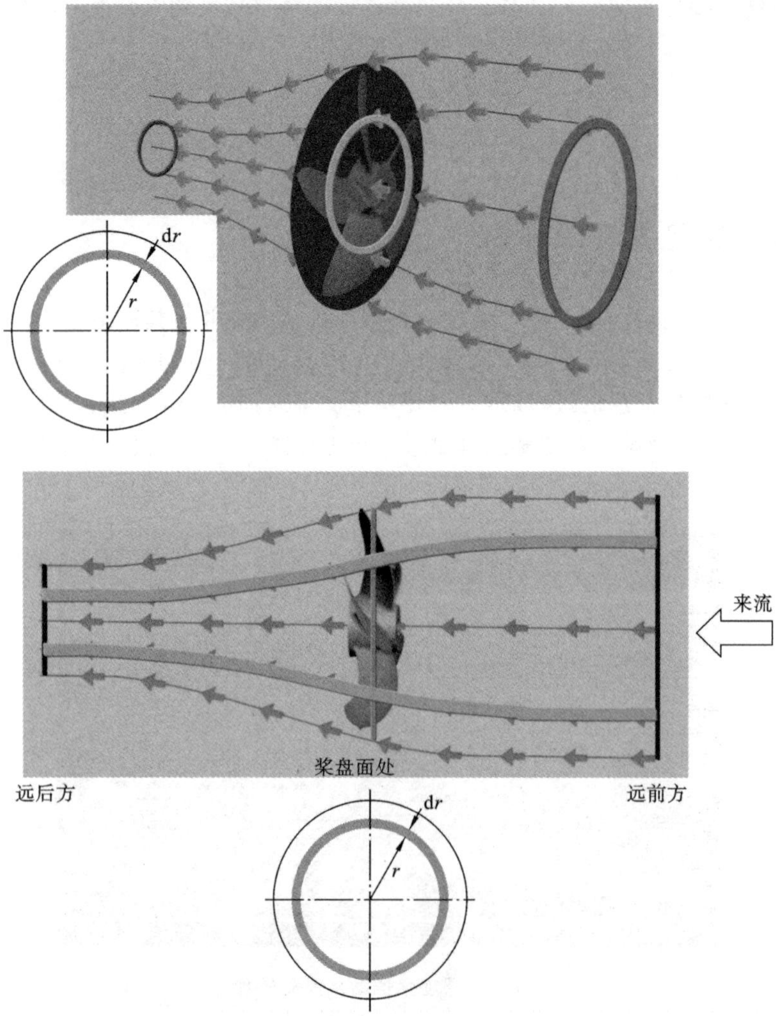

图 11-8　理想螺旋桨理论中的控制体

在周向上运用动量定理，可以得到圆环对水流的周向作用力为

$$dF = dm \cdot u_t \tag{11-10}$$

根据作用力与反作用力的关系，水流对桨盘面半径 r 处宽度为 dr 圆环的旋转阻力就为 $dm \cdot u_t$，则旋转阻力矩为 $dQ = r \cdot dm \cdot u_t$。即桨盘面半径 r 处宽度为 dr 的圆环只有在外界(带动推进器旋转的主机)克服了旋转阻力矩 dQ，使其能以角速度 ω 旋转起来时才能产生 dT 的推力。

从绝对运动观点看待理想螺旋桨的运动与做功：单位时间内，圆环从外界吸收的功为 ωdQ。经过转化后，一部分是推进的有效功，等于推力乘以推进运动的绝对速度，为 $v_A dT$；一部分是消耗于水流增加的轴向运动的动能，为 $\frac{1}{2}dm \cdot u_a^2$；还有一部分是消耗于水流增加的周向旋转运动的动能，为 $\frac{1}{2}dm \cdot u_t^2$。

根据能量守恒，可以建立等式：

$$\omega dQ = v_A dT + \frac{1}{2}dm \cdot u_a^2 + \frac{1}{2}dm \cdot u_t^2 \tag{11-11}$$

将 $dQ=rdm\cdot u_t$、$dT=dm\cdot u_t$ 代入式(11-11)得

$$\frac{u_a}{u_t}=\frac{\omega r-\frac{1}{2}u_t}{v_A+\frac{1}{2}u_a} \tag{11-12}$$

该表达式为螺旋桨轴向诱导速度、周向诱导速度、进速和旋转角速度之间的关系。u_t 和 u_{t1} 的关系可以根据动能定理推导得到：

$$u_{t1}=\frac{1}{2}u_t \tag{11-13}$$

单位时间内，理想螺旋桨盘面半径 r 处宽度为 dr 的圆环消耗的功为 $\omega r dm\cdot u_t$，产生的推进有效功为 $u_a dm V_A$，可得到该圆环的理想效率为

$$\eta_i=\frac{u_a dm v_A}{\omega r dm\cdot u_t}=\frac{u_a v_A}{u+\omega r} \tag{11-14}$$

将$\frac{u_a}{u_t}$的表达式代入式(11-14)可得

$$\eta_i=\frac{v_A}{v_A+\frac{1}{2}u_a}\cdot\frac{\omega r-\frac{1}{2}u_t}{\omega r}=\eta_{iA}\cdot\eta_{iT} \tag{11-15}$$

η_{iA}为理想推进器的效率。由于推进器要产生推力必须使水流加速，获得轴向诱导速度，所以此项必定小于 1。此效率也可称为轴向诱导效率。

η_{iT}称为理想螺旋桨的周向诱导效率。螺旋桨是在旋转运动过程中加速水流使其向后运动并产生轴向诱导速度和推力的，螺旋桨的旋转会导致水流产生周向旋转的诱导速度 u_t，由于螺旋桨工作时周向诱导速度的存在，所以 $\eta_{iT}=\frac{\omega r-\frac{1}{2}u_t}{\omega r}$也必定小于 1。

可见，理想螺旋桨的效率小于理想推进器的效率。

11.2　螺旋桨的水动力原理

理想推进器理论和理想螺旋桨理论是基于推进器在水中工作时水流运动的变化而得到理想推进器和理想螺旋桨的受力表达式，这两种理论有利于对推进器和螺旋桨的水动力产生原因的理解，但是这两种理论都是假定推进器为轴向尺度趋于零且水流可以自由通过的圆盘，完全忽略了螺旋桨的真实形状。理想螺旋桨理论尽管考虑了螺旋桨在旋转过程中会使水流运动加速，然而将螺旋桨假定为无限叶数的虚拟螺旋桨，严重脱离了螺旋桨实际。

螺旋桨的水动力是桨叶几何特殊性和桨叶运动特点巧妙结合而展现出的桨和水的相互作用。本节将结合螺旋桨桨叶几何特征和运动特性来分析桨叶的受力。

螺旋桨桨叶几何特征可以通过叶切面形状及对应的螺距三角形表达，如果将桨叶不同半径处的叶切面形状和对应的螺距三角形作出，并标明其侧斜角与纵倾角值，那么螺旋桨的几何特征就可得到准确表达。螺旋桨桨叶的运动特性可以根据相对运动转换的方式来描述。设螺旋桨的进速为 v_A、旋转角速度为 ω，任取一半径 r 处的叶切面，如图 11-9(a)所示；该叶切面的螺距三角形如图 11-9(b)所示。

将叶切面随螺旋桨的前进速度转换为远前方来流沿桨轴向的进速 v_A，将叶切面随螺旋桨

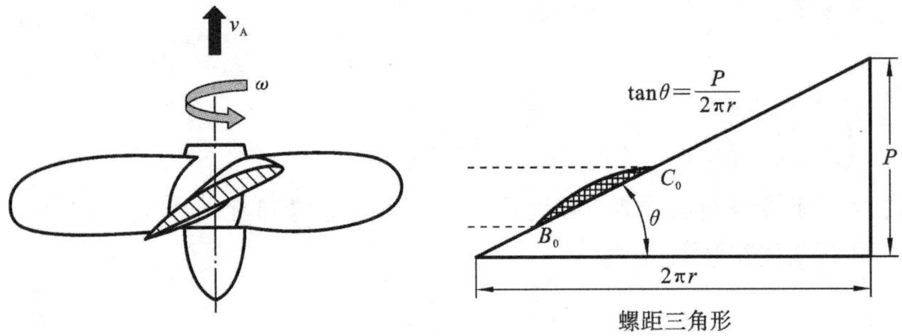

（a）叶切面　　　　（b）叶切面螺距三角形

图 11-9　螺旋桨叶切面及其螺距三角形

的转动速度转换为周围水流相对于叶切面沿桨周向的线速度 ωr。螺旋桨的工作会使水流产生轴向诱导速度与周向诱导速度，其中：螺旋桨远后方的轴向诱导速度为 u_a，周向诱导速度为 u_t；桨盘面处的轴向诱导速度为 $u_{a1}=\frac{1}{2}u_a$，周向诱导速度为 $u_{t1}=\frac{1}{2}u_t$。所以，叶切面周围水流相对于叶切面的运动可描述成如图 11-10 所示的速度多边形。

根据表达叶切面几何形状特征的螺距三角形，可知叶切面的倾角为 θ，即为螺距角，螺距角的表达式为 $\theta=\arctan\frac{P}{2\pi r}$。根据表达叶切面水流运动情况的速度多边形，在远前方（远前方水的流动未被干扰，轴向诱导速度和周向诱导速度都为零），水流的合速度如图 11-10 所示，对应的角度 β 称为进角，进角的表达式为 $\beta=\arctan\frac{v_A}{\omega r}$。在叶切面周围的水流由于具有轴向诱导速度 $u_{a1}=\frac{1}{2}u_a$ 和周向诱导速度 $u_{t1}=\frac{1}{2}u_t$，叶切面周围水流的合速度方向相对叶切面的角度为 β_i，β_i 称为水动力螺距角，水动力螺距角的表达式为 $\beta_i=\arctan\dfrac{v_A+\frac{1}{2}u_a}{\omega r-\frac{1}{2}u_t}$。

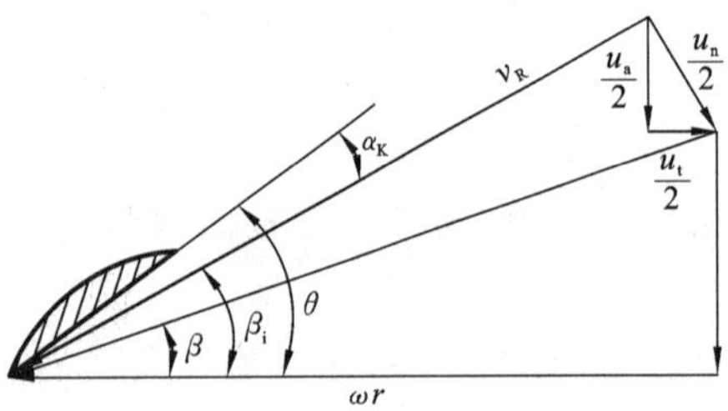

图 11-10　速度多边形

当飞机在空中飞行时，前方的空气相当于以一定的速度和角度高速流过机翼，机翼上就会产生巨大的气动升力支撑起飞机的重量（气动升力的方向垂直于来流速度向上），同时也会产生一定的沿来流方向的阻力，如图 11-11 所示。

与此类似，当水流流过具有机翼剖面形状特征的螺旋桨叶切面时，叶切面上会产生水动力的作用。基于半径 r 处的叶切面，沿径向取宽度 dr 得到一个叶元体（叶切面无宽度而叶元体有宽度）。

根据速度多边形，当周围的水流以合速度 v_R、角度 β_i 流向叶元体时，在叶元体上会产生垂直于合速度 v_R 方向的升力 dL 和沿合速度方向的阻力 dD，设阻力 dD 与升力 dL 的比值为 ε，ε 称为阻升比，则有

$$\varepsilon=\frac{\mathrm{d}D}{\mathrm{d}L} \tag{11-16}$$

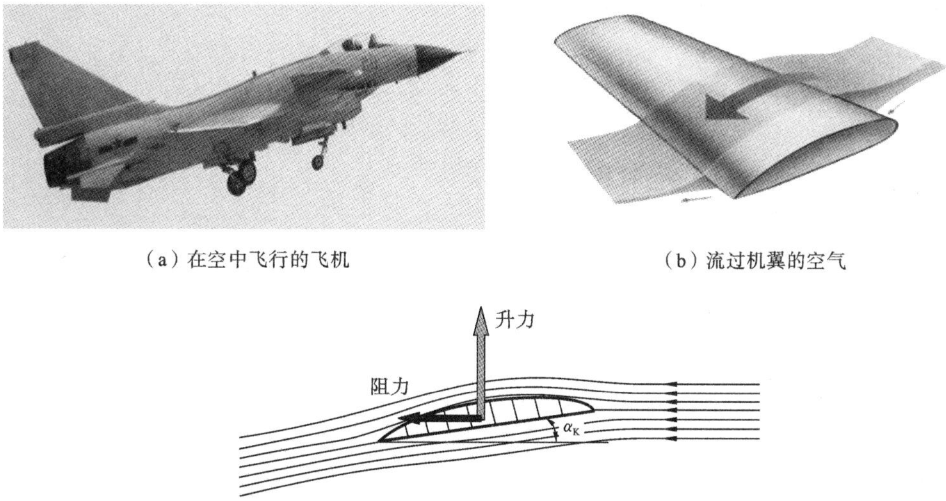

（a）在空中飞行的飞机　　（b）流过机翼的空气

（c）机翼升力

图 11-11　飞机、机翼与机翼升力

对螺旋桨关注的是其产生的沿轴向的推力，以及水流对螺旋桨周向的旋转阻力（矩），因此，将叶元体上的升力投影分解到轴向和周向，分别得到轴向上力的分量 dL_a 和周向上力的分量 dL_t，同时将叶元体上的阻力 dD 投影分解到轴向和周向，分别得到轴向上力的分量 dD_a 和周向上力的分量 dD_t，然后再分别合成得到叶元体产生的轴向上的合力 dL_a-dD_a 和周向上的合力 dL_t+dD_t，如图 11-12 所示。

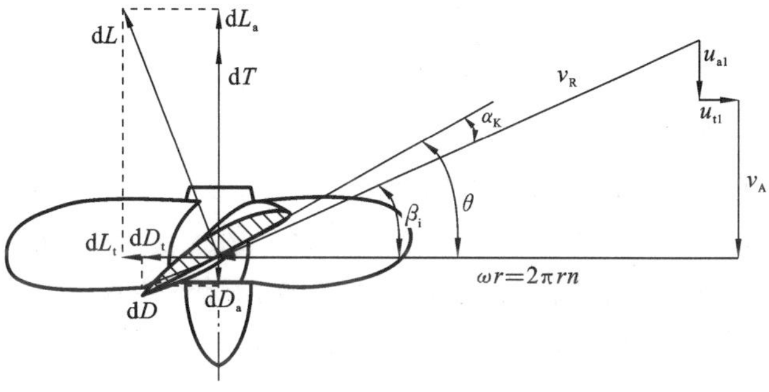

图 11-12　螺旋桨叶元体上的受力

很显然，叶元体产生的推力就是

$$dT=dL_a-dD_a=dL\cos\beta_i(1-\varepsilon\tan\beta_i) \tag{11-17}$$

叶元体旋转时水流对叶元体旋转的阻力矩就是

$$dQ=r(dL_t+dD_t)=rdL\sin\beta_i(1+\varepsilon\cot\beta_i) \tag{11-18}$$

可见，要使叶元体产生推力 dT，外界必须克服叶元体的阻力矩，使其以角速度 ω 旋转。从功率的角度看叶元体的功能是要产生推力，那么叶元体提供的有效功率为 $v_A\cdot dT$；而叶元体有效功率的产生，是以外界克服叶元体相应的旋转阻力矩 dQ、带动叶元体以角速度 ω 旋转为代价的，所以叶元体消耗的功率为 ωdQ，那么叶元体效率的表达式为

$$\eta_{or}=\frac{v_A dT}{\omega dQ}=\frac{v_A dL\cos\beta_i(1-\varepsilon\tan\beta_i)dr}{\omega dL\sin\beta_i(1+\varepsilon\cot\beta_i)rdr} \tag{11-19}$$

根据图 11-12 中显示的几何关系可知,

$$\frac{\cos\beta_i}{\sin\beta_i}=\frac{1}{\tan\beta_i}=\frac{\omega r-\frac{1}{2}u_t}{v_A+\frac{1}{2}u_a} \tag{11-20}$$

将式(11-20)代入式(11-21)可得:

$$\eta_{or}=\frac{v_A}{v_A+\frac{1}{2}u_a}\cdot\frac{\omega r-\frac{1}{2}u_t}{\omega r}\cdot\frac{1-\varepsilon\tan\beta_i}{1+\varepsilon\cot\beta_i} \tag{11-21}$$

式中 $\frac{v_A}{v_A+\frac{1}{2}u_a}$——轴向诱导效率;

$\frac{\omega r-\frac{1}{2}u_t}{\omega r}$——周向诱导效率;

$\frac{1-\varepsilon\tan\beta_i}{1+\varepsilon\cot\beta_i}$——叶元体的结构效率,因为叶元体在有黏性的流体中运动时一定会产生阻力,所以 ε 一定大于零,即在实际有黏性水流中工作的叶元体的效率一定低于不考虑流体黏性的理想螺旋桨的效率。

对于一个螺旋桨桨叶,其推力和旋转阻力矩可以通过将 dT 和 dQ 沿半径方向从叶根至叶梢积分求得,若再乘以对应的螺旋桨叶数,就可得到整个螺旋桨总的推力和转矩:

$$T = z\cdot\int_{r_h}^{R}\cos\beta_i(1-\varepsilon\tan\beta_i)\,dL \tag{11-22}$$

$$Q = z\cdot\int_{r_h}^{R}\sin\beta_i(1+\varepsilon\tan\beta_i)\,r\,dL \tag{11-23}$$

式中 r_h——叶根处的半径;

R——叶梢处的半径(即为螺旋桨的半径)。

需要注意的是,式(11-22)和(式 11-23)忽略了桨毂的水动力,因为一般情况下桨毂的水动力相对整个螺旋桨的推力和转矩而言是小量,但特殊情况下会有所不同,比如螺旋桨毂帽鳍就是专门通过优化桨毂处的流动来提升整个螺旋桨的水动力性能的,此时桨毂水动力即不可忽略。

螺旋桨在水流中工作时,是在做旋转运动的同时产生推力,由于螺旋桨的旋转运动会受到水流的旋转阻力矩影响,因此外界必须给螺旋桨提供相应大小的转矩。对于整个螺旋桨,设螺旋桨的进速为 v_A、转速为 n,螺旋桨的推力为 T、转矩为 Q,那么外界(通常是主机)提供给螺旋桨、使螺旋桨旋转的功率为 $2\pi nQ$,螺旋桨做的有效功率为 Tv_A,可得到螺旋桨的效率为

$$\eta_0=\frac{Tv_A}{2\pi nQ} \tag{11-24}$$

11.3 螺旋桨的水动力性能

几何形状一定的螺旋桨在水流中工作时,其产生的推力 T、消耗的转矩 Q 以及螺旋桨的效率 η_0 等水动力特性是随着螺旋桨的进速 v_A、转速 n 的变化而变化的。由于表达螺旋桨运动特征的参数有进速和转速两个特征量,不便于用来描述螺旋桨水动力特性随运动特征的变化

规律，因此有必要引入能同时反映进速和转速影响的特征量。

(1) 螺旋桨的进程：螺旋桨的进程指的是螺旋桨旋转一周在轴向上前进的距离，用 h_p 表示。螺旋桨的进速为 v_A，转速为 n，则进程为

$$h_p=\frac{v_A}{n} \tag{11-25}$$

式中 v_A 的单位是 m/s，n 的单位是 r/s。

进程是一个距离的概念，在原地旋转螺旋桨的进程等于零。

(2) 螺旋桨的滑脱：螺旋桨的滑脱指的是螺旋桨的螺距与进程的差值，即 $P-h_p$，对于在原地旋转的螺旋桨，滑脱等于螺距 P。

(3) 进速系数：进程 h_p 与螺旋桨直径 D 的比值称为进速系数，用 J 表示：

$$J=\frac{h_p}{D}=\frac{v_A}{nD} \tag{11-26}$$

进速系数是一个无因次量。

(4) 滑脱比：滑脱 $P-h_p$ 与螺旋桨螺距 P 的比值称为滑脱比，用 s 表示，即

$$s=\frac{P-h_p}{P}$$

滑脱比也是一个无因次量。滑脱比 s 与进速系数的关系是：

$$J=\frac{P}{D}(1-s) \tag{11-27}$$

取螺旋桨有代表性的半径 r 处的叶切面，作出该叶切面的螺距三角形，则依托该螺距三角形可以表示出螺旋桨的进程，如图 11-13 所示。结合速度多边形(见图 11-10)可知，螺旋桨的进程越小，水流的合速度方向与叶切面的夹角越大。

如果保持螺旋桨的转速 n 不变，当螺旋桨的进速 v_A 为零时，进程 h_p 和进速系数 J 都为零，相当于舰艇的系柱工况，此时水流的合速度方向与叶切面的夹角很大，螺旋桨的推力和转矩都很大；随着螺旋桨进速的增加，进程和进速系数增大，水流的合速度方向与叶切面的夹角减小，螺旋桨的推力和转矩减小；当进程增大到使螺旋桨的推力减小到零时，此进程称为无推力进程或者实效螺距 P_1，此时转矩并不为零；螺旋桨进程进一步增大到使螺旋桨的转矩减小到零时，此进程称为无转矩进程或者无转矩螺距 P_2，此时螺旋桨的推力为负值，即，螺旋桨对水流的力作用是沿来流方向的阻力而不是向前的推力。螺旋桨推力和转矩随进程的变化如图 11-14 所示。

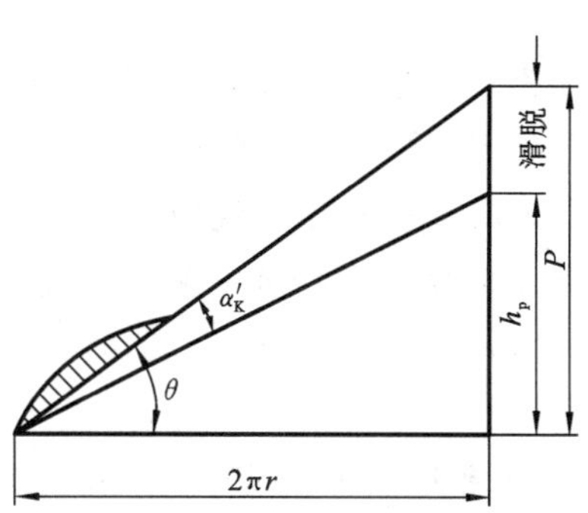

图 11-13　进程与滑脱的关系

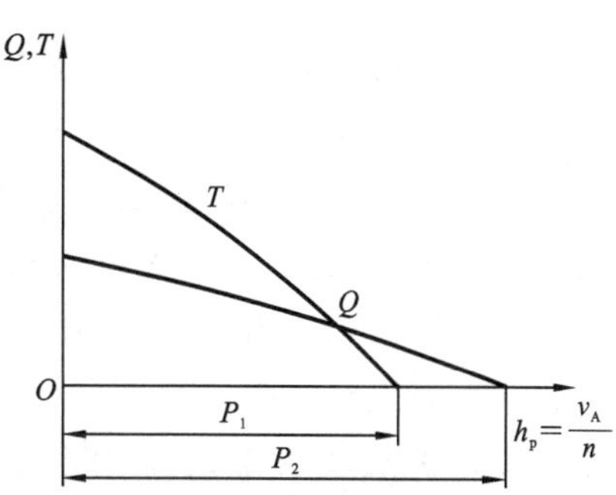

图 11-14　螺旋桨推力和转矩随进程的变化

将螺旋桨的推力 T、转矩 Q 和进程 h_p 无因次化，得到推力系数 K_T、转矩系数 K_Q。

推力系数的计算式为

$$K_T=\frac{T}{\rho n^2 D^4} \tag{11-28}$$

转矩系数的计算式为

$$K_Q=\frac{Q}{\rho n^2 D^5} \tag{11-29}$$

式中 T——推力，N；

Q——转矩，N·m；

ρ——水的密度，kg/m^3；

n——螺旋桨的转速，r/s；

D——螺旋桨的直径，m。

几何形状一定的螺旋桨，在无干扰的均匀水流中工作时，螺旋桨的推力系数、转矩系数和效率随进速系数的变化规律是一定的，这个变化规律可以用螺旋桨的敞水性能曲线定量描述。螺旋桨的敞水性能曲线如图 11-15 所示。螺旋桨敞水性能曲线图中横坐标是进速系数 J，纵坐标是无因次的推力系数 K_T、转矩系数 K_Q 和螺旋桨效率 η_0，其中转矩系数 K_Q 的数值通常很小，常乘以 10 倍来表示。

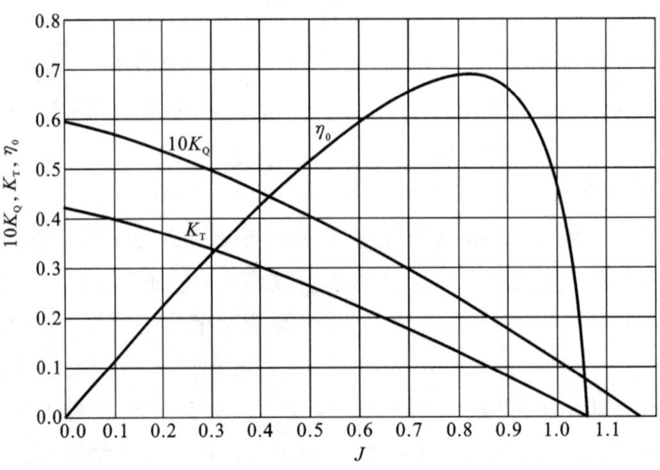

图 11-15 螺旋桨敞水性能曲线

图 11-15 中螺旋桨的运动特征是进速 v_A 为正向，转速 n 也为正向，这是螺旋桨作为推进器推船向前运动的常用工况区间。在一些特殊的工况下，比如定距螺旋桨舰艇紧急倒车时，螺旋桨的运动特征是进速为正向、转速为负向；再比如定距螺旋桨舰艇倒航时，螺旋桨的运动特征是进速为负向、转速为负向；又比如定距螺旋桨舰艇在倒航中紧急向前推进时，螺旋桨的运动特征是进速为负向、转速为正向；等等。所以螺旋桨的推力、转矩随运动的变化可以扩展到其他工况区间。

某螺旋桨在扩展工况下的推力系数曲线和转矩系数曲线分别如图 11-16、图11-17 所示。

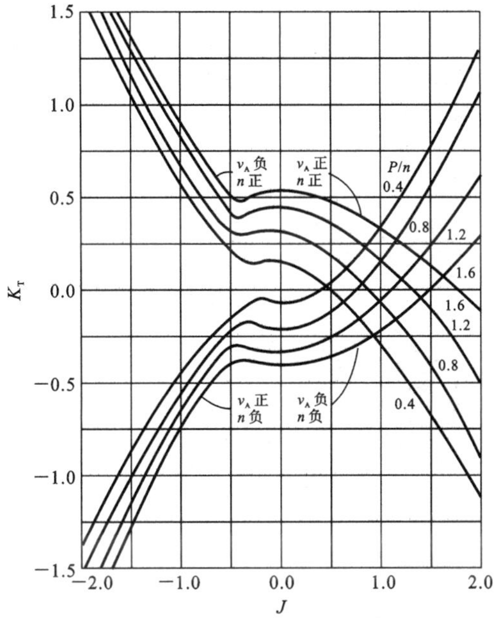

图 11-16　螺旋桨在扩展工况下的推力系数曲线

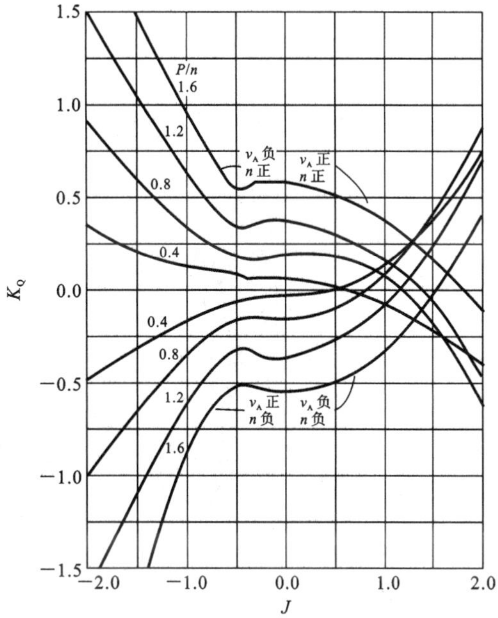

图 11-17　螺旋桨在扩展工况下的转矩系数曲线

11.4　螺旋桨模型敞水试验

螺旋桨最主要的水动力性能体现在进速为正向、转速为正向的工况区间，并由螺旋桨的敞水性能曲线表达。螺旋桨敞水性能曲线反映了螺旋桨基本的水动力性能，是评价螺旋桨水动力性能、预报螺旋桨推进舰艇快速性指标的依据。螺旋桨敞水性能曲线可以通过螺旋桨模型的敞水试验测量得到。

11.4.1　试验设施

由于船用螺旋桨的实桨几何尺寸大，推力、扭矩、驱动功率都大，无法在试验室环境中准确测量其水动力，所以都是按几何相似条件加工制作缩尺的螺旋桨模型进行试验。螺旋桨模型水动力试验可以在拖曳水池或者是循环水洞中开展，并且要通过特殊的试验设备和专门的试验方法保证螺旋桨模型是在无干扰的均匀水流中工作。

图 11-18 为水洞的整体结构图。当往水洞中加满水后，将水洞封闭，水洞下方的电动机带叶轮泵转动，叶轮泵就驱动水流在水洞中循环运动，并在试验工作段中形成均匀流动的水流。且水流速度大小可以通过改变电动机转速准确调节。水洞工作段尺寸的大小直接决定了水洞试验能力的大小。图 11-19 所示是目前世界上最大的水洞，其工作段长度为 13 m，工作段剖面尺寸为 3.0 m×3.0 m。

螺旋桨模型就被安装于工作段内进行试验，如图 11-20 所示。对于一个螺旋桨模型，要改变进速系数，既可以调节水洞工作段水流速度，也可以调节螺旋桨模型转速。

图 11-18　水洞的整体结构图

图 11-19　大型空泡水洞工作段

11.4.2　螺旋桨模型敞水试验的相似条件

同船模阻力试验一样，螺旋桨模型的敞水试验也应当满足几何相似条件、运动相似条件、动力相似条件，这样桨模的推力系数、转矩系数、效率随进速系数的变化就与实桨的一致。

(1) 几何相似。桨模满足几何相似条件是指桨模与实桨形状特征一样，只是尺度大小不同，即桨模是根据实桨严格按一定缩尺比加工制作而得的。

(2) 运动相似。螺旋桨的运动特征量包括进速 v_A 和转速 n，进速系数 $J=\frac{v_A}{nD}$是对螺旋桨运动特征的无因次表达。螺旋桨模型敞水试验中满足运动相似条件桨模的进速系数 J_m 与实

图 11-20　安装在水洞工作段中的桨模

桨的进速系数 J_s 相等，即

$$J_m=\frac{v_{Am}}{n_m D_m},\quad J_s=\frac{v_{As}}{n_s D_s},\quad J_m=J_s \tag{11-30}$$

式中　v_{As}、v_{Am}——实桨的进速与桨模的进速，m/s；

n_s、n_m——实桨的转速与桨模的转速，r/s；

D_s、D_m——实桨的直径与桨模的直径，m。

(3) 动力相似。实桨和桨模满足动力相似条件，即要求实桨的弗劳德数、雷诺数分别与桨模的弗劳德数、雷诺数相等。根据弗劳德相似的意义，实桨和桨模弗劳德数相等代表的是兴波相似。水池中的螺旋桨模型敞水试验表明，当桨轴浸深达到一倍的直径时，桨模运动引起的表面兴波可以忽略不计；如果是在封闭的循环水洞中开展螺旋桨模型的水动力试验，由于不存在自由液面和兴波，所以弗劳德相似并无实际意义。因此，对于一般的螺旋桨模型敞水试验，可不需要满足弗劳德数相等的条件。

实桨和桨模雷诺数相等反映的是黏性相似。1978 年国际船模试验池会议规定，螺旋桨的雷诺数以四分之三半径处叶切面的弦长为特征长度、以四分之三半径处来流的合速度为特征速度来计算。实桨四分之三半径处叶切面的弦长用 $b_{0.75}$ 表示，四分之三半径处来流的合速度为

$$v_R=\sqrt{v_A^2+(0.75\pi nD)^2} \tag{11-31}$$

则雷诺数的表达式为

$$Re=\frac{b_{0.75}\cdot\sqrt{v_A^2+(0.75\pi nD)^2}}{\nu} \tag{11-32}$$

将进速系数 $J=\frac{v_A}{nD}$ 代入式(11-32)，可得

$$Re=\sqrt{J^2+(0.75\pi)^2}\cdot b_{0.75}\cdot\frac{nD}{\nu} \tag{11-33}$$

在满足实桨和桨模进速系数相等的前提下，若进一步要求实桨和桨模的雷诺数相等，则是要求：

$$\frac{n_s D_s}{\nu_s}=\frac{n_m D_m}{\nu_m} \tag{11-34}$$

式中 ν_s——实桨工作所处水流环境中水的运动黏度，如 15 ℃海水的运动黏度可取为1.188×10^{-6} m²/s；

ν_m——桨模在试验环境中的水的运动黏度，如 15 ℃淡水的运动黏度可取为 1.139×10^{-6} m²/s。

由于水的运动黏度相差很小，所以要求：

$$b_{s0.75}\cdot n_s D_s \approx b_{m0.75}\cdot n_m D_m$$

设桨模的缩尺比为 λ，即有 $\frac{D_s}{D_m}=\lambda$，为了满足实桨和桨模的雷诺数相等，要求 $n_m=\lambda^2 D_s$，即试验桨模的转速为对应实桨运行工况的 λ^2 倍，同时在实桨和桨模运动相似、进速系数必须相等的约束下，又要求 $\frac{v_{As}}{n_s D_s}=\frac{v_{Am}}{n_m D_m}$，即试验桨模的进速为对应实桨运行工况的 λ 倍。同时满足 $n_m=\lambda^2 D_s$ 和 $v_{Am}=\lambda v_{As}$ 是异常困难的。

例如：某舰艇螺旋桨直径为 4.4 m，当螺旋桨转速达到 210 r/min(对于舰艇上实桨，转速单位通常是 r/min)时舰艇航速为 25 kn，按缩尺比 1∶20 加工桨模进行敞水试验，桨模的直径为 0.22 m。若同时满足实桨和桨模进速系数相等和雷诺数相等的条件，则要求桨模的转速为 84000 r/min，同时桨模的进速为 500 kn，这样的运动条件在一般的试验室环境中是难以达到的。即使桨模的运动条件可以实现，桨模上推力和转矩的数值大小与实桨上推力和转矩的数值大小一样，桨模和试验测量系统也无法承受。

可见，同时满足实桨和桨模进速系数相等和雷诺数相等的条件是不现实的。进速系数相等反映的是运动相似，雷诺数相等反映的是黏性相似，对螺旋桨水动力性能而言，显然运动相似的重要性远大于黏性相似的重要性，所以在螺旋桨模型的敞水试验中，要满足实桨和桨模进速系数相等，即

$$J_m=J_s$$

实桨的雷诺数一定远大于桨模的雷诺数，尽管实桨与桨模无法满足黏性相似条件，但是在试验中螺旋桨模型的桨叶表面流动状态必须和实桨一样达到湍流状态，此时由桨模测得的各进速系数下的推力系数、转矩系数才有意义，这就要求试验中桨模的雷诺数必须超过使桨叶表面流态达到湍流的最低数值，这个雷诺数的最低数值称为临界雷诺数，用 Re_{cr} 表示。即桨模在敞水试验中，各种试验工况下的雷诺数都必须大于临界雷诺数。如果螺旋桨的雷诺数表达式采用

$$Re=\frac{b_{0.75}\cdot\sqrt{v_A^2+(0.75\pi nD)^2}}{\nu}$$

根据试验经验，临界雷诺数可取为 $Re_{cr}=3.0\times10^5$。

11.4.3 螺旋桨模型敞水试验的方法

从严格的理论推导上看，通过螺旋桨模型的敞水试验来获得实桨的水动力性能，桨模与实桨应当同时满足几何相似、运动相似和动力相似条件，但是由于实际条件的限制，对于一般的在深水中工作的螺旋桨，开展螺旋桨模型的敞水试验满足以下条件即可。

(1) 几何相似,桨模按照一定的缩尺比加工制造,有

$$\frac{D_{\mathrm{m}}}{D_{\mathrm{s}}}=\lambda \tag{11-35}$$

(2) 运动相似,桨模的进速系数与实桨的进速系数相等,有

$$J_{\mathrm{m}}=J_{\mathrm{s}} \tag{11-36}$$

(3) 螺旋桨工作时产生的表面兴波可以忽略。一般要求桨轴浸深 h_{s} 满足

$$h_{\mathrm{s}}>D_{\mathrm{m}} \tag{11-37}$$

(4) 桨模在敞水试验各工况下的雷诺数大于临界雷诺数,即

$$Re=\frac{b_{0.75}\cdot\sqrt{v_{\mathrm{A}}^{2}+(0.75\pi nD)^{2}}}{\nu}>3.0\times10^{5} \tag{11-38}$$

此外,一般要求桨模的直径大于 0.2 m,以降低层流的影响。

桨模的敞水试验可以在拖曳水池或者是循环水洞中进行。

在拖曳水池中试验时,桨模安装在专门进行螺旋桨水动力测试的动力仪上,动力仪固定在水池拖车上,拖车以给定的速度向前运动形成桨模的进速,动力仪带动桨模以给定的转速旋转形成桨模的转速,动力仪可以测量桨模在不同进速和不同转速时的推力和转矩。

在循环水洞中试验时,循环水洞中封闭的水体可被叶轮泵驱动循环运动,且可以通过改变叶轮泵的转速精确调节水洞试验段处水流的速度以获得给定的进速。螺旋桨动力仪安装在水洞工作段处,动力仪带动桨模以给定的转速旋转,这样也可以测量桨模在不同进速和不同转速下的推力和转矩。

螺旋桨模型的敞水试验结果一般是不同进速系数下的推力系数、转矩系数和敞水效率,可以将试验结果表达成敞水性能曲线的形式,也可以采用数值表格,即将给定螺旋桨每一进速系数下的推力系数、转矩系数和敞水效率的数值列表。

11.4.4 螺旋桨敞水性能图谱

在螺旋桨模型的敞水性能试验中不仅可以测量得到给定螺旋桨的敞水性能,而且为了研究的需要,可以进一步测量螺旋桨的某些重要参数变化时不同的螺旋桨的敞水性能,得到所谓的螺旋桨系列的敞水性能图谱。世界上比较著名的螺旋桨系列有荷兰的 B 系列、日本的 AU 系列(包括局部修改后的 MAU 系列、MAUw 系列)、英国的高恩系列等。

图 11-21 和图 11-22 分别是 AU5-50(5 表示螺旋桨叶片数,50 表示螺旋桨盘面比)和 B4-55(4 表示螺旋桨叶片数,55 表示螺旋桨盘面比)螺旋桨敞水性能图谱,图谱反映的是螺旋桨的螺距和直径比 P/D 变化而形成的螺旋桨系列的敞水性能曲线。

螺旋桨系列敞水性能图谱反映了不同几何特性螺旋桨的水动力性能。当舰艇的船体设计完毕、舰艇的阻力性能已知时,就可以根据舰艇的快速性要求,从螺旋桨系列敞水性能图谱中寻找水动力性能合适的螺旋桨,确定螺旋桨的螺距和直径比 P/D,并确定主机的功率,实现舰艇的快速性目标。在这项工作中,使用如图 11-21、图 11-22 所示的系列敞水性能图谱是不方便的,需要将其变化成其他形式,比如引入新的变量 B_{p} 和 δ,形成 B_{p}-δ 图谱。由 B4-55 螺旋桨敞水性能图谱得到的 B_{p}-δ 图谱如图 11-23 所示。

B_{p} 称为功率系数,其表达式为

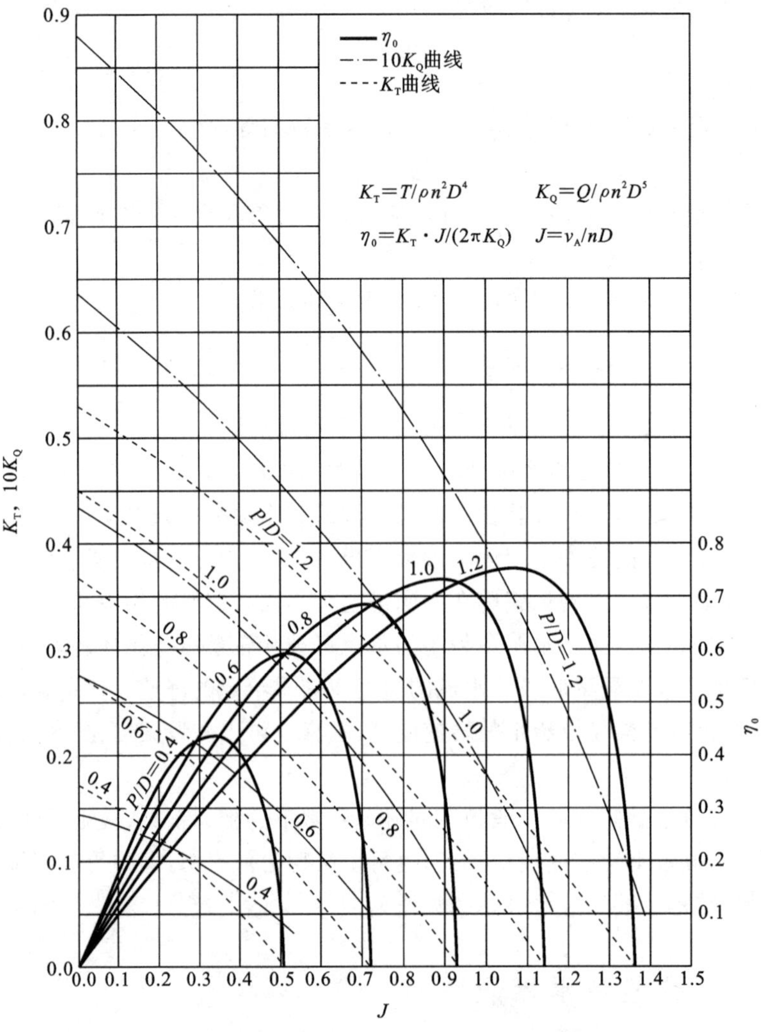

图 11-21　AU5-50 **螺旋桨敞水性能图谱**

$$B_p=\frac{nP_D^{0.5}}{v_A^{2.5}}=33.30\frac{K_Q^{0.5}}{J^{2.5}} \tag{11-39}$$

式中　n——螺旋桨的转速，r/min；

P_D——螺旋桨的敞水收到功率，马力。

δ称为直径系数，其表达式是为

$$\delta=\frac{nD}{v_A}=\frac{30.86}{J} \tag{11-40}$$

式中　D——螺旋桨的直径，m；

v_A——螺旋桨的进速，kn。

B_p-δ 图谱的横坐标是 B_p（也可为 $\sqrt{B_p}$），纵坐标是螺距比 P/D，图中画出了敞水效率 η_0 和直径系数 δ 的等值线。由于 B_p-δ 图谱的直径系数与螺旋桨进速系数有关，功率系数与螺旋桨的转矩系数有关，因此可以将敞水性能图谱变换成 B_p-δ 图谱，也可以将 B_p-δ 图谱变换成敞水性能图谱。

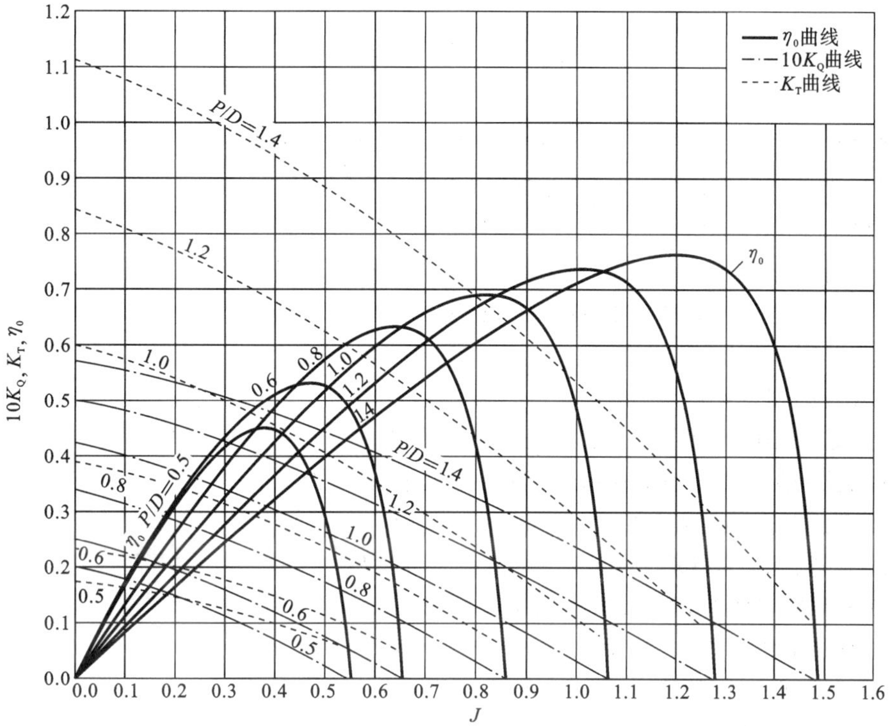

图 11-22　B4-55 螺旋桨敞水性能图谱

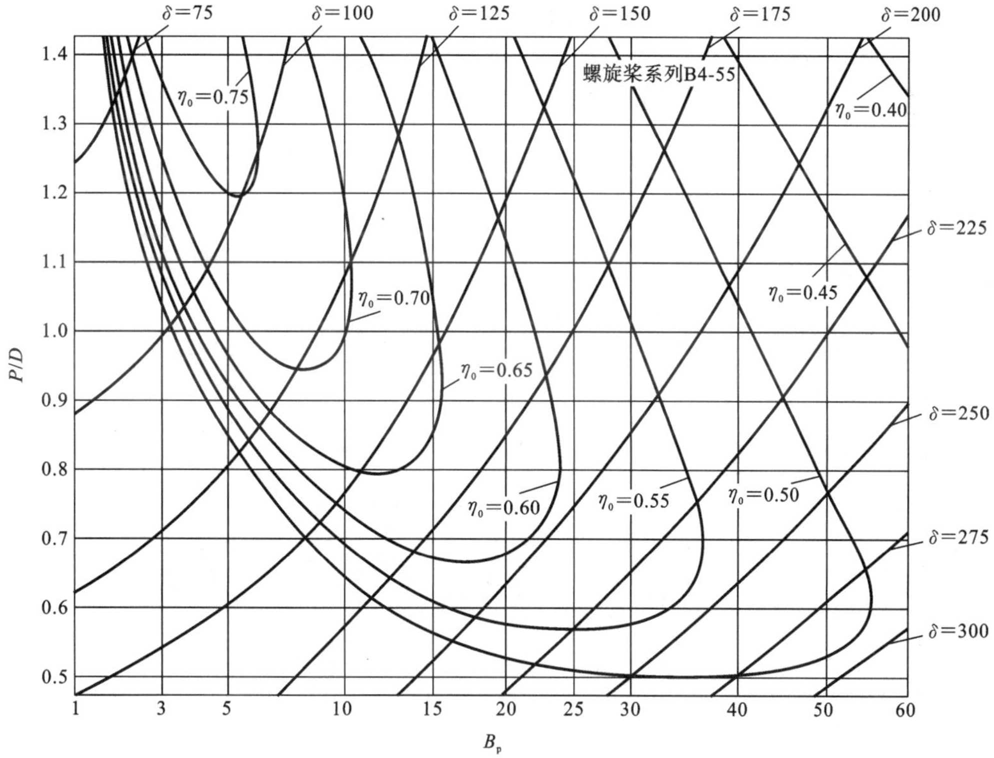

图 11-23　B_p-δ 图谱

思 考 题

1. 理想推进器理论与理想螺旋桨理论的相同点和不同点分别是什么?
2. 理想推进器理论的推力表达式和效率表达式是怎样的?
3. 理想螺旋桨理论的推力表达式和效率表达式是怎样的?
4. 什么是轴向诱导速度? 什么是周向诱导速度?
5. 所有的船用推进器都有轴向诱导速度和周向诱导速度吗?
6. 如何提高理想推进器的效率?
7. 如何提高理想螺旋桨的效率?
8. 什么是叶切面的螺距三角形和速度多边形?
9. 叶元体的受力与螺旋桨的推力、转矩是如何联系的?
10. 什么是螺旋桨的敞水性能?
11. 螺旋桨的推力、转矩、进速是如何无因次化的?
12. 螺旋桨敞水性能曲线的特点是什么?
13. 当螺旋桨的转速一定时,为什么进速越大推力越小?
14. 螺旋桨模型敞水试验的目的是什么?
15. 螺旋桨模型敞水试验应当满足什么样的相似条件?
16. 螺旋桨模型敞水试验的尺度效应是如何产生的?

第 12 章　船体与螺旋桨的相互作用

前面章节里讲述的船体阻力性能和螺旋桨的水动力性能，是不包含螺旋桨影响的船体阻力性能和不包含船体影响的螺旋桨的敞水性能。但是在舰艇推进过程中，作为主推进器的螺旋桨是在舰艇艉部旋转工作，产生推力从而克服船体阻力使船前进的，船体和螺旋桨一定存在相互的干扰，所以舰艇推进过程中的舰艇阻力性能与单独的船体阻力性能不一样，船后螺旋桨的水动力性能与螺旋桨的敞水性能也不一样，船体和螺旋桨之间存在相互的影响、双向的作用，要进行舰艇的快速性分析必须弄清船体与螺旋桨的相互影响。目前对于这一问题的处理方法是：分别研究船体对螺旋桨的单方向影响和螺旋桨对船体的单方向影响，并提取相关的影响因子来定量表达这些影响，然后“合成”为船体与螺旋桨的相互影响。实际上这种处理方法并不是真正的耦合处理方法，但由于现在关于这方面的研究还并不充分，并且这种处理方法为舰艇推进问题的分析提供了一种在工程上可行的手段，所以在舰艇快速性的研究中还是采用这种方法。

12.1　船体对螺旋桨的影响

孤立的螺旋桨在均匀且无干扰的敞水环境中沿轴向向前运动时，螺旋桨前进的速度为 v，相当于前方的水流以速度 v 流向螺旋桨，那么螺旋桨的进速 v_A 就等于 v。螺旋桨装在船艉推船前进时，螺旋桨与船体以同样的航速 v_s 前进，相当于前方的水流以 v_s 的速度先流向舰艇，承受船体的影响与干扰以后，再到达船后螺旋桨，因此，船后螺旋桨的进速 v_A 就不直接等于舰艇的航速 v_s。这就是船体对螺旋桨的影响，主要表现在船体对船后的螺旋桨进流状态的影响。

12.1.1　伴流的成因

船对螺旋桨的影响表现为伴流。舰艇向前航行时，船体会扰动周围的水流，使其产生运动，形成一种伴随船体的扰动速度场。船体周围的这种扰动速度场即称为伴流。其实，船体的伴流是一种围绕船体的空间三维流场，由于本章关注的是船体对螺旋桨的影响，所以此处的伴流特指船后螺旋桨盘面处的伴流，而且，螺旋桨盘面的伴流速度存在轴向、周向和径向三个方向的分量，其中，轴向伴流速度比周向和径向伴流速度要大得多，对螺旋桨的水动力性能影响也最大，所以是研究的重点。对伴流速度的方向通常是这样规定的：如果伴流运动方向与舰艇的航向相同，这种伴流称为正伴流，反之称为负伴流。

根据伴流产生的原因可将伴流分为势伴流、摩擦伴流和兴波伴流。

舰艇在水中运动时，靠近舰艇艏部的水流会被向前运动的船体推开，靠近舰艇艉部的水流具有填充船体向前运动后产生的空间空缺的趋势，所以船体扰动在周围形成的流线分布如图

12-1 所示，这种船体伴流就是势伴流，可见，舰艇艉部的势伴流速度一定为负值。

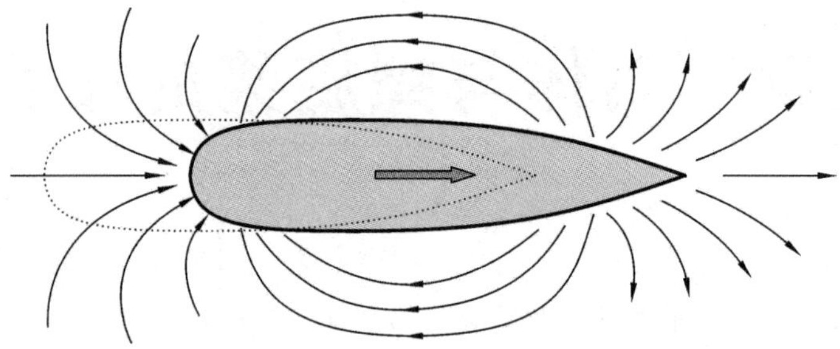

图 12-1　船体周围的流线

由于黏性的影响，舰艇在水中航行，会在船体与水接触的表面外形成边界层，并且在船艉形成黏性艉流，从而带动水流产生与舰艇航行方向相同的速度(见图 12-2)，此即为摩擦伴流。摩擦伴流速度一定为正值。船体两侧的边界层较薄，并且沿船体表面法线向外摩擦伴流速度迅速减小，但船体艉部的黏性艉流具有一定的厚度，布置在船体中线面上的船后螺旋桨主要受这种伴流的影响。

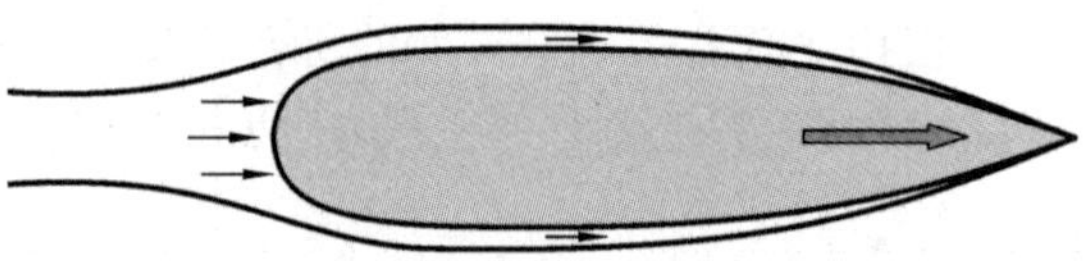

图 12-2　船体边界层与黏性艉流

舰艇在海面航行会兴起波浪，波浪的传播方向与舰艇航向相同，而波浪的本质是水质点的轨圆运动，所以也是由船体干扰产生的水流运动，称为兴波伴流。由于处于波峰的水质点的轨圆运动恰好与波浪传播方向相同，而波浪传播方向又与舰艇航向相同，所以波峰的兴波伴流是正伴流；同理，波谷的兴波伴流是负伴流。可见：若船后螺旋桨处于波峰，则兴波伴流速度为正值；若船后螺旋桨处于波谷，则兴波伴流速度为负值。

势伴流、摩擦伴流和兴波伴流叠加起来就是总的伴流。船后螺旋桨所处的位置是一个盘面，舰艇的伴流是一个不均匀的速度场。目前对螺旋桨盘面伴流速度的处理还是先采取平均的方法，然后对不均匀的影响进行一定的补充考虑。

12.1.2　伴流速度与伴流分数

从螺旋桨的敞水性能来看，几何形状一定的螺旋桨，其推力系数和转矩系数是由螺旋桨的进速系数决定的。

敞水条件下，螺旋桨前方来流是均匀而稳定的，进速 v_A 是一个明确的数值。但是对处于舰艇伴流影响中的船后螺旋桨而言，前方来流受到的干扰不均匀，螺旋桨盘面不同位置的来流都不相同。为了解决这一问题，引入桨盘面平均伴流速度的概念。桨盘面平均伴流速度就是船后螺旋桨盘面伴流速度的平均值，用符号 u 表示。

进一步，设船后螺旋桨盘面处势伴流的轴向平均速度为 u_p，摩擦伴流的轴向平均速度为 u_f，兴波伴流的轴向平均速度为 u_w，那么桨盘面平均伴流速度为

$$u=u_p+u_f+u_w \tag{12-1}$$

用桨盘面平均伴流速度 u 反映船体对螺旋桨的影响，就得到螺旋桨的进速 v_A：

$$v_A = v_s - u \tag{12-2}$$

在工程上通常以伴流分数表示伴流速度的大小，伴流分数为 u 与 v_s 的比值记作 w，即

$$w = \frac{u}{v_s} = 1 - \frac{v_A}{v_s} \tag{12-3}$$

按式(12-4)，螺旋桨进速与舰艇航速的关系为

$$v_A = v_s(1-w) \tag{12-4}$$

由式(12-5)可知，一旦确定了伴流分数，即可以由航速推算出船后螺旋桨的进速。舰艇的伴流分数需通过模型试验或船舶水动力计算确定。各种船舶的伴流分数见表 12-1。

表 12-1　各种船舶的伴流分数

船舶类型	伴流分数	船舶类型	伴流分数
快速船和邮船	0.10～0.18	轻巡洋舰	0.035～0.10
单桨商船(C_b=0.5～0.7)	0.20～0.30	大型驱逐舰	0～0.10
双桨商船(C_b=0.5～0.7)	0.08～0.20	驱逐舰和护卫舰	0～0.03
肥大型船(C_b 为 0.8 左右)	0.30～0.40	潜艇	0.10～0.25
主力舰及重巡洋舰	0.15～0.20	鱼雷艇	0～0.04

12.1.3　伴流不均匀性

船后螺旋桨受到船体的影响其实是不均匀的，即螺旋桨盘面不同位置的伴流速度应该是不相同的。为了能够利用螺旋桨敞水性能来计算船后螺旋桨的推力、转矩等水动力性能，在 12.1.2 节中引入了桨盘面平均伴流速度和伴流分数，并用式(12-3)和式(12-5)计算船后螺旋桨的进速。这种方法显然忽略了伴流的不均匀性，很可能出现这样的问题：几何形状一定的螺旋桨，当它在敞水条件下以进速 v_A、转速 n 工作时，螺旋桨的推力为 T_0，转矩为 Q_0；当这个螺旋桨在以航速 v_s 航行的舰艇艉部工作时，转速也为 n，并且螺旋桨的进速按桨盘面平均伴流速度来计算为 $v_s(1-w)$，其在数值上也等于 v_A，但此时船后螺旋桨的推力 T_B 不等于敞水条件下的推力 T_0，船后螺旋桨的转矩 Q_B 不等于敞水条件下的转矩 Q_0。这就是伴流的不均匀性导致的。

为了考虑伴流不均匀性对船后螺旋桨水动力的影响，引入两个影响系数：

(1) $i_1 = T_B/T_0$，为伴流不均匀性对推力的影响系数；

(2) $i_2 = Q_B/Q_0$，为伴流不均匀性对扭矩的影响系数。

那么，当船后螺旋桨进速 v_A 采用平均伴流速度的方法，即采用 $v_A = v_s - u = v_s(1-w)$ 计算得到后，根据船后螺旋桨的转速和进速系数的表达式计算进速系数。

然后查该螺旋桨的敞水性能曲线，得到这个进速系数下的螺旋桨敞水推力系数 K_T 和转矩系数 K_Q，计算敞水螺旋桨在该进速系数下的敞水推力 T_0 和敞水转矩 Q_0。

考虑船后螺旋桨盘面处伴流不均匀性对推力的影响，得到船后螺旋桨的推力：

$$T_B = i_1 T_0 \tag{12-5}$$

考虑船后螺旋桨盘面处伴流不均匀性对转矩的影响，得到船后螺旋桨的转矩：

$$Q_B = i_2 Q_0 \tag{12-6}$$

螺旋桨的敞水效率表达式为

$$\eta_0=\frac{T_0 v_A}{2\pi n Q_0}$$

定义螺旋桨的船后效率：

$$\eta_B=\frac{T_B v_A}{2\pi n Q_B}$$

可以计算得到螺旋桨敞水效率与船后效率的关系式：

$$\frac{\eta_B}{\eta_0}=\frac{T_B}{T_0}\cdot\frac{Q_0}{Q_B}=\frac{i_1}{i_2}$$

即

$$\eta_B=\frac{i_1}{i_2}\eta_0 \tag{12-7}$$

不同的舰艇、不同的螺旋桨，或者一艘舰艇以不同的航速航行时，伴流分数 w 和影响系数都是不同的，需要设计专门的试验去测量。

由于在测量伴流分数 w 的过程中，常常采用敞水螺旋桨推力系数与船后螺旋桨推力系数相等的条件，所以往往有

$$\begin{cases}T_0=T_B & (i_1=1)\\ Q_0\neq Q_B & (i_2\neq 1)\end{cases}$$

此时，螺旋桨敞水效率与船后效率的关系为

$$\eta_B=\frac{1}{i_2}\eta_0=\eta_R\eta_0 \tag{12-8}$$

式中　η_R——相对旋转效率，$\eta_R=\frac{1}{i_2}$。

可见，船体对螺旋桨的影响是伴流造成的。伴流对船后螺旋桨进速的影响，可以用平均伴流速度 u 或伴流分数 w 来处理；此外，伴流还具有不均匀性，可以通过相对旋转效率 η_R 来处理。

12.2　螺旋桨对船体的影响

螺旋桨在水中旋转时，会引起水流向后加速运动，并导致螺旋桨盘面艏部水流压强降低。对于艉部有螺旋桨工作的舰艇，其艉部会受到螺旋桨诱导的速度场和压强场的影响，艉部船体表面压力将下降(见图 12-3)，从而引起船体前后压差阻力增大。此外，水流速度增加，船体的摩擦阻力也增大，但相对压差阻力增量而言是小量。

螺旋桨对船体的影响就是螺旋桨在工作时会引起船体阻力增大，这个增量称为阻力增额，记作 ΔR，它与螺旋桨抽吸水流加速向后运动的工作方式有关。阻力增额在舰艇的阻力预报中并不计入。所以，舰艇航行过程中，螺旋桨实际的推力 T 不仅要克服舰艇原来的阻力 R，还要克服阻力增额 ΔR。

由于这部分阻力增加量是由螺旋桨工作引起的，故将它理解为螺旋桨推力减小量，分配到螺旋桨上的这种推力减小量即称为推力减额，记作 ΔT，

$$\Delta T=\Delta R \tag{12-9}$$

按推力减额的概念，在船后螺旋桨作用下的舰艇阻力不发生变化，只是螺旋桨本身的推力

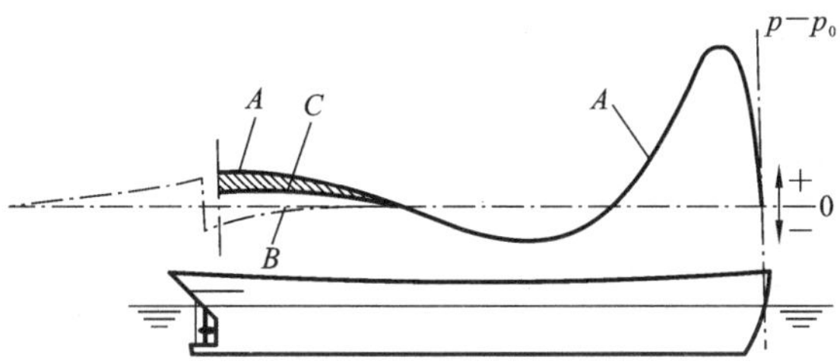

图 12-3　船后螺旋桨作用下艉部船体表面压力下降

A—不带桨船体表面压力分布；B—敞水螺旋桨作用下盘面前后压力分布；C—船后螺旋桨作用下船体表面压力分布

损失了一部分。计入推力减额后的螺旋桨推力称为有效推力，有时也称为船后螺旋桨推力，记作 T_E。有效推力 T_E 与敞水桨推力 T 之间的关系为

$$T_E = T - \Delta T \tag{12-10}$$

ΔT 与 T 的比值称为推力减额分数，记作 t，即

$$t = \frac{\Delta T}{T} = 1 - \frac{T_E}{T} \tag{12-11}$$

于是有效推力表示为

$$T_E = (1-t)T \tag{12-12}$$

各种船舶的推力减额分数 t 值如表 12-2 所示。

表 12-2　各种船舶的推力减额分数

船舶类型	推力减额分数	船舶类型	推力减额分数
快速船和邮船	0.06～0.15	轻巡洋舰	0.05～0.10
单桨商船(C_b=0.5～0.7)	0.08～0.20	大型驱逐舰	0.07～0.08
双桨商船(C_b=0.5～0.7)	0.10～0.22	驱逐舰和护卫舰	0.06～0.08
肥大型船(C_b 为 0.8 左右)	0.17～0.25	潜艇	0.10～0.18
主力舰及重巡洋舰	0.18～0.22	鱼雷艇	0.01～0.03

12.3　舰艇推进过程中的效率

舰艇在航行过程中，舰艇的船体、主机和螺旋桨构成一个推进系统，从能量的角度来看，由于船体在海洋航行时一定会受到阻力，船体要克服运动阻力以一定的速度前进，船体就是能量的需求者。舰艇要航行，主机得开动起来，主机是舰艇的心脏、能量之源。

螺旋桨的船后收到功率 P_D 的直接作用就是驱动螺旋桨旋转。设船后螺旋桨的转速为 n，该转速下的转矩为 Q_B，那么螺旋桨的船后收到功率的表达式可写为

$$P_D = 2\pi n Q_B \tag{12-13}$$

式中　n——船后螺旋桨的转速，r/s；

Q_B——船后螺旋桨的转矩，N·m；

P_D——螺旋桨的船后收到功率，W。

船后螺旋桨的水动力要与敞水螺旋桨的水动力联系起来，必须要将螺旋桨的船后收到功率转化为螺旋桨的敞水收到功率（即为驱动在敞水条件下工作的螺旋桨所需要的功率），螺旋桨的敞水收到功率 P_{D0} 的表达式为

$$P_{D0}=2\pi nQ_0 \tag{12-14}$$

式中 n——船后螺旋桨的转速，r/s；

Q_0——敞水螺旋桨的转矩，N · m；

P_{D0}——敞水螺旋桨的收到功率，W。

计算螺旋桨的敞水收到功率 P_{D0} 与螺旋桨的船后收到功率 P_D 的比值：

$$\frac{P_{D0}}{P_D}=\frac{2\pi nQ_0}{2\pi nQ_B} \tag{12-15}$$

根据 12.1.3 节，伴流不均匀性对转矩的影响可通过 $Q_B=i_2Q_0$ 来考虑，可得

$$\frac{P_{D0}}{P_D}=\frac{1}{i_2}=\eta_R \tag{12-16}$$

螺旋桨的敞水收到功率 P_{D0} 与螺旋桨的船后收到功率 P_D 和主机的轴功率 P_S 的关系为

$$P_{D0}=\eta_R P_D=\eta_R\eta_S P_S \tag{12-17}$$

式中 η_S——舰艇轴系传送效率。

螺旋桨的敞水收到功率还是一种旋转运动的功率，螺旋桨的功能就是把旋转运动的功率转化为推船前进的功率，这是对作为推进器的螺旋桨的本质要求。定义螺旋桨的推功率：

$$P_T=Tv_A \tag{12-18}$$

式中 T——敞水螺旋桨的推力，N，根据测量桨盘面伴流分数的等推力法，螺旋桨的敞水推力与船后推力应该相等；

v_A——敞水螺旋桨的进速，m/s；

P_T——螺旋桨的推功率，W。

从螺旋桨敞水收到功率 P_{D0} 转化为敞水螺旋桨的推功率 P_T，存在一个转化效率，这个转化效率就是这两种功率的比值：

$$\frac{P_T}{P_{D0}}=\frac{Tv_A}{2\pi nQ_0}$$

此式即为 11.2 节中螺旋桨的效率 η_0 的表达式。

螺旋桨的推功率 P_T 与螺旋桨的敞水收到功率 P_{D0}、船后螺旋桨的收到功率 P_D 和主机的轴功率 P_S 的关系为

$$P_T=\eta_0 P_{D0}=\eta_0\eta_R\eta_S P_S \tag{12-19}$$

对于在海洋航行的舰艇，其航速为 v_s、在该航速下受到的阻力为 R，那么它要保持该航速稳定前进所需要的有效功率 P_E 为

$$P_E=Rv_s$$

螺旋桨有效功率与推功率的比为

$$\frac{P_E}{P_T}=\frac{Rv_s}{Tv_A}=\frac{(1-t)Tv_s}{T(1-w)v_s}=\frac{1-t}{1-w}$$

这个比值只和船体与螺旋桨相互影响的伴流分数、推力减额分数有关，称为船身效率，用符号 η_H 表示。

舰艇航行的有效功率 P_E 与螺旋桨的推功率 P_T、螺旋桨的敞水收到功率 P_{D0}、螺旋桨的船后收到功率 P_D 和主机的轴功率 P_S 的关系为

$$P_E=\eta_H P_T=\eta_H\eta_0 P_{D0}=\eta_H\eta_0\eta_R P_D=\eta_H\eta_0\eta_R\eta_S P_S \tag{12-20}$$

为更清晰地表示螺旋桨推进效率成分和各种功率间的关系，给出功率转换关系示意图，如图 12-4 所示。

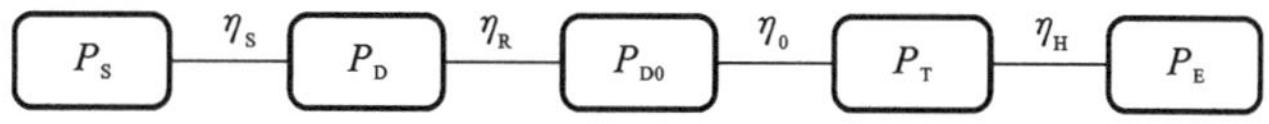

图 12-4　螺旋桨推进效率成分与功率转换关系

综上所述，主机功率转化为有效功率的过程中，总效率分为机械效率和水动力效率两部分，通常以 P. C 表示：

$$\text{P. C}=\frac{P_E}{P_S}=\eta_H\eta_0\eta_R\eta_S \tag{12-21}$$

P. C 称为推进系数。

12.4　船后螺旋桨性能计算

在舰艇航行过程中，船后螺旋桨的水动力性能与舰艇的航速、主机的转速、船体与螺旋桨的相互影响有关。船后螺旋桨性能计算就是根据敞水螺旋桨性征曲线、有关的螺旋桨参数求出某航速 v_s 和螺旋桨转速 n 下的有效推力 T_E、转矩 Q 和主机功率 P_S，现举一例说明具体计算过程。

例 12-1　某双桨舰艇的螺旋桨数据为：螺旋桨直径 $D=2.34$ m，螺旋桨螺距和直径比 $\frac{P}{D}=1.32$，螺旋桨盘面比 $A/A_0=0.8$，螺旋桨敞水性能数据见表 12-3。由实船试航测速得，当转速 $n=366$ r/min 时舰艇的航速 $v_s=26$ kn，伴流分数 $w=0.06$，推力减额分数 $t=0.07$，相对旋转效率 $\eta_R=0.98$，轴系传送效率 $\eta_S=0.98$，求该舰此时的推进效率 η_D、推进系数 P. C，每个螺旋桨的有效推力 T_E、转矩 Q_B、船后收到功率 P_D、主机功率 P_S。（海水密度 $\rho=1026.2$ kg/m^3）

表 12-3　螺旋桨敞水性能数据

J	0.4	0.5	0.6	0.7	0.8	0.9	1.0	1.1	1.2	1.3
K_T	0.466	0.420	0.370	0.322	0.275	0.225	0.180	0.131	0.086	0.038
$10K_Q$	0.836	0.777	0.707	0.641	0.570	0.490	0.415	0.325	0.238	0.143
η_0	0.355	0.430	0.500	0.560	0.614	0.658	0.691	0.705	0.600	0.550

解　进速为

$$v_A=v_s(1-w)=0.5144\times26\times(1-0.06)\ \text{m/s}=12.6\ \text{m/s}$$

进速系数为

$$J=\frac{v_A}{nD}=\frac{12.6}{\frac{366}{60}\times2.34}=0.883$$

由 $J=0.883$ 查表 12-3，取 $K_T=0.235$，$K_Q=0.0508$，$\eta_0=0.649$，则有效推力与转矩分别为

$$\begin{aligned}T_E&=T(1-t)=K_T\rho n^2D^4(1-t)=0.235\times1026.2\times\left(\frac{366}{60}\right)^2\times2.34^4\times(1-0.07)\ \text{N}\\&=2.502\times10^5\ \text{N}\end{aligned}$$

$$Q_0=K_Q\rho n^2D^5=0.0508\times1026.2\times\left(\frac{366}{60}\right)^2\times2.34^5\ \text{N}\cdot\text{m}=1.361\times10^5\ \text{N}\cdot\text{m}$$

$$Q_B = i_2 \cdot Q_0 = \frac{1}{\eta_R} \cdot Q_0 = \frac{1}{0.98} \times 1.361 \times 10^5\ \mathrm{N \cdot m} = 1.389 \times 10^5\ \mathrm{N \cdot m}$$

推进效率为

$$\eta_D = \eta_R \eta_0 \eta_H = \eta_R \eta_0 \frac{1-t}{1-w} = 0.98 \times 0.649 \times \frac{1-0.07}{1-0.06} = 0.629$$

船后收到功率为

$$P_D = 2\pi n Q_B = 1.389 \times 10^5 \times 2\pi \times \frac{366}{60}\ \mathrm{kW} = 5.32 \times 10^3\ \mathrm{kW}$$

或

$$P_D = \frac{T_E v_s}{\eta_D} = \frac{2.502 \times 10^5 \times 26 \times 0.5144}{0.629}\ \mathrm{W} = 5.32 \times 10^3\ \mathrm{kW}$$

推进系数为

$$\mathrm{P.C} = \eta_S \eta_D = 0.98 \times 0.629 = 0.616$$

主机功率为

$$P_S = \frac{P_D}{\eta_S} = \frac{5.32 \times 10^3}{0.98}\ \mathrm{kW} = 5.43 \times 10^3\ \mathrm{kW}$$

或

$$P_S = \frac{T_E v_s}{\eta_S \eta_D} = \frac{2.502 \times 10^5 \times 0.5144 \times 26}{0.616}\ \mathrm{W} = 5.43 \times 10^3\ \mathrm{kW}$$

思　考　题

1. 伴流的成因是什么？水下航行潜艇的伴流速度一定为正值吗？

2. 如果不考虑流体的黏性，是否会存在势伴流、摩擦伴流、兴波伴流？

3. 舰艇航速、伴流分数、螺旋桨进速之间存在何种关系？

4. 推力减额的成因是什么？

5. 某巡逻艇航速 $v_s = 25$ kn，螺旋桨转速 $n = 540$ r/min，轴数 $Z_p = 2$，螺旋桨直径 $D = 1.5$ m，伴流系数 $w = 0.07$，推力减额系数 $t = 0.08$，相对旋转效率 $\eta_R = 1.0$，轴系传送效率 $\eta_S = 0.98$。螺旋桨敞水性能数据参照表 12-3。试计算：

(1) 有效推力 T_E；

(2) 裸船体阻力 R_t；

(3) 推进效率 η_D 和螺旋桨船后收到功率 P_D；

(4) 推进系数 P.C 和主机功率 P_S；

(5) 若主机功率不得超过(4)的计算结果，求系泊试验时螺旋桨的最大转速。

(计算时海水密度 ρ 取 1026.2 kg/m^3)

6. 某双桨舰艇航速为 15.5 kn，船体有效功率为 $P_E = 1300$ kW，设伴流分数 $w = 0.104$，推力减额分数 $t = 0.198$，相对旋转效率 $\eta_R = 1.044$，敞水效率 $\eta_0 = 0.62$，求螺旋桨发出的推力及所需的船后收到功率。

第 13 章　螺旋桨的空泡现象

空化与空蚀是发生于以液体作为介质的水力机械中的一种特有现象。在某个温度下，压力低到某一值时，液体发生汽化，此压力称为该温度下的汽化压力。液体流动过程中，如果某一部位的压力低于某一临界压力（一般情况下，该临界压力与水的汽化压力接近）时，不溶解于水的气体逸出，形成空泡（空穴）。当空泡随水流运动到压力较高的地方时，空泡迅速凝结而溃灭，空泡的产生、发展与溃灭过程称为空化现象（cavitation phenomenon），因此，空化包括气泡的积聚、流动、分裂到溃灭的整个过程。

螺旋桨在水中工作时，桨叶的叶背压力降低，形成吸力面，当某处的压力降至临界值以下时，将发生爆发式的汽化，水汽通过界面，进入气核并使之膨胀，形成气泡，即是空泡。下面通过三次事件了解一下空泡问题。

(1) 1894 年，英国 240 t 的小型驱逐舰"勇敢"号初次试航时，人们发现其转速只能达到 384 r/min，比额定转速低 1.54%，两台主机发出的总功率为 3700 马力，比额定功率低 7.5%，而航速不超过 24 kn，与原定设计航速 27 kn 相差很多。后来，对螺旋桨做了多次修改设计，但每次试航结果都差别不大，甚至舰艇艉部还发生了剧烈振动。在第六次修改设计中，其他参数基本不变，仅盘面比增加 45%，就达到了预定要求。1897 年负责建造该舰的总工程师巴纳贝在造船工程师会议上详细地介绍了该舰试航时所遇到的现象，认为最初未达到预期航速之原因是螺旋桨发生了空泡现象。

(2) 20 世纪 70 年代中期，我国沿海客货船（浙海 403 号）发生严重的艉部振动，经过多次修补、加强结构均不见效，经过进一步分析，发现舵机舱内可听到"噼啪"的爆炸声，才知道问题出在螺旋桨空泡上。

(3) 我国 051 舰试航时，仅 8 小时桨叶根部即出现裂缝，经检查发现螺旋桨和舵有空泡现象发生，后来通过在桨叶根部钻孔，使得桨叶的压力场重新分布，才使问题得以解决。

可见，螺旋桨发生空泡后，会带来很多诸如振动、损伤等方面的危害，因此海军对舰艇性能要求的不断提高，在螺旋桨的设计方面，要求在保证螺旋桨效率的基础上，尽可能改善螺旋桨的空泡性能。对螺旋桨空泡的成因和特性加以分析是提出改善措施的前提。

13.1　空泡的成因

实际上，空泡动力学是一门学科，是流体力学的一个分支，有一套关于气核、空泡、受力、运动的完整理论。

空泡的产生与发展取决于液体的状态（温度和压力）以及液体本身的物理性质（所含杂质量及所溶解的气体等），在空泡溃灭过程中伴随着机械、热力、化学等过程的作用。空化过程可以发生在液体内部，也可以发生在固体边界上。空蚀是指空泡溃灭引起的过流表面的材料损坏。空蚀是空化的直接后果，空蚀只发生在固体边界上。

液体中总存在着微量气泡，只是肉眼无法看到，气泡能否从液体中析出取决于该液体的汽化特性。在一个标准大气压下，把水加热到 100 ℃，水就开始沸腾汽化。压力越低，水开始汽化的温度也越低，如当压力下降到 2338 Pa 时，水在 20 ℃时就会开始沸腾汽化(如高原区水的沸点下降)。为了区别上述两种情况，通常把水在一定压力下受热而汽化的现象称为沸腾；而把环境温度不变，由于压力降低而引起的汽化现象称为空化。在一定温度下水开始空化的压力称为汽化压力，如图 13-1 所示。一般认为，某环境温度下饱和蒸汽压力 p_v(或称水的汽化压力)为空泡起始压力。

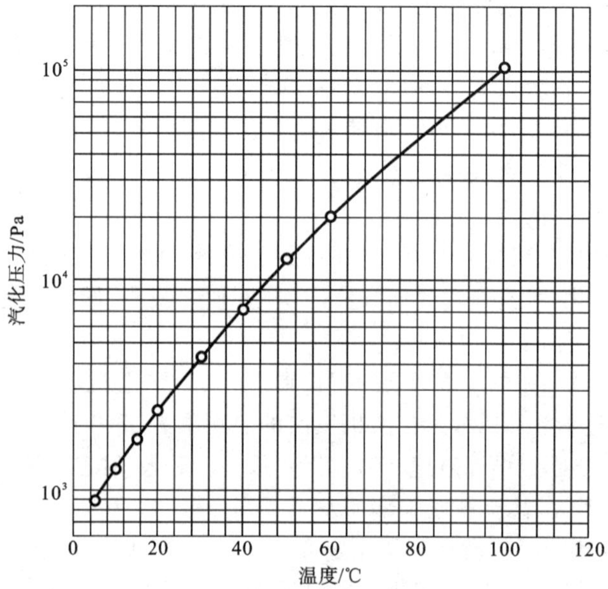

图 13-1　温度和汽化压力的关系

空化是液体中压力下降的结果。液体在流动过程中，当速度发生变化时，其压力也会同时发生变化，如果压力下降到使该液体汽化的临界压力之下，就将发生空化。根据伯努利方程，局部流速过高会导致压力降低，固体表面粗糙时流动脱离边界层形成湍流也会导致压力降低，如非流线翼型绕流、流道的突然扩散或收缩等都会造成湍流压降。

空化与沸腾的相同点是它们都为液体的汽化现象，而不同点是，沸腾是液体在常压高温条件下的汽化(如 1 个标准大气压下水的沸点是 100 ℃)，空化则是液体在常温低压条件下的汽化(如常温 20 ℃时在 0.0024 个标准大气压下产生空化)。

空泡其实是一个笼统的名称，它有气化空泡、汽化空泡和似是空泡之分。所谓气化空泡是指原溶解于水中的气体，由于降压或过饱和，以扩散的方式通过界面逸到存在于水里的气核中并成长到肉眼能见的程度；所谓汽化空泡是指液体分子因压力降低到所谓饱和蒸汽压力而发生的爆发式的汽化，水汽通过界面，进入气核并使之膨胀；所谓似是空泡是指原来以各种方式存在于水中的气核，虽然没有任何水汽或气体逸入，但当外界压力降低时，它本身也会膨胀到肉眼可见的程度。因此，除汽化空泡外，气化空泡和似是空泡都可能在大于、等于或小于饱和蒸汽压力 p_v 时出现，而汽化空泡则总是在局部压力小于或至少等于 p_v 时才能出现。气化空泡和似是空泡成长缓慢，汽化空泡成长迅速。本章所讨论的空泡主要是指汽化空泡。

上面提到的空泡的产生都是因为液体内原来就存在有气核。有人进行过这样的试验：将事先经过特殊处理的水(所谓“纯水”)，用静力学或动力学的方法测量它能否抗低压或负压。

结果发现这种“纯水”不仅在非常低压(远低于该温度下的饱和蒸汽压力)下不会出现上述三类空泡,而且能承受相当大的拉力,即负压。由此证明,在液体中产生空泡一定是液体内本身存在某种“缺陷”或“弱点”所致,这种缺陷或弱点就是气核。无论是汽化空泡还是气化空泡,都得通过某种媒介进行“蒸发”或扩散,大量存在于自然水中或壁面上的气核正是这种媒介。

13.2 螺旋桨空泡的成因

螺旋桨一般安装于船艉,在水线以下的位置(见图 13-2),因此会承受一定的静水压力,而其旋转后,只有叶面的压力高而叶背的压力低才会产生推动舰艇向前的压力差,所以,叶背处最容易产生空化。

图 13-2　螺旋桨浸深

螺旋桨所处位置的静压力 p_0 可表示为

$$p_0 = p_a + \rho h_s \tag{13-1}$$

式中　p_a——大气压力,其数值为 101325 Pa;

ρ——水的密度,kg/m^3;

h_s——螺旋桨叶切面的浸深,常以桨轴中心离自由水面的高度来计算。

螺旋桨的进速为 v_A,螺旋桨旋转时形成速度三角形,使得各叶切面的入流速度为 v_0,若忽略诱导速度,则 v_0 可表示为

$$v_0 = \sqrt{(2\pi rn)^2 + v_A^2} \tag{13-2}$$

螺旋桨叶面处的水流速度小于 v_0,压力大于 p_0,形成“压力面”;叶背处的水流速度大于 v_0,压力小于 p_0,形成“吸力面”。

若叶切面某点的压力为 p_b,定义无因次减压系数:

$$\xi = \frac{p_0 - p_b}{\frac{1}{2}\rho v_0^2} \tag{13-3}$$

可见吸力面的 p_b 小于 p_0,当 p_b 达到相应温度下水的汽化压力 p_V 时,就会发生空化现象。用 p_V 表示空泡数 σ,则有

$$\sigma = \frac{p_0 - p_V}{\frac{1}{2}\rho v_0^2} \tag{13-4}$$

可见,当 $\xi \geqslant \sigma$ 时,螺旋桨会产生空泡。

由上述分析可知,根据叶切面的减压系数 ξ 和空泡数 σ 之间的相对关系可以断定是否发生空泡,而 ξ 与 σ 是由两组互不相关的参数所决定的。调整这两组参数可以改变 ξ 与 σ 的关系,从而使空泡现象提早或延缓出现。对于叶切面,最大减压系数愈大则愈易发生空泡,从这个角度,空泡数 σ 可看成发生空泡的 ξ 的上限,因此应追求较小的 ξ。而空泡数,σ 愈小愈易发

生空泡，从这个角度，减压系数 ξ 可看成不超过 σ 的变量，即追求较大的 σ 可以减少或避免空泡现象。

$\xi \geqslant \sigma$ 所表示的发生空泡的极限条件仅对汽化空泡近似正确，而且即使是汽化空泡，也是在空泡数 σ 略低于 ξ_{max} 时才出现可见的空泡，因为汽化空泡由气核的尺寸成长到肉眼可见的尺寸需要一定的时间，因而空泡数有初生空泡数 σ_i 和消失空泡数 σ_d 之分。

通常，在某一工况下，物面水速较大时局部压力降为初生压力 p_{0i}，空泡开始发生，此压力所对应的空泡数即为初生空泡数 σ_i。一般初生空泡不太稳定，时生时灭，压力也时大时小。

空泡充分发展后，由于工况的改变局部压力上升，空泡范围会逐渐减小，最后看到个别气泡间断地闪现约每秒几次，将这时的空泡数定义为消失空泡数 σ_d。这个数值比较稳定，重复性也较好，因此可用 σ_d 代替 σ_i 作为空泡发生的衡准数。通常 $\sigma_d > \sigma_i$。

13.3　螺旋桨空泡的特性

螺旋桨局部压力低于饱和蒸汽压时会发生空泡，那么发生后空泡的发展和形态有什么特性呢？经过试验室和实船观测的长期经验积累可知，因桨叶几何形状和工况的不同，螺旋桨的空泡在大小、位置和变化特性等方面有所不同，一般可分为如下四种类型。

13.3.1　涡空泡

涡空泡出现在叶梢和叶根。桨叶随边曳出的自由涡具有不稳定性，在其尾端不远处就卷成两股大旋涡（见图 13-3），在叶梢处形成梢涡，而叶根处的毂涡汇集在一起形成毂涡。一般梢涡较细，而毂涡较粗。涡核中压力最低，当降至饱和蒸汽压时即发生空泡，这可能是气核成长、原溶于水的气体的扩散及水的汽化综合作用而形成的空泡。在螺旋桨模型空泡试验中，有时会在叶梢稍后处先观察到这种空泡，随着压力的进一步降低，这种螺旋形的涡空泡向前移动并与叶梢相接。一般而言，梢涡空泡的发生先于其他形式的空泡，空泡水筒中的压力降低到一定值时，就可清晰地看到螺旋形的涡空泡出现。因为没有与桨叶大面积接触，涡空泡对螺旋桨

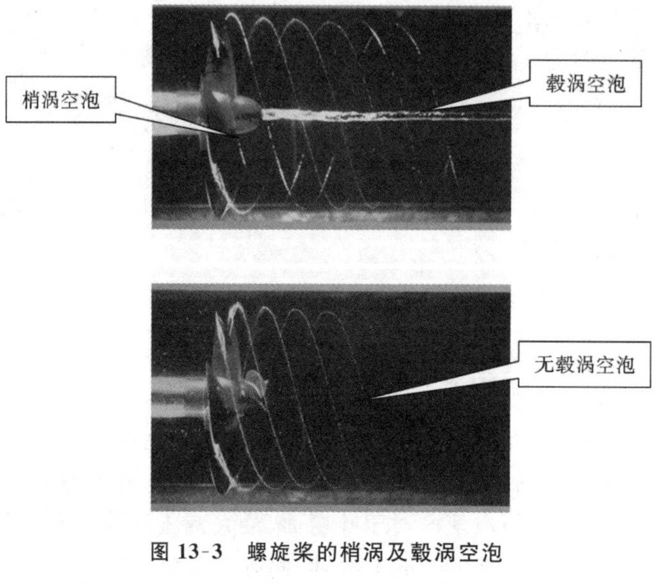

图 13-3　螺旋桨的梢涡及毂涡空泡

的水动力性能没有影响,对材料的剥蚀也没有什么威胁。但当螺旋桨的载荷较高且在丰满艉部工作时,梢涡空泡的另一端有可能贴到螺旋桨上方的船艉底部游移,从而导致很高的局部脉动压力,这种涡空泡称桨-船体涡(PHV)空泡。虽然它并不会构成艉振,且出现的概率不高,即使出现也时隐时现,并不稳定,但是,有时会在螺旋桨上方稍前的船体表面处造成特有的小块空泡剥蚀区,且由于相互影响,可能会加强桨叶上的空泡现象。此外,梢涡空泡往往会使螺旋桨的噪声明显加大。

13.3.2　泡状空泡

通常指在叶背上切面最大厚度处所产生的空泡,呈泡沫状。这时叶切面的来流攻角较小,导边未出现负压峰,压力最低处大致在最大厚度附近,因前后压力变化比较缓和,由此所产生的单个空泡的成长清晰可见,有时可以成长到相当尺度。空泡被水流带向下游时尺寸减小,并发生溃灭、再生、再溃灭,直至消失,如图 13-4 所示。这种空泡对螺旋桨的性能影响不大,但对桨叶材料有剥蚀作用。

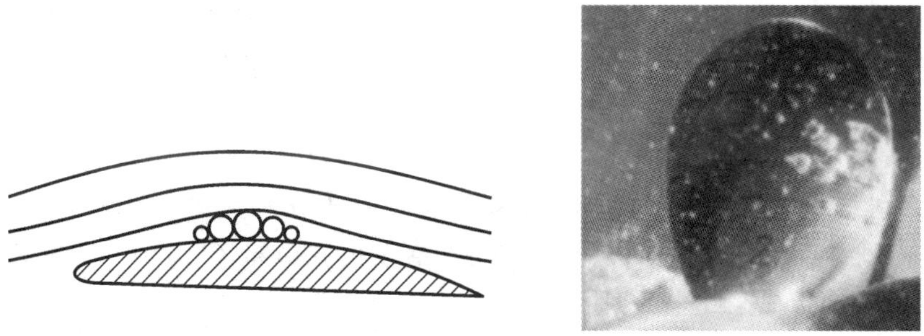

图 13-4　叶背上的泡状空泡

泡状空泡可以归为螺旋桨叶背空泡现象的第一阶段。叶背某点(对应如图 13-5 中 B 点,常处于叶背上减压系数最大的点,即图 13-5 中曲线 1 峰值点附近)处压力降低到饱和蒸汽压时,水即汽化,水汽通过界面,进入气核并使之膨胀而形成球状空泡。当其沿流线移至较高的压力区内(如图 13-5 中 D 点)时,水汽压力不再能支持外界压力,因而空泡被压缩而迅速溃灭,水流亦恢复正常情形(如图 13-5 中 D 点至随边段)。

这类第一阶段的空泡为什么对螺旋桨的水动力性能没有太大影响,而对桨叶有剥蚀作用呢?由图 13-5(曲线 1 表示螺旋桨叶切面在一定攻角下未发生空泡时的减压系数 ξ 曲线,曲线 2 表示叶背上产生局部空泡时减压系数的分布曲线)分析如下:

(1) 叶背上 A 点前的压力已降至汽化压力 p_V,溶解于水中的气体开始逸出;而在 A 点处,减压系数 ξ 等于空泡数 σ,水即开始汽化而形成空泡,其压力恒为 p_V 而不再变化,故在 AB 段内,减压系数 ξ 不再按无空泡时的规律变化而恒等于空泡数 σ(对应直线 AB 段)。

(2) 在 B 点以后,减压系数 ξ 开始过渡到小于空泡数 σ 的区域,但因该处的空泡不会马上完全溃灭消失,再者空泡占有一定的位置,故延伸至 C 点,BC 段减压系数 ξ 的数值也恒等于空泡数 σ。

(3) 空泡的延伸改变了流经叶背的流线形状,使流速增大,其影响至 D 点处才消失,因此,在 BD 段内,空泡发生后的减压系数 ξ 也不按无空泡时的规律变化,而是沿 $ABCD$ 曲线段变化。

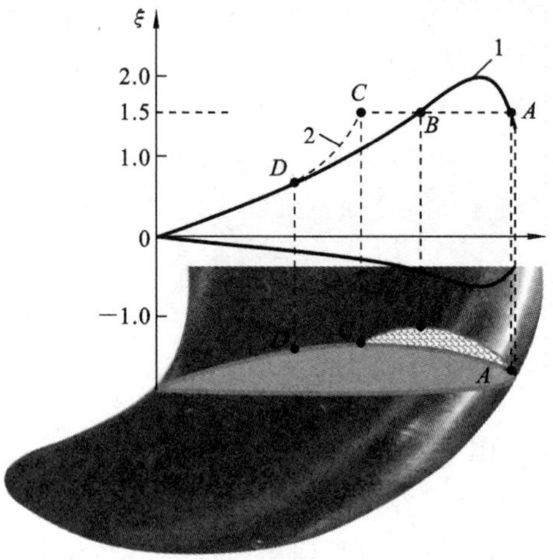

图 13-5　螺旋桨叶切面第一阶段的空泡

(4) 在 AB 段内 ξ 曲线被截去的部分(损失的吸力部分)大致被 BD 段内增加的部分(吸力的增加)所抵消，因而对整个叶切面的升力无甚影响。此外，由于空泡区对叶切面处流动情况影响不大，故对阻力的影响也不大。但是，由于空泡在 C 点下沿溃灭，产生内爆，这种内爆的冲击力反复集中于一点，这样 C 点就处于空泡反复延伸和溃灭的交界处，可使桨叶表面材料被蚀除而损坏，称之为剥蚀，以区别于因化学作用而产生的材料腐蚀或电蚀。当然，材料被反复剥蚀后会形成多孔海绵状麻点，使桨叶材料受到损伤，甚至导致桨叶折断的危险。

归纳起来，螺旋桨空泡第一阶段的特性是：空泡发生在局部区域，对叶切面的水动力性能无明显影响，但可能造成桨叶表面剥蚀。

13.3.3　片状空泡

片状空泡通常在桨叶较大半径部分叶切面导边附近产生，呈膜片状，长度不一，在叶切面攻角较大时最易产生这类空泡。因为这时导边附近的负压很高，空泡急剧产生，肉眼已见不到其成长过程，似在导边附近陡然发生空穴，水在其外侧流过。若空泡从导边一直延伸至随边以外，即叶切面全部为空泡所覆盖，则形成所谓超空泡流动；有时空泡也起于导边而在随边之前结束，形成所谓的局部空泡。前者影响螺旋桨的性能而无剥蚀作用；后者对螺旋桨有剥蚀作用。图 13-6 所示为通过空泡水筒观察到的螺旋桨叶背的片状空泡形状。

片状空泡可以归为螺旋桨叶背空泡现象的第二阶段。当空泡区域扩大至占整个叶背面积的 60%～70%时，即开始从根本上改变流动状况，叶背的大部分与空泡相接触。当叶切面发生广泛的背空泡时，整个切面的叶背将全部被空泡所笼罩，各处的压力都等于汽化压力 p_v，这种形式的空泡称为片状空泡(或称全空泡，以区别于局部空泡)，如图 13-7 所示。

这类第二阶段的空泡为什么对螺旋桨的水动力性能有很大影响，而对桨叶没有剥蚀作用呢？由图 13-7(曲线 1 表示螺旋桨叶切面在一定攻角下未发生空泡时的减压系数 ξ 曲线，曲线 2 表示叶背上产生片状空泡时减压系数的分布曲线)分析如下：

(1) 此时整个叶背等于在蒸汽和空气的混合气体中运动，吸力面的升力不再随速度的增高而加大，其升力及阻力均较无空泡时为低，但阻升比增加，使叶切面的水动力性能恶化。

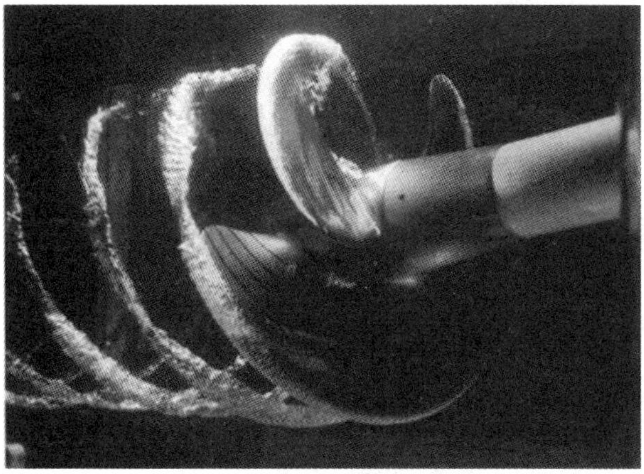

图 13-6　螺旋桨叶背的片状空泡

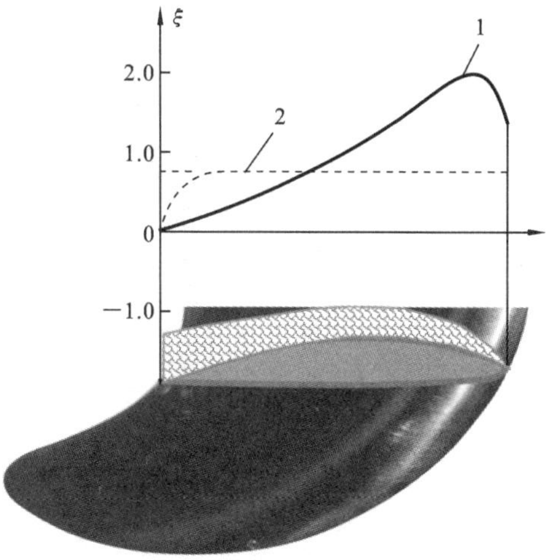

图 13-7　螺旋桨叶切面的片状空泡

(2) 在空泡现象第二阶段，空泡已不在叶背上溃灭消失，而被曳出至艉流中，故对桨叶表面无剥蚀作用。

归纳起来，螺旋桨空泡现象第二阶段的特性是：空泡区域已拖到随边之外，通常对叶表面无剥蚀作用，但会影响螺旋桨的水动力性能。

13.3.4　云雾状空泡

当螺旋桨在船艉不均匀流场中工作时，叶切面所处的来流速度不同，其入流角会产生周期性的变化。入流角大时发生空泡，而入流角小时，空泡从导边向随边流去，在随边附近破裂而消失。这种入流角时大时小的变化，使空泡周期性地产生和消失，对螺旋桨材料的剥蚀最为严重。这种周期性变化的空泡时现时隐，消失时被水流冲向后方，形成云雾状，故称云雾状空泡，如图 13-8 所示。

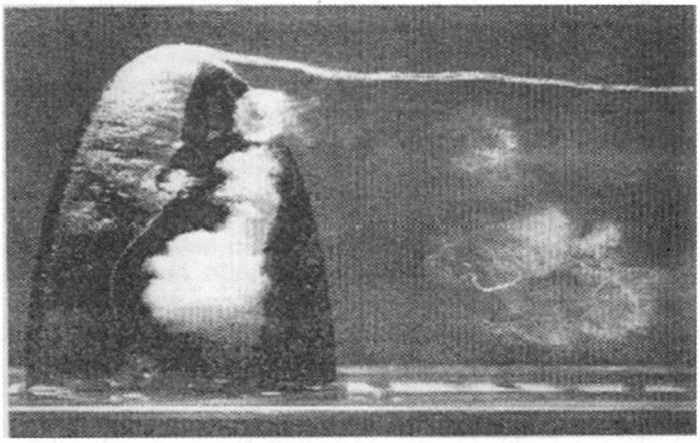

图 13-8　螺旋桨的云雾状空泡

以上四种空泡类型是较为典型的，一般会发生一至两种，但未经设计的螺旋桨有时也会同时发生四种空泡，如图 13-9 所示。

图 13-9 螺旋桨的多种空泡

13.4 空泡的危害

舰艇螺旋桨发生空泡后，会带来很多实际工程问题，包括但不限于水动力性能下降、空泡剥蚀、空泡激振力、空泡噪声等，会大大影响舰艇的航行性能、结构性能和隐身性能。

13.4.1 水动力性能下降

在螺旋桨和潜艇操纵面工作条件下，最容易出现的空泡形式为片状空泡和梢涡空泡。片状空泡发生后会造成水动力损失。随着进速系数 J 的降低，螺旋桨的负载加重，局部压力大幅下降，空泡起始，当空泡发展到一定程度时，空化、空蚀将破坏正常水流的流动程度，能量损失会急剧增加，且由于空泡体的排挤作用，有效过水断面和流量减小，螺旋桨的推力将下降，效率降低，导致舰艇的航速下降。如图 13-10 所示，在 J 降低到一定程度时，推力系数 K_T、扭矩 K_Q 和效率 η 曲线会出现下降拐点，而不再像无空泡螺旋桨的水动力曲线那样光顺，在一定主机功率下螺旋桨产生的推力将偏离设计曲线，使得舰艇的航速下降。

13.4.2 剥蚀

螺旋桨空泡第一阶段产生的空泡所涉及区域面积并不大，但是气泡的发生、发展和溃灭会造成周期性的冲击压强，反复作用于桨叶表面，使得螺旋桨发生空泡剥蚀。这些气泡是由某些溶解于水中的气体组成的，经研究发现，空泡会经历初生、发育、成熟、溃灭(其溃灭时间为百分之一至千分之一秒)、反弹、溃灭、反弹、溃灭……的过程(见图 13-11)，同时会形成高速射流与微水击。射流速度在 100 m/s 以上，冲击压高达成百上千倍的大气压力，类似于局部爆炸的效果，危害很大。射流和冲击波是空泡损伤螺旋桨的根本原因。

剥蚀一般发生在吸力面靠近导边的位置(见图 13-12)。开始时金属表面失去光泽而变成

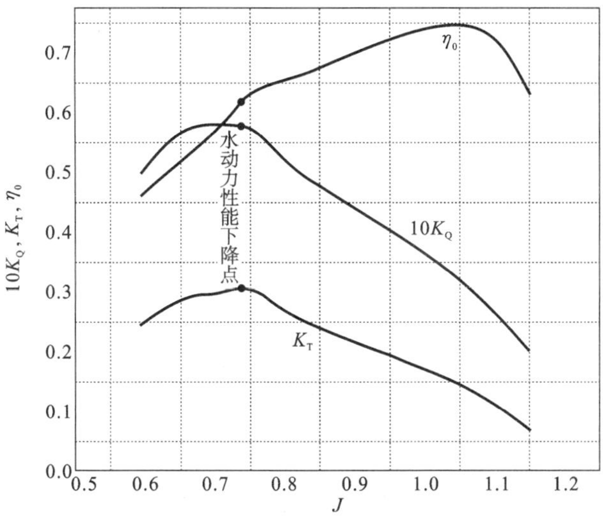

图 13-10　某桨水动力性能曲线

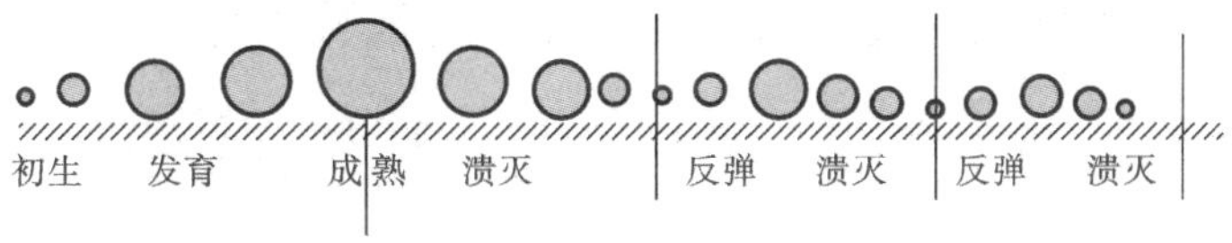

图 13-11　空泡的发展过程

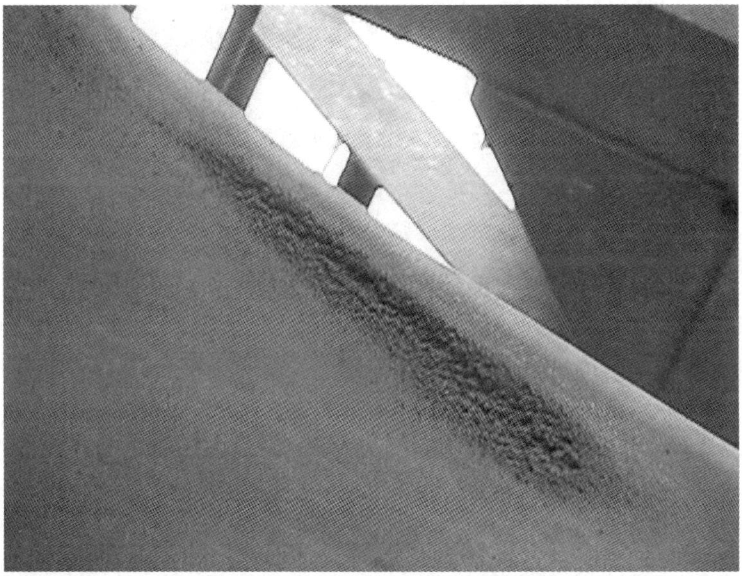

图 13-12　桨叶空泡剥蚀

暗灰色，接着形成麻点状，如不抑制会迅速扩散，且会因局部坑洞而产生低压涡流，使得空化更加严重，导致大面积剥蚀，表现为条形坑洞周围环绕着麻点，类似于蜂窝状，从而严重影响桨叶的结构强度。这与海水腐蚀不同，腐蚀的表现为大范围内的一般磨损或表面变粗糙，而空泡剥蚀则会使桨叶局部变薄或脆弱，尤其是造成主承载部位的叶根的空化，再进一步发展就会导致金属局部脱落，甚至穿孔，造成桨叶变形或断裂的危险。

13.4.3　激振力

所谓“螺旋桨激振力”，即由螺旋桨诱发的能激起船体结构振动的力。螺旋桨工作于船艉，伴流场的不均匀性会使螺旋桨的来流速度不均匀，其产生的水动力会给船体和轴带来非定常力，因此激振力的本质特征是具有非定常性。

而螺旋桨发生空泡后，随着螺旋桨的旋转，空泡由低压区运动到高压区再到低压区，空泡会经历发生、发展和溃灭的过程，产生空泡压强的脉动，则会使螺旋桨的激振力加剧，引起船体和轴的振动。螺旋桨激振力的测量通常会采用如图 13-13 所示的打孔方式，在船底相应位置嵌入脉动压力传感器来测量激振力的大小，从而定量评估螺旋桨的空泡性能，进而通过理论研究来优化空泡性能。

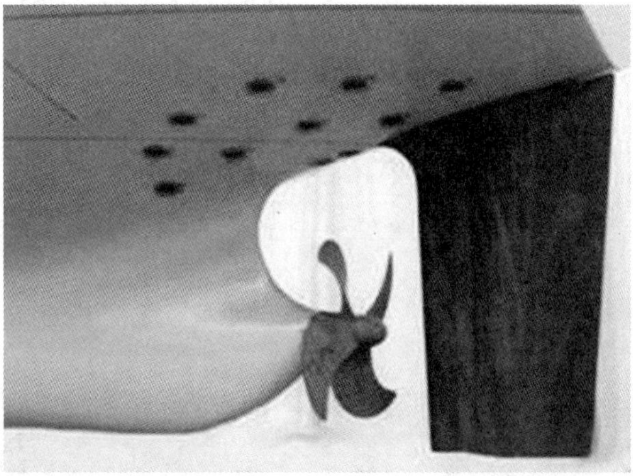

图 13-13　激振力测量

13.4.4　噪声

随着各国海军实力的增强，舰艇隐身性能得到越来越多的重视。螺旋桨噪声作为舰艇水下噪声的主要组成部分，由于易被敌方声呐探测到而破坏海战的隐蔽性原则。研究表明，空泡现象是螺旋桨产生噪声的主要原因之一。任何一艘海船，其螺旋桨一旦发生空化，就会是全船最主要的辐射噪声源。螺旋桨发生空化时其噪声级往往会立即提升数十分贝，从而严重破坏舰艇隐身性能。因此，提升螺旋桨等升力体的空泡性能，尽可能避免空泡发生成为设计的重要目标。

潜艇和鱼雷在水下足够深的地方航行可以尽量避免空泡，但水面舰艇常常有充分发展的螺旋桨空泡，尤其对于大功率、高载荷的螺旋桨，空泡几乎是无法避免的。空泡作为螺旋桨水下噪声源，具有 5 Hz～100 kHz 的全部辐射频谱，因此将空泡及空泡噪声的机理与螺旋桨的流体动力关系结合起来，阐明螺旋桨空泡噪声的基本特性，研究减弱或抑制螺旋桨空泡噪声的方法具有十分重要的现实意义。

大量空泡溃灭时产生的噪声会大大增加舰艇被敌方声呐探测到的机会，所以，越来越多的先进核潜艇不再使用常规的外露螺旋桨推进，而是采用有导管的泵喷推进。现代舰艇也都会考虑空泡问题，在设计阶段即对螺旋桨的抗空化性能进行优化，以延缓空泡发生，或使发展的空泡体积脉动尽量减小。

13.5　延缓螺旋桨空泡发生的措施

一般民用船舶的航速较低，在螺旋桨上不可能产生叶切面全为空泡所覆盖的片状空泡，如果桨叶上发生空泡，则常属第一阶段空泡。虽然此类空泡不致影响螺旋桨的水动力性能，但会对桨叶表面产生剥蚀，影响螺旋桨的强度。因此，对于此类船舶应力求避免空泡的发生。

根据叶切面的减压系数 ξ 和来流空泡数 σ 之间的关系，可以判断是否发生空泡，即 $\xi \geqslant \sigma$ 时会发生空泡。ξ 与 σ 是由两组互不相关的参数所决定的，因此，为了避免或减缓空泡的发生，我们应尽量设法减小减压系数 ξ 或增大空泡数 σ。一般常采取下列措施以避免或减轻螺旋桨的空泡。

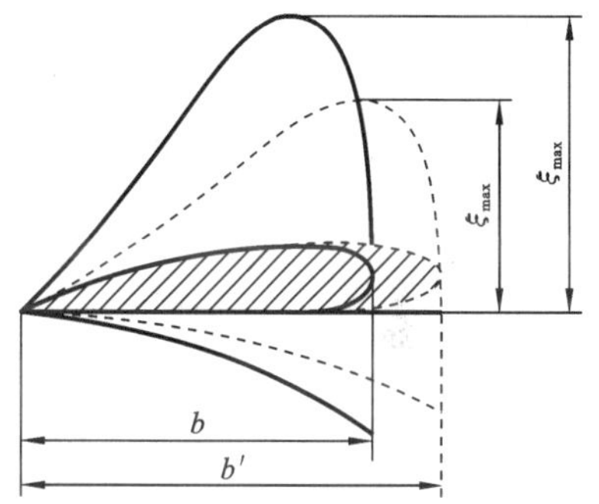

图 13-14　叶切面不同弦长下的减压系数分布

1. 从降低最大减压系数 ξ_{max} 着手

(1) 增加螺旋桨的盘面比，以减低单位面积上的平均推力，使叶背上 ξ 值下降。因为盘面比的增加相当于叶切面弦长加大，故可用较小的入流角来生成同样的升力（即 ξ 值分布曲线所围的面积不变），这样 ξ_{max} 值必然降低，如图 13-14 所示。

图 13-15 所示为不同盘面比的螺旋桨。

(a) 小盘面比

(b) 大盘面比

图 13-15　不同盘面比的螺旋桨

(2) 采用弓形叶切面或压力分布较均匀的其他叶切面形式。一般说来，弓形叶切面的压力分布比较均匀，ξ_{max} 值相应较小，对延缓空泡的发生有利。这就是某些系列螺旋桨（如 B 系列及 AU 系列螺旋桨）在近梢部处采用弓形叶切面的原因。此外，随着机翼理论的发展，一些性能优良且压力分布均匀的机翼形叶切面（如拱度为 0.8 的 NACA66、NACA16 螺旋桨叶切面）可供螺旋桨采用。

(3) 减小叶根附近叶切面的螺距。单螺旋桨船在叶根部分的伴流较大，易产生空泡现象，故可将根部叶切面的螺距适当减小，从而使该处的最大减压系数 ξ_{max} 值降低，并宜保持相当的叶宽以免叶片的相对厚度过大。

2. 从提高螺旋桨的空泡数 σ 着手

(1) 在条件许可的情况下，尽量增加螺旋桨的浸没深度，即增加螺旋桨处的静压力，以增大空泡数 σ。

(2) 减小螺旋桨转速，即尽可能选用低转速的主机。

3. 其他措施

单螺旋桨船在叶根部分易产生空泡现象，有时会在叶根钻防剥蚀孔(见图 13-16)或在导边充气，使局部压力远大于饱和蒸汽压。

此外，以下措施对避免空泡都是有利的：提高桨叶的加工精度，使其表面光滑平整，避免水流的局部突变；改善船艉部分的形状与正确安置桨轴，减小斜流及伴流不均匀性的影响；针对螺旋桨特定工况下的空泡性能进行梢部卸载，抑制空泡初生，如 Kappel 螺旋桨；采用自适应变形的复合材料螺旋桨，顺应多种工况下的来流，延缓空泡初生。

图 13-16　叶根防剥蚀孔

这里顺便指出，随着现代工业的发展以及国防建设的发展，人们对舰艇的要求也越来越高，有时要求舰艇的速度能迅速提高，尤其是高速军舰，因此螺旋桨空泡往往在所难免，针对这种情况一般可做如下处理：

(1) 允许桨叶上有部分空泡存在，在使用过程中根据其剥蚀情况予以调换。

(2) 速度再高时，干脆设法促使其在第二阶段空泡状态下运转。这就涉及所谓全空泡(或称超空泡)螺旋桨的设计问题。有关全空泡螺旋桨的研究已有不少进展，有兴趣者可查阅有关资料。

13.6　螺旋桨的空泡试验

螺旋桨空泡的危害很多，延缓措施也相应有很多，在设计螺旋桨时应考虑其是否发生空泡或空泡的发展程度，故需进行空泡现象的观测试验，以便确定所设计的螺旋桨是否合乎要求，从而进一步改进空泡性能。

用模型试验来研究螺旋桨的空泡现象时，除应满足螺旋桨敞水性能试验要求的相似条件外，还必须考虑空泡现象的模拟问题。

在未产生空泡现象时，两几何相似螺旋桨只要满足进速系数 J 相等的条件，便可根据伯努利方程推导出压力相似的条件。但在产生空泡现象后，尚需满足空泡数相等的条件：

$$\left.\begin{aligned} J_s &= J_m \\ \sigma_s &= \sigma_m \end{aligned}\right\} \tag{13-5}$$

式中下标 s 及 m 分别代表实桨及桨模所对应的值。

若在敞露的水池中进行空泡试验，则必须使拖车的速度与实桨的进速相等，桨模的转速应为实桨的 λ 倍，此外，桨模的浸深尚需与实桨相同。上述条件实际上是难以实现的，因此就必须采取某种特殊的装置，例如空泡试验筒或减压水池来进行螺旋桨模型的空泡试验。由于桨模的进速 v_{Am} 总是小于实桨的进速 v_{As}，故要使 $\sigma_m = \sigma_s$，可能的途径是减小 p_{0m} 与 p_{vm} 的差值。在空泡试验筒中，可以借助调压装置来调节静压力 p_{0m}。有时也可改变水的温度来调节汽化压力 p_{vm}。因此在空泡试验筒中进行试验时是依靠调节压力来满足空泡数相等的条件的。

空泡试验筒(简称空泡水筒)的筒体由密封的钢结构所构成。筒中的水由底部的水泵驱动而循环不息；在筒内各转角处设有导流片，以避免水流转弯时产生旋涡。试验工作段之前装有整流格栅及收缩管，使水流进入工作段时均匀稳定且具有较高的速度。水流速度是由装于试验工作段略前处的水流测速仪(如 U 形管或水银差压计等)量得。调压箱(或称空气箱)与压力调节器相连接，借抽气泵以调节水筒内的压力。螺旋桨模型由电动机带动，模型的推力和转矩由推力仪与转矩仪分别量得。在工作段两侧开有观察窗，可借频闪仪观察空泡发生的情况。当频闪仪的闪光频率与模型的转数相等时，所见到的螺旋桨模型及其附近水流情况好像处于静止状态。利用现代高速摄影机在观察窗前摄制照片，可以从照片中详细观察和研究桨叶上空泡发生、扩展和压缩的全部过程。空泡水筒都是铅直放置的，且循环水泵置于底部，其目的在于加大循环水泵处的静水压头，避免工作时在水泵叶片上产生空泡。

在空泡水筒中进行螺旋桨模型试验时，常保持筒内水流速度(即螺旋桨进速)不变，调节转速以得到不同的进速系数，因而无法得到进速系数 $J=0$ 及其附近工况下的数据。用空气箱压力调节器调节模型处的压力，以获得所需的空泡数。通常分别在不同空泡数及大气压条件下(相当于敞水情况)进行试验，以便分析空泡对螺旋桨性能的影响。在进行试验时应测量水流速度 v_A、桨模的转速 n、推力 T、转矩 Q、轴线处的静压力 p_0 以及水的温度。在空泡水筒中进行螺旋桨模型试验时观测到的空泡如图 13-17 所示。

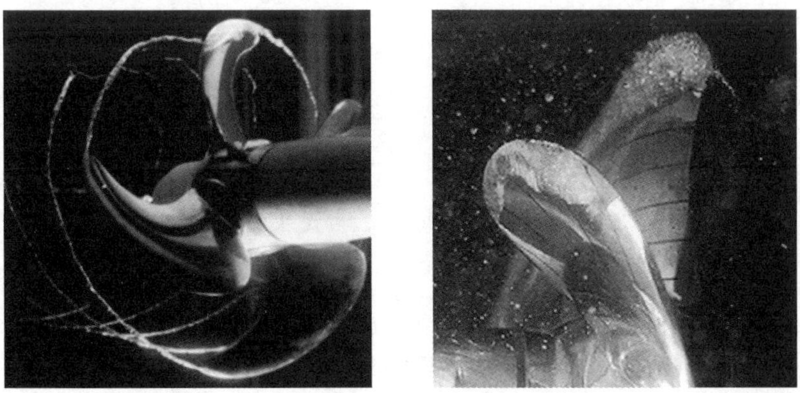

图 13-17　在空泡水筒中观测到的不同形态的空泡

目前空泡的工程应用研究还是主要依赖于模型试验，依据模型试验结果进行优化设计，以避免或减小空泡引起的各种不良后果。但是，由于空泡模型试验中对物理参数的模拟存在许多局限性，无法完全模拟实船的环境条件，因此空泡模型试验存在所谓的“尺度效应”，即模型试验结果与实船的空泡现象存在差别，而这种尺度效应往往引起实船性能预报的不准确性。为了提高实船性能预报的可靠性，必须进行实船螺旋桨的空泡观测和研究，建立模型试验结果与实船结果的相关关系，减少模型试验时空泡“尺度效应”的影响。

最初利用普通照相机或普通摄像机进行螺旋桨、舵等空泡的记录和观测，这种方法周期比较长、成本也比较高，船舶需要进坞才能进行空泡观测孔的布置。进入 21 世纪后，随着数码技术以及光学技术的发展，可以利用直径仅有十几毫米的内窥镜进行观测，还可利用高速摄像机进行记录空泡的形态变化，空泡观测孔甚至可以在船舶运行过程中进行布置，实船螺旋桨空泡观测技术得到了进一步的改进和发展。如图 13-18 和图 13-19 所示为实船螺旋桨空泡观测的系统和测点示意图。

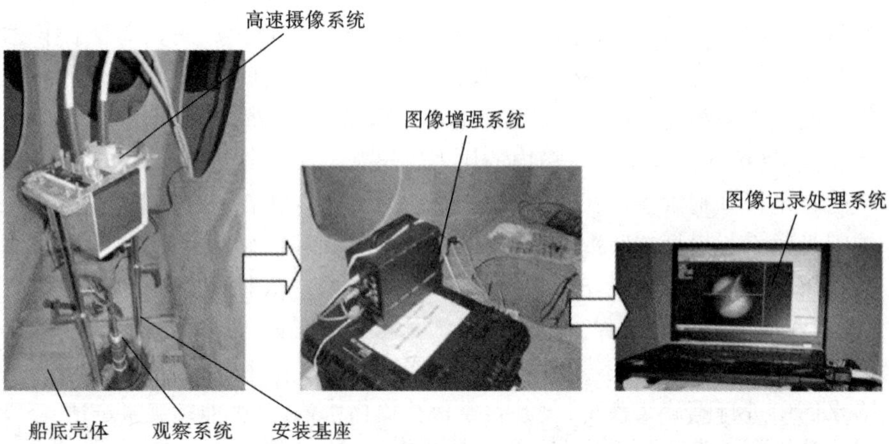

图 13-18　实船空泡观测系统示意图

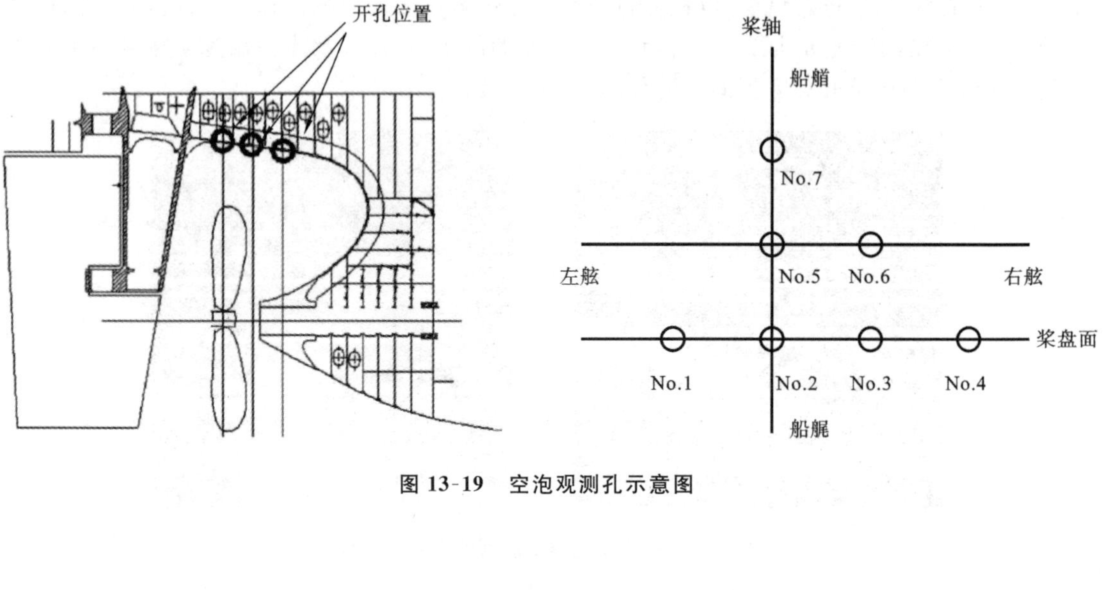

图 13-19　空泡观测孔示意图

思 考 题

1. 螺旋桨的空泡是如何产生的？
2. 螺旋桨空泡的判定原则是什么？
3. 什么是空泡数？什么是减压系数？二者分别与哪些因素有关？
4. 第一阶段空泡与第二阶段空泡是如何划分的？
5. 螺旋桨的空泡有哪些形态？
6. 螺旋桨模型空泡试验的相似条件是什么？
7. 螺旋桨空泡的危害体现在哪些方面？
8. 可以采取哪些方面的措施来消除或减少螺旋桨的空泡现象？

第 14 章　舰艇的推进性能分析和预报

本书第 7 章提到，影响舰艇快速性的三个重要因素分别是舰艇船体的阻力、舰艇主机的输出功率以及舰艇推进器的水动力性能。舰艇在海洋上以一定的速度稳定航行时，船体、主机和螺旋桨会相互影响、相互制约，共同形成一个动态平衡系统。根据船体、主机和螺旋桨的相互关系，可以开展舰艇推进性能分析和预报。

14.1　船体-主机-螺旋桨配合状态

从船体、主机和螺旋桨各自独立的性能特点看，建造完毕、状态一定的舰艇，在理想的、无限深广的静水（不考虑波浪增阻和航道限制等因素）中航行时，船体的阻力 R 主要取决于舰艇的航速 v_s。舰艇的船体阻力随航速的变化可以用阻力曲线的形式来表达。

舰艇航行对主机有输出功率的需求。主机的输出功率通过轴系传递，故而称为轴功率。根据主机的特性，主机输出轴的转速一般有一个范围，即存在最高可达转速和最低可达转速。并且，在转速范围内的任一转速下，主机输出的功率也有一个范围，即存在最大的输出轴功率。主机转速和输出功率的特性称为主机的外特性，主机外特性曲线如图 14-2 所示。

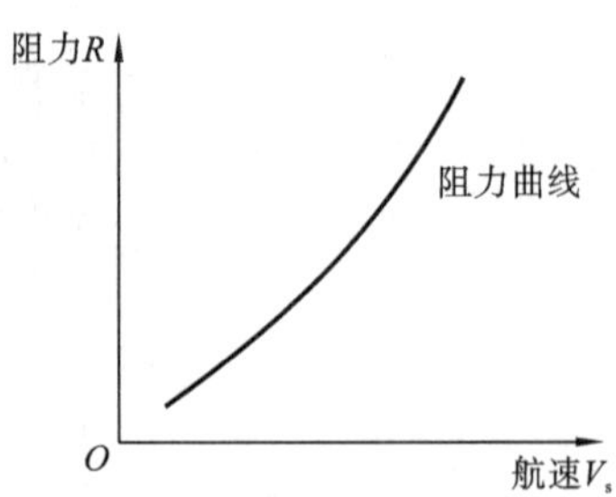

图 14-1　舰艇阻力性能曲线

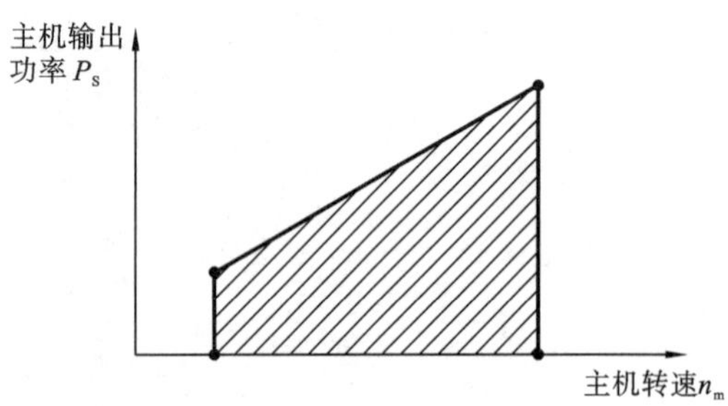

图 14-2　主机外特性曲线

螺旋桨在水流中要能够产生推力 T，必须要旋转起来，而螺旋桨的旋转必定会受到水流的旋转阻力矩 Q，所以主机通过轴系带动螺旋桨旋转，就要克服该转速下螺旋桨的旋转阻力矩 Q。对于给定的螺旋桨，其在水流中运动时的推力 T 和转矩 Q 是随转速 n 和进速 v_A 而变化的，这种变化关系可以通过螺旋桨的敞水性能曲线反映。

在描述了船体、主机、螺旋桨各自独立的性能及其表示方法以后，下面对船体、主机和螺旋桨之间的关系进行详细的分析。

(1) 从运动的关系上看：舰艇的航行是平移，其运动特点是以航速 v_s 前进；主机开动后是带动轴系旋转，运动特点是以转速 n_m 旋转。这是两种不同的运动形式。而螺旋桨的运动特点是一边前进一边旋转。

可见，正是螺旋桨特殊的运动特点将舰艇的运动和主机的运动紧密地联系起来。各种运

动具体的关系是：舰艇前进的航速是 v_s，船后螺旋桨的进速是 v_A，根据伴流的概念，有

$$v_A=(1-w)v_s$$

式中　w——伴流分数。

主机的转速是 n_m，有的舰艇装有减速齿轮箱，设减速比为 j，那么螺旋桨的转速 $n=j\cdot n_m$，若主机与螺旋桨直连，则 $n=n_m$。

(2) 从受力的关系上看：舰艇在海洋上航行，受到的是船体阻力 R；主机开动后，是将转矩 Q_m 输送到轴系上。这是两种不同的力的形式，而螺旋桨的力学特点是既有转矩又有推力，主机通过轴系将转矩传递给螺旋桨，并带动螺旋桨以一定的转速转动，那么螺旋桨就会产生推力，螺旋桨产生的推力可以克服舰艇运动的阻力推船前进。

可见，正是螺旋桨特殊的力学特点将舰艇运动需要克服的阻力和主机工作产生的转矩紧密地联系起来。各种受力具体的关系是：舰艇主机输出的转矩为 Q_m，该转矩通过轴系传递给螺旋桨；考虑一定的机械摩擦损失，螺旋桨收到的转矩为 Q_D，螺旋桨被带动旋转后产生的推力为 T，考虑到推力减额的影响，螺旋桨产生的有效推力为

$$T_E=(1-t)T$$

式中　t——推力减额分数。

螺旋桨的有效推力与舰艇在该航速下的船体阻力平衡，即

$$T_E=R$$

(3) 从能量的关系上看：要推动舰艇在海洋上以一定的航速稳定航行，必须付出的功率为

$$P_E=Rv_s$$

式中　P_E——有效功率；

v_s——舰艇的航速；

R——该航速下舰艇的阻力。

舰艇前进能量的来自于主机，主机工作的方式是在带动轴系旋转的过程中输出能量，主机输出的功率为

$$P_S=2\pi n_m Q_m$$

式中　P_S——轴功率；

n_m——主机带动轴系旋转的转速；

Q_m——旋转过程中主机在轴系上输出的转矩。

主机输出的功率形式与舰艇前进需要的功率形式是不一样的，而螺旋桨的功能就是将主机输出的旋转功率变成推船前进需要的推功率。

可见，正是螺旋桨特殊的工作方式将舰艇运动需要的功率与主机工作输出的功率紧密地联系起来。各种功率具体的关系是：舰艇主机输出的轴功率为 P_S，该功率通过轴系传递给螺旋桨；考虑一定的机械摩擦损失，螺旋桨收到的功率(即船后收到功率)为 P_{DB}，船后收到功率是旋转功率，会驱动螺旋桨旋转。螺旋桨特殊的工作方式恰好可以将船后收到功率转化为推功率：

$$P_T=Tv_A$$

式中　T——船后螺旋桨产生的推力；

v_A——船后螺旋桨盘面处的进速。

螺旋桨的推力进一步传递到船体就产生推船前进的有效功率 P_E，且

$$P_E=T_E\cdot v_s$$

式中　v_s——舰艇的航速；

　　T_E——有效推力，等于船体阻力。

在舰艇航行过程中，舰艇的快速性是舰艇主机、推进器、船体三者共同作用所表现出的性能。每一艘舰艇，在论证时就有一个最大航速指标，而在设计过程中，需要以这个最大航速指标为目标，根据船体的阻力性能来选择合适的主机、设计性能良好的螺旋桨，保证舰艇的最大航速能够达到，并且具有优良的推进效率。

舰艇在海洋上航行，对于船体、螺旋桨、主机这一整套推进系统的控制，最方便的是控制主机输出的转速，根据主机转速与螺旋桨转速的既定关系，螺旋桨转速也就随之被准确控制了，而螺旋桨的推力、舰艇的航速、主机的转矩和轴功率会在一些因素的影响下，根据船体、主机螺旋桨工作的相互关系，达到不被"准确控制"的平衡状态。比如，舰艇以同样的主机转速工作，在风平浪静的海洋环境下可以达到的航速与在狂风恶浪中可以达到的航速不一样，同一海况下满载出航时可达到的航速与油水大量消耗后返航时可达到的航速不一样，并且主机的功率、螺旋桨的推力也都不一样，从而影响到船体-主机-螺旋桨配合状态。特别是对于主机，其作用是要带动螺旋桨克服水流的旋转阻力矩而旋转，而螺旋桨旋转的转矩与其转速和进速都有关系。当要求主机达到某一个转速时，若舰艇航速低于设计的正常航行速度(比如拖带其他船舶、风浪中增阻很大等情况下)，则螺旋桨进速减小、旋转阻力矩(转矩)增大，要求主机输出的转矩和功率都会增大；反之，若舰艇航速高于设计的正常航行速度(比如设计时预报舰艇的阻力偏大、实际航行时阻力较小情况下)，则螺旋桨进速增大、旋转阻力矩(转矩)减小，要求主机输出的转矩和功率都会降低。

下面进行具体的分析。设舰艇从停泊状态开始启动，主机的转速为 n_m，开始由于舰艇的航速几乎为零，所以螺旋桨的进速为零，进速系数为零，根据螺旋桨的敞水性能曲线，此时的推力系数和转矩系数都很大，螺旋桨产生的推力和需要主机提供的转矩都很大。在螺旋桨推力的推动下，舰艇逐渐加速。随着舰艇航速的增大，螺旋桨的进速增大，在主机转速不变的情况下，螺旋桨的进速系数增大，推力系数和转矩系数减小，螺旋桨产生的推力和需要主机提供的转矩逐渐减小，舰艇向前航行的加速度也减小，但舰艇仍然处于加速状态，舰艇航速会继续增大，那么舰艇的航行阻力一直增大、螺旋桨的推力一直减小，直到舰艇的航行阻力和螺旋桨的有效推力平衡，此时舰艇的航速、主机输出的转矩和轴功率都稳定，舰艇的船体、主机、螺旋桨构成的系统达到平衡。可见，舰艇的主机在一定转速下输出的转矩和轴功率与舰艇的航行状态有密切的关系。

在舰艇航行过程中，如果舰艇的主机转速等于额定转速 $n_{m定}$，主机的输出功率刚好等于主机额定功率 $P_{S定}$，那么称此时船体、主机、螺旋桨是匹配的，此时舰艇的航速为 v_s，该航速下舰艇的阻力 $R_{(v_s)}$ 与螺旋桨的有效推力 T_E 平衡：$R_{(v_s)}=T_E$。

一种可能的情况是：如果舰艇装载很少，即各航速下阻力较小，当舰艇的主机转速等于额定转速 $n_{m定}$、舰艇航速达到 v_s 时，由于舰艇的阻力小于 $R_{(v_s)}$，所以螺旋桨的有效推力大于舰艇阻力，舰艇速度还会增大，航速增大则舰艇阻力增大，而进速增大、进速系数增大、螺旋桨的推力减小，直至达到新的航速 v_{s1} 时，螺旋桨的有效推力 T_{E1} 与舰艇的阻力 $R_{(v_{s1})}$ 平衡，此时舰艇的航速 $v_{s1}>v_s$，螺旋桨的转矩 $Q_{m1}<Q_{m定}$，主机输出的轴功率 P_{S1} 小于额定功率 $P_{S定}$，说明此工况下主机以额定转速工作时还有一部分功率的富余，即螺旋桨对主机的功率需求小于主机的额定功率，此时称螺旋桨处于轻载状态。若主机转速可以适当超过额定转速以充分发挥主机的功率，那么舰艇航速还能够进一步提高。

另一种可能的情况是：如果舰艇遭遇恶劣风浪，即各航速下阻力较大，当舰艇的主机转速等于额定转速 $n_{m定}$ 时，由于舰艇的阻力增大，所以可达到的航速 $v_{s2}<v_s$，螺旋桨进速减小、进速系数减小、螺旋桨的推力和转矩都变大，此时螺旋桨的有效推力 T_{E2} 与该航速下舰艇增大的阻力 $R_{(v_{s2})}$ 平衡，但由于螺旋桨的转矩增大，$Q_{m2}>Q_{m定}$，主机输出的轴功率要能大于额定功率，即 $P_{S2}>P_{S定}$，说明此工况下螺旋桨对主机的功率需求大于主机的额定功率，主机要在超额定负荷的状态下工作，此时称螺旋桨处于“重载”状态。

有的主机不能超负荷工作，那么主机转速必然下降，螺旋桨的推力减小，舰艇航速会进一步降低。

以上的分析表明，在舰艇航行过程中，舰艇的航速、主机的输出功率以及船体-主机-螺旋桨配合状态很容易受到影响，往往会偏离理想的匹配良好的状态。而不匹配的状态有两种，要么是螺旋桨处于轻载状态，要么是螺旋桨处于重载状态。很显然，螺旋桨处于轻载状态时主机的负担小，螺旋桨处于重载状态时主机要超负荷工作。长时间超负荷工作会导致主机使用寿命减短、容易出现故障，因此在舰艇螺旋桨设计、主机选型和快速性确定时必须考虑这一问题。重载的危害性显然大于轻载，而在舰艇航行过程中，遭遇风浪、船体污损导致阻力增加、主机长时间工作后老化性能下降、螺旋桨表面污损转矩增大等问题都会导致船体-主机-螺旋桨配合状态向重载方向发展。为了避免舰艇服役后出现螺旋桨重载，一般需要在螺旋桨设计与快速性预报时留储备量，通常有三种方法：

(1) 主机功率储备：以主机 100%额定转速和主机 85%～90%额定功率作为螺旋桨设计的输入。

(2) 主机转速储备：以主机 100%额定功率和主机 103.5%～105%额定转速作为螺旋桨设计的输入。

(3) 船体阻力储备：以 110%～115%船体阻力作为螺旋桨设计的输入。

这些方法都是在设计时主动让螺旋桨处于轻载状态，当舰艇实际航行过程中由于各种因素向重载方向发展时，因有一定的储备量而不至于真正达到重载状态。

14.2　舰艇快速性分析

根据船体阻力性能、主机的外特性和螺旋桨的敞水性能，可以进行舰艇的快速性分析。舰艇快速性分析主要涉及两个方面的问题：一是针对主机的某一转速，预报舰艇的航速和对应的主机输出的轴功率；二是针对舰艇要达到某一航速，预报主机的转速和轴功率。进行舰艇快速性分析的基本原则有两个：一是推力平衡，即螺旋桨的有效推力等于舰艇的航行阻力；二是功率平衡，即主机能够输出的功率要能满足螺旋桨对主机轴功率的需求。

几何形状一定的螺旋桨，其有效推力只与螺旋桨的运动——螺旋桨的进速和转速相关。螺旋桨的进速主要取决于舰艇的航速(在考虑伴流的情况下)，螺旋桨的转速由主机的转速决定。在一定转速下，螺旋桨的有效推力即使刚好与某一航速下舰艇的航行阻力相等，满足推力平衡原则，在该转速下舰艇也不是一定可以达到该航速，还必须看主机能否克服该工况下螺旋桨的旋转阻力矩使其达到这个转速，即该转速下螺旋桨对主机功率的需求是否在主机的能力范围内，亦即功率也要平衡。

为了对舰艇的快速性进行预报，一般的方法是，设定螺旋桨一系列典型工况的转速，在每一转速下设定一系列的舰艇航速，分别计算螺旋桨在各运动状况下的有效推力和要求主机提供的轴功率，然后再根据舰艇的阻力性能和主机的外特性综合分析判定舰艇的航行状态。其计算流程如图 14-3 所示。

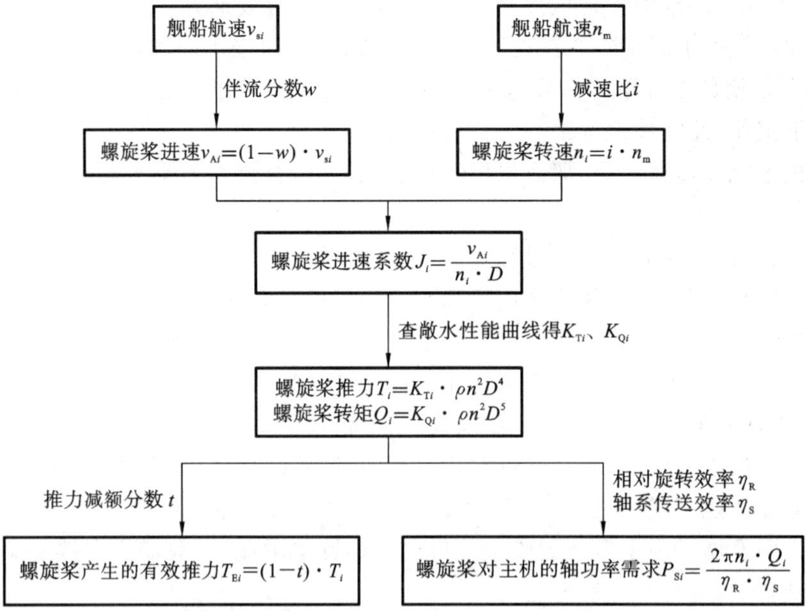

图 14-3　螺旋桨有效推力和轴功率计算流程

通过成系列改变螺旋桨的转速和每一转速下的舰艇航速，可以得到螺旋桨在不同工况下的有效推力和在该工况运行时要求主机输出的轴功率，将计算结果绘制成如图 14-4 所示的曲线图，该图称为航行特性曲线图或校核曲线图。

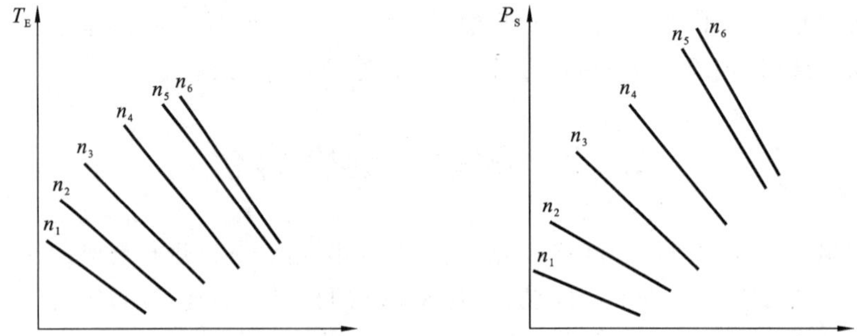

（a）v_s-T_E曲线　　（b）v_s-P_S曲线

图 14-4　航行特性曲线图

需要注意的是，航行特性曲线图仅从螺旋桨的角度给出了螺旋桨在不同的转速和进速下的水动力特性，虽然计算过程中考虑到了船体和螺旋桨的相互作用，但也只是考虑了伴流分数、推力减额分数、相对旋转效率等对螺旋桨进速、有效推力和功率传递的影响，并没有考虑船体、主机、螺旋桨的配合，曲线图中的航速不过是人为设定的航速，要进一步确定舰艇的航速和主机的输出功率，就必须考虑船体、主机、螺旋桨的配合及推力平衡和功率平衡两个原则。

具体的做法是：在有效推力图中，根据舰艇的实际状态，给出舰艇的阻力性能曲线图（见图 14-5），即描述舰艇以不同航速航行时，需要螺旋桨对船体作用多大的有效推力。

图中 A、B、C 三个交点分别为舰艇的螺旋桨以 n_1、n_3、n_5 三种转速工作时螺旋桨有效推力与舰艇航行阻力平衡的点，这就体现了推力平衡原则，那么这些交点对应的舰艇航速 v_1、v_3、v_5 是否能够达到呢？这就需要看功率平衡能否满足，即螺旋桨在这些点对应航速、转速下工作时主机的功率需要是否在主机的能力范围内。具体的做法是：如图 14-6 所示，通过计算得到的主机功率图，读取各对应航速下螺旋桨对主机的轴功率需求，分别为 A、B、C 三点对应工况的轴功率 P_{S1}、P_{S3}、P_{S5}。

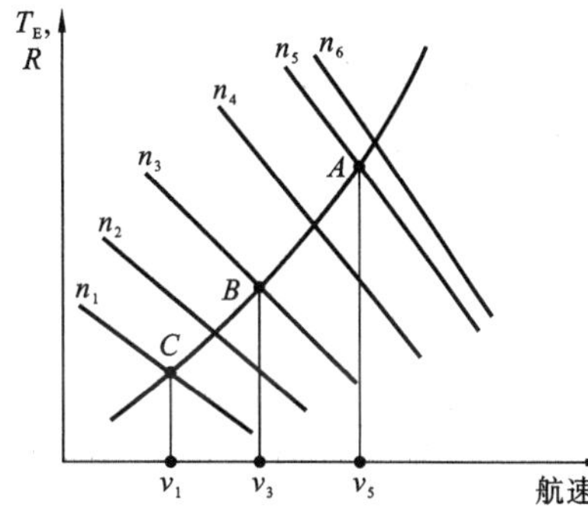

图 14-5　舰艇阻力与有效推力平衡

若根据主机的外特性，主机以转速 n_3 工作时的最大输出功率为 P_3，如果对应的功率需求小于 P_3（$P_{S3}<P_3$），则当舰艇以转速 n_3 工作时，航速就为 v_3。

若主机在额定转速 n_5 下工作时额定功率为 $P_{S定}$，由于图 14-6 中螺旋桨转速 n_5、舰艇航速 v_5 对应的功率需求 P_{S5} 大于额定功率 $P_{S定}$，那么，当主机转速不降低且超额定功率工作时，航速能够达到 v_5，但是此时螺旋桨处于重载状态；若不允许主机超额定功率工作，那么主机转速将被迫降低，舰艇航速小于 v_5。

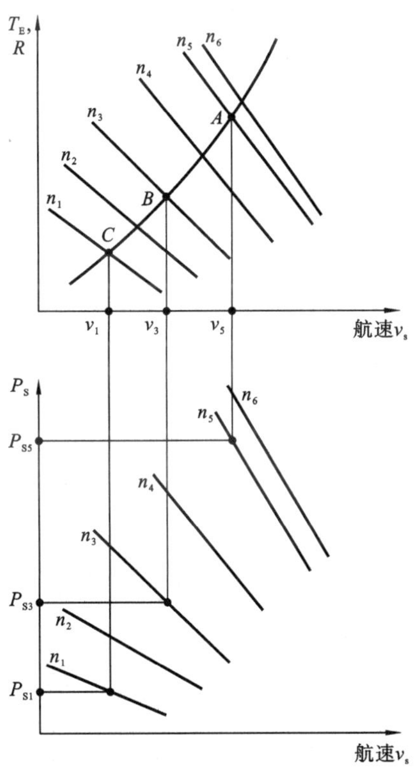

图 14-6　螺旋桨对主机功率需求的分析

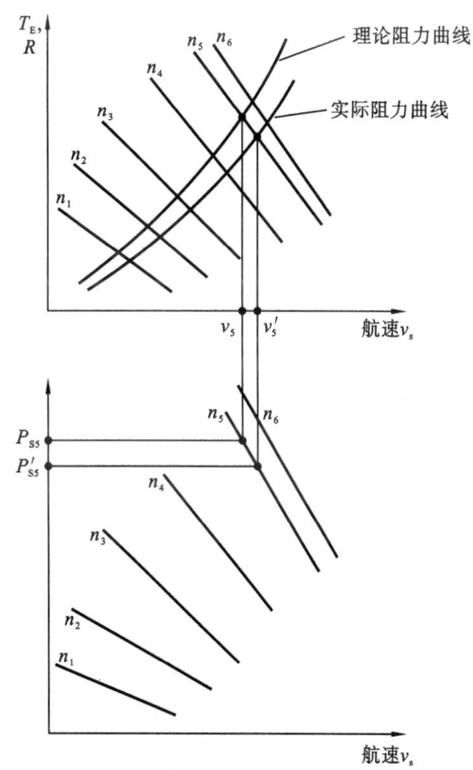

图 14-7　航行特性曲线图

如果舰艇装载很少，各对应航速下的阻力降低，实际的阻力曲线如图 14-7 所示，那么当主机以额定转速 n_5 工作时，对应的螺旋桨有效推力与阻力平衡时的航速是 v_5'，此时螺旋桨要求主机输出的轴功率是 P_{S5}'，小于主机在额定转速下的额定功率 $P_{S定}$，此时，螺旋桨就处于轻载状态。

如果主机以额定转速 n_5 工作时，对应航速下螺旋桨要求主机输出的轴功率大小恰好等于主机在额定转速下的额定功率 $P_{S定}$，此时，船体、主机、螺旋桨就刚好处于匹配状态。

思 考 题

1. 舰艇航行时，船体、主机、螺旋桨的运动形式是怎样的？它们之间是如何发生联系的？

2. 舰艇推进过程中，主机输出转矩最后是如何转变成舰艇航行需要的有效推力的？

3. 如何计算舰艇的航行特性曲线？

4. 在舰艇的航行特性曲线图中，为什么随着航速的增大，螺旋桨的推力和螺旋桨对主机输出功率的要求都下降？

5. 螺旋桨处于重载状态的特征是什么？

6. 根据舰艇的航行特性曲线和阻力性能曲线，如何确定舰艇在某一转速下的航速和需要的主机输出功率？

附录A 水的运动黏度和密度表

附表 不同水温时水的运动黏度 ν 和密度 ρ

浅水		水温	浅水		浅水		水温	浅水	
$10^4 \times \nu$ /(m^2/s)	ρ /(kg/m^3)	t /(℃)	$10^4 \times \nu$ /(m^2/s)	ρ /(kg/m^3)	$10^4 \times \nu$ /(m^2/s)	ρ /(kg/m^3)	t /(℃)	$10^4 \times \nu$ /(m^2/s)	ρ /(kg/m^3)
1.78667	999.82	0	1.82844	1028.07	1.13902	999.04	15	1.18831	1025.91
1.72701	999.82	1	1.76915	1027.97	1.10966	998.14	16	1.15514	1022.21
1.67040	999.92	2	1.71306	1027.87	1.08155	998.74	17	1.3125	1025.12
1.61665	999.92	3	1.65988	1027.87	1.05466	998.55	18	1.10438	1025.22
1.56557	999.92	4	1.60940	1027.77	1.02865	998.35	19	1.07854	1025.03
1.51698	999.92	5	1.56142	1027.68	1.00374	998.16	20	1.05372	1024.73
1.47070	999.92	6	1.51584	1027.48	0.97985	997.96	21	1.02981	1024.44
1.42667	999.82	7	1.47242	1027.38	0.95682	997.76	22	1.00678	1024.15
1.38471	999.82	8	1.43102	1027.19	0.93471	997.47	23	0.98457	1023.85
1.34463	999.73	9	1.39152	1027.09	0.91340	997.27	24	0.96315	1023.56
1.30641	999.63	10	1.35383	1026.89	0.89292	996.98	25	0.94252	1023.26
1.25988	999.53	11	1.31773	1024.69	0.87313	996.78	26	0.92255	1022.97
1.23495	999.43	12	1.28324	1026.60	0.85409	996.49	27	0.90331	1022.67
1.20159	999.33	13	1.25028	1026.30	0.83572	996.20	28	0.88470	1022.28
1.16964	999.14	14	1.21862	1026.11	0.81796	995.90	29	0.86671	1021.98

附录B　课程考试样卷

一、选择题(每空 2 分,共 36 分)

1. 反映船体每站处横剖面形状的是______。

   a. 船体图　　　　　　　　b. 水线图

   c. 纵剖线图　　　　　　　d. 船体侧视图

2. 关于船体型线图,下列说法正确的是______。

   a. 船体型线图反映了船体外板外表面的形状沿纵向、横向和垂向的变化

   b. 船体型线图反映了主船体和上层建筑的形状

   c. 船体型线图不反映附体的形状

   d. 船体形线图只是表达船体主尺度的简图

3. 舰艇在静水中的平衡条件是______。

   a. 舰艇达到正浮状态

   b. 舰艇重力与浮力大小相等、重心与浮心在同一铅垂线上

   c. 舰艇重力与浮力大小相等、重心与漂心在同一铅垂线上

   d. 舰艇重力与浮力大小相等、浮心与漂心在同一铅垂线上

4. 某护卫舰标准排水量为 2000 t,满载排水量为 2400 t,满载时对应的储备浮力为 2500 t,那么处于正常排水量时的储备浮力为______。

   a. 2400 t　　　　　　　　b. 2500 t

   c. 2600 t　　　　　　　　d. 2700 t

5. 舰艇上载荷增加位置在______舰艇的横稳性高增加。

   a. 漂心以下　　　　　　　b. 浮心以下

   c. 中面以下　　　　　　　d. 水线面以下

6. 舰艇原来处于正浮状态,现在需要往舰艇上增加一小量载荷,要保证增加载荷后舰艇仍然处于正浮状态,则加载位置______。

   a. 应在舰艇原水线面漂心的铅垂线上　　b. 应在舰艇原重心的铅垂线上

   c. 必须在舰艇原水线面漂心处　　　　　d. 必须在舰艇原重心处

7. 关于舰艇的船形稳性力矩,下列说法错误的是______。

   a. 船形稳性力矩是由舰艇倾斜时水密排水体积的搬移引起的

   b. 船形稳性力矩是由舰艇倾斜时船体浮心的移动引起的

   c. 船形稳性力矩是由舰艇倾斜时重量的分布决定的

   d. 船宽越大则船形稳性力矩会越大

8. 舰艇的初稳性高等于______,复原力矩所能做的最大功等于______。

   a. 静稳性曲线在原点处的斜率　　　　b. 动稳性曲线在原点处的斜率

   c. 静稳性曲线下的面积　　　　　　　d. 动稳性曲线下的面积

9. 以下措施中，不属于提高舰艇大角稳性的措施的是______。

a. 增加船宽　　b. 降低重心

c. 增大干舷　　d. 增加吃水

10. 潜艇储备浮力的大小由______决定。

a. 耐压艇体体积　　b. 固定浮容积

c. 水密艇体体积　　d. 主压载水舱总体积

11. 以下关于潜艇水下平衡状态稳性特点的说法正确的是______。

a. 潜艇水下平衡状态稳性特点与水面舰艇不同，纵稳性高大于横稳性高

b. 潜艇水下平衡状态稳性特点与水面舰艇不同，纵稳性比横稳性更重要

c. 潜艇水下平衡状态稳性特点与水面舰艇不同，静稳性曲线为余弦曲线

d. 潜艇水下平衡状态稳性特点与水面舰艇不同，稳定条件是重心高于浮心

12. 在船舶阻力问题的研究中，较普遍的是按照______将各类船舶划分为低速船、中速船和高速船。

a. 雷诺数　　b. 弗劳德数

c. 航速　　d. 有效功率

13. 舰艇艏、艉横波是否构成有利干扰，主要与______有关。

a. 航速 v 与船长 L　　b. 船长 L 与棱形系数 C_p

c. C_p 与 v　　d. v、L 与 C_p

14. 与深水阻力相比，浅水阻力______。

a. 较大　　b. 较小

c. 在亚临界区小，在超临界区大　　d. 在亚临界区大，在超临界区有可能小

15. 按主尺度比及船型系数对阻力影响的重要性排列，对高速船应该是______，而对中速船应该是______。

a. 瘦长度系数 ψ、棱形系数 C_p、宽度吃水比 B/T

b. C_p、ψ、B/T

c. B/T、ψ、C_p

d. ψ、B/T、C_p

16. 螺旋桨模型敞水试验中尺度效应产生的原因是______。

a. 桨模与实桨加工精度不一样

b. 桨模与实桨的流态属性不一样

c. 桨模与实桨的雷诺数不一样

d. 桨模与实桨的进速系数不一样

17. 主机功率传递过程中的效率成分可能大于1的是______。

a. 轴系传送效率　　b. 相对旋转效率

c. 敞水效率　　d. 推进效率

18. 如果保持螺旋桨的浸深和进速不变，增大螺旋桨的转速，则______。

a . 进速系数增大　　b. 叶切面入流角减小

c. 空泡数增大　　d. 叶切面最大减压系数增大

二、简述题(12分)

1. 分别采用增加重量法和损失浮力法计算舰艇第一类舱破损进水后的浮态和初稳性高

所得到的结果是一样的吗？复原力矩结果是一样的吗？（6 分）

2. 试说明浅水对舰艇阻力的影响规律。（5 分）

三、某驱逐舰正浮，已知其 $T=3.5$ m，设计水线长 140 m，$z_g=4.65$m，$q_1=40$ t 加在（-10.0 m，-2.05 m，3.56 m）处，$q_2=75$ t 减在（20.0 m，1.20 m，2.86 m）处，求初稳性和浮态（已知 $T=3.5$ m 时，$V=2000$ m^3，$r=3.5$ m，$R=278$ m，$z_b=2.2$ m，$S=900$ m^2，$x_f=-4.6$ m，水的密度 $\rho=1$ t/m^3）（12 分）

四、已知某猎潜艇的静稳性曲线和动稳性曲线（见图），排水量 $T=400$ t，$z_b=2.2$ m，$r=2.6$ m，试作图求解：（14 分）

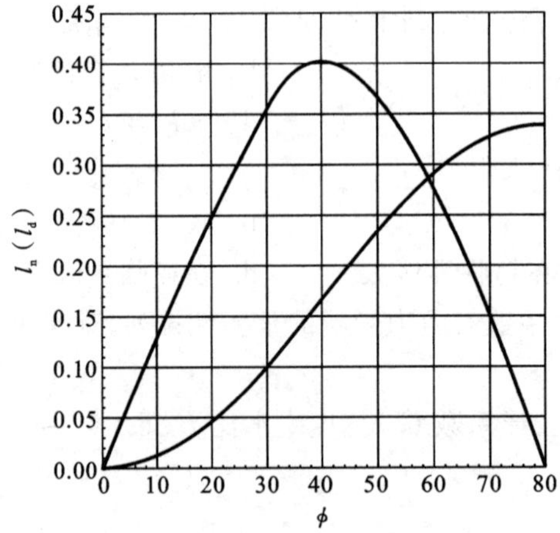

（1）此状态下艇的初稳性高是多少？艇可抵抗的最大静倾力矩是多少？

（2）艇抵抗动倾力矩可做的最大功为多少？

（3）艇由于共振有瞬间初横倾 $\phi_0=-20°$，又受到自左向右的突风作用，风力矩 $M_{KPD}=60\times10^3$ kgf · m时，动倾角 $\phi_d=$？

五、进行某实船的船模阻力试验时，船模缩尺比 $\lambda_L=30$，在水池中拖带速度为 1.2 m/s 时测得剩余阻力为 0.75 kgf，试验水温为 $t_m=15$ ℃（$\rho_m=999.4$ kg/m^3），试分别按内河航行与海中航行求对应的实船剩余阻力及航速。（$t_s=15$ ℃时取淡水密度 $\rho=999.4$ kg/m^3，海水密度 $\rho=1026.2$ kg/m^3）（12 分）

六、某双桨($Z_P=2$)海船，直径 $D=2.54$ m，螺距与直径的比 $P/D=0.9$，螺旋桨转速 $n=275$ r/min 时航速 $v_s=16.07$ kn，取 $w=0.104$，$t=0.198$，$\eta_R=1.044$，假设该桨的敞水性能曲线近似表达式为

$$K_T=0.61\times(J-0.636)\times(J-0.98)-0.731\times(J-0.98)\times J$$

$$K_Q=0.0756\times(J-0.63)\times(J-1.04)-0.101\times(J-1.04)\times J$$

试计算转速 $n=275$ r/min 时的船后收到功率 P_{DB}、实船有效功率 P_E。($t_s=15$ ℃时海水密度取 $\rho=1026.2$ kg/m^3)(14 分)

参考文献

[1] 朱军. 舰艇静力学[M]. 长沙:国防科技大学出版社,2002.

[2] 高霄鹏,方斌,刘志华. 舰艇静力学[M]. 北京:国防工业出版社,2015.

[3] 盛振邦,刘应中. 船舶原理[M]. 上海:上海交通大学出版社,2003.

[4] 应业炬. 船舶快速性 [M]. 2 版. 北京:海洋出版社,2017.

[5] 李世谟. 船舶阻力[M]. 北京:人民交通出版社,1989.

[6] 陈建平,雷虎,唐伟炜. 船舶原理[M]. 哈尔滨:哈尔滨工程大学出版社,2017.

[7] 邵世明,赵连恩,朱念昌. 船舶阻力[M]. 北京:国防工业出版社,1995.

[8] 沃伊特昆斯基. 船舶阻力[M]. 北京:科学出版社,1977.

[9] 章梓雄,董曾南. 黏性流体力学[M]. 北京:清华大学出版社,1998.

[10] 伊绍琳. 船舶阻力[M]. 北京:国防工业出版社,1985.

[11] 许维德. 流体力学[M]. 北京:国防工业出版社,1979.

[12] BERTRAM V. Practical ship hydrodynamics[M]. Oxford: Butterworth-Heinemann, 2000.

[13] CRAPPER G D. Introduction to water wave[M]. Oxford: Butterworth-Heinemann, 2000.

[14] DEAN R G, DALRGMPLE R A. Water wave mechanics for engineers and Scientists[M]. Upper Saddle River:Prentice-Hall Inc. , 1984.

[15] CURRIE I G. Fundamental mechanics of fluids[M]. New York:Mcgraw-Hill Book Company, 1974.